高等职业教育教学改革融合创新型教材

财经基础课

国家文化产业资金支持媒体融合重大项目

现代企业管理教程

XIANDAI QIYE GUANLI JIAOCHENG

李明明 何家霖 汝 玲 主 编

陈钦南 副主编

东北财经大学出版社
Dongbei University of Finance & Economics Press
大连

图书在版编目（CIP）数据

现代企业管理教程 / 李明明，何家霖，汝玲主编. —大连：东北财经大学出版社，2021.11
（高等职业教育教学改革融合创新型教材·财经基础课）
ISBN 978-7-5654-4343-5

Ⅰ. 现… Ⅱ. ①李… ②何… ③汝… Ⅲ. 企业管理-高等职业教育-教材 Ⅳ. F272

中国版本图书馆CIP数据核字（2021）第191525号

东北财经大学出版社出版
（大连市黑石礁尖山街217号 邮政编码 116025）
网 址：http://www.dufep.cn
读者信箱：dufep@dufe.edu.cn

大连图腾彩色印刷有限公司印刷 东北财经大学出版社发行

幅面尺寸：185mm×260mm 字数：484千字 印张：21.75
2021年11月第1版 2021年11月第1次印刷

责任编辑：张晓鹏 石建华 宋雪凌 责任校对：郭海雷
封面设计：冀贵收 版式设计：钟福建

定价：49.00元

教学支持 售后服务 联系电话：（0411）84710309

如有印装质量问题，请联系营销部：（0411）84710711

前言

“现代企业管理”是一门系统研究企业管理过程中基本规律、基本原理和基本方法的科学，普及管理知识对提高一个国家的整体管理水平有着重要意义。正如“现代管理学之父”彼得·德鲁克所言：一个理解管理学科而不具备各种管理技巧和管理工具的最低能力的管理人员，仍不失为一个有效管理者，甚至可能是一流的管理者；而只知道管理技巧和管理手段但并不理解管理基本原理的人却不是一个管理者，最多只能算是一个技术员。为适应科技进步和经济发展的需要，充分反映管理科学的发展趋势，培养新时代的高素质管理人员，为推进管理科学的发展贡献力量，我们推出了这本教材。

本教材以产教融合、校企合作“双元”育人项目为依托，力求体现以如下特色：

1.内容全面，体系规范。本教材对现代企业管理业务的基本内容进行了深入细致的讲解，重点对企业管理实践活动做出详细的介绍和解读，突出以培养学生实践应用技能为主线的教育特色，强调职业素养与专业能力的全面提升。教材涵盖13个项目、53个任务，图文并茂，并利用现代二维码技术呈现相关解析，丰富了本书的知识呈现形式，拓展了内容载体，使之具备“富媒体”特色。教材以工作过程为导向，对实践应用的具体方法做了系统而全面的介绍，以便读者进行比较、分析，增强分析问题、解决问题的能力。

2.结构新颖，栏目丰富。为便于读者学习，本教材力求在结构上有所突破，激发读者的学习兴趣和学习热情。本教材在结构安排上，以基于现代企业管理的具体工作过程为导向构建教材体系，采用“项目引领、任务驱动、实操训练”的编写方式，力求结构严谨、层次分明；在表述安排上，力求语言平实凝练、通俗易懂；在内容安排上，尽可能考虑到财经类专业不同层次的不同需求，每一个项目都设有“知识目标”“技能目标”“素质目标”“思政目标”“管理故事”“同步案例”；课后编排了“应知考核”（包括单项选择题、多项选择题、简答题）、“应会考核”（包括案例分析、综合实务）、“项目实训”（包括实训项目、实训目标、实训内容、实训要求），以使读者在学习每一个项目内容时都能做到有的放矢，增强学习效果。

3.与时俱进，紧跟政策。本教材内容紧跟时代，关注理论前沿和创新，引入了现代企业管理的最新研究成果和方法，兼具理论性、实用性和可操作性。

4.学练结合，学以致用。鉴于本课程实践应用性较强的特点，为了便于读者及时复习所学的知识内容，提高学习效率，本教材在课后编排了应知考核、应会考核、项目实训，主要引导学生“学中做”和“做中学”，一边学理论，一边将其加以应用，充分体现应用型人才培养目标，即“以应用为目的，以够用为原则”，实现理论和实训一体化。

5.教辅资源，配备齐全。为方便教师教学，本教材还配有免费的教学大纲、电子教学课件、习题参考答案、模拟试卷等，选用本教材的教师可登录东北财经大学出版社“财济书院”（www.idufep.com）免费下载。

本教材由李明明、何家霖、汝玲主编，陈钦南任副主编，其具体分工如下：李明明编写项目一；何家霖编写项目二、项目五；汝玲编写项目三、项目四、项目六至项目九；陈钦南编写项目十至项目十三。此外，赵昂、美荣、李林海负责全书教学资源包的制作以及写作过程中的资料搜集、整理。本教材适用于高等职业教育层次的国际经济与贸易、人力资源管理、旅游管理、物流管理、国际商务、财务管理、会计学、金融管理、市场营销和电子商务等专业的学生使用，也可作为自学考试、企业管理人员培训的辅助教材。

本教材得到了校企合作单位和出版单位的大力支持，在编写过程中我们参阅了众多教材、著作、法律、法规、网站资源，在此向所有作者一并表示衷心的感谢！

由于编写时间仓促，加之编者水平有限，本教材难免存在一些不足之处，恳请专家、学者批评指正，以便我们不断改进与完善。

编　者

2021年9月

目 录

项目一

企业与企业管理

知识目标

理解：企业的概念、特征以及现代企业的法律形式。

熟知：企业的类型、企业管理的重要意义、公司与企业的区别。

掌握：企业管理的性质与职能、对象与方法，综合运用管理方法解决实际问题。

技能目标

具有认知企业管理的思想意识，增强毕业后自主创业、加强企业管理和承担社会责任的能力。

素质目标

通过本项目的学习，能够认识到企业承担社会责任的必要性、现代企业制度的形式、企业承担社会责任的具体表现，掌握相关的公司法律知识。

思政目标

能够正确地理解“不忘初心”的核心要义和精神实质；树立正确的世界观、人生观和价值观，做到学思用贯通、知信行统一；以企业与企业管理理论知识丰富自己的想象力和创新意识，提升在管理中的审美素养，激发创新和创造活力。

管理故事　　**做“店小工”也要做最好的**

1987年张伟电大毕业后，父亲希望他能子承父业当一名产业工人。不安于现状的张伟却另有打算，他准备自己开店创业。当他把自己的想法告诉家人时，立刻遭到了全家人的反对，父亲甚至提出和他断绝父子关系。20世纪80年代，当一名光荣的产业工人要比当个体户受尊重得多。虽然得不到理解，但倔强的张伟还是按照自己的想法行动了。母亲心疼孩子，背着父亲偷偷塞给他7 000元。于是，张伟在百合山庄附近开了家不到30平方米的小店，卖起了猪肉包子。这便是净雅酒店的前身。从开店的第一天起，张伟便一直在思索“净雅理念”到底是什么。经过市场的不断锤炼，张伟终于悟到了两个字——“真”与“诚”，这至今仍是“净雅理念”最核心的部分。

创业的第二年，张伟认准了活海鲜才是净雅未来的发展方向。从此，他每天清晨4：00便骑着摩托车到海鲜市场购买鲜活海鲜。厨房里加工的虾蟹蛤螺都是他精挑细选的。所以，他敢对外郑重承诺，如果出现一个不活的海鲜，酒店赔偿100元。

张伟常说：“我开店的目的不是赚钱，而是要实现自己的梦想——做中国餐饮第一品牌。”

资料来源　杨沛霆．净雅的管理故事与哲理［EB/OL］．［2018-04-05］．https：//max.book118.com/html/2018/0405/160138248.shtm.有删减．

为什么很多曾经辉煌一时的企业会消失？究其原因，往往在于缺乏长远的战略目标和坚持不懈的追求。拥有远大的理想并能持之以恒地去做，是企业管理者尤其是领导者应具备的重要品质。

知识准备

任务一　企业与公司概述

视频 1-1

公司和企业有什么不同

一、企业的起源与概念

从企业产生的历史渊源来看，企业是一个历史概念，它是生产力发展到一定水平的产物。从原始社会到封建社会，自然经济占统治地位，社会生产和消费主要以家庭或以手工劳动为基础的作坊为经济单位，它们均不是企业。到了资本主义社会，企业成了社会的基本经济单位。其特征是由资本所有者雇用许多工人，使用一定的生产手段，共同协作，从事生产劳动，从而极大地提高了生产效率。

从社会资源配置的方式上看，企业是商品经济发展到一定阶段的产物，是一种替代市场机制的交易费用更低的资源配置方式。“交易费用”这一概念是由美国经济学家罗纳德·科斯（Ronald Coase）在分析企业的起源和规模时最先提出的。它主要包括两个内容：发现贴现价格、获得精确的市场信息的成本。但随着商品经济的发展、市场规模的扩大，生产者在了解有关价格信息、市场谈判、签订合同等方面利用价格机制的费用显著增加，因而生产者开始采用把生产要素集中在一个经济单位的生产方式，以降低交易费用，这种经济单位即企业。因此，从交易费用的角度来看，市场和企业是两种不同的组织生产方式：一种是内部管理方式，另一种是协议买卖方式。两种方式都存在一定的费用，前者是组织费用，后者是交易费用。

企业是指从事生产、流通、服务等经济活动，以产品或劳务满足社会需要并获取盈利，自主经营、自负盈亏、依法设立的经济实体，是社会经济的基本单位。

二、企业的分类

（一）按企业的法律形式划分

1.个人独资企业

个人独资企业是指由一个自然人投资，全部资产为投资者个人所有，全部债务由投资者个人承担的经营实体，具有创立容易、经营管理灵活自由、不需要缴纳企业所得税等优点。但对个人独资企业业主而言：①需要对企业债务承担无限责任，当企业的损失超过业主最初对企业的投资时，需要用业主个人的其他财产偿债；②难以从外部获得大量资金用于经营；③个人独资企业所有权的转移比较困难；④企业的生命有限，将随着业主的死亡而自动消亡。

2.合伙企业

合伙企业是指由两个或两个以上的自然人（有时也包括法人或其他组织）合伙经营的企业。它分为普通合伙企业和有限合伙企业。

普通合伙企业由普通合伙人组成，合伙人对合伙企业的债务承担无限连带责任。依照《合伙企业法》的规定，国有独资公司、国有企业、上市公司以及公益性的事业单位、社会团体不得成为普通合伙人。以专业知识和专门技能为客户提供有偿服务的专业服务机构，可以设立为特殊的普通合伙企业，如会计师事务所和律师事务所。

一个合伙人或者数个合伙人在执业活动中因故意或者重大过失造成合伙企业债务的，应当承担无限责任或者无限连带责任，其他合伙人以其在合伙企业中的财产份额为限承担责任。合伙人在执业活动中非因故意或者重大过失造成的合伙企业债务以及合伙企业的其他债务，由全体合伙人承担无限连带责任。

有限合伙企业由普通合伙人和有限合伙人组成，普通合伙人对合伙企业债务承担无限连带责任，有限合伙人以其认缴的出资额为限对合伙企业债务承担责任。有限合伙企业至少应当有一个普通合伙人，由普通合伙人执行合伙事务。有限合伙人不执行合伙事务，不得对外代表有限合伙企业。

3.公司制企业

公司（或称公司制企业）是指由投资人（自然人或法人）依法出资组建，有独立法人财产，自主经营、自负盈亏的法人企业。出资者按出资额对公司承担有限责任。公司是经公司登记机关登记的营利性法人组织，并且独立于所有者和经营者。根据中国现行的《公司法》，其主要形式分为有限责任公司和股份有限公司两种。

（1）有限责任公司。它是依据有关法律组建，由股东共同出资，每个股东以其认缴的出资额为限对公司承担责任，公司以其全部资产对其债务承担责任的公司法人。

国有独资公司是有限责任公司的一种特殊形式，具体是指国家单独出资、由国务院或者地方人民政府授权本级人民政府国有资产监督管理机构履行出资人职责的有限责任公司。国有独资公司的公司章程由国有资产监督管理机构制定，或者由董事会制定报国有资产监督管理机构批准。我国国有独资公司不设股东会，由国有资产监督管理机构行使股东会职权。国有资产监督管理机构可以授权公司董事会行使股东会的部分职权，决定公司的重大事项，但公司的合并、分立、解散、增加或者减少注册资本和发行公司债券，必须由国有资产监督管理机构决定。

（2）股份有限公司。它是依据有关法律组建，其全部注册资本由等额股份构成并通过发行股票来筹集，股东以其所认购的股份对公司承担有限责任，公司以其全部资产对公司债务承担责任的公司法人。所发行的股票可以在证券市场上公开交易的股份有限公司称为上市公司。股份有限公司股票申请上市需符合《公司法》所规定的条件，并经国务院授权的证券管理部门批准。

股份有限公司股东人数众多、资本来源广泛、经营规模大、竞争力强，是一种具有活力的现代企业组织形式，也是各国最主要、最基本的公司组织形式。

公司制企业的优点：①容易转让所有权。公司的所有者权益被划分为若干股权份额，每个份额都可以单独转让。②有限债务责任。公司债务是法人的债务，不是所有者的债务。所有者对公司承担的责任以其出资额为限。当公司资产不足以偿还其所欠债务时，股东无须承担连带清偿责任。③公司在最初的所有者和经营者退出后仍然可以继续存在。④企业融资渠道较多，更容易筹集所需资金。

公司制企业的缺点：①组建公司的成本高。公司法对设立公司的要求比设立独资或合伙企业的手续复杂，并且需要提交一系列法律文件，花费的时间较长。公司成立后，政府对其监管比较严格，需要定期提交各种报告。②存在代理问题。所有者和经营者分开以后，所有者成为委托人，经营者成为代理人，代理人可能为了自身利益而伤害委托人利益。③双重课税。公司作为独立的法人，其利润需缴纳企业所得税；企业利润分配给股东后，股东还需缴纳个人所得税。

（二）按企业所在的经济部门划分

1.农业企业

这里的“农业”是一个广义的概念，即通常所说的“大农业”。农业企业主要包括从事种植、饲养、采集、林木、放牧和渔猎等生产经营活动的企业。

2.工业企业

工业企业是指主要依靠和运用物理、化学和生物等技术，对自然资源、农副产品、各类中间产品等进行采掘和加工，使其转变为工业用的生产资料或者消费者使用的消费品的企业。工业企业主要包括采掘企业和加工企业，如煤炭企业、石油开采企业、钢铁公司和制药企业等。

3.服务企业

这里的“服务”是一个广义的概念。根据世界贸易组织《服务贸易总协定》中的“服务部门参考清单”对服务的划分，可以将服务企业具体分为商业服务企业、销售服务企业、金融服务企业、娱乐服务企业、通信服务企业、教育服务企业、卫生服务企业、运输服务企业、建筑服务企业、环境服务企业、旅游服务企业和其他服务企业等。

（三）按企业财产所有制的性质划分

1.公有制企业

按照公有程度，公有制企业可以进一步划分为国家所有制企业、集体所有制企业、国有资产与集体资产混合的企业。

2.私有制企业

出资者为个人或者私有组织的企业，在所有制性质上属于私有制企业。私有制企业的出资者，可以是单个自然人、少数自然人，也可以是一个私有组织、多个私有组织，还可以是一个或者多个自然人与私有组织共同出资。

3.混合所有制企业

这里的“混合”是指所有制上的混合，即企业的净资产是由公有性质和私有性质的组织以及个人共同出资形成的。根据不同经济成分的出资额在企业全部资本中的比例，混合所有制企业可以进一步划分为公有控股企业和私有控股企业。

（四）按企业生产要素的比重划分

1.劳动密集型企业

劳动密集型企业是指技术装备水平较低，从事简单劳动的员工较多，单位员工平均占用固定资产较少的企业。例如，纺织企业、服装企业和餐饮企业等。

2.资本密集型企业

资本密集型企业是指技术装备水平高，需要较多的资本投入用于大量购买各种设备，需要的员工较少，单位员工平均占用固定资产较多的企业。例如，铁路运输企业、飞机制造企业等。

3.技术与知识密集型企业

技术与知识密集型企业是指拥有大批的高级和中级技术人才，主要依靠综合运用先进的科学技术求得生存和发展的企业。例如，计算机软件企业、管理咨询公司和律师事务所等。

除上述划分方法外，还可以依据企业生产经营活动的区域分为国内企业、境外企业和国际企业（跨国公司）等。

三、企业的特征

（一）企业是经济实体，以营利为主要目的

企业不同于事业单位、政府部门，它必须盈利，追求经济效益。盈利是企业创造附加价值的重要组成部分，也是社会对企业所生产的产品和服务满足社会需要的认可与报酬。企业提供的产品和服务越能满足社会需要，所得到的利润就越多；反之，利润少的企业对社会贡献也小。亏损的企业不仅没有为社会创造物质财富，还在消耗和浪费社会资源。从这个角度来看，确保获得合理的利润，不仅是企业的目标，而且是企业对社会承担的重大责任。

（二）企业必须自主经营、自负盈亏

企业要获取利润，就必须保证自己的产品和服务在品种、质量、成本和供应时间上能随时适应消费者和社会的需要。为此，企业除了要加强内部管理外，还必须对市场和社会环境的变化及时、主动地做出反应，也就是要具有经营上的自主权。企业的权利和义务是对等的，企业要有经营自主权就必须进行独立核算，承担其行使经营自主权所带来的全部后果，即必须自负盈亏。

（三）企业必须承担社会责任

企业概念中的"满足社会需要"，不仅包括满足顾客和客户的需要，而且包括满足股东、员工、供货者、交易对象、银行、政府、地区以及一切与之有关的社会团体的需要。这些需要有时是相互矛盾的，企业必须妥善处理才能得以生存和发展。这就决定了企业不能只为自身谋取利益，还应该承担为社会各方面谋取利益的责任，包括提供就业机会、防止环境污染及节约资源等。

（四）企业必须依法设立、依法经营

按是否能够独立承担民事责任，企业可以分为法人企业与非法人企业。企业是依法设立、依法经营的经济实体。首先，企业设立必须得到政府有关部门的批准，并按规定的业务范围进行经营；其次，企业必须拥有法定的资金、资产，在银行有自己的账户，并能独立行使财产支配权；最后，企业能以自己的名义参加民事活动，企业正常的生产经营活动受法律保护。

四、公司的形式与治理结构

（一）公司的形式

1.根据股东所负责任划分

根据股东所负责任的不同，公司可以划分为无限责任公司、两合公司、股份两合公司、有限责任公司、股份有限公司。

（1）无限责任公司是指由两个以上的股东所组成，全体股东对公司债务负连带无限责任的公司。

（2）两合公司是指由无限责任和有限责任股东共同组成的公司，无限责任股东对公司债务负连带责任，有限责任股东则以其出资额为限对公司负责。

（3）股份两合公司是指由一部分有限责任股东和一部分无限责任股东组成，无限责任股东对公司债务负无限连带责任，有限责任股东以其所认购的股份为限对公司负责。

以上这三种类型的公司在现代社会中数量较少。

（4）有限责任公司是由一定人数的股东所组成，股东以其出资额为限对公司负责，公司以其全部资产对公司债务负责的企业法人。

（5）股份有限公司是由一定人数的股东所组成，公司的全部资本被分为价值均等的股份，股东以其所认购的股份为限对公司负责，公司以其全部资产对公司债务负责的企业法人。

有限责任公司和股份有限公司是现代企业中最主要的形式。我国《公司法》仅规定了这两种类型的公司。

2.根据公司信用基础划分

根据公司信用基础的不同，公司可以划分为人合公司、资合公司、人合兼资合公司。

人合公司是指信用基础着重于股东的个人条件（如名誉、地位、声望等）的公司。无限公司是典型的人合公司，其信用基础在于股东个人，与公司资产多少无关。

资合公司是指信用基础着重于公司资产数额的公司。也就是说，资合公司的信用主要取决于公司的资产额，股东的个人条件并不重要。股份有限公司是最典型的资合公司，公司以其全部资产对公司的债务负责，股东不对债权人负个人责任。有限公司实质上也属于资合公司。

人合兼资合公司即两合公司，是指公司的信用同时强调人的信用和资产的信用两个方面，无限责任股东以个人信用为基础，有限责任股东以其出资额为信用基础。

3.根据公司之间的控制与被控制关系划分

根据公司之间的控制与被控制关系，公司可以划分为母公司与子公司。母公司是指掌握另一公司的多数股份，从而能够实际控制另一公司的公司；子公司就是受其他公司实际控制的公司。母公司和子公司各自为独立的法人。

4.根据公司的组织管辖关系划分

根据公司的组织管辖关系，公司可以划分为总公司和分公司。总公司通常又称本公司，是指管辖系统内全部分支机构的总机构。分公司是受总公司管辖的分支机构，如分店、经营部等。总公司具有法人资格，分公司不具备法人资格。总公司对所属分公司的人事安排、业务经营等行使管理权。

5.根据公司经营业务的内容划分

根据公司经营业务的内容，公司可以划分为工业公司、商业公司、运输公司、保险公司、咨询公司等类型。

另外，根据公司业务分布情况，可分为地区性公司、跨地区性公司、全国性公司和跨国公司等类型；根据公司所属企业的生产技术与经济的联系，可分为专业公司、联合公司和综合性公司等类型。

（二）公司的治理结构

1.股东会

股东会是依照《公司法》和公司章程规定，由全体股东组成的，决定公司重大问题的最高权力机构，是股东表达意志和要求的工具。对股份有限公司而言，股东会也称股东大会。股东会有定期会议和临时会议两种基本形式。股东会一般由董事长主持，在召开股东会之前，一般要提前15天通知全体股东。股东会的主要职权有：人事权、重大事项决策权、收益分配权、股东财产处置权。

2.董事会

董事会是由董事组成的，负责公司经营管理活动的合议制机构。在股东会闭会期间，它是公司的最高决策机构，是公司的法定代表，对外代表公司。

董事会由股东会选举产生。按照我国《公司法》的规定，董事会设董事长1名，副董事长若干名。不同类型的公司，董事长、副董事长产生的办法不尽相同。董事会由股东会负责，执行股东会的决议，其主要职权有：①对公司经营做出决策；②决定公司内部管理机构的设置和基本管理制度的制定；③制订公司财务预算和决算方案、利润分配和亏损弥补方案、公司增减资本和发行公司债券方案；④人事权。

董事会实行集体决策，一般遵循每人一票和简单多数通过的原则。每个董事会成员对其投票要签字在案并承担责任。董事会决议违反法律、法规和公司章程，致使公司遭受严重损失的，参与决策的董事对公司负赔偿责任。但在表决时曾表明异议并有记录在案的，可免除责任。

3.总经理

总经理依照公司章程和董事会授权，统一负责公司的日常生产经营和管理工作。总经理由董事会聘任或解聘，对董事会负责。总经理的主要职权有：①组织实施董事会决议；②组织实施公司年度经营计划和投资方案；③人事权。

4.监事会

监事会是公司治理结构中的监督机构，成员一般不少于3人。监事会可由股东代表和职工代表组成，职工代表的比例不得低于1/3，具体比例由公司章程规定。监事会中的职工代表由公司职工通过职工代表大会、职工大会或者其他形式民主选举产生。

上述公司治理结构各个组成部分之间的相互关系是很密切的。一方面，从产权关系看，股东会与董事会是委托代理关系；董事会与总经理是授权经营关系；监事会代表股东会对财产的受托人即董事会和总经理实行监督，是一种监督关系。另一方面，从职权关系看，它们各自有不同的职权范围，职权具体明确。因此，公司的治理结构，以纵向的财产负责关系与横向的职权限定关系结合在一起，构成公司内部的制约机制。

五、公司与企业的区别

公司是依法定程序设立，以营利为目的的社团法人。公司按股东对公司债权人所负的责任分为无限公司、有限公司、两合公司、股份公司等。我国《公司法》规定，公司是指依照该法在中国境内设立的有限责任公司和股份有限公司。

公司的具体特征是：必须依法设立；以营利为目的；必须具备法人资格。

企业泛指一切从事生产、流通或者服务活动，以谋取经济利益的经济组织。按照企业财产组织方式的不同，企业在法律上又可以分为三种类型：①独资企业，即由单个主体出资兴办、经营、管理、收益和承担风险的企业；②合伙企业，即由两个或者两个以上的出资人共同出资兴办、经营、管理、收益和承担风险的企业；③公司企业，即依照《公司法》设立的企业。综上所述，公司是企业的一种形式，它也属于企业的范畴；反之，企业不一定是公司，企业是一个大概念，除了公司外，还包含独资企业和合伙企业。

六、企业社会责任

（一）企业社会责任的概念

企业社会责任（Corporate Social Responsibility，CSR）是指企业在创造利润、对股

东承担法律责任的同时，还要承担对员工、消费者、环境和社会的责任。其要求企业必须突破把利润作为唯一目标的传统理念，强调在生产过程中对人的价值的关注，强调对消费者、环境和社会的贡献。企业社会责任可以体现在五个方面：办好企业、经营管理行为符合道德规范、社区福利投资、参与社会慈善事业和保护自然环境。

（二）企业社会责任的两种观念

1.古典社会责任观

古典社会责任观认为，企业管理者唯一的社会责任就是实现利润的最大化，就是为出资人（股东）谋求最大的投资回报。除此之外的其他社会目的行为都会增加经营成本，这些成本或是以高价转嫁给消费者，或是通过较低的边际利润由股东们承担，或是减少员工的工资和福利。这最终会影响到企业的正常经营活动，甚至产生生存危机。

持这种观点的企业把自身的经济利益和社会利益对立起来，淡化了它们之间的相容性和一致性。其反对企业承担社会责任的理由主要有：企业承担社会责任违反利益最大化原则；淡化企业使命；提高经营成本；缺乏必要技能和明确规定的责任。

2.社会经济观

社会经济观认为，企业不应是一个只对股东负责的经济实体，它应当为所有企业的利益相关者、自然环境和整个社会福利事业负责。管理者应当关心企业长期的资本收益率，并将确保企业生存作为首要问题，其次才是利润。要做到这一点，企业必须承担社会义务以及由此产生的成本，它们必须以不污染、不歧视、不欺骗等行为来保护社会福利。

该观点支持企业承担社会责任的理由主要有：公众的期望；长期利润；道德义务；公众形象；更好的环境和减少政府调节。

同步案例 1-1

学习习总书记的讲话谈感想

2016年4月19日，习近平总书记主持召开网络安全和信息化工作座谈会并发表重要讲话。讲话中，习总书记指出：只有富有爱心的财富才是真正有意义的财富，只有积极承担社会责任的企业才是最有竞争力和生命力的企业。一个企业既有经济责任、法律责任，也有社会责任、道德责任。企业做得越大，社会责任、道德责任就越大，公众对企业这方面的要求也就越高。

相关事件：2016年4月12日，魏则西事件让百度推广信息平台竞价排名行为成为焦点。9月9日，海淀区人民法院开庭审理快播公司及该公司CEO王欣等人传播淫秽物品牟利案，快播公司及部分被诉高管当庭认罪。11月7日，我国通过《中华人民共和国网络安全法》，该法自2017年6月1日起施行。这是中国第一部有关网络安全方面的法律，首次明确了网络空间主权的原则、网络产品和服务提供者及运营者的安全义务等。

请结合企业社会责任的相关内容，谈一谈你学习习总书记讲话后的感想与启示。

同步案例 1−1

分析提示

任务二　企业管理的认知

一、企业管理的概念

按照《世界百科全书》的解释："管理就是对工商企业、政府机关、人民团体以及其他各种组织的一切活动的指导。它的目的是使每一个行为或决策都有助于实现既定的目标。"而企业管理就是根据企业的特性及生产经营规律，对企业的资源进行有效配置，实现企业既定目标的活动过程。

二、企业管理的性质

管理是协作劳动的需要。企业管理是在人类发展史上有了企业这个事物后才出现的，是随着家庭手工业发展到工场手工业，再发展到机器大工业而逐步发展起来的，是为适应生产力进步、生产关系调节的需要而存在和发展的。因此，管理的性质涉及两方面：一方面，管理是由许多人协作劳动而产生的，是有效组织共同劳动所必需的，具有同生产力、社会化大生产相联系的自然属性；另一方面，管理又体现着生产资料所有者指挥劳动、监督劳动的意志，有着与生产关系和社会制度相联系的社会属性。

三、企业管理的原则

（一）经济效益原则

企业管理要贯彻经济效益原则，就是要努力做到以市场为导向，合理配置企业的资源，做好经营决策，从品种、质量、服务、信誉上求效益，从技术进步中求效益，从加速资金周转中求效益，从增收节支中求效益，从降低劳动消耗中求效益。

（二）优化劳动组合原则

所谓优化劳动组合，是指企业采用双向选择、平等竞争、工作满负荷、科学定员定额和全面的经济责任制等一系列方法与手段，使自身的劳动组合达到最优化。

（三）系统性原则

在企业管理中，系统性原则是指将企业作为一个有机整体，把各项管理业务看作相互联系的网络的一种管理思想。为了贯彻系统性原则，要树立综合观念、开放观念、投入与产出观念。

（四）民主管理原则

现代企业管理必须以人为本，实行民主管理，即保障员工参与企业重大事项管理的权利，并依靠员工，共同管理好企业。这是社会主义企业管理的本质特征，也是由现代企业的性质所决定的。

（五）责、权、能、利相结合原则

责、权、能、利相结合原则要求在管理过程中，始终将责、权、能、利紧密地结合在一起，以经济责任为核心，以经济权利为保证，以能力素质为基础，以经济利益为动力。

（六）权威性原则

所谓企业管理的权威性原则，就是在企业管理中讲纪律、讲服从、讲集中，这是现代化大生产的客观要求。另外，也需要正确认识和处理企业领导者权威与劳动者主人翁地位的统一关系，组建有效的领导班子，提高管理者的自身素质。

（七）塑造企业精神原则

企业精神，一般是指企业在生产经营管理活动中，为谋求自身的生存与发展，长期形成并为员工所认可的一种群体意识。企业精神就其实质而言，是对人的管理，相信人及尊重人，使企业产生凝聚力及吸引力，使员工产生责任感、光荣感和自豪感。

四、企业管理的职能

（一）计划

所谓计划，就是指制定目标并确定为达成这些目标所必需的行动。企业中所有层次的管理者都必须从事计划活动。制订科学的计划，必须对企业的内外条件进行严格的科学分析，要通过调查研究、全面分析、综合平衡，并从长期实践过程所取得的经验中找出规律，保证计划的科学性和预见性，充分发挥计划的指导作用，实现决策所确定的目标。

（二）组织

所谓组织，是指为了有效地完成既定的计划，通过建立组织机构，确定职能、职责和职权，协调计划，从而将组织内部各个要素联结成一个有机整体，使人、财、物得到合理使用的管理活动。其目的是使企业的生产经营活动协调、有序地进行，不断提高生产经营活动的效益。建立高效、精干的管理组织，并使之正常运行，是实现管理目标的重要条件和依托。

（三）指挥

所谓指挥，是指通过下达命令、指示等形式，使系统内部每个人的意志都服从于一个权威的统一意志，将计划和领导者的决心变成全体成员的统一行动，使全体成员履行自己的职责，全力以赴地完成所担负的工作。

（四）协调

所谓协调，是指为了使组织的各种要素和各种活动不发生矛盾或彼此重复，保证其有良好配合关系而采取各种调整措施的行为和状态。就协调的形式而言，可分为纵向协调和横向协调、内部协调和外部协调。纵向协调是指上下级领导人员之间及其与职能部门之间的协调；横向协调是指同级单位或部门之间的协调；内部协调是指对企业内部各种关系的协调；外部协调则是指企业与上级部门及其他单位之间的协调。

视频 1-2

控制

（五）控制

所谓控制，就是使计划按预定轨迹运行的管理活动。为了保证目标以及为此而制订的计划得以实现，需要对管理过程进行控制，即按既定的目标和计划，对企业生产经营活动过程中各方面的实际情况进行检查，发现差距，分析原因，并采取措施予以纠正，使各项工作都能够按原计划进行；或根据客观情况的变化，对计划做适当的调整，使其更符合实际。

（六）激励

激励是推动人们向着期望目标前进的心理过程。激励是指在确定组织目标时，充分考虑员工的需要，把企业生产经营活动的目标与员工的个人利益尽可能地结合起来，并激发员工的热情，鼓励其为实现组织目标而努力。

（七）创新

许多成功的管理者成功的关键就在于创新。做好任何一项事业，大到国家的改革，小到办实业、学校及医院，或者推销一种产品，都要敢于走新路，开辟新天地。所以，创新自然地成为管理不可或缺的重要职能。

企业管理的各项职能不是孤立和割裂的，而是一个相互依存、相互作用的有机整体。计划是前提，其提供目标和标准；组织是保证，其提供实施计划的组织机构和氛围；指挥是手段，是实现计划和目标的必要途径；协调和控制分别解决计划和目标实施过程中的增效及失效问题；激励是完成一切管理任务的基础和动力；创新是推动管理循环的原动力。

五、企业管理的对象

（一）人力资源

在企业管理系统中，人是最重要的管理对象。现代管理倡导管理要以人为本。企业管理的首要任务就是要充分开发、利用组织内的人力资源，同时争取组织外的人力资源。

（二）物力资源

物力资源是人们从事社会实践活动的物质基础。对物力资源管理的基本任务是：遵循客观事物的发展规律，根据组织目标和组织的实际情况，对各种物力资源进行最优配置和最佳利用，开源节流，物尽其用。

（三）财力资源

财力的使用和分配决定着物力与人力资源的使用效果。任何一个组织的效率，都可以从其财力资源的运用效率方面来考察、衡量。管好财力资源就是要做到财尽其用，通过聚财、用财而不断生财。

（四）信息资源

组织中的信息资源是指各种消息、情报、数据、资料等。对信息资源管理的主要任务是：按照管理目标的要求，建立完善高效的信息沟通网络，保证管理所必需的各种准确、完整、及时的信息的畅通。

（五）时间资源

时间资源体现为速度和效率。对有效的管理系统来说，必须考虑充分利用时间，力争在尽可能短的时间内获得较好的效益。

六、企业管理的方法

（一）行政方法

行政方法是依靠行政组织的权威，运用命令、规定、指示、条例等行政手段，按照行政系统和层次，以权威和服从为前提，直接指挥下属工作的管理方法。其实质是通过行政组织中的职务和职位来进行管理。它特别强调职责、职权、职位，而非个人的能力或特权。行政方法具有权威性、强制性、范围性、速效性、无偿性等特点。

（二）经济方法

经济方法是根据经济运行的客观规律，运用各种经济手段，调节各种经济利益之间的相互关系，以取得较高经济效益与社会效益的管理方法。经济方法具有客观性、利益性、规范性、关联性、灵活性等特点。

（三）法律方法

法律方法是通过法律、法令、条例以及司法、仲裁等，来调整社会经济与企业在宏观和微观活动中所发生的各种关系的管理方法。法律方法在管理活动中具有严肃性、规范性、强制性的特点。

（四）教育方法

教育方法是指按照一定的目的，通过多种形式的教育和培训，对员工在德、智、体方面全面施加影响，提高员工的素质的一种管理方法。教育方法在管理活动中是一项最根本的方法，具有启发性、灵活性、长期性、示范性、群体性等特点。

（五）技术方法

技术方法是组织中各个层次的管理者根据管理活动的需要，自觉运用自己或他人所掌握的各类技术，以提高管理的效率和效果的管理方法。其实质是把技术融入管理中，利用技术来辅助管理。技术方法具有客观性、规律性、精确性、动态性等特点。

管理者在解决管理问题时，应该把各种管理方法结合起来使用，“多管齐下”，以取得良好的管理效果。

任务三　企业管理的流程

一、管理流程的概念和特点

流程（Process）是指一系列的、连续的、有规律的行动，这种行动以确定的方式进行，并促使特定的结果实现。先进有效的管理流程，有利于企业建立正常的工作秩序，促进管理人员素质的提高，规范决策程序，加快管理的科学化进程。

管理流程具有系统化、规范化、条理化等特点。其应以现行程序为依据和出发点，必须与考核奖惩措施相联系，充分体现管理的系统性、科学性与艺术性，不宜将每一个环节规定得过死、过细。

二、企业管理流程的组成

企业管理流程是一个系统，由决策指挥、执行控制和监督保障三个子系统组成。这三个子系统相互影响、缺一不可，具体如图1-1所示。

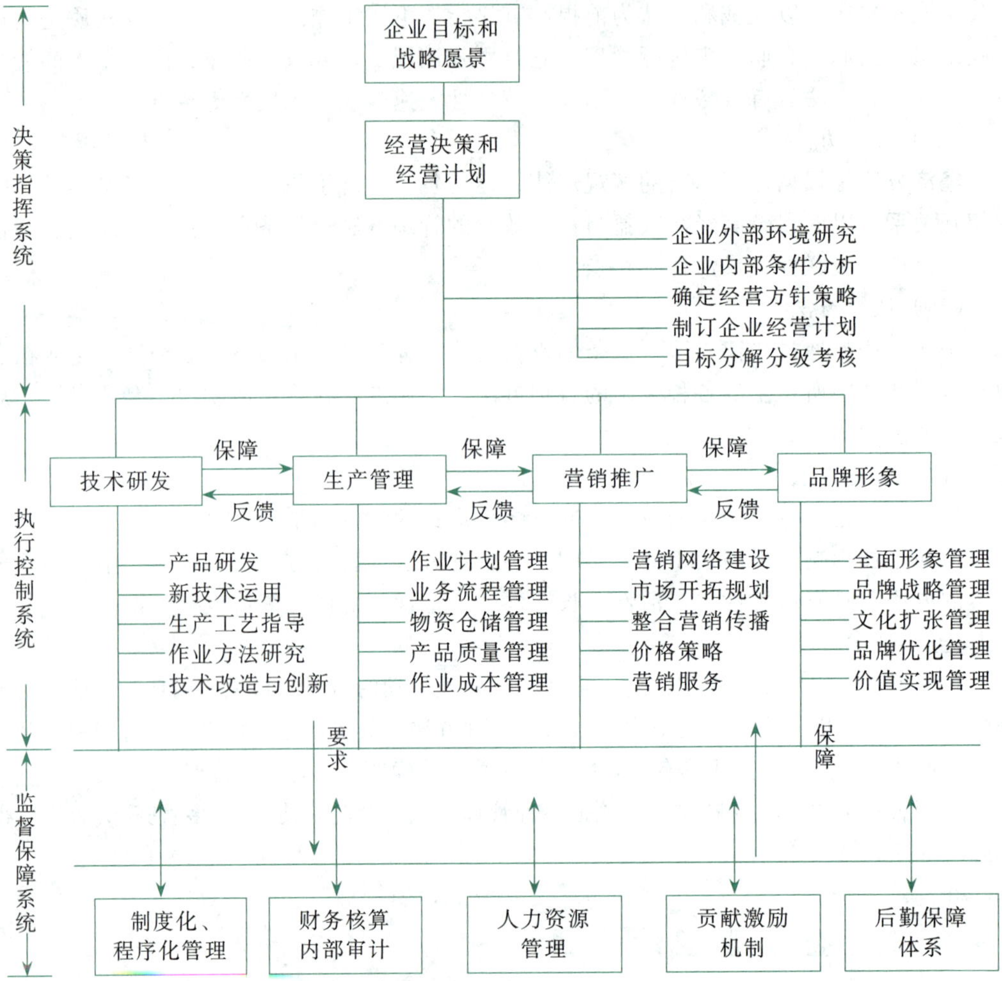

图1-1 企业管理流程

（一）企业目标和战略愿景

所谓企业目标，是指企业希望在一段时期内通过努力而获得的成果，是企业全体员工的共同追求和共同价值的集中体现。战略愿景是对企业未来状况的美好憧憬，是企业努力追求的理想和抱负。

（二）经营决策和经营计划

经营决策是对企业总体活动和各种重要经营活动的目标、方针、策略进行抉择的工作，其确定的经营方案是经营计划的依据。经营计划是按照经营决策所确定的方案，是对企业重大经营活动及其所需的各种资源从时间和空间上做出具体统筹安排的工作。企业经营决策和经营计划工作的目的是实现企业外部环境、企业内部条件、企业经营目标三者的动态平衡。

（三）技术研发

技术研发包括：做好新产品的样式与批次及工艺技术的准备、鉴定和审核工作，使产品的研发成果迅速转换为生产力；做好生产过程中的工艺技术规程监控与作业技术指导，确保企业生产活动的正常进行；加强对新技术、新材料、新工艺、新设备的研发，促进企业的技术不断进步。

（四）生产管理

生产管理是工业企业非常重要的管理环节，企业必须要有能够赢得顾客信赖的高质量的产品，才能在激烈的市场竞争中立于不败之地。具体来说，生产管理是为实现企业经营目标，有效地利用生产资源，对企业生产过程进行计划、组织、控制，生产出满足市场需要的产品或提供服务的管理活动的总称。生产管理主要包括：作业计划管理、业务流程管理、物资仓储管理、产品质量管理和作业成本管理。

（五）营销推广

在市场经济条件下，企业必须十分重视市场营销管理，根据市场需求的现状与趋势制订计划、配置资金。市场营销的基本任务，就是为了促进企业目标的实现而调节需求的水平、时机和性质。市场营销管理的实质是需求管理。营销推广主要包括：营销网络建设、市场开拓规划、整合营销传播、价格策略和营销服务。

（六）品牌形象

品牌形象是指产品外部形象和内在的品牌竞争力，是消费者对产品的总体印象。它对产品的总体购买人数有着最为直接的影响，也是消费者了解产品的首要信息。品牌形象管理主要包括全面形象管理、品牌战略管理、文化扩张管理、品牌优化管理和价值实现管理。

（七）财务管理

企业的生产经营活动，一方面表现为实物形态的物资运动，另一方面表现为价值形态的资金运动。企业财务管理就是利用价值形式组织财务活动，而财务活动是企业在生产经营过程中与资金筹集、使用、分配等有关的各种经济活动，是企业生产经营的重要组成部分。

（八）人力资源管理

管理的实质就是管人。所谓人力资源管理，是指运用现代的科学管理方法和管理职能，创造有利的环境和条件，积极地协调和引导人的思想、心理与行为，使人力资源处于充分发挥作用的最佳状态，从而提高人力资源的效益，有效地实现组织目标。人力资源管理同样贯穿于整个企业管理的过程中。

任务四　企业管理的环境

企业的发展受到多种因素的影响，这里我们仅介绍法律环境。企业的经营活动必须以法律为基础。法律环境是指法律的内容及其实施对相关事物所形成的外部客观条件和基本氛围。

一、公司法

公司法是规定各种公司的设立、活动和解散以及其他与公司组织有关的对内、对外关系的法律规范。它确定了公司的行为准则，维护了正常的社会经济秩序。公司法规定了公司的设立条件和设立程序，只有具备公司设立条件、履行法定程序，公司才能设立，才能作为法人从事经营活动。公司的经营范围应当依法登记，并在其经营范围内从事生产经营活动。

二、税法

税法是国家法律的重要组成部分，它以宪法为依据，是调整国家与社会成员在征纳税上的权利与义务关系，维护社会经济秩序和纳税程序，保障国家利益和纳税人合法权益的法律规范的总称，是国家税务机关及一切纳税单位和个人依法征税、依法纳税的行为规则。

三、劳动法

劳动法是调整劳动关系以及与劳动关系密切联系的其他社会关系的法律规范的总称。它的适用范围包括：在中华人民共和国境内的企业和个体经济组织（以下统称“用人单位”）以及与之形成劳动关系的劳动者；国家机关、事业组织、社会团体的工勤人员；实行企业化管理的事业组织的非工勤人员；其他通过劳动合同（包括聘用合同）与国家机关、事业组织、社会团体建立劳动关系的劳动者。

劳动法不适用于公务员和参照实行公务员制度的事业单位与社会团体的工作人员，以及非农场的农业劳动者、现役军人和家庭保姆等。它调整的对象主要是劳动关系。此外，劳动法还调整与劳动关系有密切联系的社会关系。

四、合同法

2020年5月28日，第十三届全国人民代表大会第三次会议通过了《中华人民共和国民法典》（以下简称《民法典》）。其第三编“合同”对合同的订立、效力、履行、保全、变更和转让、权利义务终止、违约责任等进行了阐述。其中，第464条规定：合同是民事主体之间设立、变更、终止民事法律关系的协议。其第465条规定：依法成立的合同，受法律保护。依法成立的合同，仅对当事人具有法律约束力，但是法律另有规定的除外。其第467条规定：在中华人民共和国境内履行的中外合资经营企业合同、中外合作经营企业合同、中外合作勘探开发自然资源合同，适用中华人民共和国法律。

五、知识产权法

知识产权法是调整因创造、使用智力成果而产生的，以及在确认、保护和行使智力成果所有人的知识产权的过程中所发生的各种社会关系的法律规范的总称。其功能主要体现为：保护智力成果完成人的合法权益，调动人们从事科研与文学创作的积极性与创造性；为智力成果的推广应用与传播提供法律保障机制；为国际经济技术贸易和文化艺术交流提供法律机制，促进人类文明进步与经济发展。其调整范围主要涵盖以下内容：知识产权权利归属方面的法律关系；知识产权权利行使方面的法律关系；知识产权管理方面的法律关系；因侵害知识产权而发生的法律关系。

我国现行的知识产权法律体系主要包括著作权法律制度、专利权法律制度、商标权法律制度和反不正当竞争的法律制度，以及我国已缔结与参加的国际条约的规定。

六、环境保护法

环境保护法是调整人类在开发利用、保护和改善环境的过程中所产生的各种社会关系的法律规范的总称。

环境保护单行法规是以宪法、环境保护基本法为依据制定的，但它又是宪法、环境保护基本法在保护环境中某种特定要素的或特定的环境社会关系调整的具体化。它在环境保护法体系中数量最多，所以占据着重要地位，具体包括土地利用规划法、污染防治法、自然保护法和环境管理行政法规等。

应知考核

随堂测1

一、单项选择题

1.现代市场经济条件下最主要的企业形式是（　　）。

A.独资企业　　B.合伙制企业　　C.公司制企业　　D.公司集团

2.人类历史上最早出现的一种简单的企业形式是（　　）。

A.个人独资企业　　B.合伙制企业　　C.有限责任公司　　D.股份有限公司

3.两合公司的显著特点是（　　）。

A.无限责任股东和有限责任股东共存　　B.股东对公司的债务承担无限责任

C.股东对公司的债务负有限责任　　D.股份一般可以自由转让

4.现今世界上最为盛行的一种公司形式是（　　）。

A.两合公司　　B.股份有限公司　　C.有限责任公司　　D.无限责任公司

5.公司的最高权力机构是（　　）。

A.股东（大）会　　B.董事会　　C.监事会　　D.经理层

6.我国《公司法》规定，股东大会做出决议，必须经出席会议的股东所持表决权（　　）。

A.1/3以上通过　　B.过半数通过　　C.2/3以上通过　　D.3/4以上通过

7.董事会决议的表决实行（　　）。

A.一人一票制　B.一股一票制　C.一人数票制　D.一股数票制

8.最典型的资合公司是（　）。

A.两合公司　B.无限公司　C.有限责任公司　D.股份有限公司

9.股东会一般由董事长主持，在召开股东会之前，一般要提前（　）天通知全体股东。

A.5　B.7　C.15　D.30

10.典型的人合公司是（　）。

A.两合公司　B.无限责任公司　C.有限责任公司　D.股份有限公司

二、多项选择题

1.根据所属行业划分，企业可以划分为（　）。

A.工业企业　B.农业企业　C.运输企业　D.建筑安装企业

2.根据使用的主要经营资源，企业可以划分为（　）。

A.劳动密集型企业　B.资金密集型企业

C.技术密集型企业　D.知识密集型企业

3.公司制企业的主要缺点有（　）。

A.手续繁杂　B.存在代理问题

C.组建公司成本高　D.双重缴纳所得税

4.依照信用基础的不同，公司可以划分为（　）。

A.人合公司　B.资合公司　C.人合兼资合公司　D.有限责任公司

5.股东会的主要职权有（　）。

A.人事权　B.重大事项决策权　C.收益分配权　D.股东财产处置权

三、简答题

1.简述企业的概念与特征。

2.简述公司的治理结构。

3.简述公司与企业的区别。

4.简述企业管理的性质与基本原则。

5.简述企业管理的对象与方法。

应会考核

一、案例分析

【背景资料】

IBM如何打造知识型企业?

IBM公司作为全球最佳公司之一，拥有硬件、软件、咨询服务等庞杂的业务体系。那么，它是如何被成功地打造成知识型企业的呢?

（一）跨界创新

IBM全球企业咨询服务部大中华区合伙人郭继军接受采访时说：“近两年来，我们绝大多数创新都是跨界创新，很难分清楚哪部分是硬件创新，哪部分是软件创新，哪部分是服务创新，它们都已彼此融合在一起。”据郭继军介绍，IBM的跨界创新可分为内部跨界和外部跨界。

（1）内部跨界。对于内部跨界，IBM采取协同的方式，根据客户需求在公司内部进行集成管理，然后提供给客户。IBM的硬件产品和软件产品是一体化运作的。IBM咨询服务也是如此。它能为客户提供端对端的咨询服务，从战略规划到策略制定，再到系统实施，由不同的部门协同执行。

（2）外部跨界。IBM采取与外部机构合作的方式进行外部跨界。IBM一直把自己的经验、知识与相关企业、政府机构一起分享，以此来推动共同进步。在知识共享和学习方面，IBM与客户、合作伙伴一起创造知识资产。同时，IBM咨询服务部门还帮助客户打造学习和共享或者协同的能力。在打造知识生产力时，IBM有很多积极尝试的成果。IBM建立了业务领导力模型BLM（Business Leadership Model），教授自身和客户怎样打造领导力。IBM内部就是充分利用这套模型进行成功转型的。这套模型已成为IBM的知识资产。

（二）构建学习机制

一方面，很多企业把学习等同于培训，把培训福利化，这样学习就变成一种福利；另一方面，很多企业不明确学习的目的。学习能帮助客户创造价值，即把从公司内部学到的东西进行有效整合，上升到整个组织的学习层面。当学习变成组织形式时，就实现了协同、技能和经验的分享。在这方面，IBM有两个明显特点：一是跨产品线学习，二是与公司外部（包括客户、合作伙伴）一起学习和创新。其涵盖四个维度：建立学习型组织、重视学习流程、构建文化体制、打造社会化企业工具。据此，IBM建立起良好的学习氛围和学习机制。

（三）高管身体力行

首先，在文化塑造方面，IBM从上到下所有领导都非常重视或者身体力行地参与其中。其次，IBM的每个员工都会有导师，而公司高管作为他人的导师，在传授技能给他人的同时，彼此之间也是一个学习的过程。这种导师体制没有直接的上下级管理关系，是纯粹的知识技能的指导。再次，IBM的高管都被要求直接在公司内部的网络社区或微博上将其技能、经验和看法与大家分享，既可影响大家去使用相关工具，又能把自己的经验和看法传递给别人。最后，IBM的高管在与客户或合作伙伴进行交流的过程中，可以与他们一起打造一些知识资产。IBM还有很多对外沟通机制，如高管经常给EMBA或MBA授课，或者参加一些论坛活动。

资料来源　佚名. IBM如何打造知识型企业？[EB/OL]. [2014-09-04]. http://www.kmpro.cn/html/anli/zsgljy/13104.html.有改动。

【考核要求】

IBM公司是如何打造知识型企业的？体现在哪些方面？对此，你有何感想？

二、综合实务

合资企业的经营

某中外合资企业于15年前建立，其生产的3种主要产品都是从外方母公司引进的。

其中，产品A的销售量目前占国内市场份额的60%左右（在公司初建的3年里，该比例一直保持在100%，后来随着进口产品的增加、国内其他企业的进入，比例逐渐下降），获利占公司利润总额的61%。A产品在外方母公司已经被淘汰，如有向外方母公司订购A产品的，外方母公司就需要向其海外生产A产品的各子公司订货。A产品在我国国内的需求量由于新的替代产品的出现，近年也在逐渐下降。产品B是3年前从外方母公司引进的新产品。其销售量占中国国内市场份额的10%左右，近两年市场需求量逐渐上升。B产品的获利占公司利润总额的32%。C产品的销售量占国内市场总量的比例不到10%，获利占公司利润总额的1%左右。B、C两种产品与国内同类产品的竞争日趋激烈，进一步提高市场占有率已比较困难。

外方母公司是一家跨国公司，公司规定，设在世界各国、各地区的跨国公司的合资企业，都是本跨国公司产品的唯一代理商，无论订购该跨国公司何处生产的产品，均需通过该跨国公司的一个代理商，而且每个代理商产品的定价方式均采取跨国公司总部确定的统一价格，然后，加上各子公司根据所在国物价水平确定的代办费（率），再加上预先收取的维修费及服务费。

根据该案例，回答下列问题：

1.该合资企业的产品组合表示（　　）。

A.公司已无发展前途　　B.公司缺乏后续支柱产品

C.公司流动现金肯定缺乏　　D.公司形成了良性产品更新阶梯

2.A产品提供的利润占公司利润总额的61%说明（　　）。

A.A产品是公司的净资金提供者　　B.该公司存在较高的经营风险

C.该公司过于依赖某一个产品　　D.公司应重点扩大A产品的销售量

3.该公司的未来发展战略应该是（　　）。

A.加强推销工作　　B.继续保持目前的产品组合

C.外方母公司追加投资　　D.积极开发新产品

4.为了实施公司的发展战略，可以采取的措施有（　　）。

A.停止A产品的生产，将投资用于B产品的推销

B.用A、B产品提供的利润支持新产品的开发

C.将各产品所获利润用于扩大自己的市场份额

D.扩大公司规模以增强竞争力

5.公司对A产品的工作重点应放在（　　）。

A.扩大广告宣传，提高市场知名度

B.尽快实现产品差别化，占领细分市场

C.降低成本，进行价格竞争

D.逐步撤出投资

6.该合资企业的外方母公司是从（　　）方面控制其子公司的。

A.技术　　B.价格　　C.市场　　D.资金

项目实训

【实训项目】

初识现代企业管理。

【实训目标】

与企业家交流并了解现代企业管理的重要性。

【实训内容】

组织学生到某企业参观，使学生了解真实的企业，即企业的组成部分和企业中的管理岗位。通过与企业家真诚交流，对现代企业管理的概念和重要性有大概的了解，对企业家应具有的素质和人格魅力有初步的认识，知道管理学在社会生产实践中的大量应用。

学生可以向企业家提出如下问题：①您是如何管理您的企业的？②您在现代企业管理中遇到的主要困难有哪些？③现代企业管理中最重要的知识是什么？④您的企业最需要哪种类型的人才？⑤您认为当代大学生在校期间如何培养自己的企业管理职业生涯？

【实训要求】

1.以直接对话的形式进行采访、录制，并把录像保存起来。

2.撰写实训报告。

<table>
<tr><td colspan="3">《　　　　　　　　　　　　　　　　　　　　》实训报告</td></tr>
<tr><td>项目实训班级：</td><td>项目小组：</td><td>项目组成员：</td></tr>
<tr><td>实训时间：　　　年　　月　　日</td><td>实训地点：</td><td>实训成绩：</td></tr>
<tr><td colspan="3">实训目的：</td></tr>
<tr><td colspan="3">实训步骤：</td></tr>
<tr><td colspan="3">实训结果：</td></tr>
<tr><td colspan="3">实训感言：</td></tr>
<tr><td colspan="3">不足与今后改进：</td></tr>
<tr><td colspan="3">项目组长评定签字：　　　　　　　　　　项目指导教师评定签字：</td></tr>
</table>

项目二

现代企业管理基础

知识目标

理解：西方和中国的管理思想；管理思想的基本内容。

熟知：管理者的类型、职责、角色；管理者应具备的技能和素质。

掌握：管理的概念与特征、性质、职能；管理思想的代表人物及其主要观点。

技能目标

能够把握各种管理理论和方法产生的原因与背景，从而更加理性而自觉地指导管理实践。

素质目标

通过本项目的学习，学生对本项目所提及的某些或某个典型人物产生认同感，并由此产生想更多了解其奋斗历程的愿望。

思政目标

能够正确地理解“不忘初心”的核心要义和精神实质；树立正确的世界观、人生观和价值观，做到学思用贯通、知信行统一；通过管理思想理论提升管理意识和观念，丰富管理职业生涯，实现管理以“以人为本”“以知识为本”的理念。

管理故事 “只有空杯思想，你才会进步”

2017年年底，张伟总裁带领几位经理赴香港等地区进行实地考察，学习香港餐饮连锁店的管理经验。

在香港餐饮连锁协会组织的咨询会上，有的经理认为协会领导介绍的深度不够，表现出了懈怠情绪，全然没了刚来时的兴奋与新奇。唯独张伟总裁始终仔细聆听并认真地做笔记，这期间还不时提出问题与协会领导进行讨论，并在告别时一再表示感谢。当天晚上，张伟立即组织随行经理开会。会上大家议论纷纷，表示收获不大，言语间流露出一种轻视的态度。此时，张伟表情有些凝重，他说：“俗话说得好：上帝欲使人灭亡，必先让其狂妄。自满、懈怠和狂妄都为失败埋下了祸根。这次我们是来学习的，可你们自己想一想学到了什么？今天我总结三点，提请大家特别注意：

第一，无论是待人接物还是学习考察，一定要有空杯思想，自满、懈怠是学习的大敌。

第二，人活着要有目标，要养成反思的习惯，时常检讨自己的言行。

第三，学习和生命同等重要。失去学习力，人也就失去了存在的价值。在学习上不但要会学习，更要善于学习。"

资料来源 杨沛霆．净雅的管理故事与哲理［EB/OL］．［2018-04-05］．https：//max.book118.com/html/2018/0405/160138248.shtm.有删减．

作为企业主管，对上级虚心求教是应该的，对平级虚心求教体现了工作激情，对下级虚心求教体现了领导品格，只有对所有人都虚心求教才能进步。超越别人，不是盯着别人的缺点，而是吸取他人的优点。一个人的能力与品格来自修养。失败常源于自满，之后会导致骄横、张扬、狂妄。

知识准备

任务一 管 理

一、管理的概念和特征

（一）管理的概念

管理（Management）作为人类社会协作劳动和共同生活的产物，其实践活动历史与人类历史一样悠久。长期以来，许多中外学者从不同的研究角度出发，对管理做出了不同的解释，其中具有代表性的有以下四种：

首先，强调工作任务的人提出：管理就是由一个或者更多的人来协调他人活动，以便取得个人单独活动所不能取得的效果。该观点认为：管理通过协调他人的活动达到组织的目标。该观点的出发点是：社会中之所以能形成各式各样的组织和集团，是由于集体劳动所能取得的效果是个人劳动所无法取得的，或者仅能在很低的可能性上或很长的时间内取得。

其次，强调管理者个人领导艺术的人提出：管理就是领导。该观点认为：任何组织都有一定的结构，而在结构的各个关键点上是不同的职位，占据这些职位的是一些具有特殊才能或品质的人，这些人被称为领导者。组织中一切有目的的活动都是在不同层次领导者的领导之下进行的，组织活动是否有效，取决于这些领导者个人领导活动的有效性，所以管理就是领导。

再次，美国管理学家赫伯特·西蒙（Herbert A. Simon）提出：管理就是决策。该观点认为，决策贯穿于管理的全过程和所有方面；组织是由一些决策者所构成的系统；任何工作都必须经过一系列的决策才能完成。如果决策错误，执行得越好，所造成的危害就越大。因此，任何一项组织工作的成败归根结底都取决于决策的好坏，所以管理就是决策。

最后，现代管理理论的创始人法国实业家亨利·法约尔（Henri Fayol）于1916年提出：管理就是为了特定的目的而实行的计划、组织、指挥、协调和控制。这种观点以管理的职能为基础，定义了管理。

综上所述，本教材对管理的定义为：一定组织中的管理者通过实施计划、组织、领导、控制等职能来协调组织所拥有的资源，以期更好地达成组织目标的过程。

（二）管理的特征

1.管理的主体是管理者

管理者是在管理中指挥和领导他人活动的人，他们构成了管理活动的主体。在现代，管理主体呈现出多样性的特点。其既可以是以个人形式存在的领导者，也可以是以集体形式出现的决策者和领导者。

2.管理活动是在特定的组织内外部环境的约束下进行的

任何组织都存在于一定的内外部环境之中，并受其约束。所谓内部环境，是管理者所管理的组织内部的状况，包括组织性质、组织制度、人员状况、组织技术水平等。所谓外部环境，主要是管理者所管理的组织面对的自然环境和社会环境。

3.管理的基本活动是计划、组织、领导和控制

计划、组织、领导和控制被称为管理的四大基本职能。所谓职能，是指人、事物或机构应有的作用。管理的职能是指管理者在管理过程中的各种基本活动及其功能。每个管理者工作时都是在执行这些职能中的一个或几个。

4.管理是为实现组织的目标而服务的

管理活动具有目标性，目的是实现组织的目标。管理的目标是管理的出发点和归宿，因此管理活动都是围绕着管理目标而展开的。尽管具体的管理活动会有不同的目标，但实现特定的目标却是一切管理活动的共性。

5.管理需要有效地协调和配置组织资源

特定管理目标的实现，需要有效资源的支撑，这就要求管理者在可能的范围内协调和配置组织资源，以保证管理目标的实现。管理者需要配置的组织资源，既包括人力、物力、财力、组织等方面的资源，也包括机会、时间、信息等方面的资源。

6.管理是一个过程

管理是一个包含多阶段多项工作的综合过程。管理以其目标为出发点和终点，以有效配置组织资源为实现管理目标的支撑，以四大基本职能为实现管理目标的环节和措施。因此，管理是在特定目标的引导下，由计划、组织、领导和控制这样一系列相互关联、连续进行的活动构成的一个过程。

7.管理的核心是处理人与人之间的关系

管理活动是一项社会活动，管理者在进行管理的过程中需要处理许多事务，实质就是处理人际关系。美国著名管理学家彼得·德鲁克（Peter F. Drucker）在1955年提出了“管理者的角色”的概念。他认为管理者扮演着三个角色：第一个角色是管理一个组织；第二个角色是管理管理者；第三个角色是管理工作和工人。其中，有两个角色提到人，这表明管理者的工作和职责的很大一部分是与人打交道。

二、管理的性质

（一）管理的两重性

根据马克思的政治经济学和哲学原理，企业生产过程是生产力和生产关系的统一体。对这个统一体的管理必然要同时体现对构成统一体的两个方面的要求，既有由一定的生产力状态所决定的自然属性，又有由一定的生产关系所决定的社会属性。

（二）管理的科学性与艺术性

管理实践是一门艺术，而指导这种实践活动的有条理的知识可以称为科学。管理具有科学性，也就是说管理学是一门科学。这是因为管理学具有客观性、实践性、理论系统性、真理性及发展性等科学的特点。其客观性体现在，管理学的研究对象是人类社会中各种组织的管理活动，它从客观实际出发，揭示管理活动的各种规律，这些规律是客观存在的，违反这些规律就必然遭到惩罚。其实践性体现在，管理学是在实践中产生并发展起来的一门科学，它所包含的知识是人们多年来实践经验的总结，其直接目的就是有效地指导实践。管理的艺术性就是强调其实践性，没有实践则无所谓艺术。管理人员必须在管理实践中发挥积极性、主动性和创造性，因地制宜地将管理知识与具体管理活动相结合，这样才能进行有效的管理。所以，管理的艺术性，就是强调管理活动除了要掌握一定的理论和方法外，还要有灵活运用这些知识和技能的技巧与诀窍。

同步案例2-1　**管理的理论流派**

某大学管理学教授在讲授古典管理理论时，竭力推崇科学管理的创始人泰勒的历史功勋，提倡泰勒所主张的“有必要用严密的科学知识代替老的单凭经验或个人知识行事”的观点，并且宣传法约尔的14条管理原则。在介绍经验主义学派的理论时，这位教授又强调企业管理学要从实际经验出发，而不应该从一般原则出发来进行管理和研究。他还说，欧内斯特·戴尔（Ernest Dale）在其著作中故意不用“原则”一词，断然反对有任何关于组织和管理的“普遍原则”。在介绍权变理论学派的观点时，这位教授又提倡在企业管理中要根据企业所处的内外部条件随机应变，没有一成不变、普遍适用的“最好的”管理理论和方法。不少学生却认为这位教授的讲课前后矛盾、胸无定见，要求教授予以解答。教授却笑而不答，反倒要求学生自己去思考，得出自己的结论。

同步案例2-1

分析提示

资料来源　刘友金，张卫东．管理学［M］．徐州：中国矿业大学出版社，2012．

请根据上述资料分析下列问题：

（1）教授的上述观点是前后矛盾的吗？为什么？

（2）在企业管理中，有无可能将管理学原理与实践正确结合起来？

（3）管理学究竟是一门科学还是一门艺术？

三、管理职能

（一）管理职能的概念

管理职能就是管理者为了有效地管理而必须具备的功能，或者说管理者在执行其职务时应该做些什么工作。它是人们对管理及其规律性的认识程度的表象化。实际上，管理职能是一种管理思想、管理文化，随着人们对管理理论和方法的认识与研究而不断发展。考察管理职能的目的有两个：管理要干什么、管理的既定目标如何达到。

（二）管理职能的划分

视频2-1

管理的五大职能

管理职能是管理者实施管理行为所体现出来的具体功能和实施过程。管理学家们对管理职能的认识看法不一，不同学派有不同见解。最常见的有“三职能”论，即计划、组织和控制。20世纪初，法国工业学家亨利·法约尔提出，所有的管理者都应履行以下五种管理职能，即计划、组织、指挥、协调、控制；20世纪30年代，美国的卢瑟·古利克（Luther Gulick）提出了管理的七项职能，包括计划、组织、指挥、控制、协调、人事、沟通；20世纪50年代，美国管理学家哈罗德·孔茨（Harold Koontz）和西里尔·奥唐奈（Cyril O'Donnell）提出，管理包括计划、组织、人事、指挥、控制五项职能。总之，由于不同时期、不同学者对管理职能研究的侧重点不同，形成了对管理职能多种不同的理解。概括起来，有关管理职能的划分，不同管理学家持有不同的观点，见表2-1。

表2-1 不同管理学家对管理职能划分的认识

年份	职能管理学家	计划	组织	指挥	协调	控制	激励	人事	整合资源	沟通
1916	法约尔	√	√	√	√	√				
1925	梅奥						√	√		√
1934	戴维斯	√	√			√				
1937	古利克	√	√	√	√	√		√		√
1947	布朗	√	√	√		√			√	
1949	巴威克	√	√			√				
1951	纽曼	√	√	√		√		√		
1955	孔茨与奥唐奈	√	√	√		√		√		
1964	梅西	√	√			√		√		
1970	海曼与斯科特	√	√			√	√	√		
1972	特里	√	√		√	√				

说明：“√”表示各管理学家对管理职能划分的认识。

现阶段关于管理职能比较流行的观点是将其简化为四项，即计划、组织、领导、控制，如图 2-1 所示。

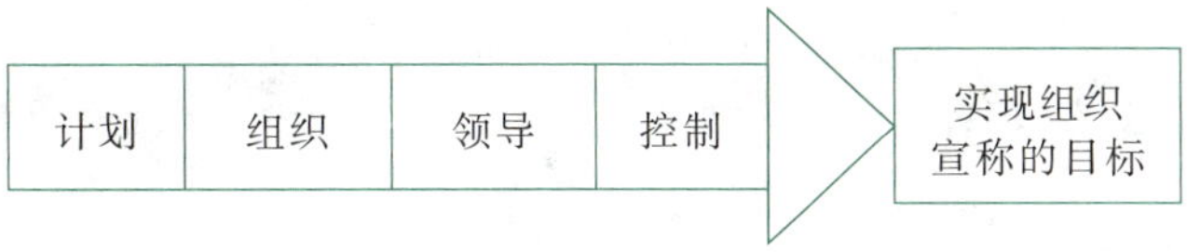

图 2-1　管理职能

（三）管理的基本职能

1. 计划（Planning）

计划职能是管理的首要职能，管理活动从计划工作开始。具体来说，计划工作主要包括评估机会和确定目标，分析测量条件、环境和资源，制订并比较分析实现目标的备选行动方案，选择方案，根据实际情况调整计划等。

2. 组织（Organizing）

组织是由两个或两个以上的个人为了实现共同的目标组合而成的有机整体。组织目标决定着组织结构的具体形式和特点。组织职能是管理活动的根本职能，是其他一切管理活动的保证和依托。组织职能是一个动态的过程，随着管理条件和环境的变化而进行变革和调整。

3. 领导（Leading）

领导职能的基本内容包括激励、沟通、协调、奖励、处罚、示范等。它是一门非常奥妙的艺术，贯穿于整个管理过程中，是活的灵魂，集中体现管理者的素质和管理能力，是实现管理效率和效果的关键，因此领导职能是管理活动的核心环节。

4. 控制（Controlling）

控制职能是管理过程的监视器和调节器，控制不仅是对以前组织活动情况的检查和总结，而且可能要求在某时点以后对组织业务活动进行局部甚至全局的调整。因此，控制是整个管理过程的重要链条。它对管理过程的顺利进行具有重要的保证作用。

以上是管理的四种基本职能，它们分别回答了一个组织要做什么、怎么做、靠什么做以及做得怎么样的基本问题。这四种职能都有自己独特的表现形式：计划职能通过计划的形式表现出来；组织职能以组织结构设计和人员配备表现出来；领导职能通过领导者与被领导者的关系表现出来；控制职能通过对计划执行情况的信息反馈与纠偏措施表现出来。这些职能，从理论上来说，是按一定的时间顺序实施的，即先计划，后组织，再领导，最后控制。然而，在实践中这种先后的工作逻辑并不绝对。这些管理职能不是截然分开的独立活动，它们往往相互融合，同时进行。

没有计划便无法控制，没有控制也就无法积累制订计划的经验。人们往往在开展控制工作的同时，又需要编制新的计划或对原计划进行修改。同样，没有组织架构，便无法实施领导，而在实施领导的过程中，又可能反过来对组织进行调整。但就总体而言，每一项管理工作一般都是从计划开始，经过组织、领导到控制结束。管理过程是各项职能活动周而复始的循环过程。

任务二　管理者

一、管理者的类型与职责

（一）高层管理者

高层管理者是一个组织的高级执行者并负责全面的管理。其指的是战略管理者，关注长期问题并侧重于组织的生存、成长和总体有效性。高层管理者不仅把组织看作一个整体，还要将组织与外部环境联系起来。这种联系常常要求管理者与外部人员和组织密切合作。首席执行官（CEO）是大型组织中的一种高层管理者，是企业的首席战略管理者。

（二）中层管理者

中层管理者位于高层管理者和基层管理者之间，有时被称为战术管理者，负责将战略管理者制定的总目标和计划转化为更具体的目标和行动。其主要职责是贯彻执行高层管理者所制定的重大决策，监督和协调基层管理者的工作。中层管理者通常享有部门或办事处主管、科室主管、地区经理、产品事业部经理或分公司经理等头衔。与高层管理者相比，中层管理者更注重日常事务的管理，在组织中起到承上启下的作用。

（三）基层管理者

基层管理者又称运作管理者，是监督组织运作的低层管理者。他们通常的头衔是工长或销售经理，直接面对组织内非管理性员工，实施中层管理者制订的具体计划。这个角色在组织内是非常关键的，因为运作管理者是管理者与非管理性员工之间的联系人。

不同层次管理者工作上的差别，不是职能本身不同，而是各项管理职能履行的程度和重点不同。如图2-2所示，高层管理者花在计划、组织和控制职能上的时间要比基层管理者多，而基层管理者花在领导职能上的时间比高层管理者多。即便就同一管理职能而言，不同层次的管理者所从事的具体管理工作的内涵也并不完全相同。例如，就计划工作而言，高层管理者关心的是组织整体的长期战略规划，中层管理者偏重的是中期、内部的管理性计划，基层管理者则更侧重于短期的业务和作业计划。

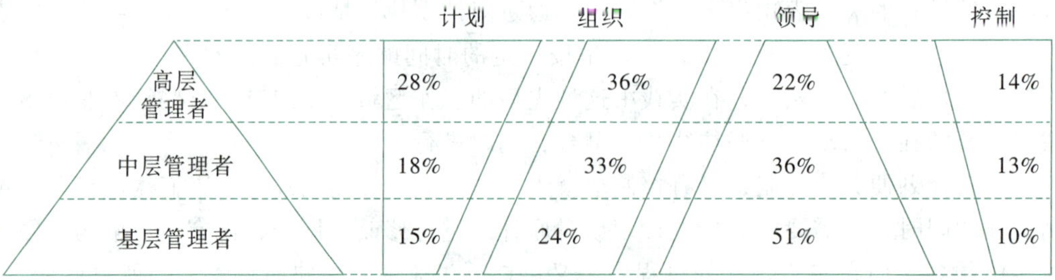

图2-2　不同层次管理者花在每种职能上的时间分布

二、管理者角色

20世纪60年代末期，加拿大管理学家亨利·明茨伯格（Henry Mintzberg）对5位总经理的工作进行了一项仔细的研究。在大量观察的基础上，明茨伯格提出了一个“管理者究竟在做什么”的分类纲要。他的结论是，管理者扮演着10种不同但高度相关的角色。这10种角色可以进一步组合成3个方面：人际关系、信息传递和决策制定，见表2-2。

表2-2　明茨伯格的管理者角色理论

分　类	描　述	特征活动
◆　人际关系角色		
●　挂名首脑	象征性的首脑，要履行许多法律性或社会性的例行义务	迎接来访者，签署法律文件
●　领导者	承担激励和动员下属，人员配备、培训和交往的职责	实际上从事所有有下级参与的活动
●　联络者	维护自行发展起来的外部接触和联系网络，向人们提供信息	发感谢信，从事外部委员会工作和其他有外部人员参加的活动
◆　信息传递角色		
●　接受者	寻求和获取各种特定的信息（其中许多是即时的），以便透彻地了解组织与环境，是接受组织内部和外部信息的神经中枢	阅读期刊和报告，保持私人接触
●　传播者	将从外部人员和下级那里获得的信息传递给组织的其他成员——有些是关于事实的信息，有些是解释和综合对组织有影响的人物的各种观点	举行信息交流会，用打电话或网络视频的方式传达信息
●　发言人	向外界发布有关组织的计划、政策、行动、结果等信息；作为组织所在产业方面的专家	举行董事会议，向媒体发布信息
◆　决策制定角色		
●　企业家	寻求组织和环境中的机会，制订改进方案以发起变革，监督某些方案的策划	制定战略，检查会议决定执行情况，开发新项目
●　驾驭者	当组织面临重大、意外的混乱时，负责采取补救行动	制定战略，检查陷入混乱和危机的时间
●　资源分配者	负责分配组织的各种资源（事实上是批准所有重要的组织决策）	调度、询问、授权，从事涉及预算的各种活动和安排下级的工作
●　谈判者	在主要的谈判中作为组织的代表	参与工会活动，进行合同谈判

（一）人际关系角色（Interpersonal Roles）

所有的管理者都要履行礼仪性和象征性的义务，都承担领导者的职责，包括雇用、培训、激励、惩戒雇员。管理者扮演的第三种角色是在人群中充当联络者。明茨伯格把这种角色描述成与提供信息的来源接触，这些来源可能是组织内部或外部的个人或团体。

（二）信息传递角色（Information Transfer Roles）

所有的管理者在某种程度上，都从外部的组织或机构收集和接受信息。典型的情况是，通过阅读报刊及与他人谈话来了解公众趣味的变化，竞争对手可能正打算做什么等，明茨伯格称此为接受者角色；管理者还起着向组织成员传递信息的作用，即扮演着传播者的角色；当代表组织向外界表态时，管理者在扮演发言人的角色。

（三）决策制定角色（Decision Making Roles）

明茨伯格围绕制定决策又确定了四种角色：①作为企业家，管理者发起和监督那些将改进组织绩效的新项目；②作为驾驭者，管理者采取补救行动，处理那些未预料到的问题；③作为资源分配者，管理者负有分配人力、物资和金融资源的责任；④当管理者为了组织的利益与其他团体议价和商定成交条件时，他们在扮演谈判者的角色。

三、管理技能

管理技能与管理者做哪些工作直接相关。任何组织的存在，都有其服务的专业领域，因此，管理者必须具备三方面的技能：技术技能、概念和决策技能、人际沟通技能。

（一）技术技能

技术技能是指在某一特定的领域内，使用有关知识、方法、技术和程序完成具体任务的能力。它不仅能帮助人得到进入某一组织的机会，而且能帮助人成为管理者。

（二）概念和决策技能

概念和决策技能是指认识复杂、动态问题，发现影响问题的诸多冲突因素，并为组织和相关者的利益去解决问题的能力。具体来说，它应包含以下三种能力：了解整个组织及其外部环境的能力、了解组织内各部门协作关系的能力、判断不同形态管理问题的能力。

（三）人际沟通技能

人际沟通技能是指与人友好合作的能力，即领导、激励、处理冲突以及与他人一同工作的能力。技术技能强调的是如何处理“事”，而人际沟通技能强调的是如何处理“人”。“人”是组织中最重要的资源，因此所有管理者都应该具备人际沟通技能。

上述三种技能是各个层次管理者都需要具备的，只是不同层次的管理者对这三种技能的要求程度有所区别，具体如图2-3所示。

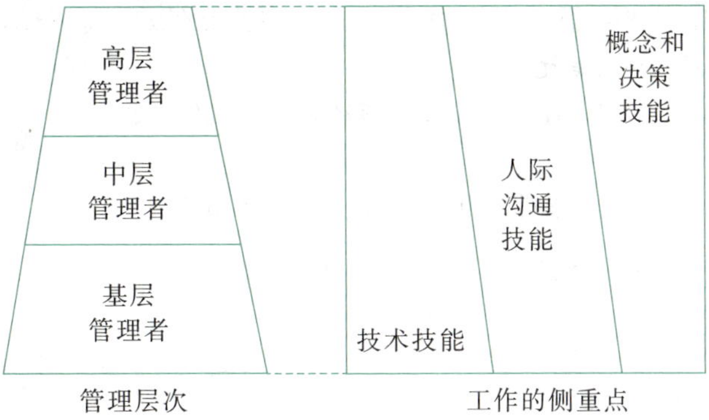

图 2-3　管理层次与管理技能

四、管理者应具备的素质

管理者的素质主要包括品德、知识、能力、身体和心理五个方面。

（1）品德。管理者应当具备的基本品德包括：①强烈的事业心；②不断开拓和创新的精神；③有全局观念，不谋私利；④有良好的民主作风。

（2）知识。管理者应当具备的基本知识包括：①政治、法律方面的知识；②经济学和管理学方面的知识；③人文、社会科学方面的知识；④科学技术方面的知识。

（3）能力。它是指管理者把管理理论与业务知识应用于实践，进行具体管理、解决实际问题的本领。

（4）身体。管理活动既是一种脑力劳动，又是一种体力劳动，管理者应当身体健康、精力充沛。

（5）心理。它是指一个人的心理过程和个性方面表现出来的持久而稳定的基本特点。管理者除了要有强烈的事业心和责任感之外，还应该乐观、自信，有坚强的意志和宽广的胸怀。

同步案例 2-2　IS 计划帮助 Tenneco 重获竞争优势

Tenneco Business Services（以下简称“Tenneco”）总部位于得克萨斯州的休斯敦，是一家生产包括传动系统（排气的、发射的和人力的）和包装物（纸、塑料和铝制品）等多种产品的公司。1996 年当销售额达到 100 亿美元、净收入 4.12 亿美元时，公司发展似乎不太好。至 1997 年，公司的股票价格一路下跌，债务达到 90 亿美元。一项基准分析表明，Tenneco 基本业务（如订单和发票）的处理成本是其竞争者的两倍。很明显，Tenneco 必须降低其数据处理成本，提供更有效的信息系统服务。对此，新的财务管理信息系统的开发起到了重要作用。Tenneco 制订了以减少数据冗余和降低成本为目标的 IS（Information System）计划。IS 计划的第一个关键策略是创建 IS、财务、人力资源和其他一般职能部门之间可以共享的通用服务，所有部门使用同一个财务管理信息系统，这不仅帮助公司削减了成本，而且使公司的灵活性增强、标准化提高，能在财务信息的交换上使用通用语言。

同步案例 2-2
分析提示

第二个关键策略是在3年之内实施软件外包，改善整套供应链。一旦完成，预计这项工程每年会为公司节约1.5亿美元以上。

资料来源　金圣才．考研MPA/MBA管理学经典考试案例解析［M］．北京：中国石化出版社，2019.

根据上述案例资料，你得到了哪些管理学上的启示？

任务三　管理思想

一、西方管理思想

西方早期管理思想的特点是管理更多地依赖经验，人们对管理原理、管理方法的认识不够深刻，最具代表性的是亚当·斯密（Adam Smith）和查尔斯·巴贝奇（Charles Babbage）。

（一）“经济人”假设

亚当·斯密是英国古典政治经济学家，其观点对西方早期管理思想有着重要影响。1776年，斯密出版了他的经济学巨著《国富论》。

视频 2-2

“经济人”假设

为了增强生产力，斯密十分重视劳动分工的作用。他分析了劳动分工的经济效果，并提出了“生产合理化”的观念。劳动分工之所以能大大提高生产效率，原因在于：①每个工人的能力有差别，每个自然人的优势能力不尽相同；②将合适的人用在合适的位置上会产生事半功倍的效果；③劳动分工增强了每个工人的技术熟练程度；④劳动分工使工作转换时间大大节省；⑤发明的新机器可以帮助工人完成以前需要多个工人通力合作完成的劳动。

斯密的另一个重要贡献是“经济人”假设。他认为，人们出于对财富的追求而从事经济活动，即“经济人”。其原因是：第一，人们出于本能热衷于改良和提高。第二，为了实现和维持社会地位，人们必须为追求财富不断地工作。人们关心的仅仅是自身利益，然而自身利益却要受到一只“看不见的手”的引导，使之受到他人利益的制约，最终使人们更加有效地促进社会利益的实现。

斯密的观点演绎出资本主义的两大要义：第一，“人人”都是自私的，每个人都想比别人生活得更好，都想比过去生活得更好，从这个意义上讲，每个人的行为主观上都是利己的；第二，“人人”都是自由平等的，行业的出入是自由的，竞争规则是优胜劣汰，这在客观上是有利于社会的。

在这里，“人”可以是自然人，可以是一个小组织，可以是一个企业法人，也可以是一个省、一个国家。斯密生活的时代处于英国工业革命初期，他的思想为资产阶级确立支配地位提供了理论基础。

（二）科学管理先驱

查尔斯·巴贝奇是英国数学家、发明家和科学管理的先驱。1832年，巴贝奇出版了《机器与制造业经济学》一书。他认为工厂应该实行专业化分工，对生产实行集中化管理，应用时间研究技术，进行批量生产与均衡生产，注意机器与工具的使用等。另外，他还分析了颜色对疲劳的影响，建议进行成本记录，主张建立一套有效的可行性建议制度。

在研究劳动分工时，巴贝奇提出了较斯密更为详尽的解释。他认为劳动分工之所以能够提高生产率，主要原因在于：劳动分工节省了学习所需要的时间、学习期间所耗费的材料、从一道工序转到下一道工序所需要的时间；工人经常从事某项工作，可以使肌肉得到锻炼而不易引起疲劳，可以提高技术熟练水平而使工作速度加快；并且，工人的注意力集中在单一作业上而便于改进工具和机器。

在劳资关系上，巴贝奇强调工人同工厂主的协作。他认为工厂制度能提高工人的生活水平，对工人具有有利的一面。巴贝奇提出了一种工资加利润分享制度，其做法是工人按照工作性质获得固定工资，并按贡献多少分得一部分工厂利润。他认为这种做法的好处是工人的利益与工厂的发展直接相关，能促使工人关心浪费和管理问题，促使每个部门都改进工作，有助于工人提高技术和个人素质，减少工人同工厂主之间的矛盾。同时，巴贝奇注意利用技术手段改进工厂管理。在作业研究中，他发明了“观察制造业的方法”，这种方法要求观察者使用规范化的提问表，对生产制造过程的相关因素进行细致考察。另外，巴贝奇在动作研究方面也做了大量工作，其研究还涉及投资规模、厂址选择、制造过程的成本分析、企业间的比较分析等。

巴贝奇的思想传承了斯密的思想，也为后续科学管理理论提供了借鉴。

二、西方古典管理思想

（一）科学管理之父

弗雷德里克·泰勒（Frederick Taylor）是美国著名管理实践家、管理学家。他1878年进入费城米德维尔钢铁厂工作，到1890年，从普通工人升至总工程师。1890—1893年，在一家制造纸板纤维的制造投资公司任总经理，后来独立创业，从事管理咨询和科学管理的推广应用工作。

在米德维尔钢铁厂工作期间，他感觉当时的管理层不懂工作程序、劳动节奏和疲劳因素对劳动生产率的影响，工人缺少训练，没有正确的操作方法和可以使用的工具，而这些大大影响了劳动生产率的提高。为了改进管理，从1880年起，他开始试验和研究，逐步形成后来被称为“科学管理”或“泰勒制”的管理制度。“泰勒制”的要点包括：

（1）科学管理的中心问题是提高劳动生产率。为此，泰勒通过科学的观察、记录和分析，致力于“时间动作研究”，探讨提高劳动生产率的最佳方法，制定出合理的日工作量。

（2）为了提高劳动生产率，需要挑选和培训第一流的工人（指适合于某种工作并且愿意努力工作的工人）。

（3）要使工人掌握标准化的操作方法，使用标准化的工具、机器和材料，在标准化的工作环境中操作。

（4）采用刺激性的报酬制度激励工人努力工作。其主要是制定合理的工作定额，实行差别计件制：达到标准获得正常报酬，未达到标准获得低报酬，超过标准获得高报酬。

（5）工人和雇主两方都应当来一次“精神革命”。双方合作，共同致力于提高劳动生产率，把“蛋糕”做大，即使不改变分配比例也有利于双方。劳资双方应变对立为合作，共同为提高劳动生产率而努力。

（6）把计划职能和执行职能分开，以科学工作方法取代经验工作方法。

（7）实行职能工长制。一个工长负责一个具体方面的职能管理工作，细化生产过程管理。

（8）管理控制中实行例外原则。日常事务授权部下负责，管理人员只对例外事项（重大事项）保留处置权。

泰勒最根本的贡献是在管理实践和管理问题研究中采用包括观察、记录、调查和试验等手段的科学方法。他也被誉为“科学管理之父”。

（二）现代经营管理之父

亨利·法约尔是法国著名管理实践家、管理学家，古典管理理论创始人之一。法约尔长期从事高层管理工作，对全面管理有深刻的体会和了解，积累了丰富的经验。他在其代表作《工业管理与一般管理》中提出的一般管理理论对西方管理理论的发展具有重大的影响，成为管理过程学派的理论基础。其观点主要包括以下三个方面：

（1）六种经营活动。法约尔认为，经营和管理是两个不同的概念。经营是引导一个组织趋向一个目标，包括六种活动：技术活动（生产）、商业活动（交换）、财务活动（资金的筹集、控制和使用）、安全活动（财、物和人身的安全）、会计活动（记账、算账、成本核算和统计等）、管理活动（计划、组织、指挥、协调和控制）。

（2）五大管理职能。法约尔指出，人们对六种经营活动中的前五种了解较多，但对管理活动知之甚少。管理包括计划、组织、指挥、协调和控制五大职能。管理具有适用于企业、事业单位和行政组织的一般功效，以及可概念化、可理论化和可传授的特点，所以应该大力开展管理教育。他提出的关于五大管理职能的思想，成为人们认识管理职能和管理过程的一般性框架。

（3）十四条管理原则。法约尔提出了著名的“十四条管理原则”，至今仍有重要的实践指导意义。这些原则包括：劳动分工原则、权责对等原则、纪律原则、统一指挥原则、统一领导原则、个人利益服从整体利益原则、员工报酬原则、集权原则、等级系列原则（跳板原则）、秩序原则、公平原则、人员稳定原则、首创精神原则、团结合作原则。

（三）组织理论之父

马克斯·韦伯（Max Weber）在《经济与社会》一书中提出的理想行政组织体系理论影响深远，他因此被人们称为“组织理论之父”。韦伯认为权力是一切组织存在的基础。权力分为三种类型：传统权力、超凡权力和法定权力。传统权力来源于人们对古老传统的尊崇，人们认为按习俗行事或通过继承取得权力具有正统性。拥有传统权力的领导人并非出于他们的能力和人格，而是他们与传统的联系。超凡权力则出于人们对个别人特殊的、卓越的能力和品质的敬仰。拥有这种权力的领导者实行人治，被领导者则是他们的追随者。法定权力是那些按照一定的社会准则被选择和提升的人所拥有的权力。

韦伯设想的行政组织体系是一种理想化的管理组织形式，它如同一台权力机器高度结构化、非人格化，适用于各种正式组织，是一种能高效率地实现管理功能的组织结构形式。行政组织体系的构造思想主要包括以下内容：

（1）根据组织目标和管理任务，按劳动分工原则对工作进行分解，形成一定的职位体系，并对每个职位的权力和责任做出明确的规定。组织过程依法进行，所形成的一套法规制度使职权合法化，并规定了必要的强制手段用以规范成员的行为。

（2）在组织内部按照职位、职权制定等级，自上而下地建立一种指挥系统。上级对下级实行指挥和监督，下级向上级负责。

（3）组织内部活动按照相关法律、规章制度进行，以保证组织活动的连续性；管理中的命令、决定和规章以文件形式下达，并以档案形式保管。

（4）组织内人员是被任命而非选举产生的；任用人员按职位要求进行，任职人员需要经过考试或取得相应的专业资格；组织对人员进行专业培训，以提高组织人员的专业水平；任职人员不是组织的所有者，固定的薪金是他们的收入来源；任职人员可以被奖惩或根据其工作表现进行升迁。

（5）组织关系非人格化，人与人之间是工作关系；任职人员必须严格遵守组织的工作规范和纪律，不得滥用职权。

韦伯设想的行政组织体系有三个层次：最高领导层主要负责制定决策，行政管理层负责执行决策，一般管理层负责组织的具体工作。这一结构至今仍在多数组织中使用。

韦伯认为组织形式是人类社会发展进程中的必然产物。行政组织体系在精确性、稳定性、纪律性和可靠性方面具有一定的优势，它被证明是与工业社会相适应的一种组织形式。韦伯理论的另一个重要之处在于强调行政组织体系为管理活动提供了组织保证。

韦伯理论的主要不足：行政组织体系是一种理想化的体系，这种体系没有考虑组织结构中的断层、机能障碍和诸多影响组织结构的要素；韦伯的分析针对正式组织，对确实存在的非正式组织并未涉及；行政组织体系在效率问题上存在矛盾，在理想运转状态下行政组织体系是高效的，但实际上当组织内部的意见、观点和利益不一致时，将导致组织效率下降。

三、西方行为科学管理理论

行为科学（Behavioral Science）产生于20世纪30年代，是继古典管理理论后的又一种重要管理理论。古典管理理论的思想基础是用科学的方法和严格的制度进行管理，强调工人操作、管理过程和组织制度的科学性，把人视为单纯的“经济人”，认为人从属于工作、管理和制度。最有影响的是梅奥的人际关系理论。人际关系理论有深刻的历史背景，但它的产生直接来源于霍桑试验。

（一）霍桑试验及结论

霍桑试验（Hawthorne Studies）是在美国西方电气公司的霍桑工厂进行的，由哈佛大学的心理学教授乔治·埃尔顿·梅奥（George Elton Mayo）主持。这项试验的最初目的是研究生产相关因素对劳动效率的影响，历时8年，分4个阶段进行。

1.工厂照明试验（1924—1927年）

当时许多观点认为影响劳动效率的主要因素是工人疲劳，于是研究人员希望通过试验测出照明度对生产效率的影响程度。他们把一批工人分为试验组和对照组，改变试验组工厂的照明强度，而保持对照组工厂的照明强度不变。但试验结果显示，照明强度的变化对生产效率几乎没有什么影响，试验组和对照组的产量都增加了，只有当照明强度降到月光水平时，试验组的产量才显著下降。研究人员无法解释这一现象，于是1927年由梅奥等人继续进行试验。

2.继电器装配室试验（1927—1928年）

这次试验的对象是继电器装配室的6名女工。在试验中，对材料供应、工间休息、午餐供应、工作时间、劳动监督、工资报酬等工作条件和福利待遇进行了改善，结果发现这些因素的改善使产量增加了。但一段时间后取消了优待措施，女工的劳动生产效率并没有下降。梅奥得出的结论是：其他因素对生产效率没有特别的影响，但改善监督和指导方式使工人转变了工作态度，增加了产量。

3.访谈调查（1928—1931年）

梅奥等人在全厂范围内对工人进行了大规模的访谈与调查。开始采取问卷方式进行调查，后来允许工人自由发表意见。研究人员发现工人认为重要的事情与公司预想的并不一样，对劳动生产效率影响最大的不是工资和生产条件，而是人际关系和管理制度。通过此次调查，工人发泄了内心的积怨，心情舒畅，从而使产量得到了提高。

4.接线工作室试验（1931—1932年）

这次试验是对工人的工作状况进行考察，对象是从事接线、焊接和检验的14名男工，实行小组计件工资制。研究者发现工人们并不如实地报告产量，而是将其保持在“过得去”的水平上；他们每人的日产量差不多，并不过于突出或落后；他们自发地形成了一些规范，在成员内部存在着一些小团体。梅奥由此提出正式组织中存在“非正式组织”。“非正式组织”有自己的准则，协调和控制着成员行为，也影响着群体的工作效率。

（二）人际关系学说

霍桑试验使梅奥认识到：物质条件和生理因素会影响人们的生产效率，但人们的心理、人际关系和社会环境对生产效率的影响更大。1933年，梅奥出版了《工业文明中的人的问题》一书。在这部著作中，他阐述了人际关系学说的主要思想：

1.工人是“社会人”

梅奥认为工人不是单纯追求经济收入的“经济人”，他们是复杂的社会系统的成员，有社会、心理方面的需求。工人的行为不是孤立的，他们倾向于归属某个群体，并受群体的影响；他们追求尊重和友情，受情绪和心理因素的支配；社会环境是复杂的，以至于工作条件、工资报酬和其他技术问题并不是影响劳动生产率的首要因素。工人是“社会人”的观点要求人员管理按社会方式进行，这为以后沟通理论、激励理论的产生奠定了基础。

2. 企业中存在着“非正式组织”

视频2-3

非正式组织

“非正式组织”是基于人们之间共同的情感、观点、社会倾向而自发形成的组织形式。这种组织形式对人们的行为有重要影响，它会形成群体规范、增强人们的凝聚力、满足人们的交往需要、协调人们的行为、保护群体成员。“非正式组织”是客观存在的，领导者不能忽视或否定它的作用。“非正式组织”与“正式组织”有时相互依存，有时却彼此冲突。管理者必须了解“非正式组织”的特性，引导“非正式组织”向有利于“正式组织”的方向发展。

3. 重在提高人们满足感的领导方式

梅奥认为，决定劳动生产率的因素首先是人们工作的积极性、主动性与协作性，而这些来自人们从工作中获得的满足感。经济收入是使人们满足的一个方面，但更多的满足感来自被上级、同伴和社会承认的人际关系，以及由个人生活经历所形成的心理状况。新型领导方式应重在增强人们的满足感，提高人们的工作积极性。这要求领导者具备技术与处理人际关系的双重技能，领导者必须善于倾听和沟通，能够调动员工的潜能，使企业的发展目标与非正式组织、员工的自身需求相协调。

四、现代管理学派

1961年，孔茨在《管理理论的丛林》中提出了6个管理学派。1980年，他在《再论管理理论的丛林》中将其扩充至11个学派。这里简单介绍其中的9个学派。

（一）管理过程学派

管理过程学派又称传统学派、管理职能学派，是以管理活动的基本程序、职能为研究对象的管理学流派。

管理过程学派公认的创始人是法约尔。法约尔把管理作为企业经营的六种基本活动之一，包括计划、组织、指挥、协调和控制等职能。20世纪初，有关生产管理、计划管理、公司管理等管理过程的分析以及对管理原则的探讨逐渐增多；第二次世界大战后，该学派的观点日渐被学者和管理人员所接受和支持；20世纪60年代后，该学派中又融入了决策理论和控制理论；到了20世纪80年代，管理过程学派已成为继古典管理理论和行为科学理论后的一个重要学派。

孔茨是当代管理过程学派的主要人物，他把管理工作划分为计划、组织、人事、指挥和控制5种职能。孔茨认为协调是5种职能有效应用的结果，管理是科学与艺术的结合。

（二）社会系统学派

社会系统学派从社会学角度研究各类组织，认为组织是一种社会系统；人们相互影响、相互作用，人是社会关系的载体；社会系统是人们在意见、力量、愿望以及思想等方面的协作体系，它存在于社会大系统之中，受社会中各种因素的影响；管理是对构成社会系统的人、物、社会因素的协调，其目的是维持社会系统的存在、发展和有机性。

社会系统学派的代表人物切斯特·巴纳德反对传统管理理论对组织的解释。他认为组织是“有意识调整了的两个或两个以上的人的行为或各种力量的系统”。

为了维持组织的正常运转，管理人员需要完成三个职能：建立和维持一个信息联络系统，促使组织成员为实现组织目标提供必要的服务，规定组织的目标。

（三）决策理论学派

决策理论学派是从社会系统学派发展而来的。该学派突出了社会系统中的决策地位，并吸收了行为科学、系统理论、运筹学和计算机科学的知识，于20世纪70年代成为一个独立管理学派。决策理论学派侧重于理论研究，因而支持该学派的多数是经济学家和数学家。该学派的主要代表人物有赫伯特·西蒙、詹姆斯·马奇等人。

西蒙认为管理的本质是决策，管理中的其他工作都是围绕决策这个核心来展开的。任何管理工作都包括制定和实施决策，这使得决策贯穿于管理工作的全过程，是决定管理成效的关键。

（四）系统管理学派

20世纪中叶，系统理论逐渐趋于完善。这种理论把所有事物都视为系统，系统由相互依存、相互联系的一组事物或成分构成，在内部呈现出均衡性、有机性，在外部则与环境相互影响、相互作用。系统管理学派利用系统理论分析组织结构、研究管理方式。该学派的代表人物有弗里蒙特·卡斯特、詹姆斯·罗森茨韦克等人。其中，卡斯特的贡献更为突出。

卡斯特是美国管理学家，他认为社会是一个大系统，组织是其中的子系统。

进行组织系统管理的基本过程是：①进行系统决策，使管理者确定需要何种形式的组织系统；②进行系统设计，即管理者根据组织目标决定组织构成、各个组织部分的关系和结构形式；③系统运作与控制，即根据系统设计投入人、财、物，使组织作为实体，按设计进行运转；④检查和评价系统运转效果。

（五）社会技术系统学派

社会技术系统学派是一个新兴的管理学派，由社会系统学派发展而来，其主要创始人是英国的埃里克·特里斯特。特里斯特等人提出要想提高生产效率，就必须把管理和技术协调起来，建立一个社会技术系统。

社会技术系统学派看到了技术系统对社会系统的影响，首次把两者综合起来，为管理实践做出了贡献。但该学派更多的是强调生产第一线和基层的管理工作，还未能与全部的管理理论结合起来。

（六）经验主义学派

经验主义学派又称案例学派。该学派通过研究管理经验，总结成功的经验、方法，从而对管理人员进行指导和帮助。其强调管理的艺术性，不追究管理的一般原则，而是为管理者寻找仿效的榜样，希望管理者通过借鉴经验，提高自己的管理技能。经验主义学派的代表人物较多，如欧内斯特·戴尔、彼得·德鲁克、威廉·纽曼等。

经验主义学派注重研究管理实践中的经验。戴尔曾指出，管理知识的真正源泉就是大公司中“伟大的组织者”的经验。管理者应多分析管理案例，从成功和失败的案例中发现规律性的东西，并在此基础上概括出指导内容。

（七）管理科学学派

管理科学学派又称数理学派，是泰勒科学管理理论的继续和发展。泰勒以及更早的巴贝奇都试图寻找最好的方法来提高劳动生产率，这一思想随着运筹学、现代计算机技术的发展而得到进一步实现。

管理科学学派的代表人物是美国的埃尔伍德·伯法等人，他们认为管理科学在思想上与运筹学一致；通过制定和运用数学模型或程序，可以把计划、组织、控制、决策等活动用数学符号和公式表示出来，求出最优解，从而更有效地实现企业的目标。这一学派的研究重点是从系统角度考察组织活动，以建立数学模型为主要手段，在工作中使用了较多的计算机技术。

（八）经理角色学派

经理角色学派产生于20世纪70年代，其代表人物是亨利·明茨伯格。1973年，明茨伯格出版了《经理工作的性质》一书，提出了经理角色的观点。明茨伯格认为经理的工作有自身特点。他根据对经理实际活动的研究，提出了经理在实践工作中扮演着3类10种角色，具体见本项目的任务二。

（九）权变理论学派

权变理论出现于20世纪60年代末。其主要研究领域是组织结构和领导方式。组织结构权变理论的重要人物是英国的琼·伍德沃德，其代表作是《工业组织：理论和实践》。伍德沃德就组织结构与环境变量之间的关系进行过大量研究，结果发现环境因素对组织结构确有影响。领导方式权变理论的重要人物有弗雷德·菲德勒、罗伯特·豪斯等。他们的基本观点是：领导方式受企业目标、成员行为、上下级关系等多种因素的影响，因此普遍适用的、最好的领导方式是不存在的。

权变理论改变了人们长期以来寻求最好的领导方式的观念，它强调组织对环境的适应性、领导方式的灵活性，这对当今社会技术高速发展条件下的管理工作有着重要意义。

五、中国管理思想

拓展阅读2-1

经五事、校七计

（一）中国古代管理思想

我们在研究现代管理思想时，首先要研究中国传统的管理思想。但我国古代名著典籍浩如烟海，我们只能取其部分精华，以达一斑窥豹之效。

1.《孙子兵法》的管理思想

《孙子兵法》是世界上最早的一部完整、系统的古典军事理论著作，被誉为兵学圣典，由春秋末期孙子所著。西方很多管理者将其视为企业商战、管理商战的法宝。其包括：①系统分析的管理思想；②量力而行的管理思想；③信息管理的思想；④“择人而任势”的用人思想。

拓展阅读2-2

儒家的管理思想

2.儒家的管理思想

儒家思想是在春秋时期的“百家争鸣”中形成的，之后发展成为我国封建统治者管理国家和社会的基本指导思想，其代表人物有孔子（核心思想是礼制）、孟子（布施仁政观）和荀子（核心思想是用后天圣人或贤人所创造的善道来改造人先天的恶性，形成尚贤从道的社会风气，同时要采取爱民、富民的政策)。

3.道家的管理思想

道家学派由春秋时期的老子所创，其思想涉及管理原则、管理方法、管理策略及管理者修养等方面，其中“无为而治”是其思想体系的核心，“无为”是指顺应自然规律。

4.法家的管理思想

法家学派由春秋时期的子产所创，其核心思想是“法治”，后经韩非子进一步发展，成为秦统一六国的思想理论基础。法家的部分思想在现代企业管理中仍然有着十分重要的意义。

（二）中国现代管理思想

中国现代管理思想形成和发展的历史背景非常复杂。其形成在一定程度上受中国古代管理思想的影响，但是又有其现代的特性。在中国近现代历史上，先后经历了洋务运动、辛亥革命、抗日战争、有计划的社会主义经济建设和社会主义经济体制改革等重要的历史事件和历史时期，在不同的社会经济发展条件下，形成了特定的管理思想。

近几十年来，中国所进行的经济体制改革，极大地促进了现代管理思想的发展，对外开放政策的实施，又为学习和借鉴国外的先进管理经验提供了机会。因此，在最近十余年中，中国现代管理思想发生了极为深刻的变化。从城市到农村、从学校到企业……一切营利和非营利组织的管理都发生了前所未有的变化，几乎每一个中国人都能觉察到，并且都在适应着各方面管理的变化。各方面管理方式方法的变化，实质上是管理思想的变化。

从众多变化的现象中可以看出，中国现代管理思想主要有以下几方面的特征：①经营和管理战略开始由封闭型转为开放型；②开始建立高效的管理机制；③采用因地制宜的管理策略；④重视人的管理思想；⑤创新性的管理思维。

应知考核

随堂测 2

一、单项选择题

1.管理学是一门软科学，人们对“管理”一词本身也有不同的理解。这里有两种不甚规范但耐人寻味的解释：一种解释是“管理就是你不管，下属就不理你”；另一种解释是“管理就是先理（梳理）然后才能管”。对这两种解释，你的看法是（　　）。

A.前者代表了典型的集权倾向，后者反映出一种民主的气氛

B.两种解释都片面地强调了管理工作中的控制职能，只是思考和表达角度不同而已

C.后一种更科学，因为强调了“理”，但也有不妥，似乎“理”好了，就不需要“管”了

D.前者可应用于基层管理，后者可应用于高层管理

2.对管理人员来说，一般需要具备多种技能，如概念技能、人际技能、技术技能等。处于高层的管理人员对上述三种技能的需要的排列顺序是（　　）。

A.概念技能、技术技能、人际技能

B.技术技能、概念技能、人际技能

C.概念技能、人际技能、技术技能

D.人际技能、技术技能、概念技能

3.卡尔森以前只有宾馆管理经验而无航运业管理经验，但被聘为美国泛美航空公司的总裁后，短短三年时间就使这家亏损企业成为高盈利企业。你认为下述四种说法中明显有误的是（　　）。

A.最高管理者不需要专业知识，只要善于学习、勤于思考就够了

B.成功的管理经验具有一定的普遍性，所以可以成功移植

C.成功管理的关键是人，只要搞好对人的管理，就可以取得成功

D.这仅仅是一种巧合，只说明卡尔森有特别强的环境适应能力

4.在管理决策中，许多管理人员认为只要选取满意的方案即可，而无须刻意追求最优方案。对于这种观点，你认为以下解释中最有说服力的是（　　）。

A.现实中不存在所谓的最优方案，所以选中的都只是满意方案

B.现实管理决策中常常由于时间太紧而来不及寻找最优方案

C.由于管理者对什么是最优方案无法达成共识，只有退而求其次

D.刻意追求最优方案，常常会由于代价太高而最终得不偿失

5.机加工车间刚刚换了车床，新车床比原车床工作效率高20%，车间技术组提出应该提高其工时定额。车工不同意，理由是：对新车床还不熟悉，很难达到额定效率。车间主任和副主任商量出以下四种解决方案，你认为最合理的解决方案是（　　）。

A.由全体车工开会讨论，决定新车床的工作定额

B.由车间主任决定是否采取新定额，定额是多少

C.由车间的职工代表开会讨论，决定新车床定额

D.报工厂劳动科，由他们会同设备科，经过严格的测评来确定新车床的工作定额

6.把管理理论的各个流派称为“管理理论丛林”的是（　　）。

A.泰勒　　B.韦伯　　C.孔茨　　D.梅奥

7.在现代管理理论中，决策理论学派的代表人物是（　　）。

A.韦伯　　B.孔茨　　C.巴纳德　　D.西蒙

8.管理学形成的标志是19世纪末20世纪初出现的（　　）。

A.法约尔的管理过程理论　　B.泰勒的科学管理理论

C.韦伯的理想行政组织理论　　D.梅奥的霍桑试验理论

9.被称为“科学管理之父”的是（　　）。

A.亚当·斯密　　B.泰勒　　C.韦伯　　D.法约尔

10.（　　）提出要重视管理中人的因素。

A.铁锹实验　　B.金属切制实验　　C.霍桑试验　　D.搬运生铁试验

二、多项选择题

1.管理的两重性是指管理的（　　）。

A.科学性　　B.艺术性　　C.自然属性　　D.社会属性

2.下列属于古典管理理论的有（　　）。

A.行政组织理论　　B.一般管理理论　　C.劳动分工理论　　D.科学管理理论

3.管理者的素质主要包括（　　）。

A.品德　　B.知识　　C.实际能力　　D.身体和心理

4.西方近代早期管理思想家有（　　）。

A.詹姆士·斯图亚特　　B.亚当·斯密

C.查尔斯·巴贝奇　　D.罗伯特·欧文

5.现代管理理论的特点有（　　）。

A.创新性的管理思维　　B.开始建立高效的管理机制

C.采用因地制宜的管理策略　　D.重视人的管理思想

三、简答题

1.简述对管理的解释以及管理的特征。

2.简述法约尔提出的管理活动职能。

3.简述管理的职能。

4.简述人际关系学说的主要内容。

5.简述“现代管理理论的丛林”包括哪些学派。

应会考核

一、案例分析

【背景资料】

联合包裹运送服务公司（UPS）的科学管理

联合包裹运送服务公司（UPS）在全球雇用了15万名员工，平均每天将900万件包裹发送到世界180多个国家和地区。他们的宗旨是：在邮运业中办理最快捷的运送。UPS的管理者系统地培训他们的员工，使他们以尽可能高的效率从事取送工作。

让我们看一下他们的工作情况。UPS的工程师们对每一位司机的行驶路线进行了时间方面的研究，对每项送货、取货和暂停活动都设立了工作标准。这些工程师们记录了红灯、通行、按门铃、穿过院子、上楼梯、中间休息、喝咖啡甚至上厕所的时间，将这些数据输入计算机中，从而给出每一位司机每天工作中的详细时间标准。

为了实现每天取送130件包裹的目标，司机们必须严格遵循工程师们设定的程序。当他们接近发送站时，他们松开安全带、按喇叭、关发动机、拉起紧急制动，把变速器推到一档上，为送货完毕后的启动离开做好准备，这一系列动作极为严格。然后，司机从驾驶室出来，右臂夹着文件夹，左手拿着包裹，右手拿着车钥匙。他们看一眼包裹上的地址，把它记在脑海中，然后以每秒0.9米的速度快步走到顾客的门前，先敲一下门以免浪费时间找门铃。送货完毕，他们在回到卡车上的路途中完成登录工作。

UPS是世界上效率最高的公司之一。联邦快递公司每人每天取运80件包裹，而UPS公司却是每人每天取送130件包裹。较高的效率为UPS公司带来了丰厚的利润。

资料来源　朱秀文. 管理学教程［M］. 天津：天津大学出版社，2019.

【考核要求】

根据背景资料，请回答下列问题：

（1）你如何评价UPS员工的工作程序？

（2）科学管理距今已有百余年，你认为在今天的企业中仍然有效吗？

（3）UPS公司这种刻板的工作时间表为什么能带来高效率呢？

二、综合实务

责任事故的根源

蒋以飞是某建筑公司安装部经理，刘惜晓是安装部下属的管道安装队队长。8月份，蒋经理吩咐刘队长带领一批员工去某工地安装一套管道系统。在工程验收时，发现这套管道存在渗漏现象。公司老总认为蒋经理应该对此负责，尽管管道安装时蒋经理正出差在外。蒋经理认为刘队长必须对此负责，尽管刘队长已不需要拿扳手干活。

根据上述案例，请回答下列问题：

1.蒋经理和刘队长分别是这家建筑公司哪一层级的管理人员？（　　）

A.高层和中层　　B.高层和基层　　C.中层和基层　　D.都是中层

2.公司老总认为蒋经理应该对此负责，是因为他具有的（　　）不足。

A.技术技能和人际技能　　B.概念技能和人际技能

C.概念技能　　D.技术技能

3.蒋经理认为刘队长必须对此负责，是因为他具有的（　　）不足。

A.技术技能和人际技能　　B.概念技能和人际技能

C.概念技能　　D.技术技能

4.从管理职能角度来分析，这个问题是公司的（　　）所导致的。

A.计划目标不明确　　B.组织人员没有落实

C.领导不得力　　D.控制失误

5.上述事例在管理学上反映了（　　）。

A.管理缺乏艺术性　　B.管理没有严格按秩序执行

C.管理缺乏创新精神　　D.管理没有民主意识

项目实训

【实训项目】

管理理论分析。

【实训目标】

增强对所学管理理论的感性认识，培养对企业的管理思想的分析能力。

【实训内容】

从网络、报纸和杂志中，搜集有关我国中小企业的管理案例或资料，运用本项目所学的管理理论，分析案例中的企业管理思想。

【实训要求】

1.每人写出一篇简要的书面分析报告。

2.在班级组织一次交流与讨论（主要讨论所学管理理论对现代管理的意义）。

3.教师根据学生的分析报告与发言讨论的表现进行打分，并将其纳入学生实训课考核成绩中。

4.撰写实训报告。

《　　　　》实训报告		
项目实训班级：	项目小组：	项目组成员：
实训时间：　年　月　日	实训地点：	实训成绩：
实训目的：		
实训步骤：		
实训结果：		
实训感言：		
不足与今后改进：		
项目组长评定签字：	项目指导教师评定签字：	

项目三

企业计划管理

知识目标

理解：计划工作及种类、作用；计划职能的内容、要求和特点；决策的概念、特征和类型。

熟知：计划的权变因素、编制技术；决策的程序、原则以及影响决策的因素。

掌握：计划工作的程序、目标管理的程序及优缺点；定性决策方法和定量决策方法。

技能目标

具有对环境进行分析，按照计划的基本原则和编制步骤以及编制技术来编制合理可行的计划书的能力；能够熟练掌握各种决策方法，具有运用某一具体的决策方法选择可行方案的技能。

素质目标

通过本项目的学习，引导学生讨论计划工作的原理，使学生能够把计划工作的程序与原理运用到管理工作中去。培养出做事不急不躁的习惯，认识到做事“预则立”的重要性，培养果断决策的作风。

思政目标

能够正确地理解“不忘初心”的核心要义和精神实质；树立正确的世界观、人生观和价值观，做到学思用贯通、知信行统一；通过计划管理理论培养职业情感，转变观念，增强计划编制的能力和效果，实现效率与效果的结合。

管理故事　　**大臣修缮工程的计划**

宋朝时，有一次皇宫发生火灾，一夜之间，宫殿、楼台都变成了废墟。为了修复这些宫殿，皇帝派了一位大臣主持修缮工程。

当时，要完成这项修缮工程面临三大难题：需要把大量废墟垃圾清理掉；要运来大批的石料和木料；要运来大量新土。不论是运走废墟垃圾还是运来新的建筑材料或新土，都涉及复杂的运输问题。如果安排不当，施工现场会杂乱无章，正常的交通和生活秩序都会受到严重影响。

这位大臣经过研究后制订了这样的施工方案：首先，从施工现场向外挖若干条大深沟，把挖出来的土作为施工需要的土备用，这就解决了新土的问题；其次，从城外将汴水引入深沟中，这样可以利用水排或船只运输石料和木材，于是就解决了石料和木材的运输问题；最后，等到材料运输任务完成后，再把沟中的水排掉，将工地上的废墟垃圾填入深沟中，使深沟重新变为平地。步骤简单归纳起来，就是这样一个程序：挖沟（取土）、引水入沟（水道运输）、填沟（处理垃圾）。

按照这个方案，不仅整个修缮工程节约了很多时间和经费，而且工地井然有序，城内的交通和生活秩序并没有受到太大影响。

资料来源　佚名．丁谓施工的数学故事．[EB/OL]．[2021-08-09]． http：//www.010zaixian.com/wenxue/gushihui/1944603.htm.

管理者在制订、执行计划时，一定要综合考虑现有资源的特点与相互联系，以实现资源间的相互配合、相互支持。好的计划，能以最小的执行成本取得最优的执行效果。

知识准备

任务一　计划概述

一、计划工作的概念和任务

（一）计划与计划工作的概念

计划与计划工作是两个不同的概念。计划（Plan）是指在计划工作所包含的一系列活动完成之后产生的一种结果。计划工作（Planning）有广义和狭义之分。广义的计划工作是包括制订计划、执行计划、检查计划执行情况以及对计划进行修正等一系列管理活动在内的工作过程。而狭义的计划工作仅指制订计划，即根据实际情况，通过科学的预测，权衡客观需要和主观可能，采用一系列政策和方法，对未来事业发展应达到的目标所进行的安排和筹划，其目的是使组织在将来获得最大的绩效。

（二）计划工作的任务

我们使用狭义的计划工作概念，采用“5W2H”来清楚地描述计划工作的任务：

（1）What（做什么）。要明确组织的使命、战略、目标以及行动计划的具体任务和要求，明确一个时期的中心任务和工作重点。

（2）Why（为什么做）。要论证组织的使命、战略、目标以及行动计划的可能性和可行性，也就是要提供制订计划的依据。

（3）Who（谁去做）。计划不仅要明确规定目标、任务和进度，还应规定由哪个部门、哪个人负责。

（4）Where（何地做）。规定计划实施的地点或场所，了解计划实施的环境条件和限制条件，以便合理安排计划实施的空间布局。

（5）When（何时做）。规定计划中各项工作开始至完成的进度，以便进行有效的控制以及对资源和能力进行平衡。

（6）How（怎么做）。其具体是指所要采取的方式、方法、手段，包括制定实施计划的措施，以及相应的政策和规则，对资源进行合理分配和集中使用，对人力、生产能力、各类资源以及各派生计划进行综合平衡。

（7）How Much（多少成本）。制订计划必须有较科学的资金使用、分配方案。

二、计划工作的作用

（一）指明方向，协调活动

未来的不确定性和环境的变化使企业犹如在大海里航行，企业应明确现在的位置和处境，时刻把注意力集中在正确的航向上。良好的计划可以明确组织目标，通过科学的计划体系使企业各部门的工作能统一协调、井井有序地开展，使主管人员能摆脱日常事务，集中精力关注对未来的不确定性和变化的把握，随机应变地制定相应的对策，实现企业与环境的动态协调。

（二）预测变化，减少冲击

计划是面向未来的，而未来无论是企业生存的环境还是企业自身都具有一定的不确定性和变化性。比如，由于一场火灾，一个主要客户可能取消一项订单。而计划工作可以让企业通过周密细致的预测，尽可能地变“意料之外的变化”为“意料之内的变化”，制定相应的补救措施，并在需要的时候对计划做必要的修正，变被动为主动，变不利为有利，减少变化带来的冲击。

（三）减少重复和浪费

计划工作的一项重要任务是使未来的组织活动均衡发展。预先对此进行认真的研究，能够消除不必要的重复活动所带来的浪费，避免在今后的活动中由于缺乏依据而进行轻率判断所造成的损失。计划工作还有助于用最短的时间完成工作，减少迟滞和等待时间，减少误工损失，使各项工作能够均衡稳定地开展。

（四）有效地进行控制

企业在实现目标的过程中离不开控制，而计划则是控制的基础，控制中几乎所有的标准都来自计划。如果没有既定的目标和计划作为衡量的尺度，管理人员就无法检查企业目标的实现情况，也就无法实施控制。

三、计划的种类

（一）按计划的时间划分

1.中长期计划

中长期计划是超过一年的较长期限的计划，如三年计划、五年计划等。它是企业针对较长时期的粗略安排。这类计划一般只含有较为粗略的大目标，没有针对性措施。长期计划（一般为5年）属于企业简要的目标和纲领性规划，涉及企业较长时期的生产、技术、经济发展等一些重大问题。中期计划（一般为3年）是由长期计划衍生而来的，一般是各职能部门的运营计划，用以执行长期计划和指导年度计划的编制，是长期计划的继续和具体化。

2.年度计划

年度计划是企业长期计划的具体化和补充，是实现长期计划的保证，包括企业年度内各个生产经营环节和各个方面的活动，故又称年度综合计划或年度生产经营计划。它是企业全体员工在计划年度内生产经营方面的行动纲领，具有承上启下的作用。

3.作业计划

作业计划是年度计划的具体化，是企业日常生产经营活动的重要工具。它能将企业内部的日常生产、技术、财务等具体活动，在时间、数量、品种和质量等方面平衡衔接起来。作业计划需要落实到企业的各个执行单位和岗位上去。

（二）按计划的职能标准划分

（1）业务计划。组织是通过业务活动立身于社会的，业务计划是组织的主要计划。长期业务计划主要涉及业务方面的调整或业务规模的扩大，短期业务计划主要涉及业务活动的具体安排。

（2）财务计划。其研究如何从资金的提供和利用上促进业务活动的有效开展。

（3）人事计划。它是为业务计划服务的，也是围绕着业务计划而展开的。

（三）按计划的作用和层次划分

1.战略计划

战略计划（Strategic Plans）是应用于整个组织，为组织设定总体的较为长期的目标，寻求组织在环境中的地位的计划。它规定了组织未来长期的发展方向、方针、规模和主要技术指标所要达到的水平，解决“如何干”的问题，具有总体性、长远性、纲领性等特征，决定了组织在相当长的时期内大量资源的运动方向。

2.战术计划

战术计划（Operational Plans）是针对总体战略目标如何实现的细节计划。它的计划期限较短，是企业针对某一具体问题或活动所制订的具体方案，解决“怎么干”的问题，为组织成员的实际活动提供依据。

（四）按计划的内容划分

1.专项计划

专项计划又称专题计划，是为完成某一特定任务而拟定的，如基本建设计划、新产品试制计划等。

2.综合计划

综合计划是指对组织活动所做出的整体安排。不同部门、环节针对不同业务制订的各专项计划，就形成了组织的综合计划。

综合计划与专项计划之间是整体与局部的关系。专项计划是综合计划中某些重要项目的特殊安排，专项计划必须以综合计划作指导，应避免与综合计划脱节。

（五）按计划的明确程度划分

1.指导性计划

指导性计划（Directional Plans）只规定一般的方针或指出重点，不把管理者限定在具体的目标或特定的行动方案上。这种计划可为组织指明方向，统一认识，但并不提供实际的操作指南。

2.具体计划

具体计划（Specific Plans）则恰恰相反，要求必须有明确的、可衡量的目标以及可操作的行动方案。

（六）按计划的组织层次划分

1.高层管理计划

高层管理计划着眼于组织整体、长远的安排，注重组织在环境中的定位，确定与环境的能量互换关系，一般属于战略性计划。

2.中层管理计划

中层管理计划一般着眼于组织内部各个组成部分的定位及相互关系的确定。它既可能包括部门的分目标等战略性内容，也可能包括各部门的工作方案等作业性内容。

3.基层管理计划

基层管理计划着眼于每个岗位、每个员工、每个工作时间单位的工作安排和协调，基本上是作业性内容。

四、计划的内容、要求和特点

（一）计划的内容

计划的内容包括：分析预测企业未来的情况变化；制定企业目标；拟订实现企业目标的方案；做出决策；编制计划及行动方案；检查和总结计划的执行情况。

（二）计划的要求

计划是建立在预测基础上的，要求具有预见性、先进性、科学性、系统性、可行性、连续性、灵活性等性质。

（三）计划的特点

计划的特点可以概括为以下五个方面：

1.目的性

在计划过程的最初阶段，制定具体而明确的目标（包括实现目标的具体指标、方法、步骤、时间和具体措施）是其首要任务，其后的所有工作都是围绕目标进行的。计划要使今后的行动围绕着目标，没有计划的行动或多或少都是一种盲目的行动。

2. 首位性

计划在管理职能中处于首要地位，如图3-1所示。计划具有首位性的原因是，在有些情况下，计划是唯一需要完成的管理工作；管理过程中的其他职能都是为了支持、保证目标的实现。一位主管人员只有明确了目标之后才能确定合适的组织结构、下级的任务、权责以及怎样控制组织和个人的行为不偏离计划等。所有这些组织、领导、控制职能都是依计划而转移的。

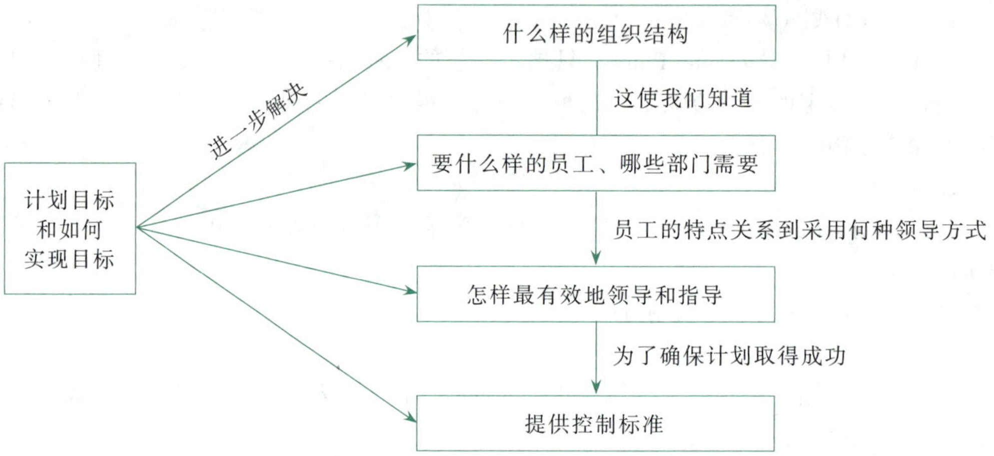

图3-1　计划在管理职能中的地位

计划可能会在局部和整体上改变一个组织的结构，使组织设立新的职能部门以及改变原有的职权关系。计划和控制是分不开的，计划是为控制提供标准的，控制职能的有效行使，往往需要根据情况的变化拟订新的计划或修改原定计划，而新的计划和修改过的计划又被作为连续进行的控制的基础。计划与控制这种连续不断的关系，通常被称为“计划—控制—计划循环”。

3. 普遍性

每位管理者、各层管理机构都必须在决策制定之后、行动付诸之前，围绕决策目标，针对各项工作制订总计划和分计划，并组织实施，以达到预定目标。高层管理者不可能也没有必要对组织内的一切活动都做出确切的说明，这也是有效的管理所必须遵循的一条原则。最常见的情况是高层管理者仅针对组织活动制订出结构性计划和战略性计划，而具体的计划由下级完成。此外，授予下级某些制订计划的权力，有助于调动下级的积极性，挖掘下级的潜力，使下级感觉到自身存在的价值，这无疑对贯彻执行计划、高效地完成组织目标是大有好处的。

4. 效率性

计划不仅要确保实现目标，而且要从众多方案中选择最优的资源配置方案，以求合理利用资源和提高效率，既要“做正确的事”，又要“正确地做事”。所谓计划效率，是指制订计划与执行计划时所有的产出与所有的投入之比。只有实现收入大于支出，并且顾及国家、集体和个人三方面利益以及经济、社会和生态效益的计划才是理想的计划，才能真正体现出计划效率。

5.创新性

计划总是针对需要解决的新问题和可能发生的新变化、新机会而做出决定，因而它是一个创新性的管理过程。类似于一种产品或一项工程的设计，计划是对管理活动的设计。正如一种新产品的成功在于创新一样，成功的计划也依赖于创新。

五、计划的表现形式

计划的不同表现形式是计划多样性的重要体现，确定计划形式对发挥计划职能有着重大意义。不同的计划形式可描述为一个等级层次，如图3-2所示。

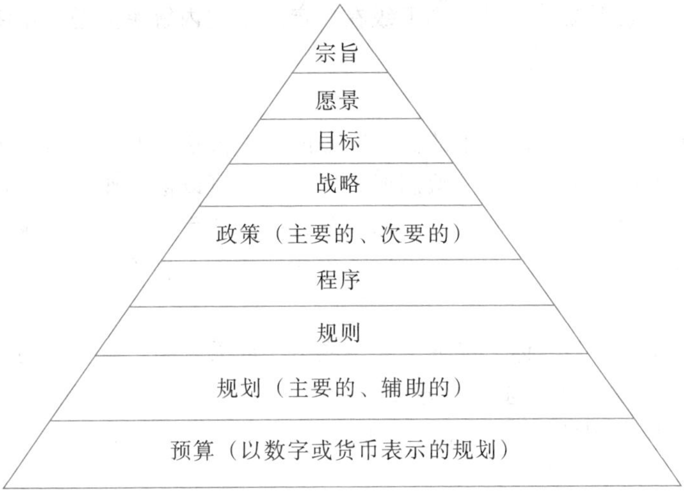

图3-2　计划的不同表现形式

（一）宗旨

宗旨（使命）是一个组织存在的基本理由。组织成立之初就要选择服务的领域或事业，这就是组织的使命。例如，一家旅行社和一家电子企业为了创造利润，一个选择提供旅游服务，另一个选择提供电子产品。宗旨关注组织满足顾客需求的程度。

（二）愿景

组织确定了服务领域之后，需要对未来发展有一个描绘的前景，通常是一个能引起共鸣的、大胆的、以简明的语言描述的组织管理层希望实现的目标，这就是愿景。如美国福特公司的愿景是成为世界领先的汽车公司。当然，好的愿景还要让员工了解和接受，并鼓舞员工为之奋斗。

（三）目标

组织的使命说明了组织要从事的事业，而组织的目标则更加具体地说明了组织从事这项事业的预期结果。组织的目标包括组织在一定时期内的目标以及组织各个部门的具体目标。目标不仅是计划工作的终点，而且是组织工作、人事工作、领导工作和控制活动所要取得的结果。

(四) 战略

组织的使命和目标只是指明了组织的服务领域和预期结果，要实现组织的使命和目标必须创造或具备各方面的基础条件，如资源条件、技术条件、市场条件、人员条件等。这些基础条件正是组织战略实施的结果。战略是为实现组织长远目标和解决全局的重大问题而进行的谋划。

(五) 政策

政策是组织在进行决策或处理问题时用来指导和沟通思想、行动的方针和明文规定。它指明了组织活动的方向和范围，以保证行动与目标相一致。组织明文规定的政策，通常被列入计划之中，而一项重大的政策，则往往单独发布。政策要规定范围和界限，其目的不是约束下级，而是鼓励下级在规定的范围内解决问题。组织的政策必须保持一贯性和完整性。

(六) 程序

程序规定了处理那些重复发生的例行问题的标准方法，所以也是一种计划和工作步骤。管理者一般把反复出现的业务编制成程序，程序可以被看作经过优化的计划，它是对大量日常工作过程及工作方法的提炼和规范化。制定程序的目的是减轻管理人员的决策负担，明确各个工作岗位的职责，提高管理活动的效率和质量。

(七) 规则

规则是对具体场合和具体情况下，允许或不允许采取某种特定行动的规定。规则像其他计划一样是从若干可供选择的方案中选出的，常常与程序和政策相混淆，区别在于：程序是一系列规则的总和，规则不规定时间顺序；规则在应用中不具有自由处置权，而政策则有一定的自由处置权。

(八) 规划

规划是为实施既定方针所必需的目标、政策、程序、规则、任务分配、执行步骤、使用的资源以及其他要素的复合体。规划的种类不同，组织层面的规划是综合性的、粗线条的、纲要性的计划，而组织中不同管理层次间的规划则属于职能或部门规划。

(九) 预算

预算作为一种计划，是以数字表示预期结果的一种报告书，它也可称为“数字化”的计划。例如，企业中的财务收支预算，勾勒出了未来一段时期现金流量、费用收入、资本支出等的具体安排。预算可以帮助组织各级管理部门的主管人员从资金和现金收支的角度，全面、细致地了解组织经营管理活动的规模、重点和预期成果。预算也是一种控制手段。

六、计划指标体系

(一) 计划指标的分类

计划指标是指以数值来反映计划期内各项活动的规模、速度和期望达到的目标。它可以按照不同的标准加以分类，主要有以下几种：

1.实物量指标与价值指标

实物量指标是以实物单位对物品进行计量的指标，是确定其余各种指标和编制产品平衡表的基础。价值指标是以货币的形式进行计量的指标。

2.数量指标与质量指标

数量指标表明事物规模的大小和数量的多少，常用绝对数表示。质量指标表明事物的质量要求或事物质的属性的量，通常用相对数表示。质量指标主要反映生产水平、经营管理水平和经济效益。

3.考核指标与计算指标

考核指标是衡量生产经营成果或经济效益的主要指标。计算指标是为计算考核指标而设立的指标。

4.正指标与反指标

正指标是与代表经济效益的指标（如利润）呈正比例变化的经济指标，这些指标越大，企业的利润额随之也越大，经济效益就越好。反指标是与代表经济效益的指标（利润）呈反比例变化的经济指标，反指标越大，企业的利润额越小，经济效益也就越差。

（二）计划指标的具体要求

企业计划指标是企业在计划期内预计实现目标值的具体体现。对企业计划指标的具体要求包括先进性与科学性、稳定性与严肃性、综合性与分散性。

任务二　计划制订

一、计划的权变因素

（一）组织层次

高层管理人员主要制订具有战略性、方向性和长远性的计划，计划工作的重点应放在战略计划上；基层管理者主要制订局部的、具体的、短期的计划，计划工作的重点应放在可操作性上；中层管理者制订的计划内容应介于高层与基层管理者之间。组织层次与计划工作重点之间的关系如图3-3所示。

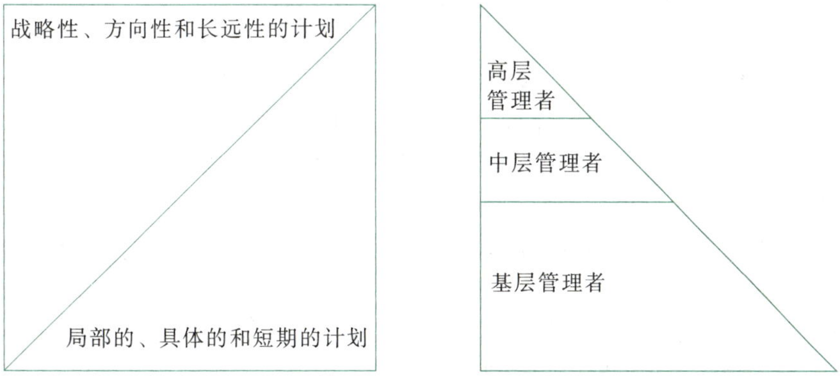

图3-3　组织层次与计划工作重点

企业的组织层次一般可划分为三个，即由企业高层管理者所组成的经营层、由中层管理者所组成的业务层、由基层管理者和员工组成的作业层。各组织层次所对应的计划分别是企业的经营计划、业务计划和基层作业计划。在组织的不同层次，相应管理人员的计划范围大小、涉及时间的长短、计划内容的复杂程度以及计划工作所需信息特征等方面是不同的，三者相互结合，从上至下形成金字塔式的企业计划体系。经营计划居于高层，确定企业整体的目标、战略和布局，起着统率全局的作用。业务计划居中，起着承上启下的作用。它是业务管理部门以企业经营计划为依据，按照专业分工，分别编制的各业务分系统的计划，如市场销售计划、研究开发计划、生产计划、人事计划、财务计划等，以便指导各业务系统做好准备工作、合理组织和利用资源、安排工作程序。作业计划居于基层。它是各执行单位（如车间、营业部）以业务计划规定的指标、程序、定额为依据，合理组织人员、设备、物资、资金，以实现各类作业计划的过程。

（二）组织的生命周期

任何组织都要经历一个从形成、成长、成熟到衰退的生命周期。在组织生命周期的各个阶段，计划工作的重点也不一样，如图3-4所示。

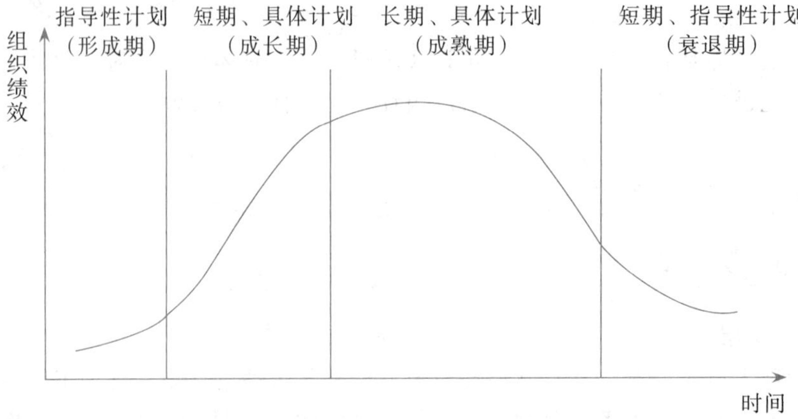

图3-4　组织生命周期和计划工作重点

首先，当组织进入形成期时，各类不确定因素很多，目标是尝试性的，要求组织有很高的灵活性，计划也能随时按需要进行调整。所以，计划工作的重点应放在其方向性、指导性上，计划的期限宜短。

其次，当组织进入成长期时，随着目标更确定，不确定因素减少（如资源更容易获取、顾客忠诚度提高），因此计划的重点可放在具体的操作上。

再次，当组织进入成熟期时，组织面临的不确定性和波动性最低，计划工作的重点可放在长期性、具体的可操作性上。

最后，当组织进入衰退期时，目标要重新考虑，资源要重新分配，计划工作的重点又重新放在短期、指导性上。

与组织生命周期密切相关的概念是产品的寿命周期。该周期假设某一行业要经历若干阶段——导入阶段、增长阶段、成熟阶段及衰退阶段。这些阶段都是以行业销售额增长率中的拐点加以规定的。

（三）环境的波动性

任何组织都是在一定的环境中从事活动的，环境的特点及其变化必然会制约组织活动方向和内容的选择。一般来说，若环境波动的频率高，即变化较多，则组织的计划重点应放在短期计划内容上，相对的计划的次数增多；反之，计划重点可偏向于长远的规划，相对的计划的次数可减少。另外，若环境变化的幅度大，计划的重点则应放在宏观的、长期的、战略性的、指导性的内容上；反之，计划则可侧重于局部的、短期的、战术性的、可操作的具体内容方面。

（四）组织文化

组织有自己的各种构成要素，要把这些要素有机地结合起来，除了要有一定的正式组织和非正式组织以及“硬性”的规章制度外，还要有形成组织凝聚力、创造力、适应力和持久力的“软性”要素，它们以无形的“软约束”力量构成组织有效运行的内在驱动力。这种力量就是被称为“管理之魂”的组织文化。组织文化是组织精神、信念、道德、心理、智能等各种文化因素的总和。组织文化有强弱之分，员工对组织的基本价值观念的接受程度越高，承诺越大，文化就越强，而且并非所有的文化都对员工有同等程度的影响。

二、计划工作的步骤

（一）确定目标

计划工作的第一步就是确定目标，也就是计划的预期成果。

在确定计划目标之前，管理者应该对环境中的机会做一个“扫描”，确定能够取得成功的机会。管理者应该考虑的内容包括：组织期望的结果，存在的问题，成功的机会，把握这些机会所需的资源和能力，自己的长处、短处和所处的地位等。例如，一家食品公司通过市场调查和分析，发现儿童营养食品具有非常广阔的市场，该食品公司又有能力研发和生产此类产品，这就是一种市场机会。估量机会的工作就是要根据现实情况，对可能存在的机会做出实际判断。

如食品公司根据市场机会确立生产儿童营养食品的目标，就要确定具体生产何种产品，每年生产多少，需要投入多少人力、物力和财力，各部门具体应做哪些工作等。

确立目标时要注意解决以下三个问题：

（1）确立目标的内容和顺序。组织在一定的时间内要取得哪些成果是首先要确定的。此外，这些成果不可能是等量齐观的，在一定的时间内和一定的条件下，某一目标可能比其他目标更为重要。不同的目标内容和顺序将带来不同的政策和行动，也会有不同的资源分配顺序。

（2）选择适当的目标时间。这是指要用多长的时间来达到目标。一般来说，人们往往习惯于按日历的相等间隔确定计划时间，从而确定目标时间，但这种做法有时与实际工作中所需时间不一致。最好的办法是按承诺原则确定目标时间。管理者做了某项选择就是对未来将采取的行动做了“承诺”，合理的目标时间应当与合理承诺所包括的时间相同。

（3）目标要有明确的科学指标和价值。目标不能含糊其辞，应尽可能数量化，以便度量和控制，而且应反映出事物的本质并确切地反映目标。不仅要有数量指标，而且要有质量指标；不仅要有绝对指标，而且要有相对指标，如利润与利润率、单位流动资金所创造利润、单位总投资所创造利润、企业评估的分数和名次等。

（二）确定前提条件

这是计划工作的一个重要内容。选定目标，即确定计划的预期成果，而确定前提条件则是要确定整个计划活动所处的未来环境。计划是对未来条件的一种“情景模拟”，计划的整个工作步骤就是要确定这种“情景”所处的状态和环境。例如，食品公司确定生产儿童营养食品，应分析当时消费者的消费水平、公司制造儿童营养食品的能力、生产什么产品、什么价格、需要何种设备和原材料、原材料的供应情况和价格情况、产品成本是多少、市场的潜力有多大、竞争者的情况等，同时也应考虑计划参与者对计划的看法是否一样，有哪些限制条件和困难。这种“情景模拟”能够在多大程度上贴近现实，取决于对它所处的环境和状态的预测，也就是取决于计划的这一步骤的工作质量。

一般来说，对以下几个环境因素的预测是必不可少的：①宏观的社会经济环境，包括总体环境以及与计划内容密切相关的那部分环境因素。②政府政策，包括政府的税收、价格、信贷、能源、进出口、技术、教育等与计划内容密切相关的政策。③组织面临的市场，包括市场环境、供货商、批发商、零售商及消费者的变化。④组织的竞争者，包括国内外的竞争者、潜在的竞争者等。⑤组织的资源，包括未来为完成计划目标而从外部获取的所需的各项资源，如资金、原料、设备、人员、技术、管理等。上述这些环境因素，有完全可以控制的，有不能控制的，也有在相当范围内可以控制的。

（三）确定备选方案

计划工作的第三步是探讨和制订可行方案。只有一种可行方案的事物是极少见的，完成某一项任务总是有许多方法，即每一项行动均有异途存在，这称作异途原理。有些异途是潜藏的，只有发掘了各种可行的方案才有可能从中选择出最佳方案。如果只有一种方案，就无所谓选择。管理界有个说法：“若某一事物只有一个方法，则此方法大多会是错误的方法”。在管理实践中，管理者发掘方案与正确选择的才能同样重要。然而，要发掘多种可行方案，必须有民主气氛，既要群策群力、集思广益，又要思路开阔、大胆创新。

（四）评价备选方案

在找出了各种备选方案并考察了它们各自的优缺点后，计划工作的第四步就是按前提和目标来权衡各种因素，并以此对各个备选方案进行评价。评价备选方案的尺度有两个：一是评价标准；二是各个标准的相对重要性，即权数。在评价时要考虑以下三点：

（1）特别注意发现每一个方案的制约因素或隐患。所谓制约因素，是指那些妨碍目标达成的因素。在评价各种可行方案时，对制约因素认识得越深刻，选择方案时的效率就越高。

（2）在评估时，即将一个方案的预测结果和原有目标进行比较时，既要考虑到有形的可以用数量表示的因素，也要考虑到无形的不能用数量表示的因素，如一个人或一个企业的声誉和人际关系等。

（3）要用总体的效益观点来衡量备选方案。这是因为对某一部门有利的不一定对全局有利，对某项目标不利的不一定对总体目标不利。

（五）选择方案

选择方案是决策的关键。为了保持计划的灵活性，往往会选择两个方案，并且决定首先采用哪个方案；同时，对另一个方案也进行细化和完善，作为后备方案。

（六）制订派生计划

完成选择之后，计划工作并没有结束，还必须帮助涉及计划内容的各个下属部门制订支持主计划的派生计划。主计划要靠派生计划来扶持，派生计划是主计划的基础；只有派生计划完成了，主计划才有保证。

（七）编制预算

完成以上几步之后，便是把决策和计划转化为预算，使之数字化，通过数字来反映整个计划。这主要有两个目的：第一，计划必然涉及资源的分配，只有将其数字化后才能汇总和平衡各类计划，分配好各类资源；第二，预算可以成为衡量计划是否能够完成的标准，可以通过各项预算来反映计划执行后收入与支出的总额、利润数额以及现金流动情况、资产与负债情况等。

三、计划的制订方法

计划的制订方法有很多，常见的除本量利分析法外，还有以下几种：

（一）投入产出法

投入产出法是20世纪40年代由美国经济学家华西里·列昂惕夫（Wassily Leontief）首先提出的。该方法的主要根据是各部门经济活动的投入与产出之间的数量关系。

投入产出法作为一种综合计划方法，首先根据某一年份的实际统计资料求出各部门之间投入与产出的一定比例，编制投入产出表，然后计算各部门之间的直接消耗系数和间接消耗系数（合计是完全消耗系数）；进一步根据某些部门对最终产品的要求算出各部门应达到的状况，据此编制综合计划。

这种方法的主要特点是：①反映了各部门的技术经济结构，可以合理安排各种比例关系，特别是可以作为进行综合平衡的一种有效的工具；②在编制投入产出表的过程中不仅能充分利用现有统计资料，而且能建立起各种统计指标之间的内在关系，使统计资料系统化，编制完成的投入产出表则变成一个能较为全面反映经济过程的数据库，可以用来进行经济分析和经济预测；③由于通过表格形式反映经济现象，涉及的数学知识不深，因而易于理解和接受；④适用范围广，不仅适用于国家、部门或地区等宏观层次，而且适用于企业的计划安排。

（二）综合平衡法

综合平衡法是计划编制的最基本方法，是从数量上协调各个经营部门、各个经营环节和各个经营要素之间的比例关系，使企业经营活动保持正常秩序和良好经济效果的一种方法。它包括两方面：一是在各单项因素平衡的基础上实行各因素间全面的、综合的平衡；二是在综合平衡的前提下去指导、调整各个单项因素的平衡。综合平衡正是通过编制各种各样的平衡表，发现各项平衡中存在的矛盾和薄弱环节，采取措施使各单位、各部门、各环节、各要素之间相互衔接、紧密配合，由不平衡变为平衡，达到总体功能的最佳。虽然企业经营活动的内容不同，平衡的经济因素也有差别，但一般都包括以下内容：生产与需求的平衡、生产任务与生产能力的平衡、生产与生产技术准备工作的平衡、生产与物料的平衡、生产与劳动力的平衡、生产与资金的平衡、主要经济指标的平衡等。

（三）定额比例法

定额比例法也称间接法，是利用两个相关经济指标之间长期形成的比率关系来推算并确定有关计划指标的方法。定额是在一定的技术、经济和组织条件下，企业所规定的在人力、财力、物力的占用、消耗和利用方面应遵循的定量标准，如劳动定额、物资消耗定额、流动资金定额、生产和管理费用定额等。定额比例法就是根据有关定额来计算、确定计划指标的方法，如根据物资消耗定额和产量计划计算原材料的需要量。

（四）网络图法

网络计划技术于20世纪50年代后期在美国产生并发展起来，目前在组织活动的进度管理中得到广泛应用。这种方法是以网络图的形式来制订计划，通过网络图的绘制以及对相应的网络时间的计算，了解整个工作任务的全貌，对工作过程进行科学的统筹安排，并据以组织和控制工作的进行，以达到预期目标。

网络图是网络计划技术的基础。任何一项任务都可以分解成许多工作，根据这些工作在时间上的衔接关系，用箭线表示它们的先后顺序，画出一个各项工作相互联系并注明所需时间的箭线图，这个图就是网络图。网络图由以下部分构成：

1.“→”，即工序

工序是一项工作的全过程，有人力、物力参加，经过一段时间才能完成。相关网络图中箭线下的数字便是完成该项工作所需的时间。此外，还有一些工序既不占用时间，也不消耗资源，是虚设的，称作虚工序，用“----➤”表示。网络图中应用虚工序的目的是避免工序之间关系的含糊不清，以正确表明工序之间先后衔接的逻辑关系。

2.“○”，即事项

事项是两个工序间的连接点。事项既不消耗资源，也不占用时间，只表示前道工序结束、后道工序开始的瞬间。一个网络图中只有一个始点、一个终点。

3.路线

路线是网络图中由始点事项出发，沿箭线方向前进，连续不断地到达终点事项为止的一条通道。利用网络技术制订计划，主要包括三个阶段的工作：①分解任务，即把整个计划活动分成若干个具体工序，并确定各工序的作业时间，然后在此基础上分析并明确各工序作业时间的相互关系。②绘制网络图。根据各工序之间的相互关系以及一定的规则，如两个事项之间只能有一条箭线相连，绘制出包括所有工序的网络图。③根据各工序所需的作业时间，计算网络图中各路线的路长，找出关键路线。

（五）线性规划法

线性规划法是辅助人们进行科学管理的一种数学方法，即在一组约束方程下，寻求一个目标函数的最大值或最小值。它的数学模型是：在满足下列m个约束条件下，

$g(x_1, x_2, \cdots, x_n)\{\leqslant, =, \geqslant\}b_i\ (i=1, 2, \cdots, m)$

求x_1，x_2，…，x_n等n个变量之值，使目标函数$Z=f(x_1, x_2, \cdots, x_n)$最优化。

式中，g和f代表函数符号；Z代表目标函数；x_1，x_2，…，x_n代表n个变量；b_i代表给定常数。

线性规划法常用于生产的组织与计划、农作物计划安排、运输计划、配料计划和合理下料计划等方面。求解线性规划的方法有很多，包括图解法、单纯形法、图上作业法、表上作业法等。

（六）甘特图法

甘特图法是20世纪初由美国人亨利·甘特（Henry Gantt）发明的，因其较多地运用线条来表示工作进度，又称为线条图法或线条式进度表。在坐标图上，用横坐标表示时间，在纵坐标上逐项记下工程项目，用一定宽度的线条来表示工程作业时间；实线条表示工程已完成的工作量，虚线条表示工程未完成的工作量，用可移动的三角符号表示当前时刻，在没有完成的工作量上标一圆形说明标签，标签上注明代号，用线条的长短表明各工序作业的起止时间；在不违背工艺要求的前提下，调整作业顺序和期限，实施平行作业或交叉作业，达到缩短工期的目的。

甘特图法的主要功能是作为一种控制工具，能安排和控制生产进度，具有流程清楚、简单明了的优点，但不能反映多种工序相互衔接的关系，也不能反映人力、物力的调度情况。

任务三　管理决策

一、决策概述

决策是指在一定的环境下，组织或个人为了实现某种目标而对未来一定时期内有关活动的方向、内容及方式的选择或调整过程。

决策的主体既可以是组织，也可以是组织中的个人；决策要解决的问题，既可以是组织或个人活动的选择，也可以是对这种活动的调整；决策选择或调整的对象，既可以是活动的方向和内容，也可以是在特定方向下从事某种活动的方式；决策涉及的时限，既可以是未来较长的时期，也可以是某个较短的时段。

决策是管理的基础和核心。整个管理过程都是围绕着决策的制定和组织实施而展开的。诺贝尔经济学奖得主赫伯特·西蒙强调管理就是决策，决策贯穿了整个管理过程。

二、决策的特征

决策的类型很多且各有其特点，但同时也有共同的特征，可以概括为：超前性、目

标性、选择性、可行性、过程性、科学性、风险性。

三、决策的类型

(一) 按决策的范围分类

按决策的范围分类，决策可分为战略决策与战术决策。战略决策是指与组织发展方向和长远目标有关的重大问题的决策，如企业经营目标的确定与改变、技术革新与技术改造、新产品开发计划、多元化经营的发展计划、企业联合或联营的决定等。

战术决策又称管理决策，是为实现战略目标所采取的决策，如企业组织机构的设计与变更，各种规章制度的建立和改革，企业内部人力、财力、物力的协调与控制等。

在管理学中，战略决策与战术决策的区别主要表现在以下三个方面：

第一，调整对象。战略决策调整组织的活动方向和内容，战术决策调整在既定方向和内容下的活动方式。战略决策解决的是“干什么”的问题，战术决策解决的是“如何干”的问题；前者是根本性决策，后者是执行性决策。

第二，涉及的时空范围。战略决策面对的是组织整体在未来较长一段时期内的活动；战术决策面对的是组织的某个或某些具体部门在未来各个较短时期内的行动方案。战略决策是战术决策的依据；战术决策是战略决策的落实，是在战略决策的指导下制定的。

第三，作用和影响。战略决策的实施是组织活动能力的形成与创造过程，战术决策的实施则是对已经形成的能力的应用，因此，战略决策的实施效果影响组织的效益与发展，战术决策的实施效果则主要影响组织的效率与生存。

(二) 按决策的层次分类

按决策的层次分类，决策可分为高层决策、中层决策和基层决策。高层决策是指组织最高领导层所作的决策。这类决策大多涉及有关组织全局以及与外界有密切联系的重大问题，如组织的经营方针、市场开拓等。中层决策是指组织中层管理人员所作的决策。基层决策是指组织基层管理人员所作的决策，这类决策一般解决日常工作中的问题。

一般来说，越高层的决策，越具有战略性、非常规性、非确定性等特点；而越基层的决策，就越具有战术性、常规性、确定性、技术性的特点。

(三) 按决策的依据分类

按决策的依据分类，决策可分为经验决策和科学决策。经验决策是依据过去出现的事会重复出现，凭这种经验判断所做出的决策，这类决策只适用于日常的一些事务。

科学决策则是运用运筹学、计算机、管理信息系统等现代决策技术做出的决策。

(四) 按决策的重复程度分类

按决策的重复程度分类，决策可分为程序化决策与非程序化决策。程序化决策是指这种决策是常规的、重复的，当某一问题发生时，不必重新做出新的决策，可以按照原先设立的一定方式进行工作。这种决策属于定型化、程序化或定规化的决策，会经常地、重复地进行。这种决策工作主要由企业中下层管理人员来承担。

非程序化决策又称一次性决策，是非常规、非定型化、非例行的决策。这类决策活动不是经常出现的，用来解决以往没有经验可提供依据的新问题。

（五）按决策主体的多少分类

按决策主体的多少分类，决策可分为集体决策和个人决策。集体决策是指多个人一起做出的决策。个人决策则是指单个人做出的决策。相对于个人决策，集体决策有以下优点：能更大范围地汇总信息，能拟订更多的备选方案，能得到更多的认同，能更好地沟通，能做出更好的决策等。但集体决策也有缺点，如花费时间较多，会出现责任不明的情况以及“从众现象”等。

（六）按决策的可靠程度分类

按决策的可靠程度分类，决策可分为确定型决策和风险型决策。确定型决策是指一个方案只有一种确定的结果。这种决策各种未来的自然状态非常明确，只要将各个方案的结果进行比较，选择一个最好的方案，即可做出决策。

风险型决策和不确定型决策都是指由于存在不可控制的因素，一个方案有可能出现几种不同的结果。一般认为，风险型决策和不确定型决策的区别在于，前者对各种可能出现的结果有个客观的概率作为依据，而后者只能靠决策者的经验和心理因素来判断。

（七）按决策目标与使用方法分类

按决策目标与使用方法分类，决策可分为定量决策和定性决策。定量决策又称计量决策，是指应用数学方法和数学模型，借助计算机进行决策。

定性决策又称非计量决策，是指在决策的过程中，充分发挥专家集体的聪明才智，在系统调研和分析的基础上，根据掌握的具体情况与资料进行决策。

（八）按决策的时态分类

按决策的时态分类，决策可分为静态决策和动态决策。静态决策又称单项决策或一级决策，是指对所处理的问题一次就可以把决策确定下来，且只做出一个决策，不会再随事物发展进程和可能发生的变化而进一步采取对策。

动态决策又称序贯决策或多级决策，是指对所处理的问题不是做出一个决策，也不是只作一次决策，而是随着事物的发展进程，针对可能出现的情况做出一系列对应的决策。

（九）按决策目标的数量分类

按决策目标的数量分类，决策可分为单目标决策和多目标决策。单目标决策是指判断方案的优劣，只需考察其中一项重要指标即可得出结论的决策。多目标决策是指对可行方案的选择，需要考察多个目标才能得出结论的决策。

（十）按决策需解决的问题分类

按决策需解决的问题分类，决策可分为初始决策和追踪决策。初始决策是指组织对从事某种活动或该种活动的方案所进行的初次选择。追踪决策是在初始决策的基础上对组织活动方向、内容或方式的重新调整。组织中的大部分决策都属于追踪决策。

四、决策的程序

（一）界定问题

问题是决策的始点，决策始于问题的识别，即发现问题，问题就是现实和理想之间的差异。识别和发现问题在决策过程中是比较困难的，必须不断地对组织与环境状况进行深入的调查研究和创新性的思考才能做到。发现问题后还必须对其进行分析，包括要弄清问题的性质、范围、程度、影响、后果、起因等各个方面，为决策的下一步做准备。

（二）确定决策目标

目标体现的是组织要达到的目的。目标是决策活动的开始，而实现目标，即取得预期的管理效果是决策的终点。确定目标时，要注意以下几点：目标应明确具体，目标要分清主次，要规定目标的约束条件，决策目标数量化，决策目标要有时间要求。

（三）拟订备选方案

拟订备选方案时，要注意以下方面：

首先，要分析和研究目标实现的外部因素和内部条件、积极因素和消极因素，判断事物未来的变化趋势和发展状况。

其次，将外部环境各种不利因素和有利因素、内部业务活动的有利条件和不利条件等与事物未来趋势和发展状况的各种估计进行排列组合，拟订出实现目标的方案。

最后，将这些方案同目标要求进行粗略的分析对比，权衡利弊，从中选择出若干个利多弊少的可行方案，供进一步评估和抉择。

拟订可行方案是一个发现、探索的过程，也是淘汰、补充、修订、选取的过程。对于复杂的问题，可邀请有关专家共同解决。在拟订方案时，可运用头脑风暴法、对演法等技术方法。

（四）评估决策方案

备选方案一经确定，决策者必须对每一个备选方案都进行评估。在评估过程中，要使用预定的决策标准，同时要考虑每种备选方案的预期成本、收益、不确定性和风险。为了克服决策的困难，通常的方法是根据目标的权重排出先后顺序，然后通过加权求和的方式将其综合为一个目标；或者将一些次要目标看作决策的限制条件，使某个主要目标的效果达到最大（或最小）来选择方案。

（五）选择最佳方案

从已列出并且评估过的备选方案中选择最佳方案，是决策的关键阶段。通过可行性分析和评估，确定每个方案的经济效益和社会效益，以及可能带来的潜在问题，按照一定的标准比较各个方案的优劣，从中选择最佳方案。方案选择的具体方法有两种：一种是定性方法，即决策者根据以往的经验和掌握的材料，经过权衡利弊，做出决断；另一种是定量方法，即借助于数学和计算机技术进行决策。

（六）方案的实施与反馈

实施方案是指将方案传递给有关人员并得到他们行动的承诺。只有付诸实施，才能最终检验方案是否合理有效，才能发现偏差并作必要的调整。管理者要对决策效果进行评价，及时获得决策方案执行情况的反馈信息，对没有取得理想效果的项目要找出原因，与既定目标发生偏离的，要对原方案进行修订；客观情况发生重大变化，原定目标无法实现时，则要重新寻找问题或机会，重新审定目标，按照决策程序，直到选出新的最优方案为止。

五、决策的原则

决策是一门科学，从实践来看，领导者要想做出准确的决策，应遵循以下几条基本原则：选准目标原则、信息准确原则、可行性原则、系统原则、集体决策原则、分层次多系统决策原则。

六、影响决策的因素

（一）环境因素

1.环境的稳定性

在环境比较稳定的情况下，组织过去针对同类问题所作的决策具有较高的参考价值，因为过去决策时所面临的环境与现时差不多。这种情况下的决策一般由组织的中低层管理者做出。

2.市场结构

如果组织面对的是垄断程度较高的市场，决策重点通常在于如何密切关注竞争对手的动向；而在竞争性领域，激烈的竞争容易使组织形成以市场为导向的经营思想。

3.买卖双方在市场中的地位

在卖方市场条件下，组织所作的各种决策的出发点是组织自身的生产条件与生产能力；在买方市场条件下，组织所作的各种决策的出发点是市场的需求情况，市场或用户需要什么就生产什么。

（二）组织自身的因素

1.组织文化

在保守型组织文化中，决策者会在决策之前预见到给组织带来变化的行动方案将遇到很大阻力，很有可能失败，而他们又不会轻易容忍失败。因此，旨在维持现状的行动方案被最终选出并付诸实施。这就进一步强化了文化的保守性。但在进取型组织文化中，决策者往往选定的是给组织带来变革的行动方案。

2.组织的信息化程度

组织的信息化程度对决策的影响主要体现在对决策效率的影响上。信息化水平较高的组织决策者通常掌握着较先进的决策手段。

3.组织对环境的应变模式

对一个组织而言，对环境的应变是有规律可循的。随着时间的推移，组织对环境的应变方式趋于稳定，形成组织对环境特有的应变模式。

（三）决策问题的性质

1. 问题的紧迫性

如果决策涉及的问题对组织来说非常紧迫，亟需处理，这样的决策被称为时间敏感型决策；对决策速度的要求高于对决策质量的要求。如果决策涉及的问题对组织来说不紧迫，组织有足够的时间从容应对，则这样的决策被称为知识敏感型决策，因为在时间宽裕的情况下对决策质量的要求必然提高。

2. 问题的重要性

重要的问题可能会引起高层领导的重视，决策可得到更多力量的支持。

（四）决策主体的因素

1. 对待风险的态度

人们对待风险的态度有三种类型：风险厌恶型、风险中立型和风险爱好型。决策者对风险的不同态度会影响行动方案的选择。

2. 个人能力

决策者的个人能力对决策的影响主要体现在决策者对问题的认识能力、获取信息的能力、沟通能力、组织能力上。

3. 事实成分和价值成分

组织中的任何决策都既有事实成分，也有价值成分。个人价值观通过影响决策中的价值成分来影响决策。

4. 决策群体的关系融洽程度

决策是由群体做出的，群体的特征也会对决策产生影响。在关系融洽的情况下，较好的方案容易获得通过。

七、决策方法

（一）定性决策方法

定性决策方法又称“软方法”，是指决策者根据个人或专家的知识、经验和判断能力，充分运用集体智慧进行决策，所以也称主观决策法。定性决策的优点是方法灵活简便，通用性强，易于为一般管理者采用，有利于调动专家的积极性，激发人的创造力，更适用于非常规性决策。其缺点是，多建立在专家个人主观意见的基础上，未经严格论证，主观性大。定性决策方法主要有以下几种：

1. 协力创新法

它可以通过会议的形式进行。参加会议的人大多是经过适当训练，能够运用想象力和创新思维的人；他们事先必须弄清楚需要讨论的问题的性质和真相；会议主持人可以从决策问题中选出一个关键问题作为讨论的中心，启发大家出主意、想办法。任何人提出一个主意后，其他人可以随即加以评论和发表不同的意见，展开讨论，从而把创新性设想变成方案并接受实践的检验。

2. 德尔菲法

它又称专家意见法，是指发函给某些专家就指定问题让他们提出意见，收到专家意见后，经汇总归纳、整理，再次发函给上述专家进一步征求意见，如此反复多次，逐步收敛，直到意见较为集中，便于决策。

3.头脑风暴法

视频3-1

头脑风暴法

它又称畅谈会法，是指召集5～10位专家，针对一定范围的问题敞开讨论，畅所欲言，思路越广、越新、越奇越好，提出的意见、方案、设想越多越好；鼓励发表不同甚至是相互矛盾的意见；尽量不对别人的意见进行批评和反驳，也不急于得出结论；可以在他人的意见或方案的基础上进行补充、改进或联合。会议的主持人不作任何启发，只是集思广益。

4.反头脑风暴法

它又称缺点列举法，也是组织专家讨论，但与头脑风暴法相反，对同意建议的一概不提，专门全面地、系统地挑剔和列举方案的毛病，引起争论，以便完善方案和对其进行取舍。

5.哥顿法

它又称提喻法、类比法，是一种对问题进行迂回探索的特殊的创新会议方法。这种方法是会议召集人不公开会议的具体目的，只是用类比的方法把问题提出来，或只是提出决策问题的某一部分或某一侧面，并不讨论决策问题本身，而让参加会议的专家提出设想、方案，展开讨论，使专家不就事论事，而是广开思路、言路，之后，召集人或指明问题，或还不指明问题，只是由决策者参加讨论，考虑如何进行决策。事实证明，不就事论事而就事物的本质进行讨论，只要把事物的本质和症结抓住，具体问题的解决方法也就一目了然了。

6.对演法

它是通过设立不同的小组，分别提出对同一问题的不同方案，有意引入竞争，展开辩论，互攻其短，以求充分暴露矛盾，或预先设计某一方案，让与会者作为对立面故意对这一方案“挑刺”，通过尽量考虑可能会发生的问题，使决策趋于完善。

（二）定量决策方法

定量决策方法又称“硬方法”，是建立在数学、统计学等基础上的决策方法。它的核心就是把决策变量、变量与目标之间的关系用数学式表示出来，建立数学模型。然后，根据决策条件，通过计算（复杂问题要用计算机）求得答案。这种方法既适用于决策过程中的任何一步，也适用于方案的比较和评价。定量决策方法主要有盈亏平衡分析法、决策树法、线性规划法、决策表法、敏感性分析法、等概率法、小中取大决策法、大中取大决策法、期望值决策法、博弈论等。

具体应用时，因决策对象所含变量多少的不同、环境确定性程度等的不同，所采取的数学方法也不同。

1.确定型决策

常用的确定型决策方法有盈亏平衡分析法和线性规划法。

（1）盈亏平衡分析法。它又称量本利分析法，是最常见的确定型决策方法。它是通过产量（销售量）、成本和利润的关系来分析企业的盈亏情况，并进行方案择优的一种方法。盈亏平衡点就是总费用和销售收入相等的点，盈亏平衡法就是要确定盈亏平衡点所对应的产量或销售量。

我们知道这么一个常识：利润=收益-成本（π=Y-C）。所谓盈亏平衡，就是成本=收益，这个时候，利润π=0。我们再增加一个变量，即产量（Q），因为利润、收益、成本都与产量有关。它们之间存在着函数关系：

收益=价格×产量

Y=P×Q

总成本=固定成本+可变成本

=固定成本+单位可变成本×产量

C=F+V×Q

它们的关系如图3-5所示。

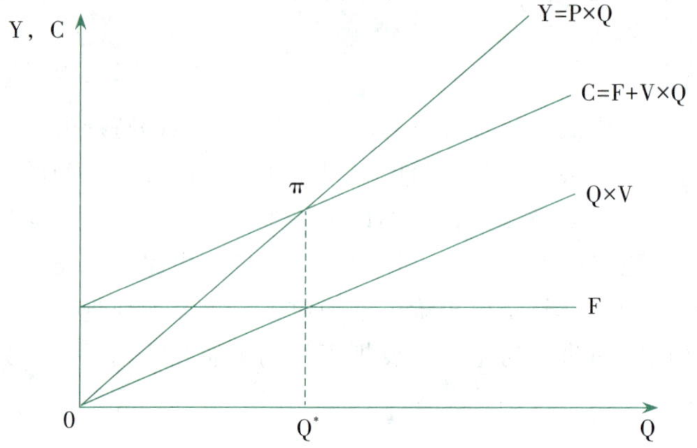

图3-5　盈亏平衡分析

在图3-5中，总收益曲线Y与总成本曲线C的交点π对应的产量Q^*就是盈亏平衡时的产量（总收益Y与总成本C相交即相等），π点就是盈亏平衡点。产量低于这一点会亏损（左边），高于这一点则盈利（右边）。盈亏平衡点处存在以下关系式：总收益=总成本，即Y=C，盈亏平衡点产量Q^*=F÷（P-V）。如果存在盈利π，则π=Y-C，即π=（P×Q）-（F+V×Q），则利润π对应的产量Q=（F+π）÷（P-V）。

做中学3-1

某化妆品厂生产一种化妆品需投入固定成本30万元，单位产品可变成本为80元，产品销售价格为100元/件。

（1）试用盈亏平衡分析法确定盈亏平衡产量。

（2）如果企业的利润目标是15万元，企业至少应维持多大的生产规模？

解：（1）盈亏平衡点产量

Q^*=F÷（P-V）=300 000÷（100-80）=15 000（件）

（2）盈利15万元的产量

Q=（F+π）÷（P-V）=（300 000+150 000）÷（100-80）=22 500（件）

即盈亏平衡点产量为15 000件；利润目标是15万元时，产量为22 500件。

（2）线性规划法。它是一种在满足一定约束条件下，通过合理利用、配置资源，使预定的目的达到最优的应用数学方法。解线性规划问题的方法很多，常见的有图解法、单纯形表法等。

2.风险型决策

风险型决策的方法一般有决策树法、决策表法和敏感性分析法。

（1）决策树法。它是用树形图把影响各方案的自然状态、概率、损益值等因素表示出来，并按一定的程序计算各方案的期望值，经比较进行选优的一种决策方法。

决策树的构成要素有五个：①决策节点。它用“□”表示，用来表示决策的结果。②方案节点。它用“○”表示，用来表示各种行动方案，上面的数字表示该方案的效益期望值。某方案的效益期望值等于方案中多种随机状态可能出现的概率与其对应的损益值的乘积之和。③方案枝。它是指由决策点引出的若干枝条，每一枝条代表一个方案。④状态枝。它又称概率枝，是由方案节点引出的若干枝条，每一枝条代表一种自然状态。⑤状态枝末端。它用“△”表示，用来表示不同状态下的期望值（效益值或损益值）。决策树的一般模型如图3-6所示。决策树法的步骤是：

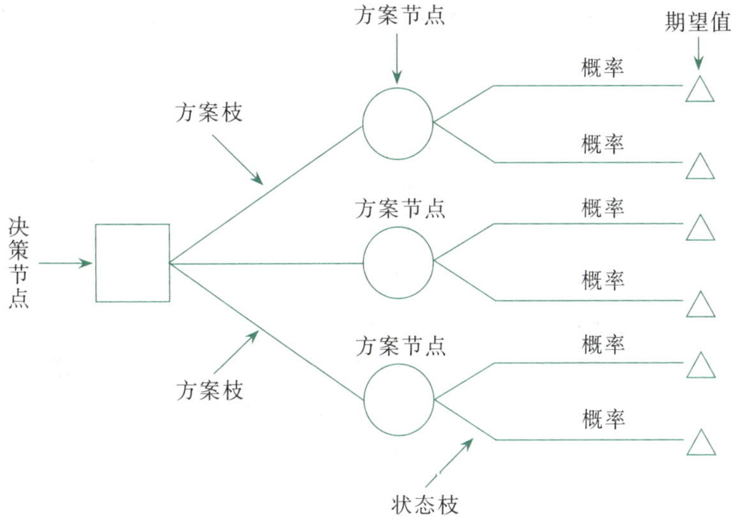

图3-6　决策树的一般模型

第一步是从左向右的建树过程。首先，从左端方框根部出发，按方案引出几条方案枝，每条方案枝上注明方案的内容，如大、中、小批量生产等；其次，每条方案枝到达一个方案节点，每个方案节点圆圈中标明一个字母或数字，如Ⅰ、Ⅱ、Ⅲ等，再由各方案节点按可能出现的自然状态的数目，引出各个状态枝，并在每个状态枝上标明状态的内容及其概率；最后，引出状态末端，并在末端上注明不同状态下的期望值。

第二步是从右向左进行。先计算各方案的期望值，把计算的结果注明在各个方案节点上，然后在各方案之间比较其期望值，从中选出最佳方案，并把此最佳方案的期望值写在决策节点方框的上面，以表明选择的结果；同时，在淘汰的方案枝上打上叉号，以表示这些方案不被采用。

决策树法既适用于解决单级决策，也常用于解决多级决策。

（2）决策表法。它又称决策矩阵或期望值法，其原理与决策树法相同。

（3）敏感性分析法。为了提高决策质量，在方案选优后，应将原状态概率值做不同范围的变化，借以分析对方案选择的影响，这就是敏感性分析。如有变动，方案的期望值也发生变动，但仍不影响对原方案的优选，则表明状态概率和期望值的变动对方案的优化不敏感，原决策的方案较稳定可靠；反之，原决策方案就不稳定、可靠性差。敏感性分析法常用转换概率来判断选择方案的可靠性。转换概率是各方案期望值相等的概率。原估计概率与转换概率相差的幅度越大，已选定方案对状态概率变化的敏感性就越低，其可靠性就越高；反之，敏感性就越高，可靠性越低。

3.非确定型决策

非确定型决策的方法很多，举例说明各种方法的不同应用。

做中学3-2

某厂生产的某产品未来销售时可能出现三种情况，即高需求、中需求和低需求，因此企业有三种方案可供选择，即新建车间、改建车间和对外协作，相应的损益值见表3-1。请问应怎样选择方案？

表3-1 年度销售损益 单位：万元

自然状态方案	高需求	中需求	低需求
A新建	980	-500	-800
B改建	700	250	-200
C协作	400	90	-30

（1）乐观原则（大中取大法或最大收益值规则）。如果决策者比较乐观，认为未来会出现最好的自然状态，不论选择何种方案均会取得该方案的最好效果，那么，决策时就可以首先找出各方案在各种自然状态下的最大收益值，即最好自然状态下的收益值，然后进行比较，找出在最好自然状态下能够带来最大收益的方案作为决策实施方案，见表3-2。

表3-2 乐观原则 单位：万元

自然状态方案	高需求	中需求	低需求	最好状态收益值	最大收益
A新建	980	-500	-800	980	980
B改建	700	250	-200	700	
C协作	400	90	-30	400	

（2）悲观原则（小中取大法或最小最大收益值规则）。与乐观原则相反，决策者对未来比较悲观，认为会出现最差的自然状态，不论企业选择何种方案，只能取得该方案的最小收益值。所以，在决策时先计算和找出各方案在自然状态下的最小收益值，即最

差自然状态下的相应收益值，然后进行比较，选择在最差自然状态下仍能带来“最大收益”或“最小损失”的方案作为实施方案，见表3-3。

表3-3　悲观原则　单位：万元

自然状态方案	高需求	中需求	低需求	最差状态收益值	最小损失
A新建	980	-500	-800	-800	
B改建	700	250	-200	-200	
C协作	400	90	-30	-30	-30

（3）等概率原则。采取该方法的决策者认为没有理由说明哪种状态出现的机会更多，因此只能认为各状态发生的机会均等，如有n种自然状态，则各状态的发生概率均为1/n，将各方案在各状态下的损益值与同一概率（1/n）相乘再相加，即可得各方案的期望损益值，最后选择收益最大的方案作为决策方案，见表3-4。

表3-4　等概率原则　单位：万元

自然状态方案	高需求	中需求	低需求	各方案的期望损益值	最大收益
A新建	980	-500	-800	980×1/3+（-500）×1/3+（-800）×1/3=-106.7	
B改建	700	250	-200	700×1/3+250×1/3+（-200）×1/3=250	250
C协作	400	90	-30	400×1/3+90×1/3+（-30）×1/3=153.3	

（4）折中原则。采取该方法的决策者既不把未来设想得如何光明，也不描绘得如何黑暗，认为最好和最差的自然状态均有出现的可能。因此，可以根据决策者的判断，给最好的自然状态一个折中系数或称乐观系数α，给最差的自然状态一个悲观系数（1-α），α介于0到1之间，然后用各方案在最好自然状态下的收益值与乐观系数相乘所得的积，加上各方案在最差自然状态下的收益值与悲观系数的乘积，得出各方案的期望收益值。据此比较各方案的经济效益，选收益最大的方案作为决策方案。本例若选α=0.4，则相关结果见表3-5。

表3-5　折中原则　单位：万元

自然状态方案	高需求	中需求	低需求	折中期望值	最大收益
A新建	980	-500	-800	980×0.4+（-800）×（1－0.4）=-88	
B改建	700	250	-200	700×0.4+（-200）×（1-0.4）=160	160
C协作	400	90	-30	400×0.4+（-30）×（1-0.4）=142	

（5）后悔最小原则（最小最大后悔值规则）。决策者在选定方案并组织实施后，如果遇到的自然状态表明采用另外的方案会取得更好的收益，企业在无形中遭受了机会损失，那么决策者将为此感到后悔。后悔最小原则就是一种力求使后悔值尽量最小的原则。根据该原则，决策时一方面将每一状态下的后悔值求出，用方案在某自然状态下的最大收益值减去该自然状态下各收益值的差作为各自然状态的后悔值，从而形成后悔值

矩阵；另一方面找出每一种方案，即各行的最大后悔值，并据此对不同方案进行比较；最后在最大后悔值中选择后悔值最小的方案作为实施方案，见表3-6。

表3-6　后悔最小原则　单位：万元

自然状态方案	高需求	中需求	低需求	最大后悔值	最小最大后悔值
A新建	980	-500	-800		
B改建	700	250	-200		
C协作	400	90	-30		
后悔矩阵					
A新建	0	750	770	770	
B改建	280	0	170	280	280
C协作	580	160	0	580	

随堂测3

应知考核

一、单项选择题

1.下列不属于按职能空间对计划进行分类的是（　　）。

A.业务计划　　B.长期计划　　C.人事计划　　D.财务计划

2.关于对具体性计划和指导性计划的理解，错误的是（　　）。

A.二者是根据计划内容的明确性标准来划分的

B.指导性计划具有明确规定的目标，不存在模糊不清

C.规定未来6个月内销售额要增加17%属于具体性计划

D.规定未来6个月内销售额要增加12%～20%属于指导性计划

3.“一件预计可能会出错的事情，往往一定会出错。一件事情出错，其他事情也跟着错。”类似的话在揭示（　　）。

A.决策的制定与实施一定要果断且有信心，否则目标很难实现

B.制订计划应树立权变意识，问题出现后应立即制订出相应的应变计划

C.应变计划的制订是计划工作的一部分内容，应在计划过程中及早予以考虑，不能等到出现问题时再仓促应对

D.要注意认真分析事物之间的关联性，以期得到正确的结论

4.有这样一种认识：长期计划都是战略性的、综合性的；短期计划都是战术性的、专业性的。这种认识（　　）。

A.正确。几乎所有的企业都是这样的

B.正确。这种说法也符合理论上对计划类型的划分

C.不正确。管理当中存在着权变，这种说法太绝对了

D.不正确。有些长期计划不是战略性的，而有些专业性计划也不是短期的

5.在很多管理者中间流传着“计划赶不上变化”的说法。在下面的诸多观点中，最有道理的是（　　）。

A.变化快要求企业只需要制订短期计划

B.计划制订出来之后，在具体实施时要进行大的调整，因此计划的必要性不大

C.尽管环境变化速度很快，但还应该像以前一样制订计划

D.变化的环境要求制订的计划更倾向于短期的和指导性相结合的计划

6.你正面临是否购买某种奖券的决策。你知道每张奖券的售价以及该期共发行奖券的总数、奖项和相应的奖金数额。在这样的情况下，该决策的类型是（　　）；加入（　　）信息以后，该决策将变成一个风险性决策。

A.确定型决策；各类奖项的数量

B.风险型决策；不需要加其他信息

C.不确定型决策；各类奖项的数量

D.不确定型决策；可能购买该奖券的人数

7.在管理决策中，许多管理人员认为只要选取满意的方案即可。对于这种观点，你认为以下解释中最有说服力的是（　　）。

A.现实中不存在所谓的最优方案，所以选中的都只是满意方案

B.现实管理决策中常常由于时间太紧而来不及寻找最优方案

C.由于管理者对什么是最优决策无法达成共识，只有退而求其次

D.刻意追求最优方案，常常会由于代价太高而最终得不偿失

8.某公司高层决策者对人力资源部提出目标，要求经过努力必须提供合格的人才。对这一要求，你认为评价最有道理的是（　　）。

A.时间不明确，在实际中难以操作

B.关键岗位提法不具体，范围认定困难

C.合格人才的标准不清楚，需详加说明

D.需综合考虑以上说法所反映的问题

9.号称“钟表王国”的瑞士在1969年研制出第一块石英电子手表，但擅长机械表制造的瑞士钟表界领袖们认为石英表没有前途，并未给予充分重视。日本人则认为石英表大有前途，遂投资进行大批量生产。结果，日本的石英表技术誉满全球，20世纪70年代仅用5年时间就挤垮了100多家瑞士手表厂。这个例子说明（　　）。

A.决策对企业生存、发展的影响至关重要

B.技术管理更能给企业带来竞争力

C.技术要发挥作用离不开资本的投入

D.瑞士的钟表界缺乏技术创新精神

10.H市某研究所主要研究特种材料。在计划经济时期，该所承担了多项国家下达的攻关任务，取得了十分突出的成就，同时形成了良好的协同攻关气氛和机制，造就了一批优秀的技术人才。但改革以后，国家任务逐渐减少，该所取得的成果也随之减少。为了扭转目前这种局面，从管理上看，你认为该所最需要做的是（　　）。

A.强化决策职能，提高环境适应能力

B.进一步增强研究所的技术力量

C.强化内部协调，提高科研效率

D.补充资金以弥补国家投入的减少

二、多项选择题

1.下列对决策的理解正确的有（ ）。

A.决策的主体是管理者 B.决策仅仅是为了解决问题

C.决策的本质是一个过程 D.决策是解决问题和/或利用机会

2.关于战略性计划和战术性计划，理解正确的有（ ）。

A.战略性计划的实施是组织活动能力的形成和创造过程

B.战术性计划是对已经形成的能力的应用

C.二者是依据涉及时间长短及其范围大小的综合性程度来划分的

D.战略性计划是战术性计划的依据，战术性计划是战略性计划的落实

3.关于程序性计划和非程序性计划，理解正确的有（ ）。

A.程序性计划是准备用来处理常见性问题的

B.非程序性计划是用来处理一次性而非重复性的问题的

C.新产品的开发、生产规模的扩大等都应该使用程序性计划

D.订货、材料的出入库等都可以使用非程序性计划

4.根据决策的可靠程度，可以把决策分为（ ）。

A.业务决策 B.确定型决策 C.风险型决策 D.不确定型决策

5.定性决策方法有（ ）。

A.协力创新法 B.德尔菲法 C.头脑风暴法 D.反头脑风暴法

三、简答题

1.用“5W2H”来描述计划工作的任务和内容。

2.简述计划职能的内容、要求和特点。

3.简述计划工作的程序。

4.简述决策的原则以及影响决策的因素。

5.简述管理决策方法中的定性决策方法和定量决策方法。

四、计算题

1.长城股份有限公司生产并销售某型号的机器，总固定成本10万元，单位变动成本500元，每台机器售价1 000元，请计算保本点销售量。

2.某公司准备生产某种新产品，可选择两个方案：一是引进一条生产线，需投资500万元，建成后如果产品销路好，每年可获利150万元；如果销路差，每年要亏损30万元。二是对原有设备进行技术改造，需投资300万元，如果销路好，每年可获利60万元；如果销路差，每年可获利30万元。两个方案的使用期限均为10年。根据市场预测，产品销路好的概率为0.6，销路差的概率为0.4，该公司应如何进行决策？（要求先绘制决策树，然后计算两个方案的期望收益值，最后根据期望值选择方案。）

应会考核

一、案例分析

【背景资料】

如何做好决策

某贸易公司是一家进出口集团公司控股的下属公司，专门从事有色金属进出口业务。为扩大业务领域，该公司的铜矿进出口业务部打算通过招投标方式参与某重点公路工程的进口沥青采购工作。经过不懈努力，该业务部的标书和其他几家公司的标书同时中标，分配给该公司的是2 000万元人民币左右的沥青供应任务，资金通过银行贷款可以解决，这一业务使该业务部获利60万元。这一方案提交董事会讨论时由于资金需求量大、收回投资周期长、风险大（待工程验收合格期满后才能收回款项）而被否决。方案被否决后，该业务部的员工积极性受到挫伤，情绪低落；因中标而不做，其信誉在业界受到损害，以后想再参与公路工程建设项目的可能性极低。此外，还损失了参与投标而交的28.9万元押金（这28.9万元押金最后以新产品开发费入账）。

资料来源　张平亮. 管理学基础［M］. 2版. 北京：机械工业出版社，2020.

【考核要求】

根据背景资料回答下列问题：

（1）该董事会的决策是否正确？

（2）你认为如何决策才好？

二、综合实务

秦山建筑工程公司的目标利润决策

近几年，某市基建工程量大，建筑材料供不应求，建材市场货源紧张、价格上涨。秦山建筑工程公司为了确保稳步发展，在公司经营计划会议上确定的年目标利润为450万元。为了确保目标利润的实现，经营部提出了两个基本方案：

（1）材料涨价但公司不增加成本，以多承揽施工任务来保证目标利润。

（2）不增加施工任务，但要设法降低成本，以保证目标利润的实现。

该公司有关资料见下表。

年　度	第1年	第2年	第3年	第4年	第5年	第6年	第7年	第8年
施工产值（万元）	3 900	4 350	3 600	4 200	3 450	4 800	4 950	5 250

另外，施工能力分析如下：

（1）为了保持施工能力，固定费用840万元已不能降低，变动费用为施工产值的75%。

（2）近年来，建筑材料市场货源紧张、价格看涨，预计明年材料费用将增长10%。

根据上述案例，请回答下列问题：

1.年目标利润450万元是秦山建筑工程公司的（　　）。

A.总目标　　B.长期目标　　C.短期目标　　D.战略目标

2.秦山建筑工程公司为制订经营计划，在提出两个基本方案之前已经做过（　　）工作。

A.调查研究，明确前提条件　　B.拟订派生计划

C.进行定量分析，使计划数字化　　D.无法确定

3.秦山建筑工程公司制订经营计划的前提条件是（　　）。

A.招标、投标政策　　B.建材价格上涨

C.建材市场货源紧张　　D.上述均包括

项目实训

【实训项目】

计划技术应用。

【实训目标】

1.掌握计划技术方法。

2.培养学生解决问题的实际能力。

【实训内容】

1.由教师提出项目问题：选择一项新产品的开发项目作为计划内容。

2.按照新产品的开发程序设计各个阶段。

3.按课程所讲授内容及步骤绘制网络图。

【实训要求】

1.由教师下达项目计划任务书，每位学生按编制要求来绘制网络图，由教师对网络图进行全面分析和综合评价。

2.撰写实训报告。

《　　　　》实训报告		
项目实训班级：	项目小组：	项目组成员：
实训时间：　年　月　日	实训地点：	实训成绩：
实训目的：		
实训步骤：		
实训结果：		
实训感言：		
不足与今后改进：		
项目组长评定签字：	项目指导教师评定签字：	

项目四

企业组织管理

知识目标

理解：组织的概念、形式、职能，以及组织设计的目的、组织层级设计中的授权、组织文化的概念和性质。

熟知：组织设计的任务、组织的部门化、组织的层级化与管理幅度。

掌握：组织设计的原则、影响组织设计的因素、组织的层级设计需要解决的主要问题、组织结构的常见形式、组织文化的构成与功能、组织文化的培育。

技能目标

学生能够掌握组织的常见形式，学会应用协调职权关系的方法和艺术。

素质目标

通过本项目的学习，能够使学生形成对组织设计的原则及影响因素的认同和理解；体会塑造组织文化对组织的影响。

思政目标

能够正确理解“不忘初心”的核心要义和精神实质；树立正确的世界观、人生观和价值观，做到学思用贯通、知信行统一；通过组织管理理论培养对职业的主观体验，具有职业认同感，提升自己的理性认识。

管理故事

胆小的兔子们

有一天，众多兔子聚集在一起，为自己的胆小无能而难过，悲叹自己的生活中充满了危险和恐惧。它们越谈越伤心，就好像已经有许多不幸发生在自己身上，而这也是它们成为兔子的原因。到了这种地步，负面的想象便无止境地涌现出来。它们怨叹自己天生不幸，既没有翅膀，也没有獠牙，只能在东躲西藏中过日子，就连想要抛弃一切大睡一觉，也有什么都听得见的长耳朵阻挠，原本就红红的眼睛也变得更加鲜红了。它们觉得自己的这种生活毫无意义，这又成为它们自我厌恶的根源。

它们都觉得，与其心惊胆战地生存，还不如一死了之。于是，它们一致决定从山崖跳下去，结束自己的生命，了结一切烦恼。于是它们一起奔向山崖，想要投湖自尽。这时，一些青蛙正围在湖边，听到急促的脚步声，如临大敌，立刻跳到湖里逃命去了。这是兔子每次到池塘边都会看到的情景，但是今天，有一只兔子突然明白了什么，它大声地说："快停下来，我们不必吓得去寻死了，因为还有比我们更胆小的动物呢！"听到它这么一说，兔子们的心情豁然开朗，兴高采烈地回窝了。

资料来源　佚名. 跳河的兔子［EB/OL］.［2017-11-19］. http：//www.ruiwen.com/zuowen/tuzi/337637.html.

故事感悟　在任何组织中，总有弱势群体。最不起眼的是他们，牢骚最多的也是他们，最不稳定的还是他们，但组织要想实现目标，往往也离不开他们。在公司管理中亦是如此，例如刚毕业的大学生和没有工作经验的新员工，因为成本的限制，老板不可能仅用物质去激励，也不可能光靠给他们"洗脑"。一方面，你是否具备做思想工作的能力；另一方面，即使你很会激励团队，但事实却是人事动荡，小事没人做，大事出问题。这些人就好像这群兔子，不相信自己可以受到培养与提升，不相信公司可以给自己带来转机，不相信自己的工作会受到肯定与重视，甚至不相信在工作中积累的经验将来会有用。最后他们往往很快跑去"自杀"——离开公司。

知识准备

任务一　组织概述

一、组织的概念

组织可以从不同角度去解释和理解。从实体角度看，组织是为实现某一共同目标而由若干人组合形成的一个系统。公司、企业、学校、医院、政府机构等都是组织。在管理过程中，组织又是一项基本职能，是为达到某一目标而协调人群活动的一切工作的总称。

二、组织的职能

组织职能是指为了有效地实现共同目标和任务，合理确定成员、任务及各项活动之间关系，并对组织资源进行合理配置的过程，即组织工作的全过程。组织职能的主要内容包括：

（一）组织结构的设计

它包括组织内横向管理部门的设置和纵向管理层次的划分。当组织目标确定以后，管理者首先应对各种杂乱无章的工作内容进行划分和归类，把性质相近或联系紧密的工作进行归并，成立相应的职能部门进行专业化管理，并根据适当的管理幅度来确定组织的纵向管理层次，最后形成一个完整的系统。

（二）适度分权和正确授权

在确定了组织结构的形式后，要进行适度的分权和正确的授权。分权表示组织内管理的权力由高层管理者委派给各层次和各部门的程度，分权要讲究适度；授权则体现了职权委任给各个管理层和各个部门的过程。适度分权、成功授权有利于组织内各层次各部门为实现组织目标而协同工作。

（三）组织内各职务人员的选择和配备

它包括人员的招聘和定岗、训练和考核、奖惩制度，以及对人的行为的激励等。

（四）组织文化的培育和建设

为营造良好的组织气氛而进行团队精神的培育和组织文化的建设，是非常有必要的。

（五）组织运作和组织变革

组织运作是指管理者如何使已设计好的组织系统围绕目标有效地运转。这包括制定和落实各种规章制度与建立组织内部的信息沟通模式。组织变革是指不断适应实现目标的需要，对组织工作进行必要的调整、改革与再设计。

（六）组织与外部环境的关系

组织存在于特定的社会环境之中，其形态、功能、结构、管理活动都受环境影响，如何使组织行为与外部环境保持一致是组织职能的重要内容。

三、组织的形式

从组织的形式来说，主要有以下两种：

（一）正式组织与非正式组织

正式组织是指为了有效实现组织目标，经过人为的筹划和设计，并具有明确而具体的规范、规则和制度的组织。其特点如下：专业的分工、明确的层级、法定的权威、统一的规范、相对的稳定性、职位的可替代性、物资的可交换性。

非正式组织是指组织成员为了满足特定的心理需求或情感需要，在实际活动和共同相处的过程中自然形成的团体。其特点如下：基于特定的需要自发形成、没有明确的目标、没有成文的制度和规则、具有两面性（双刃剑）。

（二）机械式组织与有机式组织

机械式组织又称官僚式组织。这种组织最突出的特点是有严格的层级关系，坚持统一指挥原则，存在着一条正式的职权层级链，每个职位都有固定的职责，每个人只受一个上级领导管控，形成一种典型的、规范化的结构；成员之间按照正式的渠道进行沟通，组织的权力最后集中在该组织金字塔的顶层。

有机式组织又称适应式组织，是一种低复杂性、低正规化和分权化的组织。这种组织与机械式组织不同，它强调的是灵活、适应和变化。在这种组织中，员工多是职业化的，具有熟练的技巧，并且在经过训练之后能够处理各种各样的问题，所以工作不需要多少正式的规则和监督。这种组织的特点是员工之间存在高度的合作、非正式的沟通、分权、职位与职务的变化调整。

任务二 组织设计

一、组织设计的目的

组织设计的目的就是要通过建立柔性灵活的组织，动态地反映外在环境变化的要求，并且能够在组织演化成长的过程中，有效积聚新的资源要素，同时协调好组织中部门与部门之间、人员与任务之间的关系，使员工明确自己在组织中应有的权力和应担负的责任，保证组织活动的有效开展，最终实现组织目标。

二、组织设计的任务

组织设计的任务是设计清晰的组织结构，规划各部门的权责，确定组织中职能职权、参谋职权、直线职权的活动范围，并编制职务说明书。所谓组织结构，是指组织的基本架构，是对完成组织目标所需要的人员、工作、技术和信息所做的制度性安排。组织结构可以用复杂性、规范性和集权性三种特性来描述。

（一）复杂性

它是指每一个组织内部的专业化分工程度、组织层级、管理幅度以及人员之间、部门之间存在的巨大差别性。组织的分工越细、组织层级越多、管理幅度越大，其复杂性就越高；组织的人员部门越多、分布越散，人员与事物之间的协调也就越难。

（二）规范性

它是指组织需要依靠制定规章制度以及程序化、标准化的工作，规范地引导员工的行为。规范的内容既包括以文字形式表述的规章制度、工作程序、各项指令，也包括以非文字形式表达的组织文化、管理伦理以及行为准则等。组织中的规章条例越多，组织结构就越正式。

（三）集权性

它是指组织在决策时其权力在管理层级中分布与集中的程度。当组织的权力高度集中在上层，问题要由下至上反映，最终由最高层决策时，组织的集权化程度就较高；反之，当组织授予基层人员更多决策权力时，其集权化程度就较低，这种授权方式被称为分权。典型的组织系统如图 4-1 所示。

从图 4-1 中可以看出，组织的活动可以分为横向和纵向两种结构形式。纵向结构设计的结果是决策的层级化，即确定了由上到下的指挥链以及链上每一级的权责关系。显然，这种关系具有明确的方向性和连续性。横向结构设计的结果是组织的部门化，即确

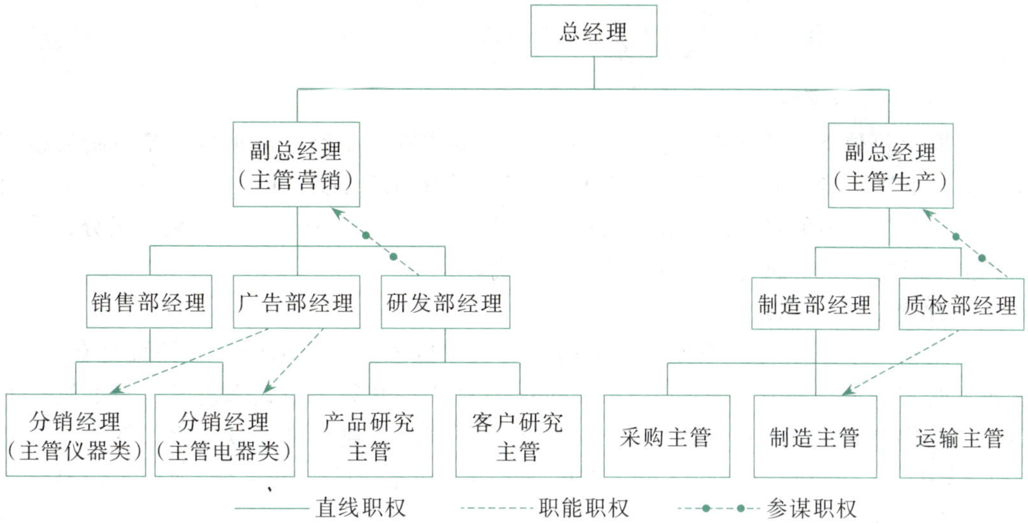

图 4-1　组织系统

定了每一部门的基本职能、每一位主管的控制幅度、部门划分的标准以及各部门之间的工作关系。

职务说明书要求能简单、明确地指出：该管理职务的工作内容、职责与权力，组织中该职务与其他职务之间的区别与联系，职务当事人所应具备的专业背景、知识结构、工作经验、管理能力等基本条件。

为了达到组织设计的理想效果，组织设计者需要完成以下几项工作：

首先，职能和职务的分析与设计。组织首先需要将总的目标任务进行层层分解，详细分析完成具体任务需要哪些基本的职能与职务；然后设计并确定组织内从事管理工作所需的职能部门以及各项管理职务的类别与数量，分析每位职务人员应具备的资格条件、享有的权力范围和担负的职权与责任。

在组织设计时，可以根据组织的宗旨、任务目标及环境的变化，自上而下地确定组织运行所需要的部门、职位及相应的权责。另外，组织设计也可以根据组织内部的资源条件，在组织目标层层分解的基础上，从基层开始自下而上地进行。

其次，部门设计。根据每位职务人员所从事的工作性质以及各职务间的关联，依据组织职能相似、活动相似或关系紧密的原则，可将他们聚集在“部门”这样的基本管理单位内。组织活动的特点、环境和条件不同，划分部门所依据的标准也不同。对同一组织来说，在不同时期、不同战略目标的指导下，划分部门的标准可以根据需要进行动态调整。

最后，层级设计。在职能职务设计和部门划分的基础上，根据组织内外部现有人力资源的情况，对初步设计进行调整与平衡，并根据工作性质和内容，确定管理层级，规定相应的职责和权限，再通过规范化的制度，使各个职能部门和各项管理职务形成一个严密有序的活动网络。

三、组织设计的原则

（一）统一指挥原则

它要求每位下属应该有且仅有一个上级，要求在上下级之间形成一条清晰的指挥链。如果下属有多个上级，就会因为上级之间可能存有彼此不同甚至相互冲突的命令而无所适从。为了避免多头领导和多头指挥，对组织的各项活动应该有明确的区分，并且明确上下级的职权、职责以及具体的沟通方式。

（二）控制幅度原则

它是指一个上级直接领导或指挥的下属人数应该有一定的限度，并且是有效的。法国的管理学者格拉丘纳斯（V.A.Graicunas）曾用一套数学公式来说明：当上级对下级的控制幅度超过7人时，其与下级之间的关系会越来越复杂，以至无法驾驭。该公式为 $N=n(2^{n-1}+n-1)$，其中，n表示直接向一位上级报告的下级人数，N表示需要协调的人际关系数。

（三）权责对等原则

它是指职权与职责的对等关系。如果有责无权，或者权力范围过于狭小，责任方就有可能会因缺乏主动性、积极性而导致无法履行责任，甚至无法完成任务；如果有权无责，或者权力不明晰，就会出现不负责任地滥用权力，甚至助长官僚主义的习气，影响整个组织系统的健康运行。

（四）柔性经济原则

所谓组织的柔性，是指组织的各部门、各成员都可以根据组织内、外部环境的变化而进行灵活调整和变动。组织的结构应当保持一定的柔性，以减少组织变革所造成的冲击和动荡。组织的经济是指其管理层次与幅度、人员结构及部门工作流程的设计必须要合理，以达到高效管理。组织的柔性与经济是相辅相成的，一个柔性的组织必须符合经济的原则，而一个经济的组织又必须使组织保持柔性。

四、影响组织设计的因素

（一）战略（Strategy）

它与组织结构之间的关系是理论界争论较多的问题之一。争论的焦点是战略决定组织结构，还是组织结构决定战略。对企业的战略与结构之间关系研究有重大贡献的是美国企业史学家弗雷德·菲德勒（Fred Fiedler）。他对美国100家大公司的发展进行了深入的考察，得出一个结论：公司战略的变化先于公司组织结构的变化。当公司成长壮大之后，战略随之改变，变得更有雄心，组织结构也因此而变得壮大，由此形成了战略决定结构的理论。

（二）规模（Scale）

这里的规模指的是组织的人数。组织的规模越大，组织结构就会趋于复杂和规范化。其表现在：第一，随着规模的扩大，管理者在管理幅度的约束下，不可避免地需要分层，因此会形成多层次的组织结构；第二，随着规模的扩大，组织的关系更加复杂，协作也更加困难，因此需要对员工进行部门划分，形成多部门结构。

（三）技术（Technology）

任何组织的生存与发展都离不开技术，因为组织将投入转变为产出的过程需要一定的技术作为支撑。技术的类型是多种多样的，考察技术因素对组织结构的影响，需要对技术进行分类。在这个方面作出开创性贡献的是英国管理学家琼·伍德沃德，她将企业的生产技术划分为三类：第一类是单件生产的技术；第二类是大量生产的技术；第三类是连续生产的技术，也是最复杂的技术。

（四）环境（Environment）

这里的环境主要是指社会环境。一个组织结构必须与环境相适应，特别是与其所在地的文化价值观相适应。在我国，文化对组织结构设计的影响也是比较明显的。一方面，我国文化重视层级高低关系，容易形成集权的组织结构；另一方面，制度规定工人可以参与管理，因此在组织设计中必须体现这一规定。

除了上述一般因素之外，组织设计还要考虑一些特殊因素的影响，如国家的有关政策与法规等。

五、组织部门化

组织设计的实质是通过对管理劳动的分工，将管理人员安排在各个管理岗位和部门中，通过他们在特定环境、特定关系中的管理使整个系统有机地运转。

部门化是将整个管理系统分解成若干个相互依存的基本管理单位。组织设计中经常运用的部门划分标准是职能、产品和区域。

（一）职能部门化

它是根据业务活动的相似性来设立管理部门。职能部门化是一种传统的、普遍的、最自然、最方便、最符合逻辑的组织形式，据此进行设计的组织结构可以带来专业化分工的种种好处，可以使各部门的管理人员或专心致志地研究产品的开发和制造，或积极努力地探索和开拓市场，或认真仔细地记录、分析和评价资金的流动；同时，由于各部门是在最高主管的领导下从事相互依存的整体活动的一部分，因此，按职能划分部门有利于维护最高行政指挥的权威，有利于维护组织的统一性；此外，各部门只负责一种类型的业务活动，有利于工作人员的培训、相互交流，从而促进技术水平的提高。

职能部门化的局限性主要表现在以下方面：①由于各种产品的原料采购、生产制造、产品销售都集中在相同的部门进行，各种产品给企业带来的贡献不易区别，因此不利于指导企业产品结构的调整；②由于各部门的负责人长期只从事某种专门业务的管理，缺乏总体眼光，因此不利于高级管理人才的培养；③由于活动和业务的性质不同，各职能部门可能只注重依据自己的准则来行动，因此使本来相互依存的部门之间的关系不协调，影响组织整体目标的实现。为了克服这些局限性，有些组织利用产品或地区的标准来划分部门。

（二）产品部门化

它就是把同一产品的生产或销售工作集中在相同的部门组织进行，产品部门化是适应中小企业的一种组织形式。但是，随着企业的成长和产品品种的多样化，把制造工艺不同和用户特点不同的产品集中在同一生产或销售部门管理，会给部门主管带来日益增大的困难。此时，为了与扩大的企业规模相对应，如果主要产品的数量足够大，这些产品的用户或潜在用户足够多，那么组织的最高管理层除了保留公关、财务、人事甚至采购这些必要的职能外，就应该考虑根据产品来设立管理部门、划分管理单位。

产品部门化具有以下优势：①能使企业将多元化经营和专业化经营结合起来，既可降低企业多元化经营的市场风险，又可提高企业专业化经营的生产率；②有利于企业及时调整生产方向，及时限制、淘汰或扩大、促进某种产品的生产，使整个企业的产品结构更加合理；③有利于促进企业的内部竞争；④有利于高层管理人才的培养等。

产品部门化的局限性有：①需要较多的具有总经理能力的人管理各个产品部门；②各个部门的主管可能会过分强调本部门利益，从而影响企业的统一指挥；③产品部门某些职能机构与企业总部的职能重叠会导致管理费用的增加，从而提高待摊成本，影响企业竞争力。

（三）区域部门化

它是根据地理因素来设立管理部门，把不同区域的经营业务和职责划分给区域部门的经理。

根据地理位置的不同设立管理部门，甚至使不同区域的生产、经营成为相对自主的管理实体，可以更好地针对各地区劳动者和消费者的行为特点来组织生产和经营活动。在国际范围内从事经营业务的跨国公司尤其如此，它们不仅使分散在世界各地的附属公司成为独立的实体，而且公司总部对协调国际经营的高级管理人员的业务划分，也是根据区域标准进行的。按区域划分管理部门的优缺点类似于产品部门化。

六、组织层级与管理幅度的关系

（一）组织层级和管理幅度的互动性

组织层级设计的核心任务是确定完成任务需要设定的层级数目，而合理的管理幅度是决定组织中层级数目的最基本因素。所谓管理幅度，也称组织幅度，是指组织的上级主管能够直接有效地指挥和领导的下属数量。这些下属的任务是分担上级主管的管理工作，并将组织任务进行层层分解，然后付诸实施。显然，组织幅度应该是有限的。因为一定数量的下属虽然能够减少上级直接从事的业务工作量，但同时也增加了上级协调这些人际关系的工作量。

由于组织任务存在递减性，从最高层的直接主管到最基层的工作人员之间就形成了一定的层次，这种层次称为组织层级。组织层级受组织规模和组织幅度的影响，它与组织规模成正比，组织规模越大，人员越多，工作越复杂，层级就越多。在组织规模确定的前提下，组织层级与组织幅度具有互动性，它与组织幅度成反比，即上级直接领导的下属越多，组织层级就越少，反之则越多。

组织层级与组织幅度的互动关系决定了两种基本的组织结构形态：一种是锥型组织结构形态；另一种是扁平型组织结构形态。组织层级与组织幅度的比较如图4-2所示。

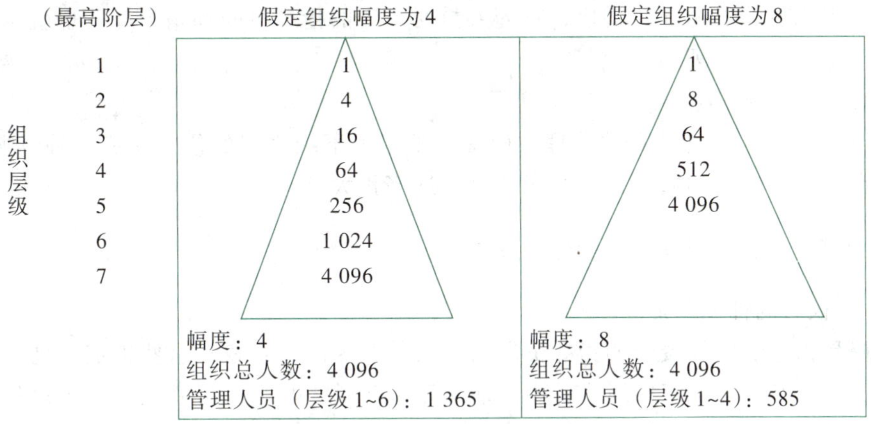

图4-2　组织层级与组织幅度的比较

锥型组织结构的优点是：由于管理的层级比较多，管理幅度比较小，每一管理层级上的主管都能对下属进行及时的指导和控制；另外，层级之间的关系也比较紧密，有利于工作任务的衔接，同时也为下属提供了更多的提升机会。其缺点是：过多的管理层级往往会影响信息的传递速度，因而信息的失真度可能会比较大，这又会增加高层主管与基层员工之间沟通和协调的成本，增加管理工作的复杂性。

扁平型组织结构的优点是：由于管理的层级比较少，信息的沟通和传递速度比较快，因而信息的失真度也比较小；另外，上级主管对下属的控制也不会太死板，有利于发挥下属人员的积极性和创造性。其缺点是：过大的管理幅度增加了主管领导对下属监督和协调控制的难度；同时，也减少了下属提升的机会。

（二）管理幅度设计的影响因素

1.管理工作的内容和性质

管理工作内容越多，上下左右之间的联系就越多，需要的工作时间也就越多；管理工作越复杂多变，管理人员需要耗费的时间和精力就越多，因此组织就需要缩小控制幅度。另外，下属的工作相似性越大，管理人员的指挥和监督工作就越容易，这样便于扩大管理幅度。

2.管理人员的工作能力

如果管理人员和下属都具有较强的工作能力，管理人员就能够准确而迅速地把握问题的关键，及时提出指导性的建议和方法；下属也同样能够准确领会上级的命令和意图，从而降低协调和沟通的频率，有效扩大管理幅度。

3.下属人员的空间分布

如果下属人员在空间上的分布比较分散，就会增加上下左右之间协调和沟通的困难，尽管现代通信手段提供了较为便捷的联系渠道。但是，这或多或少会影响上级主管增加管理幅度的主动性。

4.组织变革的速度

每一个组织都必须根据环境的变化及时进行调整，环境变化越快，组织遇到的问题就越多，组织变革的速度就越快，管理人员对下属的指导时间和精力耗费也就越多，这样不利于组织扩大管理幅度。

5.信息沟通的情况

及时、充分的信息是有效管理的前提，如果上下级之间的信息交流能够畅通快捷，并且具有较高的横向沟通效果，组织就可以适当扩大管理幅度。

七、组织层级设计需要解决的主要问题

（一）权力的性质与形式

职权是指组织内部授予的指导下属活动及其行为的决定权。这些决定一旦下达，下属必须服从。职权与组织层级设计中的职位紧密相关，与个人特质无关。职权分为三种形式：直线职权、参谋职权和职能职权。

1.直线职权

所谓直线职权，是指管理者直接指导下属工作的职权。这种职权由组织的顶端开始，延伸向下至最底层，形成所谓的指挥链（Chain of Command）。在指挥链上，拥有直线职权的管理者有权领导和指挥其下属工作。

2.参谋职权

所谓参谋职权，是指管理者拥有某种特定的建议权或审核权，可以评价直线职权方面的活动情况，进而提出建议或提供服务。

3.职能职权

所谓职能职权，是指一种权益职权，是由直线管理者向自己辖属以外的个人或职能部门授权，允许他们按照制度，在一定的职能范围内行使的某种职权。职能职权的设立，主要是为了发挥专家的核心作用，减轻直线主管的工作任务，提高管理效率。

（二）组织层级化设计中的集权与分权

1.集权

集权是指决策指挥权在组织层级系统中较高层次上的集中，下级部门和机构只能依据上级的决定、命令和指示办事，一切行动必须服从上级指挥。组织管理的实践告诉我们，组织目标的一致性必然要求组织行动的统一性。

2.分权

分权是指决策指挥权在组织层级系统中较低管理层次上的分散。组织高层将其部分决策指挥权分配给下级组织机构和部门的负责人，使他们充分行使这些权力，支配组织的某些资源，并在其工作职责范围内自主地解决某些问题。一个组织内部要实行专业化分工，就必须分权，否则，组织便无法运转。影响组织分权程度的主要因素有：①组织规模的大小；②政策的统一性；③员工的数量和基本素质；④组织的可控性；⑤组织所处的成长阶段。

同步案例4-1　比特丽公司的分权问题

比特丽公司是美国一家大型联合公司，总部设在芝加哥，下有450个分公司，经营

着9 000多种产品，其中许多产品是名牌产品，如克拉克棒糖、乔氏中国食品等。公司每年的销售额达90多亿美元。

多年来，比特丽公司通过采用收购其他公司来发展自己的进取战略，取得了迅速的发展。公司的传统做法是：每当收购一家公司或厂家以后，通常保持其原来的产品，使其成为联合公司的一个新产品的市场。同时，对下属各分公司采用分权的形式，允许新收购的分公司或工厂保持其原来的生产管理结构，这些都不受联合公司的限制和约束。由于实行了这种战略，公司变成了由许多没有统一目标、彼此又没有什么联系的分公司组成的联合公司。

1976年，负责这个发展战略的董事长退休以后，德姆被任命为董事长。新董事长德姆的意图是要使公司朝着他新制定的战略方向发展。根据他制定的新战略，德姆卖掉了下属56个分公司，同时又买下了西北饮料工业公司。

据德姆的说法，公司除了面临发展方向的问题外，还面临着两个主要问题：一个是下属各分公司都面临着向社会介绍并推销新产品的问题。为了激励各分公司，德姆决定采用奖金制，对干得出色的分公司经理每年奖励1万美元。但是，对于这些收入远远超过1万美元的分公司经理来说，1万美元奖金恐怕起不了多大的激励作用。另一个更严重的问题是，在维持原来的分权制度下，应如何提高对增派参谋人员必要性的认识，应如何发挥直线主管人员与参谋人员的作用。德姆决定给下属每个部门增派参谋人员，来帮助各个小组更好地开展工作。但是，有些管理人员认为只增派参谋人员是不够的，还有人认为没有必要增派参谋人员，可以采用单一联络人联系几个单位的方法，即集权管理的方法。

公司专门设有一个财务部门，但是无法控制这么多分公司的财务活动，因此造成公司总部无法了解并掌握下属部门支付支票的情况等。

同步案例4-1

资料来源　赵国运，王军华．管理学原理［M］．北京：中国社会出版社，2012.

分析提示

请根据上述材料回答：

（1）比特丽公司可以在分权方面做得更好吗？

（2）你对德姆的激励方法有何看法？

（3）参谋人员有何作用？如何协调直线主管人员和参谋人员之间的关系？

八、组织层级设计中的授权

（一）授权的概念

所谓授权，就是组织为了共享内部权力，提高员工的工作积极性，把某些权力或职权授予下级。这些权力或职权委派给下级之后，下级可以在其职权范围内自由决断、灵活处理问题，但同时也负有完成任务并报告给上级的责任，上级仍然保留着对下级的指挥权与监督权。

授权与分权有所不同。哈罗德·孔茨（Harold Koontz）认为，分权是授权的一个基本方面。授权的概念略大于分权，授权是上级把权力授予下级，分权是上级把决策权力分配给下级机构和部门负责人。授权的概念有：①分派任务，即向被托付人交代所要委派的任务。②授予权力或职权，即授予被托付人相应的权力或职权，使之有权履行原本无权处理的事务。③明确责任，即要求被托付人对托付的工作负全责。所负责任不仅包括需要完成的指定任务，也包括向上级汇报任务的具体情况和成果。

（二）有效授权的条件

要想使授权具有充分而理想的效果，组织必须提供一定的条件。内容包括以下方面：

1.共享的信息

组织中的信息作为一种资源具有共享性，组织如果能够使员工充分地获取必要的信息资料，就会大大提高员工工作的积极性和主动性。

2.知识与技能

组织必须对员工进行及时、有效的培训，帮助他们获得必要的知识和技能。通过培训能够有效地帮助员工进行自主决策，提高他们参与组织活动的能力，并为团队合作和实现组织目标奠定坚实的基础。

3.权力

组织若要充分发挥团队的作用，就必须真正地放权给团队中的各个专家和基层人员，使每个成员都能根据实际的工作情况进行适当的安排，使权力的作用得到充分的发挥。

4.对绩效的奖励

组织应该制定合理的绩效评估和奖励系统，对组织成员的绩效贡献给予奖励。这种奖励系统既包括工资和利润提成，也包括一定的股权比例，如员工持股计划等。

（三）授权的原则

有效的授权必须掌握以下原则：

1.重要性原则

组织授权必须建立在相互信任的基础上，所授权限不能只是一些无关紧要的部分，要敢于把一些重要的权力或职权放下去，使下级充分感受到上级的信任，认识到管理工作的重要性，进而把具体任务落到实处。

2.适度原则

组织授权必须以提高效率为前提。授权过少容易造成主管工作量过大，授权过多又会造成工作杂乱无序，所以不能无原则地放权。

3.权责一致原则

组织在授权的同时，必须向被托付人明确所授任务的目标、责任及权力范围，权责必须一致；否则，被托付人既可能会滥用职权，导致形式主义，也可能会对任务无所适从，造成工作失误。

4.级差授权原则

组织只能在工作关系紧密的层级上进行级差授权。越级授权可能会造成中间层级在工作上的被动和无序，伤害他们的责任心，导致管理机构的失衡，从而破坏管理秩序。

任务三 组织结构

一、组织结构的概念

组织结构是指组织中相对稳定的关系，是表明组织各部门排列顺序、空间位置、聚散状态、联系方式以及各要素之间相互关系的一种模式，是整个管理系统的“框架”，也是组织在职、责、权方面的动态结构体系。其本质是为实现组织战略目标而采取的一种分工协作关系，组织结构必须随着组织重大战略的调整而调整。

二、组织结构的形式

视频 4-1

直线制组织形式

当今，组织结构的类型很多，常见的组织结构大体上围绕“四个中心”：任务中心、成果中心、关系中心和决策中心，它们组织起了五种形式：直线制、职能制、直线职能制、矩阵制和事业部制。

（一）直线制组织形式（Straight Line Organization Type）

它的主要特点是组织中各种位置按垂直线路排列，每一个下层单位只接受一个上级领导的指挥，每一位下级也只向一位上级请示汇报，这是组织结构中最简单的一种形式。以企业为例，图 4-3 表明了这种组织结构。

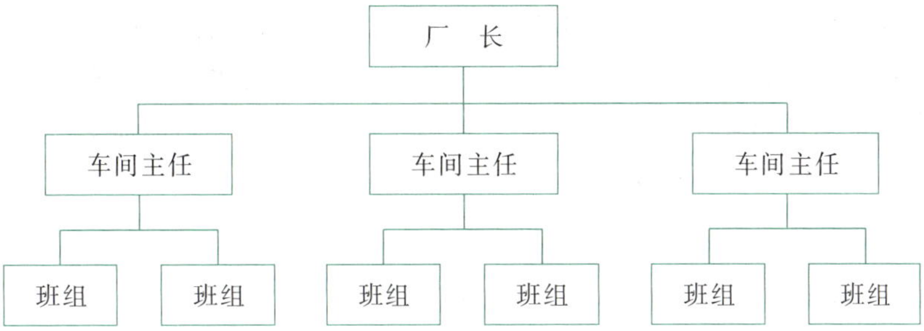

图 4-3 直线制组织形式

这种组织形式的主要优点是：结构简单，责任明确，指挥统一。这种组织形式的主要缺点是：领导负担重，指挥路线长，横向联系困难。一般来说，这种组织形式适用于生产经营简单的小型企业。

（二）职能制组织形式（Functional Organization Type）

视频 4-2

职能制组织形式

它的主要特点是按职能实行专业分工来分担管理人员的某些职能，每个专业管理人员都有权在自己的职责范围内，向相应的下级单位发出命令。下级领导或员工既要服从上级领导的指挥，又要服从上级各职能部门的指挥。以企业为例，图 4-4 表明了这种组织结构。

这种组织形式的主要优点是：能够适应现代化工业生产技术较为复杂和分工较为精细的特点，发挥专业管理人员的专长，提高专业化领导水平。这种组织形式的主要缺点是：不利于组织的集中指挥，形成多头领导的现象，忽视了组织的整体效应，不利于培养通才式的管理者。

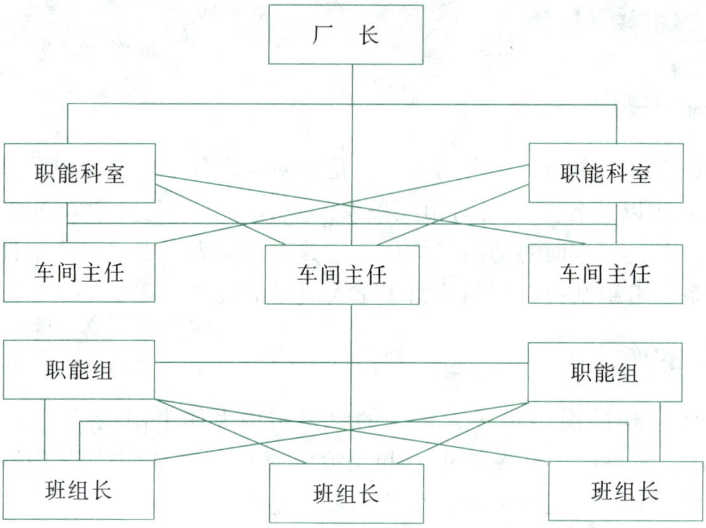

图 4-4　职能制组织形式

（三）直线职能制组织形式（Straight Line Functional Organization Type）

它是以直线制为基础，在各级管理者下设置相应的职能部门，分别进行专业管理，作为该级管理者的参谋部门。它的主要特点是职能部门拟订的计划、方案、指令由生产行政领导批准下达。职能部门对下级管理者和下属职能部门无权直接下达命令或进行指挥，除了对直线管理者提供咨询和建议、起到参谋与助手的作用外，他们还可以在业务上向下级直线组织提出要求，指导开展工作，但不属于行政下达的命令。图 4-5 表明了一个企业可能的直线职能制组织形式。

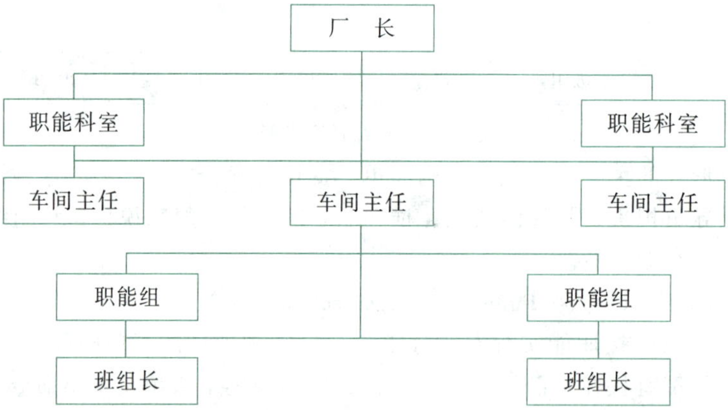

图 4-5　直线职能制组织形式

这种组织形式是把直线指挥统一化原理与职能分工专业化原理有机地结合起来，它既保留了直线制与职能制的长处，又摒弃了两者的短处，是组织形式的明显进步。这种组织形式的主要优点是：有利于合理安排各种资源，提高各职能部门的办事效率，能够对组织的重大问题进行有效控制，有利于组织结构的稳定性。其主要缺点是：下级缺乏积极性，协调困难，适应性较差。

一般来说，直线职能制在企业规模较小或产品品种单一、工艺比较稳定、市场销售情况比较容易掌握的情况下，能够显示其优点。但随着组织规模的扩大，特别是大型组织提供的产品品种越来越多，业务越来越复杂，以及经营机制转变后，这种组织形式的缺点就会日益突显出来。

直线制、职能制和直线职能制组织形式统称为传统的组织结构。下面的两种组织结构——矩阵制和事业部制，属于现代组织结构。

（四）矩阵制组织形式（Matrix Organization Type）

它是将按职能划分的部门和按产品（或工程项目或服务项目）划分的小组结合起来组成一个矩阵，使同一名专业人员或管理人员，既同原部门保持业务上的联系，又加入产品或项目小组的工作。它的最大特点是打破了传统的“一个员工只有一个岗位或领导”的体制，使一个员工从属于两个以上的部门或领导。图4-6表明了这种组织形式。

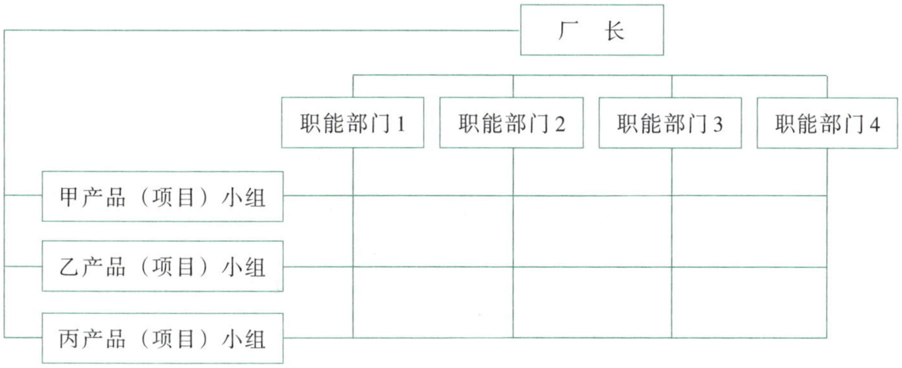

图4-6　矩阵制组织形式

这种组织形式的主要优点是：①打破了传统的一个专业人员或管理人员只接受一个部门领导的管理原则，加强了管理中的纵向与横向联系；②把不同部门的专业人员有机地结合起来，有利于调动和激发人们的积极性与创造性；③将完成某项任务所需的各种专业知识和经验集中在一起，有利于开发新技术和试制新产品，推广现代科学方法；④具有较强的适应性。

其主要缺点是：①每个小组成员同时接受双重领导，不利于统一指挥，尤其是当两部门领导的意见不一致时，就会使小组成员无所适从；②职能部门管理困难；③组织成员缺乏稳定感。

20世纪50年代末，美国洛克希德飞机公司、休斯飞机公司等率先采用了这种矩阵形式，取得了显著的成效，这种形式曾在建筑行业中广为流行，以后逐步推广到其他行业。这种组织形式适用于某些产品品种单一且需要集中各方面专业人员参加的项目或业务，以及一些设计、研制等创新性工作。

视频4-3

事业部制

（五）事业部制组织形式（Institutional Organization Type）

它是在组织的最高领导层下按地区或产品类别设多个事业部。事业部是一个相对独立的生产经营单位，实行独立核算，设有相应的职能部门，具有直接提供利润的职能，由事业部组织产品或地区的生产、销售、采购等全部活动。组织中最高管理机构负责重大方针政策的制定，掌握影响组织成败的重大问题的决策权。图4–7表明了这种组织结构形式。

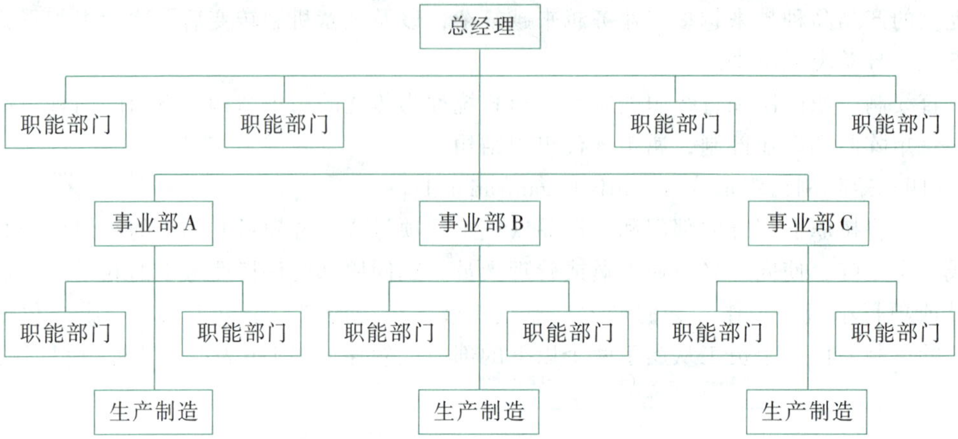

图4–7 事业部制组织形式

这种组织形式的主要优点是：①最高管理者可集中精力考虑大政方针；②充分发挥各层级管理人员和员工的积极性、主动性与创造性；③事业部以利润责任为核心，可以保证公司长期获得稳定的利润；④有利于培养通才式的管理者。

其主要缺点是：①职能机构重叠，管理人员增多，管理费用增加；②各事业部都有自己独立的经济利益，容易产生本位主义，影响先进技术和科学管理方法的交流。

事业部制首创于美国，它由通用汽车公司副总裁斯隆研究和设计。1920年，美国通用汽车公司和杜邦公司最先使用这种事业部制，并取得显著成效。一般来说，它适用于组织规模巨大、产品种类繁多、市场分布较广的大型企业。

同步案例4-2　金果子公司的组织结构

金果子公司是美国南部一家种植并销售桃子与黄橙两大类水果的家庭式农场企业，由老祖父约翰逊开办。这里拥有一片肥沃的土地和明媚的阳光，特别适合种植这些水果。长期以来公司积累了丰富的水果存储、运输和营销经验，能够向海内外市场提供新鲜、优质的水果。经过半个世纪的发展，公司已初具规模。老祖父10年前感到自己年迈，将公司的管理大权交给儿子杰克。孙子卡尔两年前从农学院毕业后，回到农场担任了父亲杰克的助手。

金果子公司大体上开展三个方面的工作：一是有相当一批工人和管理人员在田间劳动，负责种植、收获桃子和黄橙；二是一部分人员从事发展研究，他们主要是高薪聘来的农业科学家，负责开发新的品种，并设法提高水果产量；三是一部分人员从事市场营销活动，由一批经验丰富的销售人员组成，他们负责走访各地的水果批发商和零售商。公司的销售队伍实力强大，而且他们也像公司其他部门的员工一样，非常卖力地工作着。

杰克和卡尔这对父子对金果子公司的管理一直没有制定出什么正式的政策和规则，对工作程序的规定和职务说明也很有限。杰克相信，一旦人们对工作有了亲身了解后，他们就应当而且能够有效地开展工作。不过，金果子公司目前的规模已经发展得相当大了。杰克和儿子卡尔都感到公司有必要建立一种比较正规的组织结构。杰克请来了他年轻时的朋友，现在已经是享有一定知名度的管理咨询人员比利来帮助他们。比利指出，他们有两种选择：一是按职能来设立组织结构；二是按事业部来设立组织结构。这两类不同方式的组织设计如图4–8所示。那么，该采用哪种组织设计呢？

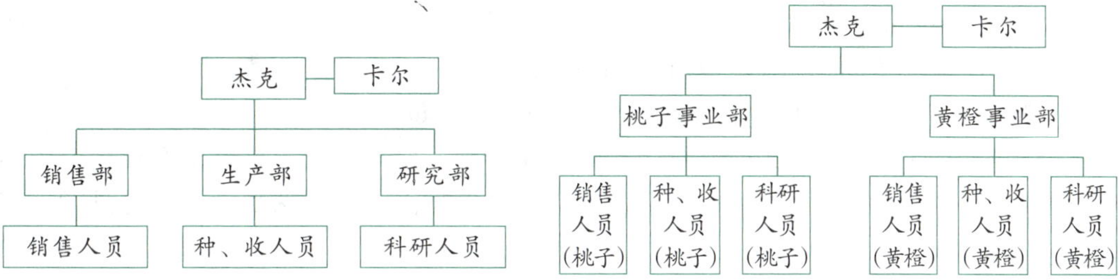

职能组织结构（A）　　产品组织结构（B）

图4–8　两种不同方式的组织设计

资料来源　周三多，陈传明，刘子馨，等．管理学：原理与方法［M］．7版．上海：复旦大学出版社，2018.

请根据上述资料回答下列问题：

同步案例4–2

分析提示

（1）职能制组织结构和事业部制组织结构各有什么优缺点和适用的条件？

（2）你认为金果子公司在经营规模扩大到需要建立起正规化的组织结构时，是职能制组织结构还是事业部制组织结构对它更合适？为什么？

（3）预想不久后该公司的规模进一步扩大，那么在目前选择的组织形式基础上，应如何对其结构进行调整？

任务四　组织文化

一、组织文化的概念和性质

（一）组织文化的概念

组织文化（Organizational Culture）是一种体现于企业组织各方面和各层次的组织风气、价值观念、思维方式及行为习惯，在组织内部垂直影响和横向作用的过程中，起着不可或缺的作用。它不仅是企业组织运转必不可少的润滑剂，而且能够营造良好的组织氛围和组织环境，从观念层次方面调动组织成员工作的积极性和忠诚度，具有其他管理手段无法取代的作用。

（二）组织文化的性质

组织文化作为企业组织的特殊存在方式，具有如下基本性质：组织文化是一种客观存在的文化现象，是社会文化和民族文化的现实反映，其本质是企业的“人文化”，组织文化具有明显的个性或独特性。

二、组织文化的构成要素与功能

（一）组织文化的构成要素

组织文化是具有丰富内涵的亚文化系统，其中包括一系列基本构成要素，如价值观念、企业精神、制度规范、习俗仪式、英雄人物、物化环境等。这些要素是构建企业文化的基础。任何形式的企业文化都是由上述要素按照一定方式组合而成的。

（二）组织文化的功能

企业组织文化的整体功能表现在以下方面：

1.整合生产力功能（Integrating Productive Force Function）

企业中的人、资金、技术、物资、设备等生产力要素的充分整合是企业生产力高度发展的条件，而企业组织文化在整合生产力要素方面具有特殊功效。它通过对共有价值体系的倡导、行为规范的确立和文化氛围的构建，形成一种强有力的影响和约束力量，使具有不同价值取向的员工达成观念上的共识，并根据规范和氛围的要求自觉调整心理与行为，从而使员工个体结合成具有共同目标和共同行为能力的集体，把人员协作中可能产生的摩擦和消耗减少到最低限度，实现生产力系统中人-人关系的最佳组合。

2.资产增值功能（Appreciating Assets Function）

企业组织文化作为在特定环境中生成的群体文化，一经形成便带有与企业生产经营特点相吻合的鲜明个性与色彩，进而为企业所垄断，成为该企业自有资产的一部分。与物资、设备等有形资产相区别，企业组织文化资产是无形的，它由生产力性质决定。企业组织文化作为一种无形资产，同样可以创造价值，具有资产增值的功能。拥有优秀文化的企业组织可以充分调动员工的积极性和创造性，挖掘物资、设备的潜能，提高劳动生产率；可以树立良好的企业形象，以良好的信誉和声望赢得顾客的支持，推动产品销售，扩大市场占有率，从而利用无形资产促进有形资产的价值增值。

3.导向和约束功能（Orientating and Binding Function）

企业组织文化以价值观念和企业精神为核心，通过文化的熏陶、教化作用使员工在潜移默化中接受共同的价值观念，并以此作为个人行为的方向和准则，自觉将个人目标纳入企业的共同目标之中。坚持对员工的理想追求进行引导，在建立共同价值观的基础上，将个人目标同化成企业目标，这是企业组织文化区别于一般管理方式的重要功能。此外，企业组织文化中的共同价值观念，一旦发展到习俗化的程度，就会产生强制性的约束作用。

4.凝聚和激励功能（Cohesion and Incentive Function）

企业组织文化在发挥导向和约束功能的基础上，可以增强企业的凝聚力。通过价值观念及目标的引导，企业不仅仅是由相互利益需要而聚集起来的群体，还是一个由具有共同的价值观念、精神状态和理想追求的人凝聚起来的组织。在这个组织中，每个成员都有着强烈的认同感和归属感，对企业的发展前途充满责任感和自信心，积极参与企业的建设，主动将个人利益与企业利益联系在一起，与企业结成命运共同体。

5.辐射功能（Radiating Function）

企业组织文化通常在企业内部发挥着作用，但由于现代企业与外部环境有着千丝万缕的联系，因此企业组织文化一旦形成，会通过各种渠道向社会产生辐射作用。例如，企业人员与社会各界的交往、企业的广告宣传、产品销售及服务、企业对社会活动的参与等，都会反映出该企业组织的文化特点及丰富内涵，并对社会公众产生不同程度的影响。

三、组织文化的培育

为使企业充满生机和活力，在激烈的市场竞争中不断成长壮大，迅速缩小与欧美等发达国家企业的差距，必须高度重视企业组织文化建设，融合中华民族优秀的文化传统，培育形成具有中国特色的企业组织文化。具体途径包括以下四个方面：培育具有优良取向的价值观念，坚持以人为中心；全面提高员工素质，提倡先进的管理制度和行为规范，加强礼仪建设；促进企业组织文化的习俗化，改善物化环境；塑造良好的企业形象。

应知考核

随堂测4

一、单项选择题

1.某公司人力资源部在公司的快速发展时期，为公司人力资源的开发利用作出了重要贡献。有人说，这在相当程度上得益于人力资源部前几年在内部进行了较细致的专业分工，从而使有关人员可以快速熟悉专业，提高业务水平。但近年来，公司领导发现该部门工作效率和工作质量出现了一定的滑坡，许多成员不满足于单调乏味的工作。对此，你认为最好应采取的措施是（　　）。

A.严格内部规章制度，以改善工作作风和工作态度

B.调整该部门领导班子，促使其改变当前的工作面貌

C.以工作丰富化为原则，进行工作和职务再设计

D.调整该部门的工作目标，将部门职能分解出去

2.一位在政府职能部门从事多年管理工作的中年管理者，最近被任命为某研究所所长。面对陌生的学科专业和资深的研究人员，所长感到有点无从下手。现就他如何有效地开展新工作提出原则性建议，你的首选是（　　）。

A.明确各研究人员的研究目标与任务，实行责、权、利挂钩考核

B.充分尊重专家，努力将研究人员的个人兴趣与组织发展目标协同起来

C.充分尊重专家，按专家意见办，全力做好支持服务工作

D.以研究人员的研究兴趣和专长为基础生成组织目标

3.俗话说：一山难容二虎，一条船不能有两个船长。从管理的角度看，你认为最恰当的解释是（　　）。

A.领导班子中有多个固执己见的人物最终会降低管理效率

B.对于需要高度集权管理的组织不能允许有多个直线领导核心

C.组织中的能人太多必然会造成内耗增加，从而导致效率下降

D.组织中不能允许存在两种以上的观点，否则易造成管理混乱

4.SD公司由张萍和李楠合伙注册经营，其主要业务是为客户设计网页。到目前为止，公司一直没有招聘员工，两个人既当经理又当员工。联系正式组织和非正式组织问题，你认为对SD公司的判断最合适的是（　　）。

A.目前是一个非正式组织，当扩招员工后，将变成一个正式组织

B.只是一个正式组织，但公司内部不会有非正式组织

C.是一个正式组织，同时公司内部也可能存在非正式组织

D.本身是一个正式组织，同时公司内部也一定存在非正式组织

5.沸光广告公司是一家大型广告公司，业务包括广告策划、制作和发行。考虑到一个电视广告设计至少要经过创意、文案、导演、美工、音乐合成、制作等专业的合作才能完成，（　　）组织结构能最好地满足沸光广告公司的业务要求。

A.直线制　　B.职能制　　C.矩阵制　　D.事业部制

6.南方某厂有严格的上下班制度，并一直遵照执行。一天深夜突降大雪，给交通带来极大不便，次日早晨便有许多员工上班迟到了，厂长决定对此日的迟到者免于惩罚。对此，企业内部员工议论纷纷。在下列议论中，（　　）最有道理。

A.厂长滥用职权

B.厂长执行管理制度应征询大部分员工的意见

C.治厂制度又不是厂长一人制定的，厂长无权随便变动

D.规章制度应有一定的灵活性，特殊情况可以特殊处理

7.某企业采用直线职能制的组织结构，企业中共有管理人员42人，其中厂长1人、车间主任4人、班组长18人、职能科长3人、科员16人。每一岗位均不设副职。这时，厂长的管理幅度为（　　）。

A.4　　B.7　　C.22　　D.23

8.某公司下属分公司的会计科长一方面要向分公司经理报告工作，另一方面又要遵守由总公司财务经理设计和制定的会计规章及会计报表管理制度。试问，会计科长的直接主管应该是（　　）。

A.总公司财务经理　　B.总公司总经理

C.分公司经理　　D.总公司财务经理和分公司经理

9.小王是一名合资企业的职员，在日常工作中，他经常接到来自上层的两个命令，有时甚至是相互冲突的命令。导致这一现象最本质的原因可能是（　　）。

A.该公司在组织设计上层次设计过多

B.该公司在组织设计上采取了职能型结构

C.该公司在组织运作中出现了越级指挥问题

D.该公司在组织设计运行中有意或无意地违背了统一指挥原则

10.某组织设有一管理岗位，连续选任了几位干部，结果都由于难以胜任岗位要求

而被中途免职。从管理的角度来看，出现这一情况的根本原因可能是（　　）。

A.组织设计上没有考虑命令统一的原则

B.管理部门在外部选聘干部还是内部提拔人员的决策上犹豫不定

C.组织设计中忽略了对任职干部特点与能力要求的考虑

D.组织设计没有考虑到权责对等原则

二、多项选择题

1.为了达到组织设计的理想效果，组织设计者需要完成的工作有（　　）。

A.职能与职务的分析与设计　　B.部门设计

C.层级设计　　D.以上均不是

2.组织设计的原则包括（　　）。

A.统一指挥原则　　B.控制幅度原则

C.权责对等原则　　D.柔性经济原则

3.职权可以分为（　　）。

A.直线职权　　B.参谋职权

C.职能职权　　D.领导职权

4.授权的原则包括（　　）。

A.重要性原则　　B.适度原则

C.级差授权原则　　D.权责一致原则

5.组织文化的功能包括（　　）。

A.整合生产力功能　　B.资产增值功能

C.导向和约束功能　　D.凝聚和激励功能

三、简答题

1.简述组织职能的内容。

2.简述影响组织设计需要解决的问题。

3.简述组织的顶层设计需要解决的问题。

4.简述组织的常见形式各有什么特点。

5.简述组织文化的构成要素与功能。

应会考核

一、案例分析

【背景资料】

明鑫集团的管理组织结构

江西明鑫集团的前身是江西省农业厅下属的国营明鑫生物制药厂，集团现有1 200余人，产品涉及饲料、兽药、花肥、绿色食品等6个产业，在省内外共有生产经营企业、科研机构20余个，是一个集科、工、贸于一体的大型集团公司。集团自1987年开始效益一直很好，但是自2003年以来效益出现了滑坡，因此聘请一些知名专家为企业做诊断。专家经过深入调查研究认为：明鑫集团的管理体制不能适应其发展，必须进行大的改革。

客观来说，明鑫集团所采取的管理组织结构确实仍在使用一个比较简单的直线职能形式。在这种组织结构下，集团实行的是两级管理。上面是集团总部，下面是各个工厂、公司或科研所等。工厂、公司、科研所之间的关系是并列的，它们均直属集团总部领导。经过三天的思考，总经理最后认为，明鑫集团的管理组织结构必须进行调整。

资料来源 佚名. 明鑫集团的管理组织结构［EB/OL］.［2019-09-11］. https：//max.book118.com/html/2019/0911/7160014124002054.shtm.有删改.

【考核要求】

根据背景资料请回答下列问题：

（1）你认为明鑫集团的管理组织结构属于哪种类型？为什么？它具有哪些优点？又存在哪些不足？

（2）你认为明鑫集团应采取什么样的管理组织结构形式？为什么？

二、综合实务

勤劳的小李

下面的这段对话发生在星期四的上午，是在某制造分公司经理郑东和财务主管小李之间进行的。

郑东：小李，谢谢你提供的这些数字，这正是我们所需要的。可是，你为什么不按照总部要求的星期一准备好呢？

小李：六个月前我们部门走掉两个人，公司说我们部门超编，不让招聘人员。而这意味着我不得不更加努力地工作。马愈和简艾完成的初稿看上去很好，但用处不大，所以我不得不再做一遍。为了这些数字，我已经竭尽全力了。这几天我都是凌晨2点才睡觉。你知道实际工作的人对这里的了解不是很多；总部想要的东西，我们不得不放下所有工作，全力以赴。如果去问财务部的任何一个人，我们绝对是在工作的时候连耳朵都忙，找不出一个工作比我还努力的人了。

郑东：我知道你工作努力，小李。我绝不认为你工作不努力！但你知道总部要这些数字已经有两个多星期了，你说过在星期一准备好，并为我送到总部是没有什么问题的。

小李：这个星期总部不是真正需要这些数字。他们没有为这些数字来麻烦我们，不是吗？

郑东：话不能那么说！他们要求星期二把这些数字送到悉尼！你曾经说过在星期一上午准备好，接着我又听说星期三能准备好，而我实际是在星期三以后才拿到的。为什么你不能按时交来？

小李：（重复各种解释，诸如他不能再更加努力了，以及他的妻子老是抱怨他把时间花在办公室里。）

郑东：小李，我不是要你工作更加努力。你在这份数据报表上花的时间太多了！我希望你能把你所管的领域安排好，使工作能够按计划运转。

小李：我被搞糊涂了，我不知道你想要我做什么，我已经非常努力了，还能多做什么？

根据上述案例，请回答下列问题：

1.在这家制造分公司里，小李属于（　　）。

A.直线管理人员　　B.参谋职能人员

C.高层管理人员　　D.基层管理人员

2.认定财务部门已经超编，不让补员，这是（　　）管理职能的体现。

A.计划　　B.领导

C.控制　　D.组织

3.小李对马愈和简艾拥有（　　）。

A.直线职权　　B.参谋职权

C.职能职权　　D.无法定权力

4.作为分公司经理，郑东应该明确自己所领导的单位（　　）。

A.是拥有独立法人的企业

B.不是独立法人单位，但仍需在市场监督管理局办理注册登记

C.不是独立法人单位，因而无需办理任何工商注册登记

D.无法判断

5.本例中郑东对小李的批评是因为（　　）。

A.小李拖延提供总部要求的数字，影响了总公司对该分公司的评价

B.郑东知道，小李对六个月前补员要求没有得到批准而心存不满，所以有意找借口拖延工作，使郑东在领导面前难堪

C.郑东要利用这次小李拖延交表事件，提高自己在公司中的权威

D.郑东要小李从拖延交报表事件中明白管理者的职责及授权的必要性

项目实训

【实训项目】

设计组织结构。

【实训目标】

掌握组织结构的类型及其特点。

【实训内容】

把学生分为若干个小组，每组5～8人，要求每组创办一家模拟公司，结合所学组织结构内容，构建公司组织框架，并制定组织目标和相关行动方案。

【实训要求】

1.以实训报告的形式上交方案，教师在课堂内组织讨论，并评价各自的优劣。教师依据实训报告和讨论课上学生的表现给出成绩。

2.撰写实训报告。

《　　　　　　　　　　　　　　　　　　》实训报告		
项目实训班级：	项目小组：	项目组成员：
实训时间：　　　年　　月　　日	实训地点：	实训成绩：
实训目的：		
实训步骤：		
实训结果：		
实训感言：		
不足与今后改进：		
项目组长评定签字：	项目指导教师评定签字：	

项目五

企业领导管理

知识目标

理解：领导与管理的联系与区别、领导集体的构成、领导权力的概念和来源。

熟知：领导的实质和作用、领导者的素质及条件、经济全球化对企业领导的新要求。

掌握：领导方式理论、影响领导效果的因素、成功者的领导艺术。

技能目标

学生能够掌握在领导过程中运用领导艺术解决实际问题的能力。

素质目标

通过本项目的学习，能够培养学生的领导能力和领导艺术，形成良好的合作精神和团队意识。

思政目标

能够正确理解“不忘初心”的核心要义和精神实质；树立正确的世界观、人生观和价值观，做到学思用贯通、知信行统一；通过领导管理理论丰富自己的经验并提升职业素养，具备一名合格的领导应具备的领导能力和领导风格。

管理故事 **员工发言，老板记笔记**

“企业越做越大，环节越来越多，可效率却越来越低了。”一些主管为此发起了牢骚。

某年5月份，张伟总裁从北京专程赶到济南净雅大酒店，来聆听员工汇报关于“工作效率低”的问题。刚开始，员工们并没有重视这次会议，只是自由地讨论着，东一句西一句，不着边际地说着自己的想法。但当大家看到张伟总裁非常认真地将员工提到的所有问题都一一记在本上时，大家也开始认真了：应当提一些值得张总记下来的好意见啊！于是针对提高效率一事，大家展开了深入的讨论，提出了很多中肯的建议。不久，公司就出台了一套关于如何提高工作效率的管理办法。其中有好几条都是那天员工们提的建议。看到自己的想法被公司采纳并变成了制度，员工们特别高兴。同时，公司决定为提高工作效率开辟一条绿色通道——“合理化建议表”，来保证沟通的顺畅。通过这件事，净雅大酒店的工作效率再一次得到了提升。

资料来源　杨沛霆.净雅的管理故事与哲理［M］. 北京：机械工业出版社，2009.

管理者的人格魅力重在对待事情认真的态度。“听”是领导的第一要义，领导者的态度就是一个企业的风向标，它不仅会感化企业员工，还会影响企业的方方面面。

知识准备

任务一　领导概述

一、领导的概念、实质及与管理的关系

（一）领导的概念

从管理学意义来讲，领导的定义可概括为：管理者依靠其影响力，通过激励、沟通、指挥等手段，带领被领导者或追随者，去实现组织目标的活动过程。其基本概念可以从以下几个方面理解：

第一，领导包含领导者和被领导者两个方面。领导者是指能够影响他人并拥有管理职位权力、承担领导职责、开展领导工作的人。在领导过程中，被领导者都甘愿追随领导者并接受领导者的指导。

第二，领导是一种活动，是引导人们的行为过程，是领导者带领、引导和鼓舞下属去完成工作、实现目标的过程，是管理的一项重要职能。

第三，领导的基础是领导者的影响力。领导者拥有影响被领导者的能力或力量，它既包括由组织赋予的职位权力，也包括领导者个人所具有的影响力。

第四，领导施加影响力的方式或手段主要有激励、沟通和指挥：①激励是指管理者通过作用于下属来激发其动机、推动其行为的过程；②沟通是指管理者为有效开展工作而交换信息、交流感情、协调关系的过程；③指挥是管理者凭借权力，直接命令或指导下属行事的行为。

第五，领导的目的是实现组织的目标。不能为了领导而领导，不能为了体现领导的权威而领导。领导的根本目的在于促使下属为实现组织的目标而努力。

（二）领导的实质

领导实质上是一种对他人的影响力，即管理者对下属及组织行为的影响力，这种影响力能改变或推动下属及组织的心理与行动，为实现组织目标服务。领导者对下属及组织的影响力来自两方面：一是权力（又称制度权力）影响力，二是非权力（又称个人权力）影响力。

1.权力影响力

权力是通过正式的渠道发挥作用的。当领导者担任管理职务时，由传统心理、职位、资历构成的权力的影响力会随之产生；当领导者失去管理职位时，这种影响力将大大削弱甚至消失。权力影响力包括法定权力、强制权力、奖励权力。它由组织正式授予管理者并受组织章程的保护。这种权力与特定的个人没有必然的联系，它只与职务相联系。权力是管理者实施领导的基本条件。没有这种权力，管理者就难以有效地影响下属，难以实施真正的领导。权力影响力主要受传统观念、职位因素和资历等因素的影响。

2.非权力影响力

（1）专长影响力。它是指领导者具有某种专业知识和特殊技能，或因学识渊博而获得同事及下属的尊重和佩服，从而在各项工作中显示出其在学术上或专长上举足轻重的影响力。但其影响基础通常是狭窄的，仅限于专长范围之内。

（2）品质影响力。它是指由于领导者优良的作风、思想水平、品德修养，而在组织成员中树立的德高望重的影响力。这种影响力建立在下属对领导者认可的基础上，它通常与魅力超凡或名声卓著的领导者相联系。

影响非权力影响力的因素主要有品格、才能、知识、感情等。这些因素构成的非权力影响力，是由领导者自身的素质与行为造就的。领导者从事管理工作时，这些因素能够增强其影响力；即使不担任管理职务时，这些因素仍会对人们产生较大的影响。

领导工作有效性的核心内容就是领导者影响力的大小及有效程度。领导者要想实施有效的管理，最关键的就是要增强对下属及组织影响力的强度与有效性。提高影响力一般有三种手段，即激励、沟通和指挥。

（三）领导与管理的关系

领导与管理的关系既有联系又有区别，具体如下：

从行为方式上看，两者都是一种在组织内部通过影响他人的协调活动，实现组织目标的过程。从权力的构成上看，两者都是组织层级岗位设置的结果。

从本质上看，管理是建立在合法的、有报酬的和强制性权力基础上的，对下属进行命令的行为。而领导则可以建立在合法的、有报酬的和强制性权力的基础上，也可以建立在个人影响权、专长权和模范作用的基础上。两者所担负的工作内容不同，具体区别见表5-1。

表 5-1 管理和领导的区别

比较项目	管理	领导
职能	管理的范围大	领导行为属于管理的范围
岗位	管理者未必是领导者	领导者必定是管理者
制订计划	为达成目标,制定出详细的步骤和计划,进行资源分配	展现未来的前景与目标,指明达到远景目标的战略
组织和人员配备思路	组建所需组织结构及配备人员,规定权责关系,制定具体政策和规程,建立一系列制度,监督下属的工作状况	重在指导人员;与协作者沟通,指明方向、路线;帮助下属更好地理解目标、战略及实现目标的效益;引导下属根据需要组建工作组、建立合作伙伴关系
执行	在执行中强调采用控制的方式来解决问题;通过详细的计划监督进程和结果	一般采取鼓动和激励的方式;在思想上动员和鼓励下属克服工作中的障碍与困难,推动各项工作顺利开展
效果	一般只能发挥组织成员的现有能力	可充分挖掘组织成员的潜在能力

二、领导的作用

（一）指挥引导作用

在组织集体活动中，需要有头脑清晰、胸怀全局、高瞻远瞩的领导者引导组织成员认清所处的环境和形势，指明活动的方向和途径，并帮助他们最大限度地实现组织目标。尽管引导、指挥、帮助等活动在形式上略有差异，但共同的要求是领导者要站在群众的前面，要以身作则，以先行者和带头人的身份来指挥、引导和鼓舞组织成员去努力实现组织目标。

（二）沟通协调作用

组织的目标是通过许多人的集体活动实现的。即使组织制定了明确的目标，但由于组织成员能力、地位和利益不同，他们掌握组织内外的信息不同，对组织目标的理解不同，就有可能使组织成员的目标与组织的总体目标产生偏离，甚至出现背道而驰的现象。因此需要领导者进行协调，降低管理的模糊性，兼顾各方利益，充分调动组织成员的热情和积极性，朝着共同的目标前进。

（三）激励鼓舞作用

任何组织都是由不同需求、欲望和态度的个体所组成。组织成员的个人目标不可能与组织目标完全一致，领导者活动的目的就是要根据组织活动的需要和个人综合素质的差异，为员工创造一个宽松、和谐的发展空间。同时，使员工的职业发展生涯与组织的要求相符合，充分调动每个成员的积极性，使其以饱满的热情和绝对的忠诚为实现组织目标作出贡献。

引导不同员工向同一个目标努力，协调员工在不同的时空下作出贡献，激发员工的工作热情，使他们在组织经营活动中保持高昂的积极性，是领导者在组织里、在率领员工为实现目标而努力工作的过程中必须发挥的具体作用。

三、领导者的素质

一个优秀的领导者应具备四个方面的素质。首先是思想品德素质；其次是知识素质（包括专业知识、管理知识、相关知识）；再次是能力素质（包括决策能力、组织协调能力、创新能力、自我控制能力和自我学习能力）；最后是身体素质。

四、经济全球化对企业领导提出的新要求

《世界经理人文摘》邀请世界经理人网站的广大用户、中国企业领导人和管理专家一起推荐和评选出了企业领导人的十大特质：①确立远景；②信息决策；③配置资源；④有效沟通；⑤激励他人；⑥人才培养；⑦承担责任；⑧诚实守信；⑨事业导向；⑩快速学习。

五、领导集体的构成

一个结构合理的领导班子，不仅能使每个成员人尽其才，做好各自的工作，而且能通过有效的组合，发挥集体的巨大力量。领导班子的结构，一般包括年龄结构、知识结构、能力结构、专业结构等。

任务二 领导方式

一、领导行为方式理论

（一）勒温的三种领导方式

库尔特·勒温（Kurt Lewin）是著名的心理学家，他最早通过实验，从行为学角度对领导者的行为进行了研究。根据研究结果，他把领导方式划分为三类：专制型领导、民主型领导和放任型领导。

1.专制型领导

它又称独裁型或权威型领导，就是领导者单独作决策，然后发布指示和命令，明确规定和要求下属或部门做什么以及怎么做。对于决策，下属没有参与权和发言权。这种类型的领导者有以下特点：①独断专行，安排一切工作的程序和方法。②主要依靠行政命令、训斥、惩罚、纪律约束进行管理，很少有奖励。③领导者很少参加群体的社会活动，与下属保持一定的心理距离。

2.民主型领导

它是指领导者与下属共同讨论，集思广益，然后再进行决策，要求上下融合、合作一致地工作。其特点是：①所有的决策是在领导者的鼓励和协作下由群体讨论而决定的，是集体智慧的结晶，而不是由领导者单独决定。②分配工作时尽量照顾个人的能力、兴趣和爱好；积极参加团体活动，与下属无心理距离。③对下属的工作安排不那么具体，使个人有较大的工作自由、较多的选择性和灵活性；主要靠个人威信使人服从，而不是

靠职位权力和命令；谈话时多使用商量、建议和请求的口气，下命令仅占5%左右。

3.放任型领导

它是指领导者对下属实行高度授权，下属可以完全独立地开展工作。特点是：领导者不为下属规定工作任务和目标，下属做什么、如何做、要达到什么目标，完全由下属决定。在工作过程中，领导者也不进行经常性的监督，全凭下属的个人自觉性。

（二）领导方式的连续统一体理论

美国学者罗伯特·坦南鲍姆（Robert Tannenbaum）和沃伦·施密特（Warren Schmidt）也对领导方式进行了研究。他们认为领导方式是多种多样的，从专权型到放任型之间存在着多种过渡类型。根据这种认识，他们提出了“领导方式的连续统一体理论”。图5-1概括出了七种典型的领导方式。

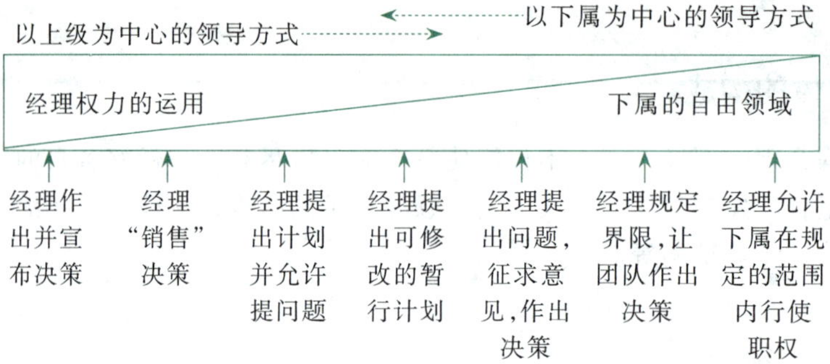

图5-1　领导方式的连续统一体理论

（1）经理作出并宣布决策。在这种方式中，上级确认一个问题，考虑各种可供选择的解决方法，从中选择一个，然后向下属宣布，以便执行。

（2）经理“销售”决策。在这种方式中，与前一种方式一样，经理承担确认问题和作出决定的责任，但他不是简单地宣布这个决策，而是说服下属接受他的决策。

（3）经理提出计划并允许提问题。在这种方式中，经理作出了决策，并期望下属接受这个决策，他向下属提供了一些想法和意图，并进行详细的说明，同时允许下属提出问题，这样下属可以更好地了解他的意图和计划。

（4）经理提出可修改的暂行计划。在这种方式中，允许下属对决策发挥某些影响作用，但确认问题和决策的主动权仍操控在经理手中。

（5）经理提出问题，征求意见，作出决策。在这种方式中，虽然确认问题和决策仍由经理来进行，但下属有建议权。

视频5-1

管理方格理论

（6）经理规定界限，让团体作出决策。在这种方式中，经理把决策权交给团体。

（7）经理允许下属在规定的范围内行使职权。在这种方式中，团体有极大的自由，但行使权力的范围是上级规定的。

（三）管理方格理论

管理方格理论是罗伯特·布莱克（Robert Blake）和简·莫顿（Jane Mouton）提出

的。该理论可用一张方格图来表示，在这张图上，横轴表示领导者对生产的关心，纵轴表示领导者对人的关心。基于每条轴划分出九小格，第一格代表关心程度最低，第九格表示关心程度最高，整个方格图共有81个小方格，每一个小方格代表一种领导方式，如图5-2所示。

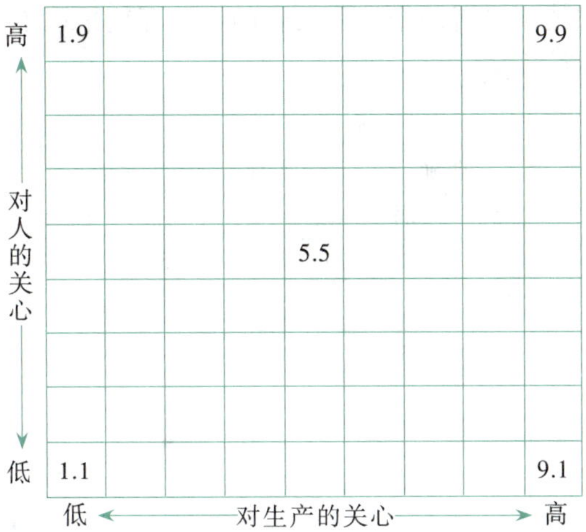

图5-2　管理方格

布莱克和莫顿在管理方格图中列举了五种典型的领导方式：①9.1型方式（任务型）。该方式中，领导只关心生产不关心人。②1.9型方式（乡村俱乐部型）。该方式中，领导高度重视下属员工的需求，但缺乏对工作的计划和安排，不注意完成工作的效率，是一种轻松的领导方式。③5.5型方式（中庸之道型）。该方式中，领导既不过于重视人的因素，也不过于重视任务因素，努力保持和谐与平衡，以免顾此失彼，但遇到问题时总想敷衍了事。④1.1型方式（贫乏型）。该方式中，领导对生产和人都极不关心，只做一些维持自己职务的最低限度的工作，满足只要工作不出差错就行。⑤9.9型方式（团队型）。该方式中，领导对人和工作都极为关心，能使组织的目标与个人的需要最有效地结合起来，既能高度重视组织的各项工作，又能通过沟通和激励，使群体合作；下属员工共同参与管理，使工作成为组织成员自觉的行动，从而获得高工作效率。

二、权变领导理论

视频5-2

权变领导理论

权变领导理论用函数表示了影响领导方式有效性的多因素关系，这种关系为：

S=f（L，F，E）

其中，S代表领导方式，L代表领导者特征，F代表追随者特征，E代表环境。

在环境变量中，任务性质（任务复杂性、类型、技术和规模）是重要的中间变量，另外还有群体的规范、组织文化、控制范围、外部威胁与压力等诸多要素。非德勒模型、目标-途径领导理论和领导生命周期理论对这些中间变量影响的研究结论获得了广泛认可。

（一）菲德勒模型

目前，在权变领导理论方面最具影响力的当属弗雷德·菲德勒的学说。他对各类组织进行了大量调查研究之后，提出了有效领导的权变模式。他认为，没有什么固定的最优的领导方式，应当根据领导者的个性和面临的组织环境采取不同的领导方式。有效领导的权变模型如图5-3所示。

上下级关系	好				差			
任务结构	明确		不明确		明确		不明确	
职位权力	强	弱	强	弱	强	弱	强	弱
情境类型	1	2	3	4	5	6	7	8
情境特征	有利			中间状态				不利
有效的领导方式	任务型			关系型				任务型

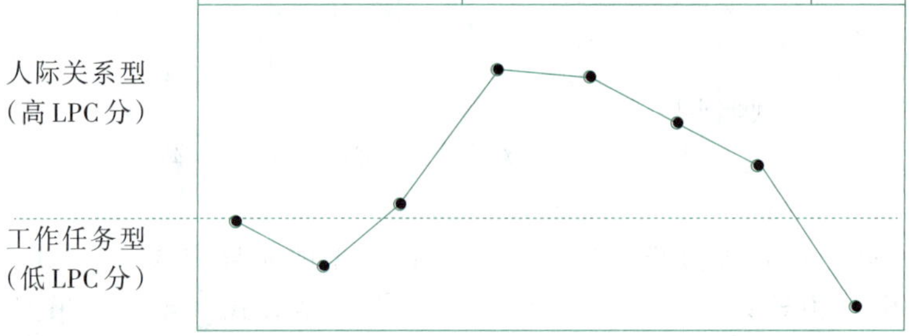

图5-3 有效领导的权变模型

他首先假设了两种主要的领导方式类型：一种是工作任务型，即领导者倾向于追求工作任务的完成，并从工作成就中获得满足；另一种则是人际关系型，即领导者倾向于追求良好的人际关系，并从中获得地位和尊重。领导方式的选择取决于领导者的个性特征，更取决于所面临的组织环境。他认为，组织的环境情况主要包括三方面内容：①领导者与下属之间的关系，即组织成员对其领导者信任、喜爱或愿意追随的程度；②工作结构，即对工作明确规定的程度；③地位权力，即领导者正式职位的权力强弱程度，如对下属人员是否具有奖惩及其他权力等。这三种环境情况的不同组合决定了领导者应相应地采取不同的领导方式。

一般来说，人际关系型领导方式在对领导者有利为中间状态的环境中效率较高，以工作为中心的领导方式在对领导者非常有利或非常不利的环境中效率较高。所以，不能说哪种领导方式好或不好，而必须把环境、领导者和下属的情况、工作类型等方面的因素综合起来考虑，不同的情况采用不同的领导方式。

（二）目标-途径领导理论

它是以维克多·弗罗姆的期望理论和俄亥俄州立大学学者提出的双因素领导理论（或称“二维构面理论”）为依据，由罗伯特·豪斯和特伦斯·米切尔等人提出。这种理论认为，领导者领导工作效率的高低要看其是否能激励下属达到组织目标并在工作中获得满足，有效的领导者应该努力协助下属找到最好的途径，确定挑战性目标，并克服在实现过程中出现的重大障碍。

豪斯等人通过研究，提出了四种领导方式：①指令型，即由领导者发布指示，下属不参加决策。②支持型，即领导者对下属很友善并更多地考虑员工的要求。③成就指向型，即领导者为员工确立挑战性目标，并表示相信员工能达到这些目标。④参与型，即员工参与决策和管理工作。

对于这些领导方式的采用，要考虑权变因素，即要认真分析两方面的因素：一是员工的个人特点，如员工的受教育程度、对成就的渴望、理解能力、愿意承担责任的程度、对独立的需求程度等；二是环境因素，其中包括工作的性质、正式权力组织、非正式组织等。权变因素的可变性导致了领导方式选用时的权变特征。例如，在员工能力较低的情况下，采用接受命令式的领导较好；在工作的程序化特征不明显的情况下，采用指示型的领导方式较好，而在其他情况下，可能不宜采取这种领导方式。

（三）领导生命周期理论

这一理论是由亚伯拉罕·科曼（Abraham Korman）首先提出，后由保罗·赫西（Paul Hersey）和肯尼思·布兰查德（Kenneth Blanchard）予以发展的。领导生命周期理论认为：领导者的风格，应当适应其下属的"成熟"程度。"成熟"程度主要是指成就动机、承担责任的意愿和能力、与工作有关的学识和经验等。领导者的行为应当随着"成熟"程度作相应的调整，这样才能进行有效的领导。"高工作、高关系"类型的领导并不是经常有效的，而"低工作、低关系"也不一定就是无效的，关键是要看下属的成熟程度。因此，工作行为、关系行为与成熟度之间并非是一种直线关系，而是一种曲线关系，如图5-4所示。

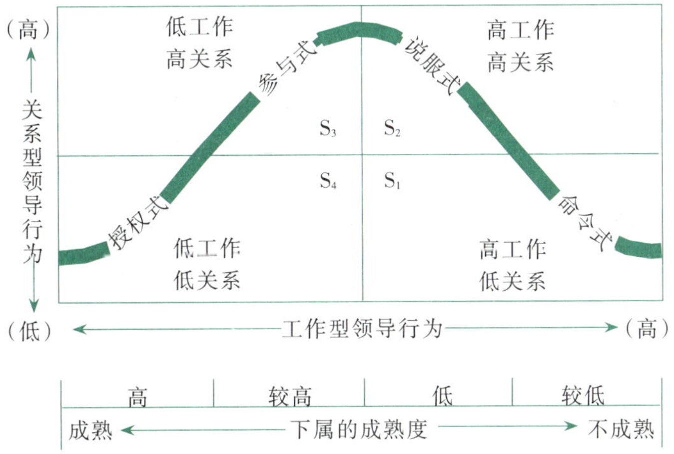

图5-4　领导生命周期理论曲线

在图5-4中，横坐标表示以抓工作为主的工作行为，纵坐标表示以关心人为主的关系行为，第三个坐标表示下属的成熟度。图中的四个象限代表四种领导方式：

第一象限，命令式。这个象限是高工作、低关系，适用于下属成熟度低的情况。下属既不愿意也不能够担负工作责任，对于这种成熟度低的下属，领导者可以采取单向沟通形式，明确地向下属规定任务和工作规程。

第二象限，说服式。这个象限是高工作、高关系，适用于下属较不成熟的情况。下属愿意承担工作责任，但因缺乏工作技巧而不能胜任。这时领导者应以双向沟通信息的方式直接进行指导，同时从心理上增加他们的意愿和热情。

第三象限，参与式。这个象限是低工作、高关系，适用于下属比较成熟的情况。下属能够胜任工作，但却不满意领导有过多的指示和约束。这时，领导者应该通过双向沟通和悉心倾听的方式与下属进行信息交流，支持下属发挥他们的能力。

第四象限，授权式。这个象限是低工作、低关系，适用于下属高度成熟的情况。下属具有较高的自信心、能力和愿望来承担工作责任，这时，领导可赋予下属权力，让下属“自行其是”，领导者只起监督作用。随着下属由不成熟逐渐向成熟过渡，领导行为应当按照“高工作、低关系→高工作、高关系→低工作、高关系→低工作、低关系”逐步推移。

权变领导理论是当代领导方式理论中非常重要的组成部分。它把领导行为与环境因素结合起来考察领导方式，主张根据具体的情况来确定最佳的领导方式。

三、现代领导方式理论

领导方式理论既要顺应时代的需求，又要有创新的进展。这些进展包括领袖魅力式领导、变革型领导和后英雄型领导。

（一）领袖魅力式领导

罗伯特·豪斯认为：“魅力是远远超出一般的尊重、影响、钦佩和信任的，对追随者的情感具有震撼力的一种力量。”有领袖魅力的人是一个偶像化的英雄，能将多个理想化的目标结合起来，给人留下深刻印象。

（二）变革型领导

它是相对于传统的交易型领导而言的。具体来说，变革型领导是指通过让组织成员意识到所承担任务的责任和重要意义，激发下属的高层次需求或提升下属的需要和愿望，使下属为团队、组织和更大的利益牺牲个人利益。

（三）后英雄型领导

关于领导的一个常见观念是领导即英雄，他们有着非凡的智慧，在困难时刻冲在前面，使局面转危为安。但是，在这个纷繁复杂的世界中，设想一个领导者能靠自己解决一切问题，未免太理想了。在当今社会，没有人能处理所有急剧变化的事情。有效的领导必须渗透于整个组织，而非停留在一两个高层管理者那里。

任务三　领导艺术

一、领导权力

（一）权力的概念

权力是影响领导者与被领导者之间关系的一种重要力量。从领导者角度来说，权力是领导者影响被领导者行为的一种力量，这种力量有助于被领导者服从和追随。从被领导者的角度来说，权力还表现为一种依赖关系。一个人对另一个人依赖性越大，受其影响程度越大，即后者对前者的权力越大。

（二）领导权力的来源

领导者的权力主要来自两个方面：①职位权力，简称职权。这种权力是组织授予的，随职位的变化而变化，其包括法定权力、奖励权力和强制权力。人们往往迫于压力和习惯而不得不服从这种职位权力。②个人权力。这种权力来自领导者自身，是由于自身的某些特殊条件才具有的，包括专长权力和个人影响权力。这种权力不会随职位的消失而消失，所产生的影响力是长远的。

二、影响领导效果的因素

领导是领导者和被领导者之间在特定情境下相互作用、相互影响和相互制约的过程。因此，领导效果的好坏主要取决于以下因素：领导者（领导工作的主体）、被领导者（领导工作的客体）和领导环境（领导工作所处的环境）。

三、成功者的领导艺术

所谓领导艺术，就是领导者在其知识、经验、才能和气质等因素的基础上，巧妙地运用各种领导条件、领导原则和领导方法的基本技能。领导艺术的内容非常丰富，一般包括领导他人的艺术、处理事物的艺术和利用时间的艺术等，这些贯穿于领导过程始终。

（一）领导他人的艺术

1.建立良好的上下级关系

领导者在进行领导工作中，不能只依靠职位权利，还要凭借个人影响力，与下属建立良好的关系，赢得下属的信任与崇拜。要建立良好的上下级关系，除了要作风正派、品德高尚外，领导者还要运用一些技巧，如平易近人、信任对方、关心他人、一视同仁等。

2.要善于授权

授权是指领导者要适当给予下属一定的权力和职责，使其在一定的范围内，有处理问题的自主权和决定权。领导者如果能合理授权，不仅可以使自己摆脱日常事务的缠绕，而且能够使下属得到很好的锻炼，获得成就感的激励。

（二）处理事务的艺术

领导者在思考问题时，不论过程多么复杂，都包含两个阶段：①试图了解事务的原因，即“向后思考”；②把握事务未来的发展方向，即“向前思考”。向后思考是指领导者运用直觉和联想，进行诊断和判断；向前思考是根据一定的已知数据资料、数学模型以及个人经验等对事务未来发展情况作出预测的能力。一般来说，人们“向前思考”的正确性较低。

（三）利用时间的艺术

高效合理地利用时间是领导者有效性的重要特点之一。领导者能否合理利用时间，对整个组织的成败关系重大。因此，领导者必须善于安排自己的时间，把它用在最主要的工作上。那么，怎样才能高效地利用时间呢？主要是记录自己的时间消耗、学会合理地使用时间、提高开会的效率。

同步案例 5-1

克罗克的走动管理

同步案例 5-1

分析提示

麦当劳快餐店的创始人克罗克不喜欢坐在办公室里，他大部分的工作时间都用在走动管理上，即到下属各公司和部门走走、看看、听听、问问。麦当劳公司曾有一段时间面临严重亏损的危机，克罗克发现其中一个重要的原因是公司各职能部门的经理有严重的官僚主义，习惯躺在舒适的椅背上指手画脚、抽烟和闲聊。于是，克罗克想出一个奇招，将所有经理的椅子的靠背锯掉，开始很多人骂克罗克是一个疯子，但不久大家开始悟出他的一番苦心，他们纷纷走出办公室，深入基层，开展“走动管理”，及时了解情况，现场解决问题，终于使公司扭亏为盈。

资料来源　陈国海.组织行为学［M］. 5版. 北京：清华大学出版社，2018.

请根据领导科学的有关理论，分析上述案例。

任务四　激励管理

一、激励的概念、性质和类型

（一）激励的概念

激励就是管理者运用各种管理手段，刺激被管理者的需要，激发其动机，引导并促进被管理者产生有利于管理目标行为的过程。

（二）激励的性质

激励的性质包括：①激励的复杂性。它表现在两个方面：一是激励因素的复杂性，二是激励过程的复杂性。②受环境的影响。激励是人们内心对某种需要的追求，所以在激励过程中，内因起着决定性作用。人不是孤立的，而是生活在特定的社会环境中的，环境对人的行动也起着影响作用。

（三）激励的类型

1.按内容划分，激励可分为物质激励与精神激励

物质激励与精神激励的最终目的是一致的，但作用的对象不同。所谓物质激励，就是从满足人们的物质需要出发，对物质利益关系进行调节，从而激发人们的劳动热情。所谓精神激励，就是从满足人们的精神需要出发，通过对人们心理状态的影响达到激励的目的。精神激励多以授予称号，颁发奖状、奖章，开会表扬，宣传事迹等形式呈现。

2.按性质划分，激励可分为正激励和负激励

所谓正激励，就是当一个人的行为表现符合社会需要或组织目标时，通过表彰和奖赏来保持和巩固这种行为，以达到调动积极性的目的。所谓负激励，就是当一个人的行

为不符合社会需要或组织目标时，通过批评和惩罚，使之减弱和消退来抑制这种行为。正激励起正强化的作用，是对行为的肯定，表现为奖赏和鼓励；负激励起负强化的作用，是对行为的否定，表现为批评和制裁。

3.按形式划分，激励可分为内激励和外激励

所谓内激励，是通过启发诱导的方式，激发人的主动精神，使他们的工作热情建立在高度自觉的基础上，充分发挥出内在的潜力。所谓外激励，就是运用环境条件来制约人们的动机，以此来强化或削弱各种行为，进而提高工作意愿。外激励多以行为规范的形式出现，通过建立制度，采取措施，鼓励或限制某些行为的产生。内激励带有自觉性的特征，外激励则表现出某种程度的强迫性。在激励工作中，要把两者结合起来运用，从不同角度来加强激励的效果。

二、激励的作用

在实际工作中，激励具有非常明显的作用：①有助于调动员工的工作积极性，是激发员工创造性、使他们始终保持高昂工作热情的关键；②有利于发挥员工的能动作用。作为一种管理手段，激励最显著的特点就是内在驱动性与自觉自愿性；③有利于挖掘人的潜力，提高工作效率。绩效=f（能力，激励，环境），组织的绩效本质上取决于组织成员的能力、被激励的情形和工作环境，而激励则是提高绩效的一个重要因素；④有利于增强企业的凝聚力和向心力，促进企业内部协调统一。

三、激励的过程

（一）激励的构成要素

1.需要

需要产生于两个方面：一是人自身生理状态引发的需要，如腹中缺乏食物会产生饮食需要；二是由外界刺激引发的需要。需要是行为的内驱力，是力量源泉，也是行为的终极目标。

2.动机

动机常常包含意识成分而成为隐藏于内心的行动原因。心理学上，动机被定义为引发、维持、强化行为的一种心理能动品质，一种与有机体生理机制被唤醒而处于激活状态相联系的心理力量。

（二）激励的模式

1.第一模式

这种模式表明，人有不同的需要、愿望和期望，这些需求使人感到焦虑。受到诱导的、特定的、目标明确的行为会缓解与消除焦虑。当需求得到满足后，会对下一个循环过程产生反馈。可见，激励的第一模式是从未能得到满足的需要开始，到需要得到满足时结束。激励的第一模式如图5-5所示。

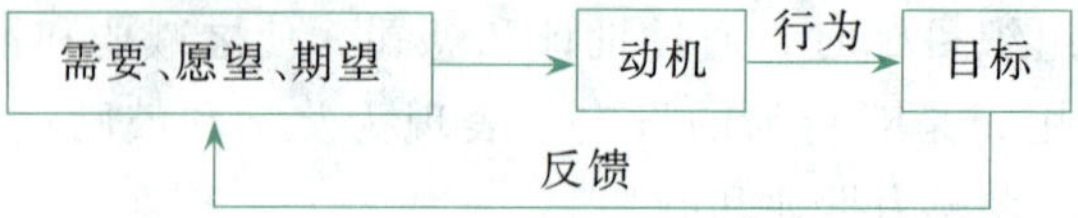

图 5-5 激励的第一模式

2.第二模式

这种模式不仅反映了需要、动机、行为、目标的关系，而且引入了“得到满足”和“受到挫折”的概念，以及相应的积极行为与消极行为。这种模式有助于管理者加深对激励过程的了解。激励的第二模式如图 5-6 所示。

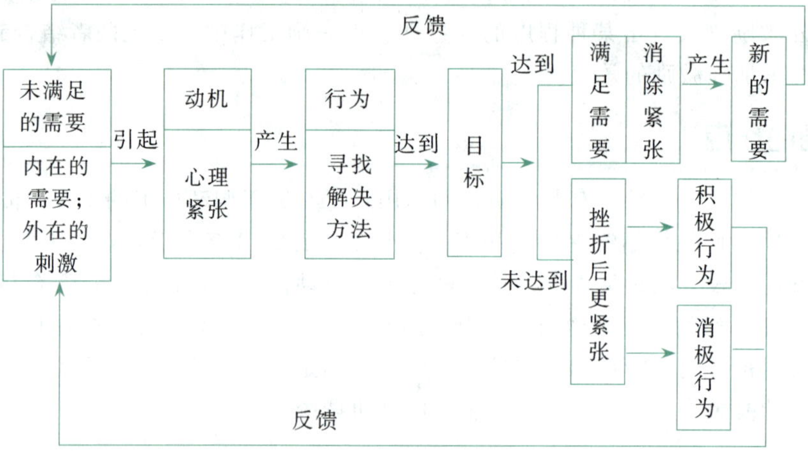

图 5-6 激励的第二模式

3.第三模式

这种模式将需要、动机、目标及报酬观念结合起来，共有 7 个阶段（见图 5-7）。激励过程虽然与目标是否达成有着密切联系，但目标实现后的绩效评价与奖惩对人们满足程度的影响也很大。这种多阶段的激励模式，通过对绩效的自评来获得满足感和自豪感，并以他人的评价来获得一定的奖惩。当重新评价的需要未能得到满足时，激励过程需要重复进行。

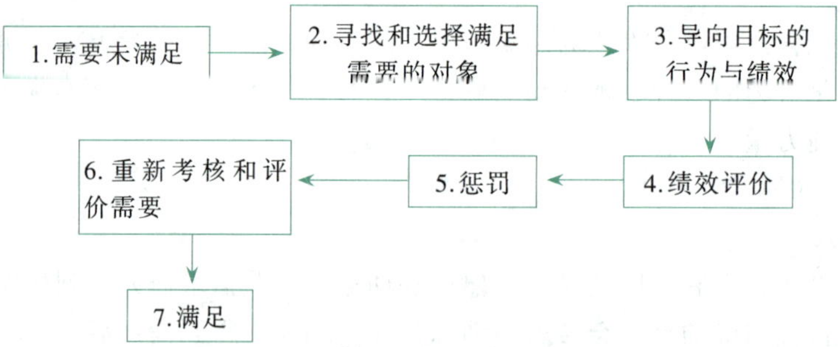

图 5-7 激励的第三模式

以上三种激励模式有的简单、有的复杂，但总体来说都包含需要、目标、满足等方面的因素。也就是说，所有的激励理论都是围绕人的需要，包括研究需要的内容，目标的设置，以及满足需要的行为过程。

四、激励理论

（一）马斯洛的需要层次理论

视频5-3

激励理论

需要层次理论是由美国著名的社会心理学家亚伯拉罕·马斯洛（Abraham Maslow）提出来的。他在1943年发表的《人类动机理论》一文中把人类的各种各样的需要分成五种，并按其优先次序，排成阶梯式的需要层次，故这一理论通常被称为“需要层次理论”。

马斯洛认为，人的需要是有层次的。按其产生的先后顺序及其重要程度，可分为生理需要、安全需要、社交需要、尊重需要和自我实现需要五个层次，如图5-8所示。

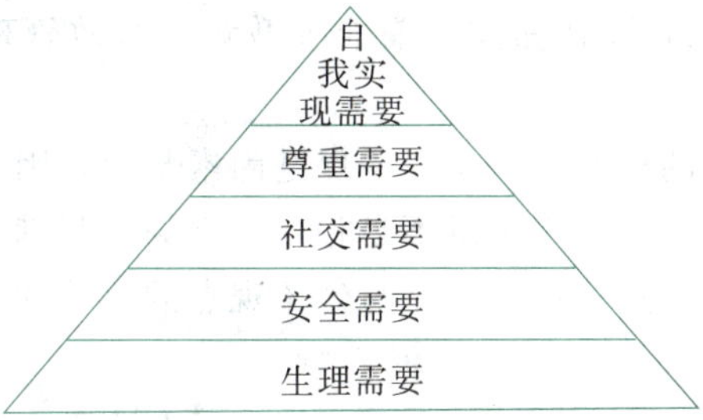

图5-8 马斯洛需要层次理论

视频5-4

五种基本需要：马斯洛的需要层次理论

（1）生理需要，即人类对水、空气、食物、服装等的需要。

（2）安全需要。当生理需要得到基本满足以后，就会出现一系列新的需要，可以概括为安全需要，即人类对生命安全、财产安全、劳动安全和就业安全（工作稳定）等方面的需要。

（3）社交需要。这是一种对友谊、爱情以及归属感等方面的需要。马斯洛认为，在生理需要和安全需要得到满足之后，社交需要就会凸显出来，成为激励人们从事某种行为的主要因素。

（4）尊重需要。这是一种对成就、地位和声望的追求以及希望自己受到他人的赏识、尊敬和重视的需要。马斯洛认为，在生理需要、安全需要和社交需要得到满足以后，尊重方面的需要就会成为人们行为的主要激励因素。

（5）自我实现需要。正如马斯洛所描述的：“人如果要获得最终的平静，音乐家就必须搞音乐，画家就必须绘画，诗人就必须作诗。人必须成为自己能够成为的人，这样的需要被称为自我实现的需要。”

（二）双因素理论

激励-保健因素理论是由美国心理学家、行为科学家弗雷德里克·赫茨伯格（Fredrik Herzberg）提出来的，又称为双因素理论。双因素理论是他最主要的成就，他在工作丰富化方面也进行了开创性的研究。

1.双因素理论的基本内容

赫茨伯格和他的助手们在匹兹堡心理研究中心，通过对调查获得的资料分析发现，人们对工作不满意时大多与他们所处的工作环境有关，而使员工感到满意的因素通常是由工作本身产生的。赫茨伯格认为，影响人们工作积极性的因素可分为不可互相替代的两大类：

（1）激励因素。它是影响人们工作积极性的内在因素，其本质为注重工作本身的内容，借以提高人们的进取心和工作效率，激发人们作出最好的表现。激励因素就像是锻炼一样，可以提高身体素质、增强体质。赫茨伯格认为激励因素可以给人们带来满意感，这些因素主要包括成就、认可、工作本身的吸引力、责任、发展等。

（2）保健因素。又称为维持因素，它没有激励人的作用，但有保持人的积极性、维持工作现状的作用。换句话说，即使保健因素搞得再好，员工也不会因此而增强积极性；但如果保健因素搞不好，那么员工的积极性就会下降。赫茨伯格认为，有些因素不佳可能造成不满意，这些因素主要有企业政策、行政管理、工资水平、人际关系和工作条件等。

赫茨伯格双因素理论的核心在于，强调保健因素与激励因素不可相互替代，各自的作用不同。因为他认为，满意与不满意不是相互对立的，与满意对立的是没有满意，而与不满意对立的是没有不满意。这种观点与传统观点的比较如图5-9所示。

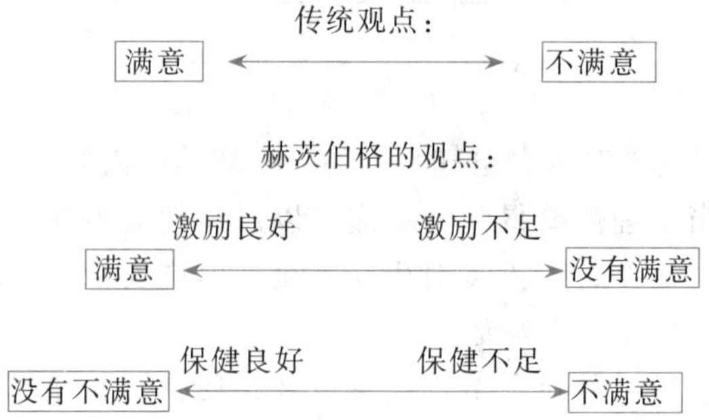

图5-9　传统观点与赫茨伯格观点的比较

2.对双因素理论的评价

首先，赫茨伯格调查取样的数量和对象缺乏代表性。其次，在调查时，问卷中的提问方法和题目内容存在缺陷。再次，赫茨伯格认为，满意和生产率的提高有着必然联系。最后，赫茨伯格将保健因素和激励因素截然分开是不妥的。实际上，保健因素和激励因素、外部因素和内部因素都不是绝对的，它们相互联系并可以相互转化。保健因素能够产生满意感，激励因素也能够产生不满意感，如奖金既可以成为保健因素，也可以成为激励因素；工作成绩得不到承认，也可以使人闹情绪，以致消极怠工。

虽然赫茨伯格的双因素理论有一些缺陷，但该理论的积极作用是显而易见的。首先，它告诉我们一个事实，即采取了某项激励措施以后，并不一定就能带来满意感，更不等于劳动生产率能够提高。其次，满足各种需要所引起的激励深度和效果是不一样的。物质需要的满足是必要的，没有它会导致不满，但是即使获得满足，它的作用往往也是很有限的，不能持久。最后，企业管理人员应注意工作内容因素的重要性，不仅要注重物质利益和工作条件等外部因素，更要注重工作的安排，量才录用，使人才各得其所；同时给予人们精神鼓励，或表扬或认可，给员工以成才、发展、晋升的机会。只有用这些内在因素来调动人们的积极性，才能起到更大的激励作用，并维持更长的时间。

（三）X理论和Y理论

道格拉斯·麦格雷戈（Douglas McGregor）从人性的角度，提出了两种完全不同甚至可以说是截然相反的理论，即X理论和Y理论。

视频5-5

X-Y理论

1.X理论和Y理论的基本内容

（1）X理论。人们习惯称之为“人性为恶理论”。在该理论中，麦格雷戈对人性有如下假设：①人的天性都好逸恶劳；②人都以自我为中心，对组织的需要采取消极的甚至是抵制的态度；③缺乏进取心，反对变革；④不愿意承担责任；⑤容易受骗和接受煽动。

（2）Y理论。人们习惯称之为“人性为善理论”。在该理论中，麦格雷戈对人性有如下假设：①人们并不是天生就厌恶工作，他们把工作看成和休息、娱乐一样自然、快乐；②人们并非天生就对组织的要求采取消极或抵制的态度，而是经常采取合作的态度，接受组织的任务，并主动完成；③在适当的情况下，人们不仅能够承担责任，而且会主动承担责任；④大多数人具有相当高的智力、想象力、创造力和作出正确决策的能力，只是没有充分发挥出来。

2.对X理论和Y理论的评价

如果按X理论对员工进行管理，管理者必须对员工进行说服、奖赏、惩罚和严格控制，才能迫使员工实现组织的目标，所以该理论认为在管理中强制性的措施是第一位的。

根据Y理论，管理者要想激励员工去完成组织的任务、实现组织的目标，只需要改善员工的工作环境和条件（包括良好的群体关系，干净、整洁的环境等），让员工参与决策，为员工提供富有挑战性的、能激发责任感的工作，员工就会有很高的工作积极性，并将自身的潜能充分发挥出来。麦格雷戈认为，对管理者来说，Y理论比X理论更有效，因此他建议管理者更多地运用Y理论，而不是运用X理论来管理员工。但是，在现实生活中很少有运用Y理论管理员工而取得成功的典型事例，而运用X理论取得成功的管理者则确有其人。

（四）成就需要理论

美国哈佛大学教授戴维·麦克利兰（David McClelland）是当代研究动机的权威心理学家。他对人的需要和动机进行研究，提出了著名的“成就需要理论”，并得出了一系列重要的研究结论。

1.成就需要理论的基本内容

麦克利兰认为人们在生理需要得到满足以后，还有三种基本的激励需要：①成就需要，即追求卓越，实现目标，争取成功，希望做得最好的需要；②权力需要，即影响、控制他人且不受他人控制的需要；③社交需要，即建立友好亲密的人际关系的需要。

麦克利兰发现，首先，在小企业的经理和在企业中独立负责一个部门的管理者中，高成就需要者往往会取得成功。其次，在大型企业或其他组织中，高成就需要者并不一定是一个优秀的管理者，因为高成就需要者往往只对自己的工作绩效感兴趣，并不关心如何影响别人去做好工作。再次，社交需要与权力需要和管理的成功密切相关。最后，可以对员工进行训练来激发他们的成就需要。

2.对成就需要理论的评价

麦克利兰的成就需要理论在企业管理中很有应用价值。首先体现在人员的选拔和安置上，测量和评价一个人动机体系的特征对于如何分派工作和安排职位有重要意义。其次，不同需要的人需要不同的激励方式，了解员工的需要与动机有利于建立合理的激励机制。最后，麦克利兰认为动机是可以训练和激发的，因此，管理者可以有意识地训练和提高员工的成就动机，以提高生产率。

（五）ERG理论

克莱顿·阿尔德弗（Clayton Alderfer）通过大量的调查研究，于20世纪70年代初提出了一种需要理论，该需要理论也是对马斯洛需要层次理论的一种修正。他把人的需要归结为生存（Existence）、相互关系（Relatedness）和成长（Growth），简称ERG理论。

1.ERG理论的基本内容

该理论认为：①生存的需要是人最基本的需要，包含了人的一切生理上的物质需要，人的衣食住行、报酬、工作环境等基本条件都包括在此种需要当中；②相互关系的需要是指人际关系（社会交往）方面的需要，包括安全感、归属感、友情、受人尊重等方面的需要；③成长的需要是指发展自己，使自己在事业、能力上有所成就和提高的需要。

同时，阿尔德弗还提出了如下观点：①人的各种需要一般来说是由低向高逐步发展的，而且低层次需要的满足程度越高，对高层次需要就越渴望，这是一种“满足-前进”的逻辑。但同时还存在着“受挫-倒退”现象，即当较高层次的需要受到挫折时，需要的重点就可能退到较低的层次。而且，各种需要也可能同时出现。②人的所有需要并不是生来就有的，有些需要是通过后天的学习、培养之后才产生的，尤其是较高层次的需要。

2.对ERG理论的评价

阿尔德弗的ERG理论与马斯洛的需要层次理论比较起来，既有相似之处，又有不同之处。其差异如图5-10所示。

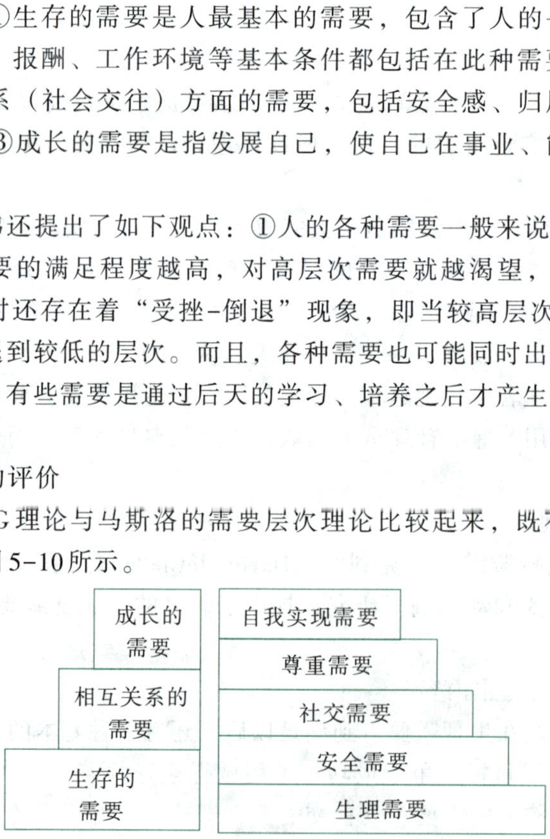

图5-10　阿尔德弗的ERG理论与马斯洛的需要层次理论的差异

（六）公平理论

美国心理学家约翰·亚当斯（John Adams）于1976年提出了公平理论。公平理论又称社会比较理论。该理论侧重于研究工资报酬分配的合理性和公平性对员工工作积极性的影响。

视频5-6

公平理论

1.公平理论的内容

公平理论的基本观点是：当一个人作出了成绩并取得报酬以后，他不仅关心自己所得报酬的绝对量，而且关心自己所得报酬的相对量。因此，他要进行种种比较，来确定自己所获报酬是否公平合理，比较的结果将直接影响其今后工作的积极性。

（1）横向比较。它是指某人将自己获得的“报偿”（包括金钱、工作安排以及获得的赏识等）与其“投入”（包括教育程度、所作努力、用于工作的时间、精力和其他无形损耗等）的比值，与组织内其他人作社会比较。只有相等时，人们才认为公平。其公式如下：

$$O_p/I_p=O_c/I_c$$

其中，O_p表示自己对自己所获报酬的感觉；I_p表示自己对自己所作投入的感觉；O_c表示自己对他人所获报酬的感觉；I_c表示自己对他人所作投入的感觉。

（2）纵向比较。除了横向比较之外，人们也经常作纵向比较，即把自己目前投入的努力与目前所获得报偿的比值，与自己过去投入的努力与过去所获报偿的比值进行比较。只有相等时，人们才认为公平。其公式如下：

$$O_p/I_p=O_h/I_h$$

其中，O_h表示自己对过去所获报酬的感觉；I_h表示自己对过去所作投入的感觉。

2.对公平理论的评价

公平理论的主要贡献是认为人们对于公平与否的感受，并不只取决于绝对收入的多少，而且取决于自己的收入和付出比率与参照对象比较的结果。就组织内部而言，不考虑贡献大小，简单化地普遍增加薪金报酬，其激励作用很有限。公平理论主要的不足之处在于实践中较难把握，因为比较中的公平感受来源于主观判断，而人们往往倾向于高估自己的付出却低估自己的所得，而对参照对象的相应估算恰恰相反。不准确的估算难免使主观判断偏离实际，以致误导行为。管理者如能做到每个人的工作绩效和报酬都具有可比性，用客观的量化标准代替主观判断，将会有较好的效果。

（七）期望理论

1.期望理论的内容

美国心理学家维克托·弗鲁姆（Victor Vroom）于1964年在《工作与激励》一书中首先提出了比较完备的期望理论，其成为该领域的主要理论之一。弗鲁姆认为，一种激励因素（或目标），其激励作用的大小，受到双重因素的影响：①个人对从组织中取得的报酬（或诱因）的价值判断；②对取得该报酬可能性的预期。前者称为效价，后者称为期望值（期望概率），可用下式表示：

激励力（M）=效价（V）×期望概率（E）

其中，激励力是指一个人受激励的程度，即愿意为达到目标而努力的程度。效价是指一个人对行动的结果能满足其需要程度的估计，其取值范围为-1~1。结果对个人越是重要，效价的值越接近于1；结果对个人来说无关紧要，效价的值就接近于0；个人很不希望发生而要尽力避免的结果，其效价的值就接近于-1。期望概率是指个人对行动会导致的某一预期结果的概率估计，其取值范围为0~1。

弗鲁姆的期望理论辩证地提出了在进行激励时要处理好三方面的关系，这也是调动人们工作积极性的三个条件：①努力与绩效的关系；②绩效与奖励的关系；③奖励与满足个人需要的关系。

2.期望理论的启示

管理者不要泛泛地抓一般的激励措施，而应主抓多数组织成员认为效价最大的激励措施。①设置某一激励目标时，应尽可能加大其效价的综合值。例如，每月奖金的多少不仅意味着当月的收入状况，而且与年终分配、工资调级和获得先进工作者称号挂钩，则将大大增加效价的综合值。②适当加大不同成员实际所得效价的差值，加大组织期望行为与非期望行为之间的效价差值。例如，奖金平均分发与分成等级拉开档值发放，其激励效果大不一样；只奖不罚与奖罚分明，其激励效果也大不一样。③适当控制期望概率和实际概率。期望概率既不是越大越好，也不是越小越好，关键是要适当。④期望心理的疏导。在激励过程中，经常会发生员工期望心理过强的情况，及时地疏导员工的期望心理，防止出现强烈的挫折感，是管理者的一项重要工作。

（八）综合激励模式

1.波特-劳勒综合激励模式

莱曼·波特（Lyman Porter）和爱德华·劳勒（Edward Lawler）在期望理论的基础上提出了一种本质上更完备的激励模式。这个模式包含努力、绩效、奖酬和满足等多种变量，如图5-11所示。

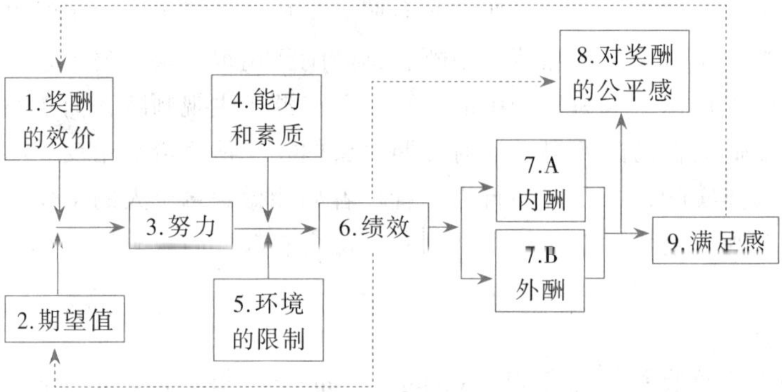

图5-11　波特-劳勒综合激励模式

（1）努力。这是指个人所受的激励强度和发挥出来的能力，其程度取决于个人对某项奖酬（如工资、奖金、提升、认可、友谊、荣誉等）效价的主观看法，以及通过努力带来奖酬概率的主观估算。

（2）绩效。这是指工作表现和实际成果。绩效不仅取决于个人的努力程度，也受个人能力、素质以及环境的影响。

（3）奖酬。这是绩效带来的报酬，包括内在奖酬和外在奖酬。这两种奖酬与个人对奖酬的公平感糅合在一起，影响着个人的满足感。

（4）满足。这是个人实现某项预期目标时所体验到的满意感觉。一般人认为，先有了满意才能有绩效。而波特和劳勒认为，先有绩效才能获得满足。其中，奖酬很重要，它是绩效带来满足的中介环节。

2.罗伯特·豪斯综合激励模式

除了波特-劳勒综合激励模式之外，罗伯特·豪斯（Robert House）也提出了激励综合模式，他试图通过一个模式将上述几类激励理论综合起来，把内外激励因素都归纳进去。其代表性的公式是：

$$M=V_{it}+E_{ia}\left(V_{ia}+E_{ej}V_{ej}\right)$$

其中，M代表某项工作任务的激励水平高低，即动力的大小。V_{it}代表对该项活动本身所提供的内酬效价，它所引起的内激励不计任务完成情况与结果如何，故不包括期望值大小的因素，也可以说期望值最大是1。E_{ia}代表对进行该项目活动能否完成任务的期望值，也就是主观上对完成任务可能性的估计。进行这种活动时，人们要考虑自己完成任务的能力，以及客观上存在的困难等。V_{ia}代表对完成任务的效价。$E_{ej}V_{ej}$代表一系列双变量的总和。双变量中的第一个变量E_{ej}代表任务完成能否获得某项外酬的期望值；第二个变量V_{ej}代表对该项外酬的效价。在估计E_{ej}时，人们会考虑完成任务后，有多大把握得到相应的外酬，如加薪、提升和表扬。公式中下标的意思分别是：j代表内在、e代表外在、t代表任务本身、a代表完成。

如果把公式中的括号取消，将E_{ia}乘入，则公式右端则变为如下三项：①V_{it}代表对工作任务本身的效价，即这项工作对工作者的有用性的大小。②$E_{ia}\cdot V_{ia}$代表任务完成所起的激励作用。③$E_{ia}\cdot E_{ej}V_{ej}$代表各种外酬所起的激励效果之和，其中引入两项期望值是因为前者是对完成任务可能性的估计，后者则仅是对完成任务与获得奖酬相关联系的可靠性估计。总之，前两项属于内在激励，第三项属于外在激励。三者之和代表了内外激励的综合效果。

（九）强化理论

强化理论是由美国心理学家伯尔赫斯·斯金纳（Burrhus Skinner）首先提出来的。该理论认为，人的行为受外部环境刺激的调节，因而也受外部环境刺激的控制，改变刺激就能改变行为。所谓强化，是指通过不断改变环境的刺激因素来达到增强、减弱或消除某种行为的过程。管理人员可以采用积极强化、消极强化、惩罚、自然消退四种强化类型来改变下属的行为。

管理人员可以根据下属不同的行为情况而采用连续的或间歇的两种强化方式。连续强化是指对每次发生的行为都进行强化。间歇强化是指非连续强化，它不是对每次发生的行为都进行强化。间歇强化包括四种形式，即固定间隔、可变间隔、固定比率、可变比率，如图5-12所示。

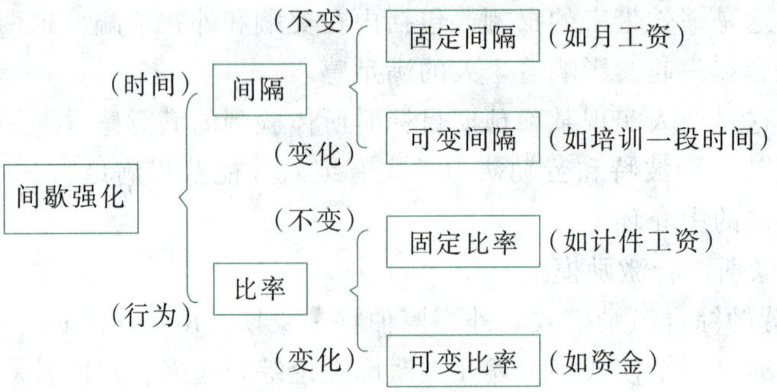

图5-12　间歇强化类型

同步案例5-2　　**民营企业老板的困惑**

同步案例5-2
分析提示

某民营企业老板学习激励理论后，受到很大启发，并着手付诸实践。他给予下属员工更多的工作和责任，并通过赞扬和赏识来激励员工。但结果事与愿违，员工的积极性非但没有提高，反而对老板的做法强烈不满，认为老板是在利用诡计来剥削员工。

请根据所学习的激励理论，分析该老板做法失败的原因并提出建议。

五、激励管理

（一）激励机制

激励机制是激励活动的各项要素在运行过程中的相互联系、相互作用、相互制约及其与激励效果之间内在联系的综合机能。能否正确运用激励机制，对激励的成败有着决定性的影响。激励机制主要包括激励的时间、频率和程度。

1.激励的时间

它是指为取得最佳激励效果而进行激励的时间。激励在不同时间进行，其作用和效果完全不同。激励时机适当，才能有效发挥激励的作用。正确选定激励的时机，是充分发挥激励效果的重要环节。

2.激励的频率

它是指在一定时间内进行激励的次数。"一定时间"是以工作任务的周期为单位的。在这个周期里，激励次数多就说明激励频率高，激励次数少则说明激励频率低。

3.激励的程度

它是指激励量的大小。质和量的统一谓之“度”。要有效地发挥激励的作用，就必须正确运用激励量。激励量过小，难起作用；激励量过大，又会事与愿违，适得其反。

（二）激励的原则

激励应遵循以下原则：奖励组织期望的行为原则；合理设置激励目标原则；物质激励与精神激励相结合原则；正激励与负激励并举原则；以正激励为主、内激励与外激励相结合原则；系统设计激励体系原则。

（三）激励的方法

1.工作激励

它是指通过分配恰当的工作、予以恰当的授权、让员工参与管理、丰富工作内容等方式和途径来激发员工的工作热情。

2.环境激励

环境主要是指工作环境与生活环境，包括组织中的行为规范、人际关系、工作与生活条件等方面的内容。

3.成果激励

它是一种重要的激励手段，即利用人们对成就感的追求来激发人们的工作积极性。成果激励主要包括：正确评价工作、合理给予报酬、帮助员工创造成果。

4.培训教育激励

培训教育的作用有两个方面：一方面，培训教育可以使员工丰富知识，增强素质，提高业务技能，进而获得更多的晋升机会，为承担更富有挑战性的工作创造条件；另一方面，可以提高员工在参与企业活动中的工作热情和劳动积极性。

5.目标激励

目标激励即通过层层制定目标，使每个人的行动都与目标联系起来，从而激发每位员工的积极性，为实现共同目标而自觉劳动的一种激励方法。

6.支持激励

支持激励即尊重下属的首创精神，支持下属的创造性劳动，从而调动员工工作热情的一种激励方法。

7.关怀激励

关怀激励即通过对员工无微不至的关怀，使员工感受到组织的温暖和社会主义制度的优越性，增强主人翁责任感的一种激励方法。关怀激励包括政治上、思想上、工作上和生活上的关怀。

8.榜样激励

榜样激励即通过典型示范激励群众向先进学习的一种激励方法。要注意把本单位的榜样和全国、地区的榜样结合起来，这样才能使榜样激励发挥更大的作用。

9.员工持股激励

它是市场经济条件下，激励员工的最根本的方法之一。在某些西方国家，这种方法已经相当普遍，其出发点是实行产权多元化，激励员工在企业持股，利润共享。

任务五 沟通管理

一、沟通的概念、目的和作用

（一）沟通的概念

沟通是指为达到一定的目的，将特定信息、思想和情感在个人或群体间进行传递与交流的过程。要理解沟通的概念，必须从以下三点入手：

1.沟通四大要素

（1）沟通主体，又称信息沟通的发送者。在沟通的过程中，总有一方是信息的主动发送者。

（2）沟通对象，又称信息的接收者，即在信息沟通过程中被动接收信息的一方。不过，在沟通不断循环的过程中，信息发送者和信息接收者的身份会不断改变，特别是在双向沟通中，无论是哪一方，都既要充当信息发送者，又要充当信息接收者。

（3）沟通内容。在沟通的过程中，所传递的信息包含的内容是多种多样的，可分为事实、情感、价值观、意见和观点等。

（4）沟通渠道。渠道是由信息发送者选择的，是借以传递信息的媒介物。不同的沟通渠道，其沟通效果是不同的，对于不同的信息内容应当选用不同的沟通渠道。

管理沟通模型如图5-13所示。

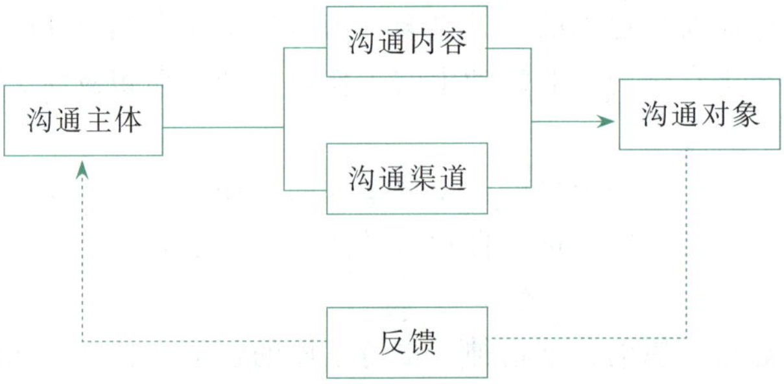

图5-13　管理沟通模型

同步案例5-3　马拉松冠军的秘诀

同步案你5-3

分析提示

在东京国际马拉松邀请赛中，名不见经传的山田本一获得世界冠军，出乎很多人的意料。两年后的意大利国际马拉松邀请赛中，他再次获得冠军。山田本一是怎样获得成功的呢？在接受采访时他这样说："每次比赛前，我都要乘车把比赛的路线仔细看一遍，并把沿途比较醒目的标志画下来，比如第一个标志是一棵大树、第二个标志是银行、第三个标志是一幢红房子。这样一直画到比赛的终点。比赛开始后，我就以百米的速度奋力冲向第一个目标，等到达第一个目标后，又以同样速度向第二个目标冲去。40多千米的赛程，就被我分解成这么几个小目标轻松跑完了。"山田本一成功的奥秘就在于将最终目标分成几个小目标，在每一个小目标中以最饱满的激情和动力来完成，从而达到最后的胜利。

资料来源　张玉利．管理学［M］．3版．天津：南开大学出版社，2017.

问题：请用沟通的基本原理分析为什么山田本一能够取得最后的胜利。

2.沟通是一个过程

信息沟通过程是指信息发送者通过选定的渠道把信息传递给接收者。这个过程由以下几个步骤组成：①明确沟通的内容；②编码；③选择信息传递手段；④接收；⑤译码；⑥反馈；⑦再传递；⑧再反馈。

上述几个步骤之间的关系如图5-14所示。

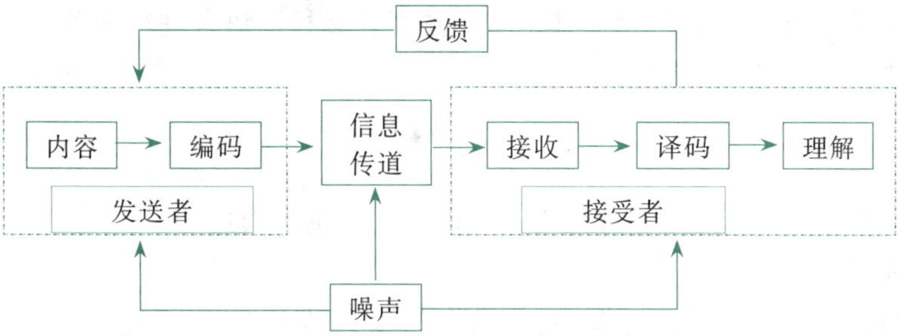

图5-14　沟通过程

3.管理沟通主要发生在人与人之间

人与人之间的沟通有许多独特之处，例如，人与人之间的沟通主要是通过语言或文字的形式进行的；在沟通中，信息交流的同时包含着情感、思想、态度的交流，沟通双方的心理、态度、知识及价值观都对沟通的结果有重要影响；受这些因素的影响，在沟通中经常会出现一些障碍。

（二）沟通的目的

组织中沟通的目的是信息分享，使组织的所有行为在既定目标上保持一致。组织环境的变化，使得组织必须迅速、准确、及时地掌握组织内外部的各种信息，并在充分分析的基础上，重新思考和确定组织的使命及战略目标等，同时在组织内进行激励和部署，惠及分享到每位员工，转化并落实到日常工作中，最终确保组织内行动与目标的高度一致。

（三）沟通的作用

沟通是管理者正确决策的前提和基础，有利于协调组织行动，解决冲突，建立良好的人际关系；有效沟通可以提高组织效率，促进组织的变革、创新；同时，组织变革方案也要及时传递给员工，取得员工的支持，促进变革的成功；同样，员工好的想法和建议，也需要通过沟通传递给领导，取得领导认可并得以实现。

二、沟通的特点

（一）心理因素对沟通效果的影响

在人与人之间的信息交流过程中，交流效果必然会受到心理活动的影响。人具有爱与憎、喜好与厌恶等情感，同时又具有丰富的想象力，因此在进行信息交流时，人们会不由自主地受到这些情感及心理因素的支配，这对沟通的效果会产生很大的影响。

（二）沟通过程是双向的

沟通过程既是信息传递的过程，也是培养情感、交流情感的过程。由沟通的第一个特点可知，沟通中人的心理因素必然会起作用。所以，沟通就不仅仅是简单的信息传递过程，而是伴随着思想、情感等方面的交流。

（三）沟通是以语言为工具载体的

在人与人的交流中，语言是最基本的工具，这里的语言指的是广义的语言，它既包括书面语言、口头语言，也包括肢体语言。选择什么样的语言进行沟通，对沟通效果有着直接的影响。

三、沟通的分类

（一）按渠道来划分，沟通可分为正式沟通和非正式沟通

1.正式沟通

正式沟通是指通过正式组织明文规定的渠道进行信息传递和交流的方式。如组织间的公函来往、组织内部的文件传递、召开会议、请示和报告等都属于正式沟通。

正式沟通的优点在于：沟通效果好，具有严肃性，约束力较强，易于保密，可以使信息沟通保持权威性。重要消息和文件的传达、组织的决策等，一般采用这种方式。正式沟通的缺点在于：依靠组织系统层层传递，沟通速度较慢。

2.非正式沟通

非正式沟通是指在正式沟通渠道之外进行的信息传递和交流。非正式沟通无组织监督，可以自由选择沟通渠道。如员工之间的私下交谈、谈论某人某事、传播小道消息等都属于非正式沟通。

非正式沟通的优点在于：这种沟通方式约束小，比较容易把真实的思想、情感、动机表露出来，且不拘形式，直接明了、速度快捷、沟通方便。非正式沟通往往能提供一些正式沟通中难以获得的信息。但非正式沟通发挥作用的基础是组织中良好的人际关系。非正式沟通的缺点在于：难以控制，传递的信息难以保证其准确性、真实性和客观性，容易导致传播流言蜚语、小道消息，混淆视听，影响组织内的人心稳定以及组织的凝聚力和向心力。

（二）按方法来划分，沟通可分为口头沟通、书面沟通、非语言沟通和电子媒介沟通

口头沟通是指沟通双方以口头语言进行的直接沟通方式。如谈话、讨论、会议、电话洽谈等都属于口头沟通。

书面沟通是指沟通双方以文字、图画、图表等书面形式为媒介进行沟通的方式。如通知、文件、报表、书信等都属于书面沟通。

一些特殊意义的沟通既非口头形式也非书面形式，而是非语言沟通。例如，警笛声和十字路口的红绿灯都不是通过文字告诉我们信息的。

电子媒介沟通是指依赖于各种各样复杂的电子媒介传递信息。除了电话以外，还有闭路电视、网络工具、传真机等一系列电子设备，将这些设备与言语和纸张结合起来就产生了更有效的沟通方式。

（三）按流动方向来划分，沟通可分为上行沟通、下行沟通和平行沟通

上行沟通是按组织层次由下而上进行的信息交流。下行沟通是按组织层次由上而下进行的信息交流，如上级向下级发布指示、命令，安排工作、布置任务等。平行沟通也

称横向沟通，是指处于同一层级的组织、单位或个人之间的信息传递和交流，沟通双方没有隶属关系。

（四）按信息发送者与信息接收者的地位来划分，沟通可分为单向沟通和双向沟通

视频5-7

沟通的网络

单向沟通是指信息的发送者与接收者的地位不改变的沟通，在这种沟通中，不存在信息反馈。双向沟通是指在沟通过程中信息的发送者与接收者可以换位的沟通。

四、沟通的网络

（一）正式沟通网络

正式沟通网络是指由组织正规的信息沟通渠道所形成的沟通结构。正式沟通网络有五种基本类型，如图5-15所示。

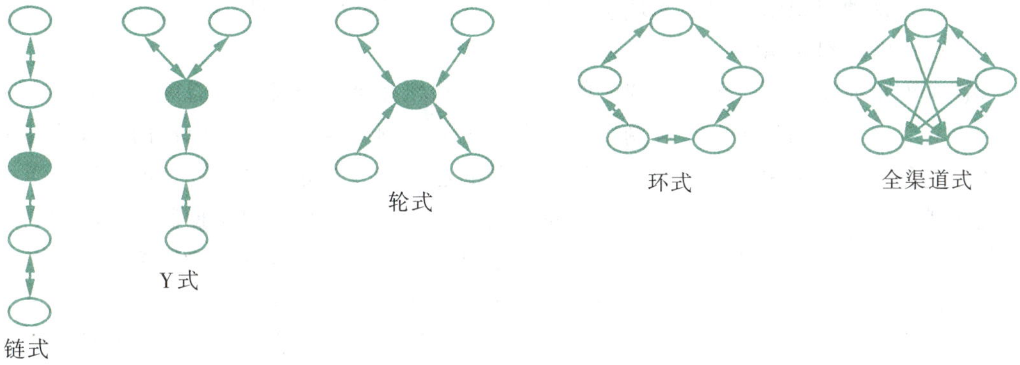

图5-15　正式沟通网络的类型

1.链式信息沟通网络

这是一个平行网络。在这个网络中，居于两端的人仅能与内侧的一个成员相联系，居中的则可分别与两个人沟通信息。在一个组织系统中，它相当于一个纵向沟通网络，代表各层次，逐级传递，信息可以自上而下或自下而上传达。在这种网络中，信息经过层层传递，容易出现失真的现象，各个信息传递者所接收的信息差异很大，平均满意程度有较大差距，处于最低层次的沟通者只能作上行沟通，或接收失真度较大的信息，因此心理压力大，最容易产生不满足感，其他层次的沟通者心理满足感都居于中等状态。在管理中，如果组织系统过于庞大，需要实行分层授权管理，这时，利用链式信息沟通网络是一种行之有效的方法。

2.Y式信息沟通网络（正式沟通网络）

这是一个纵向沟通网络，其中只有一个成员为信息沟通的核心，成为沟通的媒介，代表两个管理人员分别向下属传递信息，或者代表下级向两个上级传递信息。这种信息沟通网络集中化程度高，解决问题的速度快。其中，节点是沟通的中心，其接收的信息量大，成为信息反馈的媒介。如果将这个网络上下颠倒过来，并稍作改动，就成为如图

5-16所示的模式。

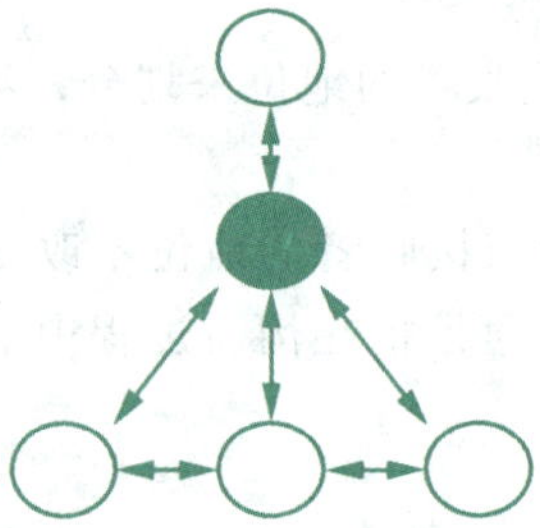

图5-16　改动后的Y式沟通网络

这种模式表示一个组织中管理人员通过第二级层次（如秘书或其他中间人物），与三个下级发生沟通联系。这种现象在组织中十分常见。秘书处于沟通中心，获得了最多的情报信息，即领导的指示要经过秘书传达到下面，下面的意见也要先集中到秘书这里再向上反映。这种组织结构容易出现领导被架空、权力转移到秘书手中的现象。

3.轮式信息沟通网络

这种网络属于控制式网络，代表管理人员分别与几个下级发生沟通联系，各下级之间无沟通联系。在组织中，这种网络大体类似于一个领导直接管理几个部门的权威控制系统。这种沟通网络集中化程度高，解决问题的速度快，领导是“全权”的，所有下级只能在其直接领导下进行工作。因此，轮式信息沟通网络是加强组织控制、争时间、抢速度的一个有效方式。如果某一组织接受了紧急攻关任务，要求进行严密控制，就可采取这种网络。但是，在这种网络中，只有处于核心地位的领导才了解全面情况，其他成员之间消息闭塞，平行沟通少，很难达成彼此的协调与合作，容易出现下属心理满足程度低的情况，影响士气，特别是有碍下属主观能动性的发挥。

4.环式信息沟通网络

该网络可以看成链式网络的一个封闭控制结构，表示成员之间彼此一次联络和沟通，其中每个人都可同时与两侧的人沟通信息。因此，个人的心理满足程度无明显高低之分，集中化程度低，成员具有较为一致的满意度，故这种沟通网络中的成员士气高，参与感比较明显，有助于调动成员的积极性和主动性，但沟通的速度慢，精确性不够。

5.全渠道式信息沟通网络

这是一种开放式的网络系统，表示所有成员都能彼此直接沟通联系，人人都处于平等地位，无中心人物。在这种网络中，集中化程度很低，可能采取的沟通渠道很多，各个沟通者之间全面开放，因此，成员的平均满足程度很高，团体民主气氛浓厚，士气高昂，合作精神强。

（二）非正式沟通网络

所谓非正式沟通网络，是指群体中未经批准的信息通过自由传播渠道所形成的沟通结构形式。美国管理心理学家肯思·戴维斯（Keith Davis）对非正式沟通网络进行了研究，他曾在一家皮革公司对67名管理人员进行过调查采访，使用顺藤摸瓜的方法对小道消息进行研究，发现非正式沟通有四种方式（见图5-17）：①单线式。这种传播模式表示信息发送者通过一连串的人把消息传播给最终的接收者。②流言式（或称“闲谈式”）。这种传播模式表示一个人主动把小道消息传播给其他人。③偶发式。这种传播模式表示信息发送者由偶然的机会将消息传给他人，他人也随机传播而非有意传播。④集束式。这种传播模式表示信息发送者有选择地将消息告诉自己的朋友或有关的人，有关人员得到消息后也照此传播。

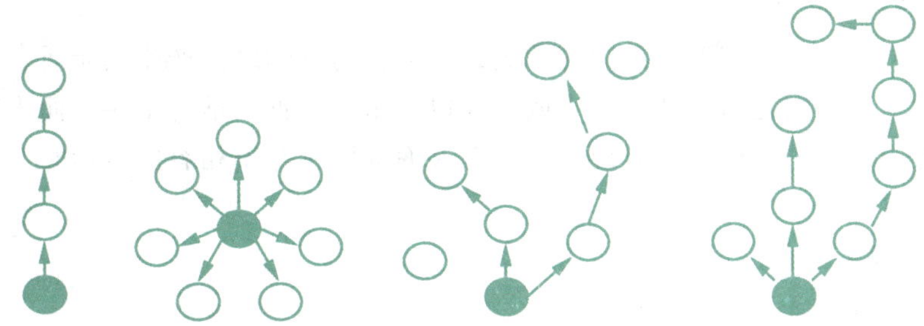

图5-17　非正式沟通网络的类型

五、沟通管理

（一）管理中的沟通障碍

阻碍管理沟通的因素是十分复杂的，但大致可以分为以下几个方面：环境方面的沟通障碍；制度方面的沟通障碍；心理方面的沟通障碍；语言方面的沟通障碍。

（二）有效沟通的原则

信息传递要贯彻“多、快、好、省”的原则；传递信息要区分不同对象的原则；要适当控制信息传递的数量原则；要控制使用越级传递的原则；合理利用非正式沟通网络的原则；在信息加工处理过程中也需要信息反馈原则。

（三）有效沟通的技巧

1.选择合适的沟通方式

根据沟通的内容和特点，选择不同的沟通方式。如果沟通的内容是上级的命令、决策或者是规章制度，则适宜选择正式沟通和书面沟通的方式。若沟通内容属于规章制度以外的问题，或属于组织成员的琐碎小事，则应选择非正式沟通或口头沟通的方式效果可能更好。

2.有效沟通的行为准则

在长期的管理实践中，成功的管理者为我们提供了有效沟通的行为法则，主要有：①自信的态度；②体谅他人的行为；③适当地提示对方；④直接有效地告诉对方。

3.学会积极倾听

积极倾听可以在沟通过程中获取重要的信息、掩盖自身的弱点，善听才能善言，才能获得友谊和信任。所以在倾听时，要注意以下几点：①鼓励对方先开口；②观察并使用肢体语言；③非必要时，避免打断他人的谈话；④反应式倾听；⑤弄清楚各种暗示；⑥暗中回顾，整理重点，提出自己的结论；⑦接受说话者的观点。

六、组织冲突与谈判

（一）冲突的概念

冲突是指由于某种差异而引起的抵触、争执或争斗的对立状态。

（二）冲突的形式

冲突的形式包括：①群体之间的冲突，即群体与群体之间产生的矛盾。②群体内部成员之间的冲突。它是指群体内两人或两人以上由于意见、情感不一致而出现的分歧状态。③个人心理上的冲突。它表现为当一个人面临两种互不相容的目标时，所体验到的一种左右为难的心理感受。

（三）冲突产生的原因

1.群体之间冲突产生的原因

其包括：①由于组织内部各部门群体之间竞争不适当，引起敌对意识、攻击行为、本位行为、小团体主义；②由于组织设计不当，造成各部门群体间在人力、物力、财力等方面的矛盾；③组织机构不合理，规章制度不健全，责任不明确，互相推诿或互相封锁，在体系内造成的冲突；④由于工作性质与工作特点不同引起的冲突。

2.群体内部成员之间冲突产生的原因

其包括：①信息基因的冲突，指由信息沟通差错与意见交流受阻而产生的隔阂与冲突；②认识基因的冲突，指由于知识、经验、思想、观念不同而引起的冲突；③价值基因的冲突，指由于理想、信念、价值观不同，对人对事的是非、善恶、好坏评价差异而引起的冲突；④本位基因冲突，指由于个人的小团体意识、本位主义、私心太重引起的冲突；⑤行为与习惯基因冲突，指由个人的不良习惯造成的冲突；⑥个性与品德等本质基因造成的冲突。

3.个人心理上冲突产生的原因

其包括：①双趋式冲突。它又称“正正冲突”，指个体同时要达到两个同样具有吸引力的目标，但个体又受到主客观条件的限制，无法同时实现两个目标，就会在心理上造成左右为难、无法取舍的冲突状态，形成双趋式冲突。②双避式冲突。它又称“负负冲突”，指个体同时面临两件对其都具有危害性的事件，即使避开这一件，也无法避开另一件。解决这一冲突的方法只能是“两害相权取其轻”。③趋避式冲突。它又称“正负冲突”，指个体既期望实现某一目标，同时又期望回避该目标，对这种相互矛盾的情况做出抉择时，会产生心理上的冲突。④双重趋避式冲突。它又称“双重正负冲突”，是两个目标同时对个体既有利又有弊，既有益又有害的情况下产生的冲突。如选择职业时，一个岗位环境优越但薪金不高，另一岗位待遇优厚但环境简陋等。

（四）冲突的发展过程

1.潜在的冲突

这一阶段，冲突处于潜伏状态，主要以能够引发冲突的一些条件的形式存在，即彼此间相互依赖，且存在各种各样的差异性。

2.冲突的表面化

如果处于潜伏期的冲突没有得到及时的、有效的处理，冲突就会表面化，并以各种形式表现出来。

3.冲突的处理

事实上，冲突的处理并不总是发生在冲突的表面化之后，最有效的处理应该在冲突的潜伏期进行，那样更有利于解决问题。

4.冲突的结果

经过一系列的发展、变化，冲突会产生一定的后果，双方可能是成功、失败或者妥协，但所有的冲突后果都可以归结为三种形式：胜-胜、胜-负和负-负。

（五）正确对待组织冲突的态度

1.正视冲突的存在

近年来出现的一些新趋势，如非市场性的外部人员的权力不断增加、国际竞争日趋激烈和技术日益复杂化等，使得个体间的差异性特征和相互依赖的关系越来越突出。

2.分清冲突的性质，区别对待

虽然组织冲突是一种客观现象，但管理者不应忽视或排斥它，而应该正视它的存在，这并不意味着管理者对所有冲突的态度应千篇一律、平等对待。正确的态度是分清冲突的性质，并区别对待。

（六）常用的冲突管理方法

常用的冲突解决办法有协商解决法、互助解决法、权威裁决法、组织调整法、权力支配法、回避法。

（七）谈判技能

谈判是冲突双方通过各种不同的沟通渠道相互作用，以求得共同解决冲突的过程。冲突涉及对于稀缺资源配置的不同意见或目标。一般来说，谈判的基础总是谈判的双方或多方之间既存在着利益冲突，又有着共同的利益。谈判各方希望以非斗争的方式来协调利益冲突，就某些重大问题进行磋商后达成一定的协议。

谈判有两种形式：分配性谈判，是指参与谈判的每一方都追求自身利益最大化，却想把最大化的损失强加给对方的谈判；整合性谈判，是一种旨在激励谈判双方获得双赢的谈判。

应知考核

随堂测5

一、单项选择题

1.激励的对象主要是（　　）。

A.组织目标　　B.组织范围内的员工或领导对象

C.员工的需要　　D.组织范围内员工的利益

2.（　　）从组织范围角度出发，把人的需要具体化为员工切实关心的问题。

A.双因素理论　　B.需要层次理论　　C.后天需要理论　　D.正强化理论

3.双因素理论研究的重点是（　　）。

A.人的需要是如何满足的　　B.组织中个人与工作的关系问题

C.影响人的需要的主要因素　　D.人的需要层次

4.某高中生成绩不错，他估计自己有80%的把握能考上大学，并且他也希望考上，其渴望程度为100%，那么高中生考上大学的激励水平为（　　）。

A.100%　　B.80%　　C.50%　　D.88%

5.王先生是某公司的一名年轻技术人员，一年前被调到公司企划部任经理。考虑到自己的资历、经验等，他采取了较为宽松的管理方式。试分析王先生的领导风格最有助于产生较好管理效果的是（　　）。

A.企划部任务明确，王先生与下属关系好但职位权力弱

B.企划部任务明确，王先生与下属关系差但职位权力强

C.企划部任务不明确，王先生与下属关系差但职位权力弱

D.企划部任务不明确，王先生与下属关系好但职位权力强

6.总经理办公室的王翔受命组建企业的信息中心。为此，他在企业内挑选了一些人员作为信息中心的工作人员，包括小陈、小蔡和老林等。其中，小陈是王翔的中学同学，在王翔看来，小陈虽然人比较朴实，但能力有限，做工作虽然不至于犯什么错误，但动作太慢。尽管如此，王翔觉得小陈的其他方面，如为人处世等还是不错的，又是老同学，便选中他到信息中心工作。据此可以判断（　　）。

A.王翔属于任务导向型领导　　B.王翔属于关系导向型领导

C.王翔属于民主型领导　　D.王翔属于专制型领导

7.有这样一些活动和事件：①教物理的孔教授宣布期末除了统一的考试外，还必须进行由他亲自主持的口试；②供销部副部长柳明争取到了与所有供货商进行价格谈判的全权代表资格；③调到企划部任部长的张某苦读MBA课程并学到了许多东西；④集团公司总裁陈理强聘请了两位既有理论造诣又有丰富实践经验的学者作为自己的顾问。关于上述活动，以下哪一种说法有问题？（　　）

A.①与②带来相同种类的权力

B.③与④带来相同种类的权力

C.①与③都可增加权力，但增加的权力种类不同

D.①②③④都不会对相应当事人的权力产生影响

8.吴总经理出差两个星期才回到公司，许多中层干部及办公室人员马上就围拢过来。大家站在那里七嘴八舌，有人向吴总汇报近日工作进展情况，有人向吴总请求下一步工作的指示，还有人向吴总反映公司内外部环境中出现的新动态。根据这种情况，最适当地反映了该公司的组织与领导特征的是（　　）。

A.链式沟通、民主式管理　　B.轮式沟通、集权式管理

C.环式沟通、民主式管理　　D.全通道式沟通、集权式管理

9.王先生前些年下岗后，自己创办了一家公司。公司开始时只有不到十个人，所有人都直接向王先生汇报。后来，公司发展很快，王先生就任命了一个副总经理，由他负

责公司的日常事务并向他汇报，自己不再直接过问各部门的业务。在此过程中，该公司沟通网络的变化过程是（　　）。

A.由轮式变为链式　　B.由轮式变为Y式

C.由链式变为Y式　　D.由链式变为环式

10.如果发现一个组织中小道消息很多，而正式渠道的消息较少，这意味着该组织（　　）。

A.非正式沟通渠道中信息传递很通畅，运作良好

B.正式沟通渠道中信息传递存在问题，需要调整

C.其中有部分人特别喜欢在背后乱发议论，传递小道消息

D.充分运用了非正式沟通渠道的作用，促进了信息的传递

二、多项选择题

1.关于X理论，下列说法中正确的有（　　）。

A.X理论认为员工天性好逸恶劳

B.X理论与Y理论是相互对立的

C.X理论认为员工只要有可能就会逃避责任

D.X理论认为员工以自我为中心，漠视组织要求

2.按信息流动方向划分，沟通可分为（　　）。

A.横向沟通　　B.上行沟通

C.下行沟通　　D.平行沟通

3.常用的激励方式有（　　）。

A.工作激励　　B.成果激励

C.批评激励　　D.培训教育激励

4.生命周期理论提出的领导方式包括（　　）。

A.指导型领导　　B.推销型领导

C.参与型领导　　D.授权型领导

5.领导的行为理论认为（　　）。

A.存在着特定的领导者行为方式使领导有成效

B.领导者所处的环境因素制约着领导行为方式的有效性

C.领导者是天生的

D.可通过后天实践、学习获得领导者资格

三、简答题

1.简述沟通的概念、目的和作用。

2.简述激励的类型。

3.简述有效沟通的原则与技巧。

4.简述成功者的领导艺术。

5.简述领导与管理的联系与区别。

应会考核

一、案例分析

【背景资料】

LE集团的沟通障碍

LE集团公司东北分公司最近从华南分公司调来一位广东籍的总经理陈某。陈某在广东一带是很有名气的经理人，他有个特点：发言从来不用讲稿，经常即兴发言，广东话风趣幽默，常常博得满堂喝彩。但他讲不好普通话，到东北分公司就任后，他召开全体员工大会阐述经营理念和战略，与下属积极沟通，以了解情况。开始下属很愿意找他汇报工作，但他经常打断下属的汇报，提出评价意见。员工渐渐地不愿意向他汇报工作了；同时，陈某也发现他在大会上的即席讲话也得不到员工们的积极响应，难以引起共鸣。

资料来源　钱耀军，宋军.管理学基础［M］.北京：化学工业出版社，2009.

【考核要求】

根据背景资料请回答问题：

从进行有效沟通的角度帮助陈某分析原因并提出相应的对策。

二、综合实务

王总的领导方式

王总是某公司项目经理，接受了一个新的项目，为此他组建了一个临时的项目小组。在项目开展的初期，成员不了解项目的情况，主要按照王总的要求去做工作；在项目进行过程中，项目组成员逐渐熟悉项目的工作流程，掌握了解决各种问题的方法，对一些问题提出了自己的意见和看法，于是，王总经常组织召开会议，让团队成员讨论解决各种问题的方法，然后再从中选出较好的解决方案，作出最终决定；到了项目的后期，团队成员熟悉了各种工作任务，掌握了解决问题的方法，能够独立地完成各种任务，所以，王总经常让他们独自去完成各种工作。现在他只是起到一个支持他们工作的作用，定期地检查一下项目进度情况。王总对自己的团队成员很满意，他始终相信团队中的每一位成员。

根据上述案例，请回答下列问题：

1.王总的领导方式是（　　）。

A.命令　　B.授权

C.协商　　D.随着不同的情况而变化的

2.王总在项目的后期采用的领导方式是（　　）。

A.命令　　B.协商　　C.参与　　D.授权

3.王总采用授权的方式来管理团队，他认为（　　）对于授权来说最重要。

A.信任　　B.自信　　C.检查　　D.员工的能力

项目实训

【实训项目】

沟通技能。

【实训目标】

让学生学得真切、学以致用，提高沟通协调、调研策划等多方面的能力。

【实训内容】

选择一家企业，通过和企业领导或员工沟通的方式，对公司的管理做全面的了解，并提出自己的建议。

【实训要求】

1.在沟通前做好信息准备工作；事先提出解决问题的草案；先咨询后建议。如果沟通顺利，没有在沟通中产生不满或者冲突，请记录好所采取的沟通方式。如果沟通不顺利，在沟通过程中产生了不满和冲突，你是怎样解决冲突的？是怎样协调关系的？沟通结束后，写一篇关于××公司相关人员的沟通报告，交给任课教师，任课教师根据情况打分评比。

2.撰写实训报告。

《　　　　　　　　　　　　》实训报告		
项目实训班级：	项目小组：	项目组成员：
实训时间：　　年　　月　　日	实训地点：	实训成绩：
实训目的：		
实训步骤：		
实训结果：		
实训感言：		
不足与今后改进：		
项目组长评定签字：	项目指导教师评定签字：	

项目六

企业控制管理

知识目标

理解：控制的概念、特征。

熟知：有效控制的原则、内容。

掌握：控制与其他管理职能的关系、控制管理系统的组成、控制的类型、控制的前提条件、控制的步骤、控制的方法。

技能目标

学生能够掌握控制在组织中的应用方法和步骤；掌握控制系统建立的方法和技巧。

素质目标

通过本项目的学习，能够培养学生认识到“没有规矩不成方圆”在工作中、生活中的现实意义；让学生的情感由外部控制进入自觉的内部控制，并逐渐成为习惯，由低级情绪上升为高级社会情感，优化个性。

思政目标

能够正确地理解“不忘初心”的核心要义和精神实质；树立正确的世界观、人生观和价值观，做到学思用贯通、知信行统一；通过控制管理理论培养自己的职业控制力，稳定地管理情绪，达到一个良好的心境。

管理故事　　*扁鹊的医术*

魏文王问名医扁鹊：“你们家兄弟三人，都精于医术，到底哪一位最好呢？”

扁鹊答：“大哥最好，二哥次之，我最差。”

文王再问：“那么为什么你最出名呢？”

扁鹊答：“大哥治病，是治病于病情发作之前。由于一般人不知道他事先能铲除病因，所以他的名气无法传出去；二哥治病，是治病于病情初起时。一般人以为他只能治轻微的小病，所以他的名气只在本乡里。而我是治病于病情严重之时，人们看到我都是在经脉上扎针放血、在皮肤上敷药等大手术，所以认为我的医术高明，名气因此响遍全国。”

资料来源 佚名.“扁鹊的医术”启示［EB/OL］.［2019-07.14］. https://www.jianshu.com/p/2abc8348c528.

事后控制不如事中控制，事中控制不如事前控制。可惜大多数企业经营者未能体会到这一点，等到错误的决策造成了重大损失才寻求弥补。但事实往往是，即使请来了名气很大的“空降兵”也于事无补。

知识准备

任务一 控制概述

一、控制的概念

所谓控制，是指为了实现组织目标，以计划为标准，由管理者对组织活动过程进行监测，将监测结果与计划目标相比较，找出偏差，分析其产生原因，并予以纠正的一系列活动过程。简单来说，控制就是管理者监督各项活动，以保证这些活动按计划进行，并纠正各种重要偏差的过程。

控制的概念可以从以下三个方面理解：①控制有很强的目的性，即控制是为了保证组织中的各项活动按计划进行；②控制是通过“监督”和“纠偏”来实现的；③控制是一个过程。

由此可见，控制既是一次管理循环的终点，是保证计划得以实现以及组织按既定的路线发展的管理职能；又是新一轮管理循环的起点，要保证组织的活动按照计划进行，控制是必不可少的。在现代管理活动中，管理控制的目的主要有两个：维持组织活动正常运行；解决问题，实现突破。

二、控制的特征

（一）控制具有目的性

在进行控制的时候，必须先明确控制的目的性，这样才能有针对性地进行控制，及时发现问题。

（二）控制具有整体性

这包括两层概念：一是控制是组织全体成员的职责，完成计划是组织全体成员共同的责任，参与控制是全体成员的共同任务；二是控制的对象是组织的各方面，为了确保各部门和各单位在工作上能协调一致，需要了解他们整体的工作情况，并予以控制。

（三）控制具有动态性

管理工作中的控制过程是高度程序化的，具有稳定性。而组织不是这样的，它很容易受到内部条件和外部环境的影响，因为内部条件和外部环境具有不稳定性，随时都可能发生变化，因而决定了控制标准和控制方法不可能一成不变。控制应具有动态性，这样才能提高管理活动的适应性和有效性。

（四）控制是作用于人并由人来执行的

控制是保证组织工作按计划进行，并实现既定目标的管理活动；而组织中的各项工作都是由人来完成的，各项控制活动也是要靠人来执行的。

（五）控制是提高员工能力的重要手段

控制不仅是监督，更重要的是指导和帮助。管理者可以通过控制过程发现员工在工作中的偏差，并帮助他们分析产生偏差的原因，找到解决的办法，进一步指导员工工作。这样，既达到了控制的目的，又提高了员工的工作能力和自我控制能力。

三、有效控制的原则

（一）未来导向原则

它是指控制工作应当着眼未来，而不是出现了偏差才进行控制。由于整个控制系统中存在着时滞，所以管理人员应有效地预防偏差并及时地采取措施纠正偏差。控制应该是面向未来的。

（二）关键点原则

它是指控制工作要突出重点，不能只从某个局部利益出发，要针对重要的、关键的因素实施重点控制。找出或确定这些关键因素，并重点控制，这是一种有效的控制方法。控制住了关键点，也就控制了全局。

（三）例外原则

它是指控制工作应着重于计划实施中的例外偏差。这可使管理者把精力集中在重要问题上。但是，只注意例外情况是不够的，对例外情况的重视程度不应仅仅依据偏差的大小而定，同时需要考虑客观实际情况。因此，控制的例外原则必须与关键点原则相结合，把注意力集中在对关键点的例外情况的控制上。关键点原则强调选择控制点，而例外原则强调观察在这些控制点上所发生的异常偏差。

（四）及时性原则

它是指在控制工作中及时发现偏差，并及时采取措施进行纠正。一个有效的控制系统必须能够提供及时的信息，信息是控制的基础。为提高控制的及时性，信息的收集和传递必须及时。

（五）客观性原则

它是指在控制工作中，管理者不能凭个人的主观经验或直觉判断，而应采用科学的方法，尊重客观事实。控制工作的客观性要求控制系统尽可能提供和使用无偏见的、详细的、可以被证实和理解的信息；同时，还要求必须具有客观的、准确的和适当的控制标准。

（六）准确性原则

一个控制系统要想行之有效，必须具备准确性。一个提供不准确信息的控制系统将会误导管理者的行动：即在应该行取行动的时候没有行动，没有出现问题时反而采取了行动。

（七）经济性原则

控制活动需要经费。应将控制所需的费用与控制产生的结果进行比较。当通过控制获得的价值大于它所需要的费用时，才有必要实施控制。所以，从经济性的角度考虑，控制系统并不是越复杂越好，控制力度也不是越大越好。如果控制能够以最少的费用或其他代价来实现预期的控制目的，那么这种控制系统就是最有成效的。

四、控制的内容

美国管理学家斯蒂芬·罗宾斯（Stephen Robbins）认为，控制的内容包括对人员、财务、作业、信息和绩效五个方面的控制。

（一）对人员的控制

组织的目标任务是由人来完成的，为了使员工按照管理者所制订的计划去实现组织的目标任务，就必须对人员进行有效的控制。控制人员最常用的方法：一是直接巡视，及时发现问题及时解决；二是对员工工作表现进行评估。通过评估，有针对性地对员工进行奖惩，并对存在的问题进行指导、帮助和解决。

（二）对财务的控制

利润是许多组织尤其是企业追求的主要目标之一，为了实现企业的利润目标，必须对财务进行控制。主要包括审核自身的财务报表，保证有一定的资金支付各种费用。当然，也应对费用进行控制，以保证成本不会提高以及各项资产都得到充分有效的利用。

（三）对作业的控制

它是指对企业从生产要素投入到产品和服务产出整个过程的控制。典型的作业控制包括：监督生产活动保证其按计划进行；评价购买能力，以尽可能低的价格提供生产所需的原材料；监督企业的产品或服务质量，保证达到预定的标准；保证所有的设备得到良好的维护。

（四）对信息的控制

知识和信息是经济时代中重要的资源。准确、及时、适量的经济信息会大大提高企业的效率。因此，在企业中对信息的控制显得尤为重要。

（五）对绩效的控制

在企业内部，绩效是高层管理者的控制对象，是实现企业目标的重要因素。在企业外部，证券分析人员、潜在的投资者、贷款银行、供应商、消费者以及政府部门都十分关注企业的绩效。科学有效地实施绩效控制，关键在于正确衡量和评价企业绩效。

五、控制与其他管理职能的关系

（一）控制与计划的关系

计划为控制工作提供标准，没有计划，控制也就没有依据。计划起着指导性作用，控制是为了保证组织的产出与计划相一致，控制到什么程度、怎么控制都取决于计划的要求；计划预先指出了所期望的行为和结果，而控制是按计划指导实施的行为和结果，有时会促使计划的改变；制订有效的计划需要信息准确无误，而这些信息多数是通过控制得到的；一些有效的控制方法，如预算、政策、程序、规则等，同时也是计划方法或计划本身。所以，计划越周密、全面，标准越清晰、具体，控制就越容易；而控制工作越合理、高效，计划的实现就越有保障。如果只编制计划，而不对其执行情况进行控制，计划目标就很难实现。

（二）控制与组织的关系

管理者在设计组织结构时面临的首要问题是建立组织结构和权责关系，使组织成员最有效地运用资源。管理的组织职能和控制职能是不可分割的，有效的管理者必须使二者协调地发挥作用。通过控制，管理者监督和评估组织的战略与结构是否按既定的意图发挥作用，如果它们不能发挥作用，应如何改进。所以从组织控制的角度来说，控制是管理者监督和规范组织的各项活动，以保证它们按计划进行，并纠正各种重要偏差的过程。然而，控制并不意味着只在事情发生后作出反应，它还意味着将组织保持在正常的轨道上运行，并预测可能发生的事情。由此可见，控制职能是对组织的管理活动及其效果进行衡量和纠正，以确保组织目标以及为此而拟订的计划得以实现。

（三）控制与人员配备的关系

人员配备职能不但为组织计划的贯彻执行提供了充足的人力资源，还为控制职能的发挥奠定了基础。人员选聘、培训和考核工作本身就是人员控制的重要内容，而控制职能能够对计划执行过程中产生偏差的原因进行分析，并对因人员职能配备不当造成的偏差进行纠正。

（四）控制与领导的关系

领导职能的发挥既反映在计划方案的编制中，也反映在组织结构的建立上，还反映在控制职能的发挥中。这意味着领导职能的发挥会影响组织控制系统的建立和控制工作的质量。相应地，控制职能的发挥有利于改进管理者的领导工作，提高其工作效率。

总之，计划、组织、人员配备、领导职能是控制的基础。控制是在此基础上对具体组织活动的实施进行检查和调整，离开了一定的计划、组织、人员配备和领导，控制就无法正常进行。反之，控制是计划、组织、人员配备、领导有效进行的必要保证，离开了适当的控制，这些职能将流于形式，得不到有效执行。因此，控制与其他职能的关系密不可分，同时，控制也会影响目标与计划的修改、组织机构的设计、人员的调整以及领导方式的改变。

六、控制管理系统的组成

组织中的控制活动是通过控制系统来完成的。控制管理系统主要包括以下方面：①控制目标，即进行控制活动的目的取向，也是进行控制活动的依据。组织中的控制必须有一个目标，但这个目标必须服从组织发展的主要目标。②控制主体，即各级管理者及所属职能部门。③控制对象，即组织的整个活动。④控制方法和手段，即为实现有效控制所采用的科学方法和手段。管理控制系统的基本结构如图6-1所示。

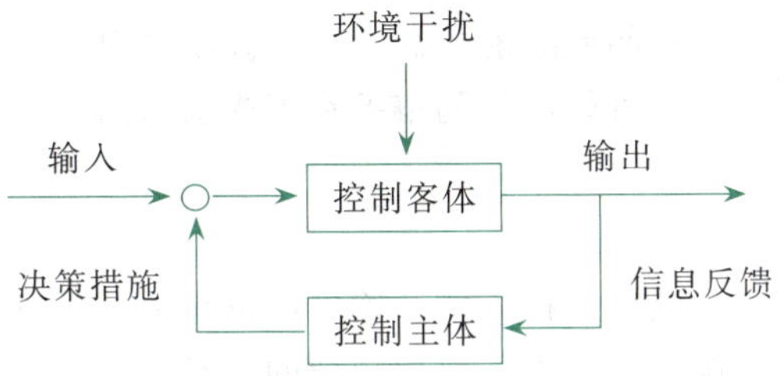

图6-1　管理控制系统的基本结构

在具体研究一个管理控制系统时，应当明确控制对象是什么，控制对象有哪些变化。例如，库存控制系统的控制对象是仓库，仓库的存货变化就是库存量，我们能根据控制对象变化的实际值和预期值之间的偏差，对控制对象施加控制以减少偏差。控制机构由偏差测量机构、决策机构和执行机构组成。偏差测量机构是可以计算测量的装置，它能连续不断地测定实际值与预期值之间的偏差。决策机构是核心机构，它能根据偏差作出控制决策。执行机构用以纠正偏差的决策命令，会作用于控制对象。

上面考察的控制形式是将控制对象与控制机构明确地区别开来，这种情况是外部机构对于对象的控制。但是，控制并不总是由外部机构来实施的，在管理中，很多控制是自我控制，即人们以自己的方式行事。自我控制是一种内部控制，即在同一个人身上集中了控制的原因和理由。就管理控制而言，大部分情况是内部控制与外部控制的相互配合。管理控制的负责人也是控制对象的一部分——他实施的是一种自我控制。从本质上来说，管理控制更倾向于管理层自己来组织针对偏差趋势的纠正。

任务二　控制的类型

一、前馈控制、同步控制和反馈控制

控制可以发生在活动开始前、活动进行中和活动完成后。根据控制点的位置不同，可分为前馈控制、同步控制和反馈控制，如图6-2所示。

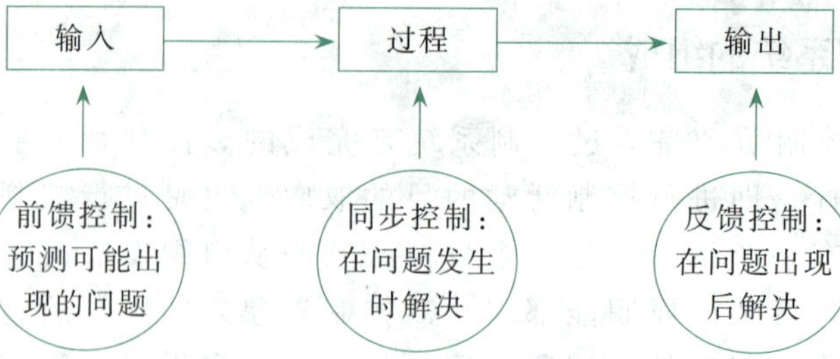

图6-2 前馈控制、同步控制和反馈控制

（一）前馈控制（Feedforward Control）

前馈控制，又称预先控制或事前控制，是指在活动开展之前进行认真分析研究、进行预测并采取防范措施，使可能出现的偏差在事先就被解决的控制方法，它是最理想的控制类型。

1.前馈控制的优点

①防患于未然。前馈控制是在工作开始之前进行的，做到了未雨绸缪，避免事后因出现差错无法弥补的弊端。②适用于一切领域的所有工作。③只针对条件进行控制，不针对人，因此易于被接受并实施，不易与员工发生冲突。

2.前馈控制的缺点

由于未来存在许多不确定因素，并且很难预测，所以，及时、准确的信息难以获得。而前馈控制需要这些信息，同时要求管理人员充分了解前馈控制因素与计划工作之间的关系。管理者要获取大量准确信息，充分了解控制过程，并及时掌控新情况和新问题，从现实来看，这是很难做到的。因此，组织必须依靠其他的控制方式。

前馈控制可以针对人力资源、原材料、资金等进行控制。前馈控制方案是一个动态的方案。一方面，要将所有可能的输入信息和它们的影响因素，以及在实施过程中可能出现的干扰都预先加以详尽分析，并以此制订实施方案；另一方面，方案要考虑到若出现某些变化时应如何处理，要有相应的应急预案，同时做好精神上和物质上的准备。换句话说，前馈控制应该将各种可能出现的变故都预先估计到，并做好相应的准备工作。

（二）同步控制（Concurrent Control）

同步控制又称现场控制或现时控制，是指计划实施的过程中，在现场及时发现存在或潜在的偏差，即时提供改进措施以纠正偏差的一种方式。它主要是基层管理人员采取的一种控制方法。通过深入现场，亲自监督、检查、指导来控制下属人员的活动。其内容有指导下级的工作方法和工作过程、监督下级的工作进度，以保证计划目标的实现。

1.同步控制的优点

同步控制具有工作监督和技术指导的职能，可以防微杜渐，有助于提高员工的工作能力和自我控制能力。

2.同步控制的缺点

①运用同步控制受管理者时间、精力和业务水平的限制。管理者不可能每时每刻对所有项目都进行现场控制，只能在关键时间或关键项目上使用这种控制方式。②同步控制的应用范围较窄。一般来说，便于计量的工作一般运用现场控制，而对一些难以计量的工作，就很难进行现场控制。③同步控制容易在控制者与被控制者之间形成对立情绪，在控制管理的过程中受到伤害。

（三）反馈控制（Feedback Control）

反馈控制是在工作结束或行为发生之后进行的控制，又称事后控制。这种控制把注意力主要集中在工作或行为的结果上，通过对已形成的结果进行测量、比较和分析，发现偏差情况，依此采取措施，对后续的活动进行纠正。例如，企业发现不合格产品后追究当事人的责任，制定防范质量事故重复发生的新规章；发现产品销路不畅而相应作出减产、转产或加强促销的决定；学校对违纪学生进行处罚等，这些都属于反馈控制。

1.反馈控制的优点

①在周期性重复活动中，可以避免类似问题的再次发生。②可以消除偏差对后续活动的影响，如在出厂前对产品进行最终的质量检验，剔除不合格品，可以避免这些产品流入市场后对品牌信誉和顾客使用造成不利影响；人们可以总结经验教训，了解工作失误的原因，为下一轮工作的正确开展提供依据。③可以通过信息反馈及纠偏行动来保证组织系统的稳定性，为员工的奖惩提供依据。

反馈控制可以总结规律，为进一步实施创造条件，实现良性循环，提高效率。因此，在实际工作中，反馈控制得到了相当广泛的应用。

2.反馈控制的缺点

当管理者获得有关信息时，损失已经造成了，这就好比“亡羊补牢”，只能在以后的工作中加以改进，所以反馈控制是控制工作中被动选择的一种控制方式。

二、间接控制和直接控制

（一）间接控制

它是指根据计划和标准考核工作的实际结果，分析出现偏差的原因，并追究责任以改进未来工作的一种控制方式，多见于上级对下级工作过程的控制。运用这种控制方式需要明确几个前提条件：①工作成效可以相互比较，并且也可以计量；②员工对工作任务负有明确的、可以分割的责任，这种责任和员工之间的尽责程度可以相互比较；③分析偏差和追究责任所需的时间、费用等是有充分保证的；④出现的偏差可以预料并能及时发现；⑤有关责任单位和责任人对出现的偏差会采取纠正措施。

间接控制并非普遍有效的控制方法，尚且存在着许多不完善的地方。

（二）直接控制

它是相对于间接控制而言的，是指通过提高管理人员素质，使其改善管理方法，从而防止出现因管理不善而造成不良后果的一种控制方式。这种控制方式的特点是通过培训等形式，着力提高管理人员的管理水平和责任感，并在控制过程中实施自我控制。直接控制的核心思想是培养更好的管理人员，使其能熟练地应用管理的概念、原理和技术，实现系统化管理。因此，管理人员及其下属的素质越高，越不需要进行直接控制。

直接控制的优点有：①管理人员的素质可以得到提升，避免用人不当，从而使出现偏差的概率得到控制；②可加速采取纠正偏差的措施，并使其更加有效；③由于提高了管理人员的素质，减少了偏差的发生，也就有利于减轻间接控制的负担，节约经费开支；④直接控制的心理效果容易给人留下深刻的印象，增加下属对上级的信任度和支持度，也提升了管理人员的威信，有利于整个组织目标的顺利实现。

三、预防性控制和更正性控制

（一）预防性控制

采取预防性控制措施是为了防止人、财、物等资源的损耗，为了避免产生错误，尽量减少后期的更正活动。在设计预防性控制措施时，应遵循有效实现组织目标这一原则。然而，要使这些预防性的规章制度能够真正得以执行，就必须有良好的监督机制作为保证。

（二）更正性控制

采用更正性控制往往是由于没有预见到问题，或是管理者认为某些事情出现错误之后，更正性控制要比预防性控制更容易些。在实际管理工作中，更正性控制的使用更普遍一些。其目的是，当出现偏差时，使行为或实施进程返回到预先确定的或所希望的水平。

四、正式组织控制、群体控制和自我控制

（一）正式组织控制（他控）

它是对管理人员设计和建立起来的一些正式机构或规定来进行控制。像规划、预算和审计等部门是正式组织控制的典型例子。组织可以通过规划指导其成员的活动、通过预算来控制消费、通过审计来检查各部门或个人是否按照规定进行活动，并提出更正措施。例如，按照规定处罚在禁烟处抽烟的员工，对违反操作规程者给予纪律处分等，这些都属于正式组织控制的范围。

（二）群体控制（互控）

它基于群体成员的价值观念和行为准则，是由非正式组织发展和维持的。非正式组织有自己的一套行为规范。尽管这些规范没有明文规定，但非正式组织中的成员都十分清楚规范的内容，知道遵循规范会得到奖励。这种奖励可能是其他成员的认可，也可能是强化自己在非正式组织的地位。如果出违反了这些行为规范，就有可能遭受惩罚，这种惩罚可能是遭受排挤、讽刺，甚至是被该组织驱逐。

（三）自我控制

它是个人有意识地按照行为规范进行的控制活动。例如，一个员工不愿意把公司的东西据为己有，是由于他具有诚实、廉洁的品质，而不是怕被发现后遭到惩罚。这是有

意识的个人自我控制。

自我控制能力取决于个人本身的素质。具有良好修养的人一般自我控制能力较强，顾全大局的人比看重私利的人更有自我控制能力；具有较高层次需求的人比具有较低层次需求的人有更强的自我控制能力。

以上三种控制有时是互相一致的，有时又是互相抵触的。这取决于组织对其成员的教育和吸引，或取决于组织文化。有效的管理控制系统应该综合利用这三种控制类型，并使其尽可能和谐，防止互相冲突。

五、集中控制、分散控制和分级控制

（一）集中控制

集中控制是指全系统的控制活动由一个集中的控制机构来完成。这种形式的特点是：所有信息（包括内部、外部信息）都流入控制中心，由控制中心集中加工处理，再统一下达。集中控制是一种较低的控制，只适合于结构简单的系统，如小型企业、家庭作坊等。

集中控制的优点有：信息完整且集中，控制目标易协调、统一。其缺点有：信息传输效率低、控制滞后性强、系统适应性差。

（二）分散控制

分散控制是指系统中的控制部分表现为若干个分散的、有一定相对独立性的子控制机构。这些机构在各自的职责范围内各司其职、各负其责、互不干涉，各自完成自己的目标。当然，这些目标是整个目标体系中的分目标。

分散控制的特点与集中控制相反，不同的信息流入不同的控制中心，不同的控制指令由不同的控制中心发出。分散控制适用于结构较松散的组织系统，如城市各交叉路口的交通管理、企业集团公司对其下属企业的管理等。

分散控制的优点有：针对性强，信息传递效率高，控制效率高；操作简单，系统适应性强。其缺点有：信息不完整，整体协调性较差。

（三）分级控制

分级控制又称等级控制，是指将系统的控制中心分解成多层次、分等级的控制体系，一般呈宝塔形，与系统的管理层次相呼应。分级控制的特点是：综合了集中控制和分散控制的优点，其控制指令由上往下传，越往下越详细，反馈信息由下往上传，越往上越精炼，各层次的监控机构有隶属关系，分级控制的职责分明，分工明确；分级控制中心传递的信息有详有略，使各级部门能快速了解情况，迅速作出反应；整体目标易协调；系统组织适应性强。

同步案例 6-1　　**查克·皮克停车公司的控制问题**

如果你在好莱坞或贝弗利山庄举办一场晚会，肯定会有一些名人来参加，如尼科尔森、麦当娜、克鲁斯、切尔、查克·皮克。“查克·皮克?”“当然!”没有停车服务员你不可能办一场晚会，在南加州停车行业内响当当的名字就是查克·皮克。查克·皮克停车公司的雇员有100多人，大部分是兼职的，每周至少为几十场晚会办理停车业务。

在一个最忙的周六晚上，可能要同时为6~7场晚会提供停车服务，每场晚会可能需要3~15个服务员。

查克·皮克停车公司是一家小公司，但每年的营业额差不多有100万美元。其业务包括两项内容：一项是为晚会打理停车；另一项是不断地在一个乡村俱乐部办理停车经营特许权合同。这个乡村俱乐部要求有2~3个服务员，每周7天都是这样。但是查克·皮克公司的主要业务来自私人晚会。该公司每天的工作就是拜访那些富人或名人，考察道路和停车设施，并告诉他们需要多少个服务员来处理停车的问题。一场小型的晚会可能只要3~4名服务员，花费大约400美元。然而，一场大型晚会的停车费用可能高达2 000美元。

尽管私人晚会和乡村俱乐部的合同都涉及停车业务，但这些与查克·皮克公司提供的收费方式却很不相同。私人晚会是以按时出价的方式进行的，而查克·皮克公司首先要估计大约需要多少服务员为晚会服务，然后按每人每小时多少钱给出一个总价格。如果顾客愿意“购买”该服务，查克·皮克公司就会在晚会结束后寄出一份账单。在乡村俱乐部，查克·皮克公司根据合同规定，每月要付给俱乐部一定数额的租金来换取停车场的经营权。查克·皮克公司收入的唯一来源是服务员为顾客服务所获得的小费。因此，在为私人晚会服务时，查克·皮克公司绝对禁止服务员收取小费；而在为俱乐部服务时，小费则是其唯一的收入来源。

资料来源　张平亮．管理学基础［M］．2版．北京：机械工业出版社，2020.

同步案例6-1

分析提示

请根据资料回答下列问题：

（1）你是否认为查克·皮克公司的控制问题在两种场合下是不同的？如果确实如此，为什么？

（2）在前馈、同步和反馈控制三种类型中，查克·皮克公司应采取哪一种手段对乡村俱乐部业务进行控制？对私人晚会停车业务，又适宜采取何种控制手段？

任务三　控制程序

一、控制的前提条件

任何形式的控制都需要一定的前提条件，这些条件影响着控制过程的顺利进行。控制的基本前提条件有以下几方面：第一，要有一个科学的、切实可行的计划；第二，要有专门从事控制职能的组织机构；第三，控制要有反馈渠道。

二、控制的程序

（一）确定控制标准

1.选择控制目标

管理者在管理过程中一般会对影响组织实现目标的因素进行全面控制，但这种全面控制往往是不现实的，也是不经济的。所以，管理者应确定控制目标，选择那些对实现组织目标有重大影响的因素作为重点控制对象。

2.制定控制标准

（1）控制标准的要求。能在控制过程中发挥应有作用的控制标准，应满足如下基本要求：关键点控制、前瞻性、简明性、适用性、一致性、可行性、可操作性和灵活性。

（2）制定控制标准的过程。制定控制标准是一个科学决策的过程。这一过程的展开，需要有明确的控制对象，然后选择好控制点，再确定具体的控制标准。

首先，确立控制对象。进行控制时首先遇到的问题是“控制什么”，这是在决定控制标准之前需要解决的问题。其次，选择关键控制点。关键控制点一般有以下特征：会影响整个工作运行过程的重要操作与事项；能在重大损失出现之前显示出差异的事项；能反映组织主要绩效水平的时间与空间分布。最后，制定控制标准。因此，应以计划过程中形成的可考核的目标直接作为控制标准，同时通过一些科学的方法将某一计划目标分解为一系列具体、可操作的控制标准。

3.制定标准的方法

（1）统计方法，指根据组织的历史资料和其他单位的资料来确定控制标准。根据历史资料确定标准，需要有比较系统的、准确的统计资料，并充分考虑各种因素变化的情况。所采用的统计资料越全面、越系统，准确度越高，对各种变动因素考虑得越周到，制定出来的标准就越合理。历史统计资料作为确定某项工作标准的依据，具有简便易行的好处，但是据此制定的工作标准可能低于同行业的先进水平。

（2）工程技术方法，指在客观分析工作状况的基础上，利用准确的技术参数和实测数据来制定工作标准。这种方法比较科学，制定的标准也较为可靠，但需要的工作量较大，也比较复杂。

（3）经验估计法，指根据经验和判断来估计预期结果，建立标准的方法。这种方法比较简单，它主要是根据管理者的经验和主观判断来确定标准，因而又称为主观标准。越是复杂的任务，采用的主观标准就越多。因此，要充分利用管理人员的知识和经验，综合大家的判断，列出一个相对先进合理的标准。

（二）衡量实际业绩

1.确定衡量方式

（1）衡量的项目。衡量什么是衡量工作的起点和前提，管理者应对实际工作有决定作用和有重要特征的项目进行衡量。实际衡量时应该围绕绩效的主要项目来进行，而不是偏向那些易于衡量的项目。

（2）衡量的方法。要获得实际工作绩效方面的资料和信息，管理者可采用如下几种方法：观察、报表与报告、抽样调查、召开会议、推断等。

（3）衡量的频度：衡量的次数或频率。通俗地讲，就是间隔多长时间衡量一次。如果衡量频率过高，不但会增加成本，还可能会影响员工的积极性；如果衡量频率过低，则可能无法及时发现重大偏差，从而影响组织目标的实现。

（4）衡量的主体是指衡量实际工作成效的群体。它可以是工作者本人，还可以是同一层级的其他人员、上级主管人员或职能部门的人员等。衡量的主体不同，对控制方式和控制效果产生不同的影响。

（5）建立信息反馈系统。斯蒂芬·罗宾斯（Stephen Robbins）认为，在衡量实际业绩时有四种最常用的信息来源：亲自观察、统计报告、口头报告和书面报告。管理控制工作的有效性对信息有如下要求：①信息的及时性；②信息的可靠性；③信息的适用性。

2.通过衡量成绩，检验标准的客观性和有效性

衡量工作成效是以预定的标准为依据来进行的。如果偏差是在标准执行中出现的，那么需要纠正执行行为本身；如果是标准本身存在问题，则要修正和更新预定的标准。利用预定标准去检查各部门、各阶段和每位员工的工作过程，也是对标准的客观性与有效性进行检验的过程。

（三）采取纠偏行动

对实际工作成效加以衡量后，下一步就应该将衡量的结果与标准进行对比。如果有较大的偏差，则要分析造成偏差的原因并采取纠正措施；如果没有偏差，则宜首先分析控制标准是否有足够的先进性，在认定标准水平合适的情况下，将之作为成功经验予以分析总结，并用于今后或其他方面的工作。这一步骤是控制过程的关键。

我们还可以把纠偏行动分为立即纠偏行动和根本性纠偏行动。立即纠偏行动（Immediate Corrective Action）又称补救性纠偏行动，是指立即纠正出现的问题，使业绩回到设定的轨道上来。根本性纠偏行动（Basic Corrective Action）是指找出偏差是如何出现、为何出现等问题的答案，然后采取行动纠正偏差的根源。

采取纠偏行动这一步骤反映了控制的强制性。为了保证纠偏措施的针对性和有效性，必须在制定和实施纠偏措施的过程中注意两个问题：①找出偏差产生的主要原因；②确定纠偏措施的实施对象。

任务四　控制方法

一、预算控制

（一）预算的概念

预算是一种预测，是将未来一段时期内组织的决策目标及其资源配置规划加以定量化，并使之得以实现的内部管理活动或过程，简单来说，是某一个时期具体的、数字化的计划。确定预算数字可以采用统计方法、经验方法或工程方法。因此，它是按财务项目（如收入、费用及资金等）或是按非财务项目（如直接工时、材料、实物销售量和生产量等）来表明组织的预期成果。

（二）预算的作用

预算是各种领域的管理者最基本的一种控制工具。无论是企业还是政府机关、文

化组织等，都需要运用预算来进行控制。预算是一种计划工具，编制预算能使确定目标和拟定标准的计划得到改进；预算也是一种控制手段，有利于改进组织的协调和控制工作。

（三）预算的种类

预算的种类很多，对企业而言，主要有：①收支预算。这是最基本的预算形式，是用金额表示的，如销售及相应费用预算。②现金预算。它主要反映计划期间预计现金收支的详细情况，在完成了初步的现金预算后，就可以知道企业在计划期间需要多少资金，财务主管人员就可以预先安排和筹措，以满足资金需求，编制现金流量表。③投资预算。它是对企业固定资产的购置、扩建、改造更新等项目，在可行性研究的基础上编制的预算。具体反映在何时进行投资、投资多少、资金从何处取得、何时可获得收益、需要多长时间回收全部投资等。

随着社会的发展，出现了许多现代预算控制方法，主要有弹性预算和零基预算。

1.弹性预算

它是指按不同的生产量编制不同的预算。弹性预算是企业按照预算期内不同经营活动水平，考虑了固定成本、变动成本与经营活动水平的关系而编制的一种预算。这种预算方法比较符合实际，能有效地控制费用支出。

弹性预算的具体编制步骤：①选择和确定与预算内容相关的业务量的计量标准及范围，如产销量、材料消耗量、直接人工小时、机器工时和价格等；②计算、确定各经济变量之间的数量关系，预测计划期或预算期可能达到的各种经营活动业务量；③计算各种业务量的财务预算数额，并以列表、图示或公式等方式表示。弹性预算方法实际上仅指出了变动成本的弹性。

2.零基预算

它是指以零点为基础而编制的预算。也就是说，排除过去和现实中存在而又可以避免的种种消极因素的影响，把各项生产经营业务视为从头开始的新工作进行安排，客观考虑其获取收益、发生开支和实现利润的可能性，并据此编制预算。

（1）零基预算编制的程序：①拟订方案。根据企业的预算总目标和总方针，拟订本部门每项独立的生产经营活动方案，确定活动目标，计算需要的支出和费用。②评定方案。对每项业务活动所需要的费用进行成本-效益分析，计算每项支出和费用可能取得的效益，并根据费用项目的性质来权衡轻重、排列顺序、区别等级。③落实方案。根据可动用的资金或企业分摊给本部门的使用资金，结合对每项费用的评价，按照排列顺序分配资金、落实方案。

（2）零基预算编制的优点：①零基预算作为一种预算模式，能提高费用使用效益。②采用零基预算可以调动各级管理人员的积极性。零基预算不受原有开支水平的限制，没有框架限制，需要管理人员充分发挥主观能动性和创造性，根据具体情况制订方案。

（3）零基预算编制的缺点：①在编制零基预算时，其目的仍与上一年相同，并在此基础上对增量进行调整。因此，企业管理人员只会关注与上一年不同的地方，这等于又回到增量预算模式。②企业内部选择的管理人员多来自基层，他们掌握之前所从事的工作知识和信息，对基础预算非常了解，所以只需变动基础预算即可。因此，在实际工作中，零基预算很可能犹如画圆，大费周折，由终点又回到了起点。

（四）预算的优缺点

1.预算的优点

①它可以对组织中纷繁复杂的业务活动用货币形式加以控制，便于对各种不同业务进行综合比较和评价；②使用预算方法有利于日常工作的记录和信息系统的改善；③合理的预算有利于节约成本，在预算中受到控制的项目可以获取更多的利润；④采用预算控制后，可以充分调动项目管理人员的积极性和主动性。

2.预算的缺点

预算是一种有效的控制手段，但在实际工作中存在着使预算控制失效的危险倾向，这就是预算的缺点。主要表现在：①预算过繁；②预算工作存在以预算目标取代组织目标的危险；③预算工作存在虚报、保护落后的危险。

二、非预算控制

（一）人员行为控制

管理控制中最主要的是对人员的行为控制。任何组织中最关键的资源都是人力资源，任何高效的组织中都配备着有能力高效完成指派任务的优秀人员，这可以从许多组织的案例得到证明。如何选择人员、怎样使员工的行为更有效地趋向组织目标，这就涉及对人员行为的控制问题。常用的绩效评定方法有如下几种：鉴定式评价法、强选择列等法、成队列等比较法和偶然事件评价法。

1.鉴定式评价法

这是最简单、最常用的绩效评价办法。这种方法的基本假设是评价人确切地知道被评价者的优缺点，对其有很好的了解，并且能够客观地撰写鉴定。但是，基本假设有时并不完全满足。由于鉴定的内容不同，标准也不一致，所以此方法只能提供一种初步的估计，适用于调换或任免等人事方面的决策工作。

2.强选择列等法

这种方法是为了克服偏见和主观意愿，建立比较客观的评价标准。做法是管理者列出一系列有关被评价者的可能情况，然后让评价者在其中选择最适合被评价者的条目，并打上标记。管理者据此加权评分，得分高者为优，得分低者为劣。这种方法相对比较准确，但只限于应用在性质类似或标准的工作上，超出这个范围其准确性将大幅度降低。

3.成队列等比较法

这种方法是把被评价人两两进行比较，即每个人都同所有的人比较一次，然后按照某种评价标准进行选择。这种方法有一个缺陷，就是比较标准只是单一项。如果要根据多种标准进行综合衡量，就要对每种标准都进行一次比较，然后给每个标准一个权数，再进行加权比较来确定顺序。由于这种方法是依据主观判断进行的，有时会产生较大的误差，这时最好有几个人同时单独进行评价工作，取平均值以减少这种误差。这种方法与强选择列等法都适用于评定工资、奖金等方面。

4.偶然事件评价法

采用此种方法时，管理人员要持有一份记录表，随时记录员工积极或消极的偶然事件，以便根据这种记录定期对员工的工作绩效进行评价。根据这种偶然事件进行评价比较客观，但关键是能否把员工所有偶发事项全部记录下来。这种方法和目标管理配合起来使用，可以有效地监督员工的工作。

（二）经济分析

1.盈亏平衡分析法

它既是一种决策方法，又是一种控制方法。它既能控制不同生产和销售水平上将会实现的利润额，也可用于测定产品成本与销量的关系，为控制各种产品的成本与盈利提供标准。

任何产品的成本都是由两部分组成的：固定成本和变动成本。固定成本包括生产这种产品所需要的管理费用、工人基本工资、设备的折旧费用等。这些费用基本上是不变的，不随产量的变化而变化。变动成本包括原材料费用、能源费用等，这些费用随着产量变化而变化。在完全竞争的市场上，产品只能根据市场的价格来销售。由此就产生一个问题，即当产量很少时，该企业单个产品的成本就很高。这是因为固定成本不随产量变化，产量少，固定成本占总成本的比重就大。这时的成本可能高于市场价格，企业就会产生亏损。只有当产量达到一定水平时，才能收支平衡；超过这个水平时，企业方可获得利润。总成本与总收入相等的点被称为盈亏平衡点，此时对应的产量被称为临界产量。

2.贴现收益分析法

贴现是企业向银行取得贷款的一种形式。企业或者个人为了早日取得现金，会持未到期的票据向银行请求贴现，银行按市场利息率依照票面金额扣除自贴现日起至票据到期日止的利息后，将现金付给请求贴现的企业或个人。具体贴现值计算如下：

$$贴现值=票据到期金额\div(1+利息率)^{n}$$

其中，n表示单位时间（一般以年为单位）。

按贴现计算收益率的方法是把上式中的利息率改成收益率，然后经过变换，使式子左边为收益率，即变成下式：

$$收益率=[(票据到期金额\div贴现值)\times100\%]^{1/n}-1$$

3.财务报表分析法

财务报表分析，又称经营分析，就是以财务报表为依据来判断企业经营的盈亏，并分析企业经营的长处和短处。财务报表是用于反映企业经营的期末财务状况和计划期内经营成果的数字表。它主要包括三种分析：①利润率分析，指分析企业收益状况好坏；②流动性分析，指分析企业负债与支付能力是否相适应，以及资金的周转状况和收支状况是否良好等；③生产率分析，指分析企业在计划期内获得多少新的价值，又是如何进行分配将其变为人工成本、应付利息和净利润的。财务报表分析的控制方法主要有实际数字法和比率法两种，前者是用财务报表中的实际数字来分析，后者是求出实际数字的各种比率再进行分析。由于后者更容易辨识，所以较常采用。在比率法中，还可以分为构成比率法、趋势比率法及相关比率法等。

（三）报告与视察

1.报告

它是指管理者收集、阅读关于组织系统运行信息的各种分析报告，通过报告了解情况，以控制系统正常运行的一种控制手段。主要目的是提供一种必要的、可用于纠正措施的信息。在实践中，人们常采用专题报告来揭示非例行工作的情况。

2.视察

它是管理者亲自到工作现场，对组织活动进行直接的巡视、查看，了解组织系统运行状况，衡量工作业绩，发现偏差，并立即进行纠正。这种方法适用于从组织中获取关键领域的控制信息，是管理人员进行控制、判断和调整的一种手段。亲自视察作为获得信息的手段首先需要耗费一定的时间，其次是从个人接触中获得的第一手信息要受到观察者的感知技能和理解能力的限制。

（四）审计法

1.财务审计

它是以财务活动为中心内容，以检查并核实账目、凭证、财物、债务及结算关系等客观事物为手段，以判断财务报表中所列出的综合会计事项是否正确无误、报表本身是否可以信赖为目标的控制方法。通过这种审计手段，可以判明财务活动是否合法，即是否符合财经政策和法规。财务审计的主要方法有：①监督性盘存；②抽样；③发函询证；④反复对证；⑤凭证检查。

2.管理审计

它是指通过检查一个单位或部门管理工作的好坏，来评价人力、物力和财力在组织中利用的效果。其目的是通过改进管理工作来提高经济效益。此外，审计还有外部审计和内部审计之分：外部审计是指由组织外部人员对组织活动进行的审计工作；内部审计是组织自身专门设有审计部门，以便审计本组织的各项活动。

（五）时间网络分析

时间网络分析不仅是一种计划编制方法，也可以作为一种控制方法。它可以有效地对项目所使用的人力、物力、财力资源进行平衡，控制项目的时间，在项目出现偏差时找出原因和关键因素，并从总体上进行调整，以保证组织按质按量实现目标。

同步案例6-2　超越型母子公司管控：蒙牛对投资商和经销商的管理

蒙牛成立的时候只有东拼西凑来的100万元的资本金，这对于有着宏大发展构想，而且事实上也在不停实现超常规发展的蒙牛而言，无疑是杯水车薪。蒙牛天生就有着“资本饥渴”，但去哪里找钱？银行似乎永远都是嫌贫爱富，只能扮演锦上添花的角色。股市对于刚刚起步的蒙牛来说显然过于遥远，其他募集资金的办法似乎游走于各项制度和法律的边缘，风险很大。怎么办？牛根生选了一条让所有人都大吃一惊的道路——与国际资本大鳄合作！摩根、英联和鼎辉三家国际机构两次向蒙牛注资。

正所谓天下没有免费的午餐，对蒙牛而言，这看上去也并不是一笔划算的买卖。在两次私募投资中，三家投资机构以公司发展速度为基础的股权对赌协议和发行可换股债券等措施锁定了其投资成本，规避了一旦蒙牛业绩出现下滑时的投资风险。后来蒙牛成功登陆香港股市，机构投资者获益颇丰，而以牛根生为首的公司经营层虽然赢得对赌协议，但其账面收益要远远低于这些机构投资者。因此，不少人认为，蒙牛一味盲目取悦投资者的做法大有“为他人作嫁衣”之嫌。

牛根生以他的胆识，以他基于共赢的整合各种有利资源的博大胸怀，解决了蒙牛发展过程中最紧迫的资金问题。也许，蒙牛融资的条件不是最好的，但放弃融资，企业可能会长期处于瓶颈期，难以发展。这样的例子还少吗？

蒙牛与国际资本大鳄的成功合作，本质上是蒙牛在自身实力不强的条件下，通过母子公司管控的理念和办法，把这种管控拓展到对社会资源的整合和利用，形成了大公司、大产业链、大生态链，在和谐中谋求发展和成长。虽然这种利用的条件似乎很苛刻，但是如果没有这种整合，就不可能有今天的蒙牛！

同步案例6-2

分析提示

蒙牛成功的另一个秘诀是先建市场后建工厂，保证最低的市场风险，提高投资效率。蒙牛建市场有两大关键举措：完成战略性市场布局规划；充分利用各种市场资源，用市场手段在最低的投入下完成这些布局。

但当时蒙牛处于“三无”状态——无品牌、无规模化工厂、无渠道，要实现这个战略性市场构想谈何容易！市场环境对于蒙牛而言，非常糟糕：品牌基础差——消费者和合作伙伴都不了解蒙牛；费用高——各种市场费用相对于蒙牛的资金实力而言非常高；竞争激烈——国际国内乳业巨头都把国内五大产区作为必争之地。

蒙牛成功做大市场主要有两大亮点：其一，突破市场“瓶颈”，使用特别的市场开拓方法，如声势浩大的各大主要超市的免费品尝活动，以快速打响品牌知名度，提高认知度；其二，引起市场注意后，再按照市场惯例操作，与利益相关的各种市场主体，如经销商、超市、促销人员等结成紧密的利益联盟。同时，充分考虑到各利益相关体的利益，给予待遇、广告等方面的补贴。

应该说，没有合作伙伴的支持和参与，蒙牛的战略性市场布局是不可能成功的，蒙牛用经过系统设计的、有着强烈吸引力的方法和政策，吸引了一批合作伙伴支持蒙牛发展。在这个过程中，蒙牛与各方实现了共赢。

资料来源 王其文. 企业经营模拟［M］. 北京：中国人民大学出版社，2013.

根据上述材料，请总结蒙牛的经验。

应知考核

随堂测6

一、单项选择题

1. 所有权和经营权相分离的股份公司，为强化对经营者行为的约束，往往设计有各种治理和制衡的手段，包括：①股东们要召开大会对董事和监事人选进行投票表决；②董事会要对经理人员的行为进行监督和控制；③监事会要对董事会和经理人员的经营行为进行检查监督；④要强化审计监督。这些措施（　　）。

A.均为事前控制

B.均为事后控制

C.①为事前控制，②为同步控制，③④为事后控制

D.①②为事前控制，③④为事后控制

2.“亡羊补牢，犹未为晚”，可以理解成是一种反馈控制行为。下列各种情况中，（　　）更为贴近这里表述的“羊”与“牢”的对应关系。

A.企业规模与企业利润　　B.产品合格率与质量保证体系

C.降雨量与因洪水造成的损失　　D.医疗保障与死亡率

3.小张下岗后开了一家小型餐饮店。他知道，要想取得经营成功，除了要有可口的饭菜外，周到的服务和与顾客的良好关系也是非常重要的。为此，他采取了如下控制措施：①在店内显眼的位置挂一本顾客意见簿，欢迎顾客提出意见和批评；②让领班严密地监视服务人员的行为，并对棘手问题的处理提供协助和建议；③在员工上岗之前进行工作技能和服务态度的培训；④明确规定半年后对服务质量好的员工给予奖励。以下哪种说法正确？（　　）

A.①和④一样，都属于事后控制

B.①是事后控制，②是现场控制，③是事前控制

C.④属于激励措施，不属于控制措施

D.③属于激励措施，不属于控制措施

4.唐太宗即位之初，依据德才兼备和当时官员的职责制定了选拔和考核官员的严格标准，即“四善”“二十七最”“九等”，从控制的角度说，这是（　　）。

A.事后控制　　B.过程控制　　C.事前控制　　D.综合控制

5.有人说，人的身体是“三分治，七分养”，从管理学的角度，这句话说的是（　　）。

A.事后控制比事前控制更重要　　B.事前控制比事后控制更重要

C.反馈控制比事后控制更重要　　D.现场控制比事后控制更重要

6.某企业为强化重大决策、贯彻落实各项规章制度、全面提升工作质量与效益，建立了一套旨在全面、迅速、准确地反映各部门、个人工作进展情况的信息系统。但该系统投入使用一段时间后，管理层发现，必要的信息总是不能按时输入。当事人抱怨说，输入这些信息对他们来说很麻烦，没有时间输入。他们的工作开展情况表明（　　）。

A.为顺利开展管理控制工作，必须把管理信息系统的性能提高到一个合适的水平

B.为顺利开展管理控制工作，企业还必须进行必要的工作流程与规范的调整

C.为顺利开展管理控制工作，必须减少对信息系统的依赖

D.为顺利开展管理控制工作，企业必须经历一段混乱时期

7.小王是一家合资企业的总经理助理，为了提高企业的经济效益，总经理要求他研究出一套建立企业有效管理控制系统的可行方案。总经理在提出工作要求时提醒他一定要做到“牵牛要牵牛鼻子”，小王分析了半天也不知道什么是“牛鼻子”，以及应该如何去牵“牛鼻子”。你认为（　　）是总经理说的“牛鼻子”。

A.确定控制对象　　B.选择关键控制点　C.制定标准　　　D.采取纠偏措施

8.某管理学教授在介绍管理控制职能时，列举以下工作内容：①《中华工商时报》邀请读者开展每月一次的评报活动；②燕园学校制定一系列严格的规章制度要求教工遵守；③质检人员在仓库内检查产品质量；④某桥梁厂为了生产出高质量的产品而对原材料进行检验；⑤三威洗衣粉厂厂长发现产品销路不畅，作出加强促销的决定；⑥某大学内监考老师在考场内巡视；⑦某餐厅老板每周查看顾客意见簿；⑧干旱地区的农民在春天播种耐旱作物的种子。请问以下哪一类不属于反馈控制？（　　）

A.①③⑤⑦　　　B.②④⑥⑧　　　C.②④⑥⑦⑧　　　D.①②③⑤

9.有学者对卫生系统、高技术企业、轻重工制造业、商业及服务部门等许多组织的一线管理者进行了实地调查，经过归纳分析后发现这些一线管理者看重的重要职责有10项，按重要性排序如下：①日常的工作安排和工作计划；②安排和分配工作；③控制质量和成本；④沟通政策与程序；⑤激励和指挥员工；⑥纪律约束；⑦训练员工；⑧评价员工的工作成果；⑨维护设备，保证各项补给品的供应；⑩保证安全。上述各项中属于管理者控制职能工作的是（　　）。

A.③　　　B.②③⑨　　　C.③⑥⑧　　　D.③⑥

10.某销售部的推销员张某，在2019年上半年一人实现了80万元的销售业绩，在同行业的推销人员看来这已经大大超额完成了工作任务，于是张某明确向销售部经理提出额外发放奖金的要求。但是，并未得到销售部经理的同意。假设这位销售部的经理是一位称职的管理者，你认为他不给推销人员额外发放奖金最可能的原因是（　　）。

A.他担心每个推销人员过分追求销售量，从而忽视服务质量

B.工作正处在扩张阶段，诸多方面需要资金，不能额外发放奖金

C.公司其他推销人员也同样超额完成了销售任务

D.公司没有预先制订计划标准作为控制和考核的依据

二、多项选择题

1.按控制点的位置不同可分为（　　）。

A.前馈控制　　　B.同期控制　　　C.条件控制　　　D.反馈控制

2.有效控制的特征包括（　　）。

A.适时控制　　　B.适度控制　　　C.客观控制　　　D.弹性控制

3.控制的方法包括（　　）。

A.监督或分析下属依循组织线路传递的工作报告

B.预算控制和比率分析

C.盈亏控制及审计控制

D.现场巡视和网络控制

4.根据审查主体和内容的不同，可将审计分为（　　）。

A.财务审计　　　B.全面审计　　　C.内部审计　　　D.管理审计

5.常用的经济分析方法有（　　）。

A.盈亏平衡分析法　　　　　　　B.贴现收益分析法

C.财务报表分析法　　　　　　　　D.偶然事件评价法

三、简答题

1.简述控制的概念、特征。

2.简述有效控制的原则、内容及重要性。

3.简述控制管理系统的组成、控制的类型。

4.简述进行控制的前提条件。

5.简述控制的步骤、控制的方法。

应会考核

一、案例分析

【背景资料】

客户服务质量控制

美国某信用卡公司的卡片分部认识到高质量客户服务非常重要。客户服务不仅影响公司信誉，也与公司利润息息相关。比如，一张信用卡每早到客户手中一天，公司可获得33美分的额外销售收入，这样一年下来，公司将有140万美元的净利润，及时地将新办理的和更换的信用卡送到客户手中是客户服务质量的一个重要方面，但这远远不够。

对客户服务质量进行控制来反映其重要性这一想法，最初是由卡片分部的地区副总裁凯西·帕克提出的。她说："一段时间以来，我们对传统的客户服务评价方法不太满意。向管理部门提交的报告有偏差，因为它们很少包括真正有问题而不是抱怨的客户，或那些只是勉强满意公司服务的客户。"她相信，真正衡量客户服务的标准必须基于并反映持卡人的见解。这就意味着要对公司控制程序进行彻底检查。首先是确定用户对公司的期望。通过分析客户意见总结出客户服务的三个特点：及时性、准确性和反应灵敏性。持卡者希望准时收到账单、快速处理地址变动、采取行动解决抱怨。

了解了客户期望，公司质量保证人员开始建立控制客户服务质量的标准。所建立的180多个标准反映了诸如申请处理、信用卡发行、账单查询反应及账户服务费代理等服务项目。这些标准都基于用户期望服务的及时性、准确性和反应灵敏性，同时也考虑了一些其他因素。

除了客户见解，服务质量标准还反映了公司竞争性、能力和一些经济因素。比如，一些标准引入竞争，一些标准受组织现行处理能力影响，还有一些标准反映了经济能力。考虑了每一个因素后，适当的标准就成形了，所以开始实施控制服务质量的计划。

计划实施效果很好，比如，处理信用卡申请的时间由35天降到15天，更换信用卡的时间从15天降到2天，回答用户查询时间从16天降到10天。这些改进措施给公司带来的潜在利润是巨大的。例如，办理新卡和更换旧卡节省的时间会给公司带来1 750万美元的额外收入。另外，如果用户能及时收到信用卡，他们就不会使用竞争者的信用卡了。

该质量控制计划潜在的收入和利润对公司还有其他的益处，该计划使整个公司都注重客户期望。各部门都以自己的客户服务记录为傲，而且每个员工都对改进客户服务作出了贡献，使员工士气大增。每个员工在为客户服务时，都认为自己是公司的一部分、是公司的代表。信用卡部客户服务质量控制计划的成功，使公司其他部门纷纷效仿。无疑，它对该公司的贡献将是巨大的。

资料来源　李品媛.管理学原理［M］. 4版.大连：东北财经大学出版社，2018.

【考核要求】

根据背景案例，请回答下列问题：

（1）该公司控制客户服务质量的计划是前馈控制、反馈控制还是同步控制？

（2）找出该公司对计划进行有效控制的三个因素。

（3）为什么该公司将标准设立在经济可行的水平上而不是最大可能的水平上？

二、综合实务

洪山村的对策

洪山村所在的地区以前属于比较湿润的地区，雨水较多，长期以来靠天吃饭，大家也没有为水资源担心过。最近几年气候发生了变化，该地区的雨量明显减少，但是种庄稼需要水。这一地区近年来雨量较少，怎么办？大家请来了很多专家一起讨论对策。有两种方法可供选择：一种办法是灌溉，以弥补雨量较少的不足；另一种办法是改种耐旱作物，使农作物与环境相适应。

请根据上述材料回答下列问题：

1.从控制流程角度来看，人们选择的两种方案分别属于（　　）。

A.纠正偏差和调整计划

B.调整计划和纠正偏差

C.衡量成果和对比分析反馈控制与前馈控制

D.对比分析和衡量成果前馈控制与反馈控制

2.上述两种方案分别属于（　　）。

A.过程控制和群体控制　　B.群体控制和过程控制

C.反馈控制和前馈控制　　D.前馈控制和反馈控制

3.在大家的备选方案中，为了实现有效控制，应该注意尽量避免控制中的（　　）。

A.方案的客观性和可接受性　　B.控制活动的明确的成果导向

C.方案的及时性　　D.主要依赖统计过程和数据

项目实训

【实训项目】

会议控制。

【实训目标】

培养学生管理控制能力。

【实训内容】

周五下午是某研究所例行办公会议时间。每次会议从下午2：00开始，讨论和处理近期需要做的工作，对一些需要作出决策的问题形成决议。每次会议的议题数量平均在5~7个。一开始，会议要开到很晚，到晚上7：00多才结束。后来，所长要求会议秘书会前向每一位与会人员征集会议议题，由所长确定议题数量并排序，结果会议还是开到很晚。再后来，所长规定例会必须在晚上6：00前结束，结果排在前面的议题讨论占用了很多时间，后面的议题没有时间处理，如果赶上紧迫议题，无奈又得延长时间。再后来，一些与会者故意把研究生的课程调到周五晚上，到点回家吃饭，晚上上课。会议可以按时结束了，但许多事情被迫推迟到下周或不得不增加会议次数。

针对上述案例，教师在课内组织学生讨论后提出有效的控制措施。学生要写出案例分析报告。

【实训要求】

1.教师根据学生上交的案例分析报告给予评价。

2.撰写实训报告。

《　　　　》实训报告		
项目实训班级：	项目小组：	项目组成员：
实训时间：　年　月　日	实训地点：	实训成绩：
实训目的：		
实训步骤：		
实训结果：		
实训感言：		
不足与今后改进：		
项目组长评定签字：	项目指导教师评定签字：	

项目七

企业生产运作管理

知识目标

理解：企业生产运作管理的概念和基本内容、生产运作过程空间组织与时间组织的内容。

熟知：企业现场管理的基本方法，明确全面质量管理的基本内涵。

掌握：企业全面质量管理的过程。

技能目标

能够使用质量管理的新老工具进行质量管理分析。

素质目标

通过本项目的学习，熟悉现代企业生产运作管理的基本内容、流程和方法等，具备现代企业所需要的生产管理与质量管理的观念和意识。

思政目标

能够正确地理解“不忘初心”的核心要义和精神实质；树立正确的世界观、人生观和价值观，做到学思用贯通、知信行统一；通过学习企业生产运作管理理论，提升敬业精神，进而全面提升企业的生产管理效率和质量观以及社会责任观。

管理故事

割草的男孩

一个替人割草的男孩打电话给一位陈太太说：“您需不需要割草？”

陈太太回答：“不需要了，我已有了割草工。”

男孩又说：“我会帮您拔掉花丛中的杂草。”

陈太太说：“我的割草工也做了。”

男孩又说：“我会帮您把草与走道的四周割齐。”

陈太太说：“我请的那人也已经做了，谢谢你，我不需要新的割草工。”

男孩挂了电话，此时男孩的伙伴问他：“你不就在陈太太那儿割草吗？为什么还要打这个电话?"

男孩说:"我只是想知道我做得有多好!"

资料来源 http://www.360doc.com/content/13/0915/20/2036792_314674920.shtml.

视频7-1

生产运作管理

对一个企业来说，其生存和发展最重要的基础就是提供给客户的产品或服务。没有优秀的产品或服务质量，企业将失去生命之源。企业加强生产管理，合理组织生产过程，分配好各个生产经营单位的工作任务，做好日常生产经营活动的协调和控制及生产经营的现场管理工作，不仅可以保证企业生产经营活动的顺利进行，而且是合理利用企业资源、提高经济效益的重要保证。

知识准备

任务一 生产运作管理

一、生产运作管理的概念、基本内容和基本问题

(一)生产运作管理的概念

生产运作是企业投入一定的资源，经过一系列多种形式的转换，使其价值增加，最终以某种形式的产出提供给社会的"投入—转换—产出"过程。企业生产运作管理是企业为了实现经营目标、提高经济效益，对企业生产运作系统的选择、设计、运行和维护过程的管理的总称。

(二)生产运作管理的基本内容

(1)生产系统的设计。其包括产品或服务的选择和设计、生产设施的定点选择、生产设施布置、服务交付系统设计和工作设计。

(2)生产系统的运行。其主要涉及生产计划、组织与控制。计划方面主要解决生产什么、生产多少和何时出产的问题;组织方面主要解决的问题是，如何合理组织本企业的劳动者、劳动资料、劳动对象和信息等生产要素，使有限的资源得到充分而合理的利用，控制方面主要解决如何保证按计划完成任务的问题。

(3)生产系统的维护和改进。其包括设备的维修与质量保证，以及各种先进的生产方式与管理模式的采用。

(三)生产运作管理的基本问题

(1)质量管理。这里的质量既包括适用性，即产品或服务满足顾客要求的程度，又包括差异性，即企业生产的产品或服务在顾客看来较竞争者拥有更好的特质。

(2)进度管理。适时、适量地将产品或服务提供给顾客，既涉及速度问题，又涉及

柔性问题。对生产运作管理来说，速度问题就是如何快速地推出新产品或服务，并及时投放市场；柔性问题就是如何使生产对市场的变化具有快速反应的能力。这里既涉及产量的增减，又涉及对产品或工艺的快速改进，即进度管理。

（3）成本管理。如何才能使产品的价格既为顾客所接受，又能给企业带来一定的利润，涉及人、物料、设备、能源、土地等资源的合理配置和利用；生产率的提高，还涉及企业资金的合理运用和管理。归根结底，目的是努力降低产品的生产成本，即进行成本管理。

以上三项管理简称QDC管理。QDC管理是企业生产运作管理的基本问题，但并不是其全部内容。QDC管理主要是从横向角度来考虑生产运作管理问题，而生产决策、生产运作系统设计和运行等主要是从纵向角度来分析生产运作管理问题，两者并存，相互交错。

（4）服务管理。随着产品技术含量、知识含量的提高，在产品销售及顾客使用过程中，所需要提供的附加服务会越来越多。

（5）环境管理。它主要表现在两个方面：一是投入环节，要充分考虑到节约资源、人类社会可持续发展等问题；二是产出环节，要对生产过程中不可避免产生的“副产品”（废水、废气、废渣等）进行必要的处理。

二、现代生产运作管理的新环境与特征

（一）现代生产运作管理的新环境

1.市场需求多样化

随着经济的发展和社会的进步，市场需求逐渐朝着多样化、个性化的方向发展。买卖关系中的主导权转向了买方，顾客拥有了更大的选择余地，对所需商品有了更高的要求。

2.技术迅猛发展

随着自动化技术、微电子技术、计算机技术、新材料技术、网络技术等一大批新技术的迅猛发展，企业有了更多的手段制造多样化的产品、提供多样化的服务，因此企业会面临生产运作技术的选择与生产运作系统的重新设计、调整和组合。

3.竞争日趋激烈

竞争的方式越来越多，竞争的内容已不单纯是价格、产品的功能等，质量、交货时间、售后服务、对顾客需求的快速响应、产品设计的不断更新、较高的产品档次、更加灵活的供应链等，都成为竞争主题。

（二）现代生产运作管理的特征

随着科学技术的进步和企业经营规模的不断扩大，企业所面临的环境和生产方式会发生巨大变化。企业的生产运作管理进入一个新的阶段。现代生产运作管理的新特征及发展趋势主要表现为：生产运作的涵盖范围扩大、生产方式面临挑战、科学技术广泛应用、“全球生产运作”越来越普遍。

三、生产运作类型

（一）按生产方法分类

按生产方法划分，生产运作有四种类型：

（1）合成型。其基本生产过程的特点是把不同的成分（零件）合成或装配成一种产品，是一种具有加工装配性质的生产，如机电产品制造公司。

（2）分解型。其基本生产过程的特点与合成型相反，它把单一的生产原料经过加工处理后分解成多种产品，如石油化工厂、煤化工厂。

（3）调制型。其基本生产过程的特点是通过改变加工对象的形状或性能而制成产品，如钢铁厂、橡胶制品厂。

（4）提取型。其基本生产过程的特点是从自然界中直接提取产品，如煤矿、油田企业。

（二）按生产过程的稳定性、重复性分类

按生产过程的稳定性、重复性划分，生产运作有三种基本类型。

（1）大量生产。它是指生产的品种很少，每一种产品的产量很大（或单位产品劳动量和年产量的乘积很大），生产能稳定地不断重复进行。一般来说，这类产品在一定时期内有相对稳定的社会需求，而且需求量很大。

（2）成批生产。其特点介于大量生产和单件小批生产类型之间，生产对象是通用产品，生产具有重复性，产品品种较多，每种产品的产量都不大，形成了多品种、周期性轮番生产的特点。

（3）单件小批生产。它是指产品对象基本上为一次性需求的专用产品，一般不重复生产。

同步案例7-1　富士康的机器人生产

同步案例7-1

分析提示

2020年新冠肺炎疫情突如其来，各行各业都受到了影响。富士康、优必选等行业巨头近年来跨界做移动机器人，无论是因为产业转型、升级，还是为了搭乘新时代移动机器人市场发展的快车，在这样特殊的一年里，它们的跨界事业有怎样的发展变化，又有哪些看点？

作为全球最大的3C产品代工厂，富士康在中国大陆就有30多个科技工业园区，由于应用的范围较大，其AGV（自动导引运输车）供应商的数量也很多，使得成本相对很高。富士康一直在稳步推进生产自动化，而移动机器人作为实现物流搬运环节自动化的关键设备，在富士康工厂的应用和自研近几年也逐渐兴起。

2020年，富士康母公司鸿海和凌华科技合资的法博智能FARobot正式成立。其中，富士康持股51%，凌华以现金出资0.98亿元，持股49%。凌华方面透露，与富士康的合作，双方将锁定自主移动机器人（AMR）。凌华认为，在未来的5G专网中，最重要的应用就是AMR。未来FARobot将针对生产、仓储以及零售、医疗等产业的移动载具应用，打造以实时数据分发服务（Data Distribution Service，DDS）为基础的群机智主次世代软体平台与AMR等产品和服务，为企业客户加速导入AMR，提升流程效率，创造竞争优势。

结合双方在软硬体上的优势，进一步加速产业垂直整合，透过富士康、凌华及其合作伙伴所提供的关键实验场域，将扩大产业应用的范围，让FARobot不仅拥有成为全球最强AMR公司的DNA，更能打群体战。FARobot是全球第一个以群机智主仿生演算法软体为基础，打造下一个世代的AMR机群商业产品，将持续协助各产业应对在流程及运营上的挑战。富士康在这一步上走到了前方。

资料来源 刘颖.2020，三大巨头跨界进军移动机器人市场［EB/OL］.［2021-01-25］. https://xw.qq.com/cmsid/20210118A0ATSB00.有删减.

请结合所学知识分析富士康使用机器人的原因。

任务二 生产过程组织

一、生产过程的主要构成

生产过程是指从投料开始，经过一系列加工，直至成品生产出来的全过程，其中包括劳动过程和自然过程。劳动过程是指人利用劳动工具，作用于劳动对象，按照预定的方法和步骤，改变其几何形状和性质，使其成为产品的过程。自然过程是指在自然力的作用下，改变其外观及化学状况的过程。

从各阶段的职能和作用来看，企业的生产过程可分为：

（1）技术准备过程，即产品在投入生产前所进行的各种生产技术准备工作，如产品设计、制造和工艺设计等。

（2）基本生产过程，即直接为完成基本产品所进行的生产活动，是生产过程的核心部分。

（3）辅助生产过程，即为保证基本生产过程的正常进行而从事的各种辅助性生产活动，如为基本生产提供动力、工具和维修服务等。

（4）生产服务过程，即为保证生产活动顺利进行而提供的各种服务工作，如供应、运输、技术检验工作等。

二、生产过程的空间组织

生产过程的空间组织是指在空间上对企业内部各生产阶段和各生产单位的设置与运输路线进行合理的安排及设计。

（一）厂址选择

厂址选择就是确定工厂坐落的区域和具体位置。这是一项政策性强、技术性和经济性要求高的工作。

1.影响厂址选择的主要因素

影响厂址选择的主要因素包括：①国家出台的有关方针、政策，国民经济发展的整体需要、布局和规划，各地方的规划、发展目标及有关法规；②接近客户，交通便利，通信方便；③资源可充分获取和利用，以获得最佳经济效益；④气候、地质、水文等自然条件及环境保护要求；⑤长远发展的余地等。

2.厂址选择的方法

在进行厂址选择时，可以采用因素评分法、重心法、投资费用比较法、积点法、位置度量法、盈亏平衡点法、线性规划法、分支界限法、引力模型法、直接推断法等方法。其中，因素评分法和重心法简单易用，所以此处只介绍这两种方法。

（1）因素评分法。它是对多个候选厂址进行分析评价的一种常用方法。对于一些非定量因素，因素评分法是一种十分有效的方法。

（2）重心法。厂址选择主要是考虑生产中的运输成本，可以采用重心法来确定厂址。重心法的基本思想是：所选厂址可使主要原材料或货物总运输距离最短。采用重心法，企业可以较快地从多个候选厂址中选到满意的厂址。

（二）生产过程空间组织的原则与形式

1.生产过程空间组织的原则

这些原则包括：①有利于企业内部各项生产活动的正常进行，提高经济效益，这是进行工厂总平面布置时应遵循的基本的原则，尤其是要满足工艺流程的要求；②有利于安全生产，有利于员工的身心健康，满足“三废”处理要求；③有利于合理利用空间，防止浪费。

2.生产过程空间组织的形式

（1）工艺专业化形式。它又称工艺原则，是按照生产工艺的特点来设置生产单位。在工艺专业化的生产单位内，集中了同种类型的生产设备和同工种的工人，每一个生产单位只完成采用同种工艺方法的加工或实现同种功能，即加工对象是多样的，但工艺方法是同类的。

（2）对象专业化形式。它又称对象原则，是指各基本车间独立完成产品、零件、部件的全部或大部分工艺过程。在此形式下，工艺过程是封闭的。

工艺专业化形式适用于企业生产品种多、变化大、产品制造工艺不确定的单件小批生产类型，一般表现为按订货要求组织生产，特别适用于新产品的开发试制；对象专业化形式适用于企业专业方向已定、产品品种和工艺稳定的大量大批生产，如家电、汽车、石油化工产品的生产等。

在实际生产中，上述两种专业化形式往往是结合起来应用的。根据它们所占比重的不同，专业化形式又可分为：在对象专业化形式的基础上，局部采用工艺专业化形式；在工艺专业化形式的基础上，局部采用对象专业化形式，发挥出两种专业化形式的综合优势。

三、生产过程的时间组织

生产过程的时间组织是指研究产品生产过程的各单位之间和各工序之间在时间上衔接与结合的方式，以实现有节奏的连续生产，达到提高劳动生产效率和设备利用率、减少资金占用、缩短生产周期的目的。

生产过程在时间上的衔接程度，主要表现为劳动对象在生产过程中的移动方式。这种移动方式与一次投入生产的劳动对象数量有关。以加工零件为例，当一次生产的零件只有一个时，零件只能按顺序依次经过各道工序；当一次投产的零件有两个或两个以上时，工序间就有三种移动方式，即顺序移动、平行移动、平行顺序移动。不同移动方式下的零件加工周期也不同。

（1）顺序移动方式。它是指一批在制品在上道工序全部加工完，再整批送到下道工序加工，一般适用于批量较少、工序时间较短的成批在制品生产。其优点是组织工作比较简单，设备没有停工时间；缺点是在制品在工序间有等待加工和运输时间，生产周期长，流动资金周转慢，经济效果差。顺序移动方式如图 7-1 所示。

$$T_{期} = n\sum_{i=1}^{m} t_i$$

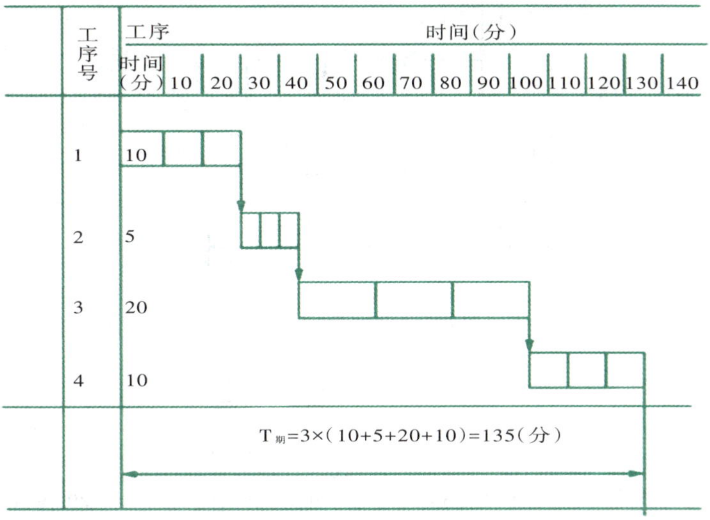

图 7-1　顺序移动方式示意图

（2）平行移动方式。它是指一批在制品在上道工序加工完一个零件以后，立即转入下道工序加工，而无须等待整批加工完后，才向下道工序移动的一种组织生产方式。其优点是生产周期短，由于在制品移动快，流动资金占用就会减少。其缺点是当下道工序的加工时间少于上道工序的加工时间时，会出现停工待料现象，而且这种停工的时间不好利用。此外，运输工作量因移动相对频繁而加大。平行移动方式如图 7-2 所示。

（3）平行顺序移动方式。它是平行移动方式和顺序移动方式混合的组织生产方式。采用这种移动方式，当前道工序加工时间短于或等于后道工序加工时间时，按平行移动的方式移送；当前道工序加工时间长于后道工序加工时间时，后道工序开始加工第一件在制品的时间，比前道工序加工完第一件制品的时间要往后移。后移时间的长短，以保证该工序能够连续加工该批制品为原则。这样，既可以防止出现下道工序时开时停的现象，又可以把工作场所的间歇时间集中起来加以利用，使设备和工人都有较充足的负荷，但组织工作比较复杂。平行顺序移动方式如图 7-3 所示。

在实际生产中采取哪一种方式，要结合现实去分析。具体考虑的因素有生产类型、企业内部生产单位的专业化形式、产品需求的轻重缓急、每道工序加工量的轻

$$T_{平} = (n-1)t_{长}\sum_{i=1}^{m} t_i$$

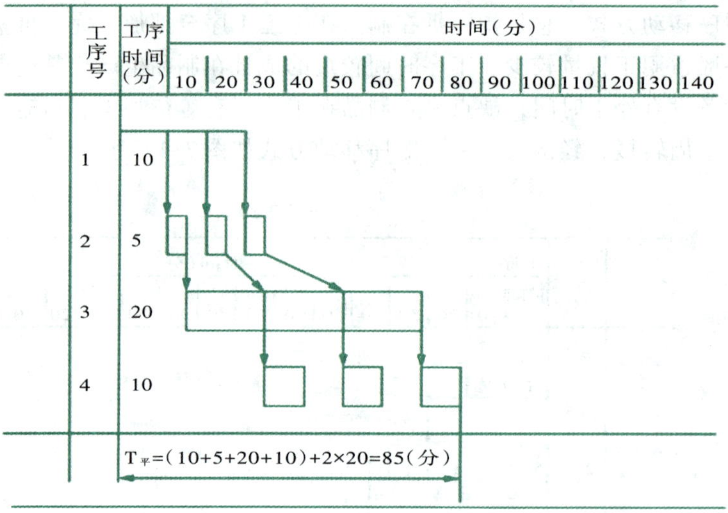

图7-2　平行移动方式示意图

$$T_{平顺} = n\sum_{i=1}^{m} t_{i} - (n-1)\sum_{i=1}^{m-1} t_{i较短}$$

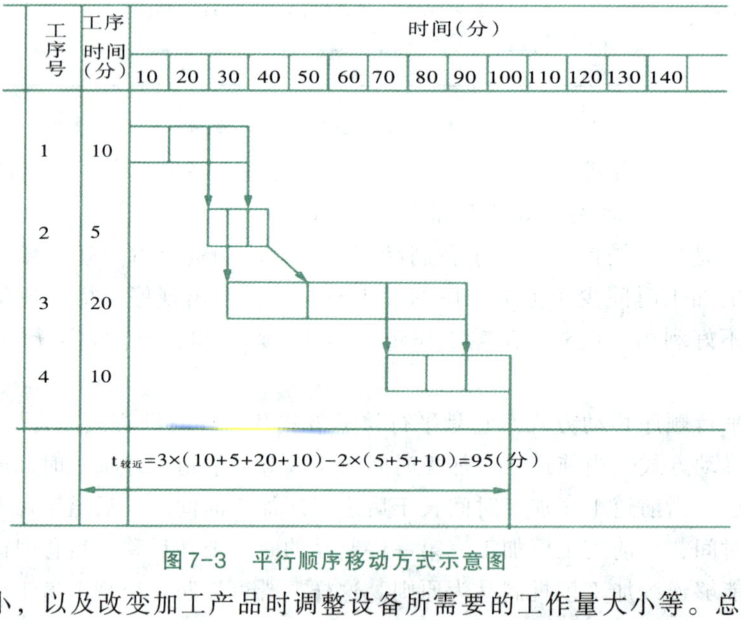

图7-3　平行顺序移动方式示意图

重、产品的大小，以及改变加工产品时调整设备所需要的工作量大小等。总之，选择移动方式时要因地制宜、综合考虑，强调综合效果。三种移动方式的特点比较及适用条件见表7-1。

表 7-1　三种移动方式特点比较及适用条件

移动方式		顺序移动	平行移动	平行顺序移动
优缺点	加工周期	最长	最短	较短
	设备利用	好	差	好
	等待时间	长	短	较短
	运输工作	次数少	频繁	次数较少
	组织管理	简单	一般	复杂
适用条件	生产类型	单件小批	大批大量	大批大量
	生产专业化	工艺专业化	对象专业化	对象专业化
	工序劳动量	小	大	大
	零件重量	较轻	重	重
	生产任务	不紧急	紧急	紧急

四、生产过程的组织形式

（一）流水线和自动化流水线

流水线又称流水作业，是指劳动对象按照一定的工艺过程，顺序地、一件接一件地通过各个工作地，并按照统一的生产速度和路线，完成工序作业的生产过程组织形式。它将对象专业化的空间组织形式和平行移动的时间组织形式有机结合起来，是一种先进的生产组织形式。流水线具有专业化程度高，连续性、节奏性和封闭性强等特点。

自动化流水线是流水线的高级形式，它依靠自动化机械体系完成产品的加工过程，是一种高度连续、完全自动化的生产组织形式。与一般流水线相比，自动化流水线减少了工人需要量，消除了繁重的体力劳动，生产效率更高，产品质量更容易保证。自动化流水线投资较大，维修和管理要求较高。

（二）成组技术与成组加工单元

成组技术的基本思想是：用大批量的生产技术和专业化方法组织多品种生产，提高多品种下批量生产的效率。成组技术以零件的相似性（主要是指零件的材质、结构、工艺等方面）和零件类型分布的稳定性、规律性为基础，对其进行分类、归并成组并组织生产。在成组技术应用中，出现了一具多用的成组夹具，一组成组夹具一般可用于几种甚至几十种零件的加工。成组技术从根本上改变了传统的生产组织方法，它不以单一产品为生产对象，而是以“零件组”为对象实现成组工艺过程和编制成组作业计划。

成组加工单元，是指使用成组技术，以“组”为对象，按照对象专业化布局方式，在一个生产单元内配备不同类型的加工设备，完成一组或几组零件全部工艺的组织。采用成组加工单元，加工顺序可在组内灵活安排，多品种小批量生产可获得接近于大量流水生产的效率和效益。目前，成组技术主要应用于机械制造、电子、兵器等领域。它还可应用于具有相似性的众多领域，如产品设计和制造、生产管理等。

（三）柔性制造单元

柔性制造单元，即以数控机床或数控加工中心为主体，依靠有效的成组作业计划，利用机器人和自动搬运小车实现工件和刀具的传递、装卸及加工过程的全部自动化和一体化的生产组织。它是成组加工系统实现加工合理化的高级形式，具有机床利用率高、加工制造与研制周期短、在制品及零件库存量低的优点。柔性制造单元与自动化立体仓库、自动装卸站、自动牵引车等结合，由中央计算机控制进行自动加工，就形成了柔性制造系统。柔性制造单元与计算机辅助设计等功能的结合，则形成计算机一体化制造系统。

任务三　生产现场管理

生产现场管理就是用科学的管理制度、标准和方法对生产现场的各生产要素，包括人、机、料（原材料、辅料）、法、环、信等进行合理有效的计划、组织、协调、控制和检测，使其处于良好的结合状态，达到优质、高效、低耗、均衡、安全、文明生产的目的。

一、5S现场管理法

视频7-2

5S现场管理法

5S现场管理法中的5S，即整理（Seiri）、整顿（Seiton）、清扫（Seiso）、清洁（Seiketsu）、素养（Shitsuke），又被称为“五常法则”或“五常法”。5S起源于日本，目标是在生产现场对人员、机器、材料、方法等生产要素进行有效的管理，这是日本企业一种独特的管理办法。在丰田公司的倡导、推行下，5S在塑造企业形象、降低成本、准时交货、安全生产、高度标准化、创造令人心旷神怡的工作场所、现场改善等方面发挥了巨大作用，逐渐被各国的管理界所认同。

（一）5S的具体概念

1.整理

定义：区分“要”与“不要”的物品，现场只保留必需物品。

目的：①改善和增加作业面积；②现场无杂物，行道通畅，提高工作效率；③减少磕碰的机会，保障安全，提高质量；④消除管理上的混放、混料等差错事故；⑤有利于减少库存量，节约资金；⑥改变作风，调整工作情绪。

意义：先把“要”与“不要”的人、事、物分开，再对不需要的人、事、物加以处理，对生产现场的现实摆放和停滞的各种物品进行分类，区分什么是现场需要的，什么是现场不需要的；同时，对于车间里各个工位或设备的前后、通道左右、厂房上下、工具箱内外以及车间的各个死角，都要彻底搜寻和清理，达到现场无不用之物。

2.整顿

定义：必需品依规定量、定位摆放，整齐有序，明确标示。

目的：不浪费时间寻找物品，提高工作效率和产品质量，保障生产安全。

意义：把需要的人、事、物加以定量、定位。通过前一步整理后，对生产现场需要留下的物品进行科学合理的布置和摆放，以便用最快的速度取得所需之物，在最有效的规章、制度和最简洁的流程下完成作业。

3.清扫

定义：清除现场内的脏污，清除作业区域内的物料垃圾。

目的：清除脏污，保持现场干净、明亮。

意义：将工作场所的污垢去除，使异常的发生源容易被发现，这是实施自主保养的第一步，主要目的在于提高设备使用率。

4.清洁

定义：将整理、整顿、清扫的做法制度化、规范化，维持其成果。

目的：认真维护整理、整顿、清扫的效果，使其保持最佳状态。

意义：通过对整理、整顿、清扫活动的坚持与深入开展，消除发生安全事故的根源，打造一个良好的工作环境，使员工能愉快地工作。

5.素养

定义：人人按章操作、依规行事，养成良好的习惯，使每个人都成为有教养的人。

目的：提升“人的品质”，培养对任何工作都讲究认真的人。

意义：努力提高员工自身的修养，使员工养成良好的工作、生活习惯，让员工能通过实践5S获得境界的提升，与企业共同进步，这是5S活动的核心。

（二）5S管理与其他管理活动之间的关系

首先，5S是现场管理的基础，是全面生产管理（TPM）的前提，是全面品质管理（TQM）的第一步，也是ISO 9000有效推行的保证。

其次，5S管理能够营造一种“人人积极参与，事事遵守标准”的良好氛围。有了这种氛围，推行ISO、TQM及TPM就更容易获得员工的支持和配合，有利于调动员工的积极性，形成强大的推动力。

再次，实施ISO、TQM、TPM等一时难以看到显著的效果，而开展5S管理活动的效果是立竿见影的。如果在推行ISO、TQM、TPM等的过程中导入5S管理，可以在短期内获得显著效果，从而增强员工的信心。

最后，5S管理是现场管理的基础。5S管理水平的高低，代表着管理者对现场管理认识的程度，这又决定了现场管理水平的高低，而现场管理水平的高低，制约着ISO、TPM、TQM能否顺利、有效地推行。通过5S管理活动，从现场着手改进企业“体质”，则能起到事半功倍的效果。

二、定置管理

（一）定置与定置管理的概念

1.定置的概念

在工厂的生产活动中，人与物的结合状态是生产有效开展的决定因素。但人与物的结合都是在一定的场所内进行的，因此要实现人与物的有效结合，必须处理好场所与物的关系。也就是说，场所与物的有效结合是人与物有效结合的基础。这就产生了物在场所中的放置方面的科学——定置。定置与随意放置不同，定置即对生产现场、人、物进行作业分析和动作研究，使对象物按生产需要、工艺要求而科学地固定在场所的特定位置上，以达到物与场所有效结合，缩短人取物的时间，消除人的重复动作，促进人与物的合理结合。

2.定置管理的概念

定置管理是对生产现场、人、物三者之间的关系进行科学分析和研究，使之达到最佳结合状态的一门科学管理方法。它是通过整理，把生产过程中不需要的东西清除掉，不断改善生产现场条件，科学地利用场所，向空间要效益；通过整顿，促进人与物的有效结合，使生产中需要的东西随手可得，向时间要效益，从而实现生产现场管理的规范化与科学化。

按照人与物有效结合的程度，可将人与物的结合归纳为A、B、C三种基本状态：

（1）A状态，表现为人与物处于能够立即结合并发挥效能的状态。例如，操作者使用的各种工具，由于摆放地点合理且固定，当操作者需要时能立即拿到或做到得心应手。

（2）B状态，表现为人与物处于寻找状态或尚不能很好发挥效能的状态。例如，一个操作者想加工一个零件，需要使用某种工具，但由于现场杂乱或忘记了这一工具放在何处，结果因寻找而浪费了时间；又如，由于半成品堆放不合理，散放在地上，加工时每次都要弯腰，一个个地捡起来，既耽搁了工时，又提高了劳动强度。

（3）C状态，是指人与物没有联系的状态。这种物品与生产无关，不需要人同该物结合。例如，生产现场中存在的已报废的设备、工具、模具，生产中产生的垃圾、废品、切屑等。这些物品放在现场，必将占用作业面积，而且影响操作者的工作效率和安全。

因此，定置管理就是要通过相应的设计、改进和控制，消除C状态，改进B状态，使之都成为A状态，并长期保持下去。

（二）定置管理的内容

1.工厂区域定置

工厂区域包括生产区和生活区。生产区包括总厂、分厂（车间）、库房。总厂定置包括分厂与车间界限划分、大件报废物摆放、改造厂房拆除物临时存放、垃圾区划分、车辆存放等。分厂（车间）定置包括工段、工位、机器设备、工作台、工具箱、更衣箱定置等。库房定置包括货架、箱柜、贮存容器定置等。生活区定置包括道路建设、福利设施、园林修造、环境美化等。

2.现场区域定置

现场区域定置包括毛坯区、半成品区、成品区、返修区、废品区、易燃易爆污染物摆放区定置等。

3.可移动物定置

可移动物定置包括劳动对象物（如原材料、半成品、在制品等）的定置；工卡、量具（如工具、量具、胎具、容器、工艺文件、图纸等）的定置；废弃物（如废品、杂物等）的定置。

三、目视管理

（一）目视管理的概念

目视管理也称可视化管理，是利用形象直观而又色彩适宜的各种视觉感知信息来组织现场生产活动，达到提高劳动生产率的一种管理手段。目视管理的目的是以视觉信号为基本手段，以公开化为基本原则，尽可能地将管理者的要求和意图让员工看得见，借以推动看得见的管理、自主管理、自我控制。

视频7-3

目视管理

（二）目视管理的作用

1.迅速快捷地传递信息

目视管理的作用，用很简单的一句话表示，就是迅速快捷地传递信息。

2.形象直观地将潜在的问题和浪费现象都显现出来

目视管理依据人的生理特征，充分利用信号灯、标识牌、符号颜色等方式来发出视觉信号，鲜明准确地刺激人的神经末梢，快速地传递信息，形象直观地将潜在的问题和浪费现象都显现出来。

3.促进企业文化的建立和形成

目视管理，通过对员工合理化建议的展示、对优秀事迹和先进人物的表彰、公开讨论栏和关怀温情专栏的设置、企业宗旨和远景规划的引导等各种健康向上的内容，能在所有员工心目中形成一种非常强的凝聚力和向心力，这些都是建立优秀企业文化的良好开端。

（三）目视管理的主要内容

1.规章制度与工作标准的公开化

为了维护统一的组织和严格的纪律，保持大工业生产所要求的连续性、比例性和节奏性，提高劳动生产率，实现安全和文明生产，凡是与现场工人密切相关的规章制度、标准、定额等，都需要公之于众；与岗位工人直接有关的，应分别展示在岗位上（如岗位责任制、操作程序图、工艺卡片等），并要始终保持完整、正确和清洁。

2.生产任务与完成情况的图表化

现场是协作劳动的场所，因此，凡是需要大家共同完成的任务都应公之于众。计划指标要定期层层分解，落实到车间、班组和个人，并列表张贴在墙上；实际完成情况也要相应地按期公布，并用作图法，使大家看到各项计划指标完成中出现的问题和发展的趋势，以促使集体和个人都能按质、按量、按期完成各自的任务。

3.与定置管理相结合，实现视觉显示信息的标准化

在定置管理中，为了消除物品混放和误置，必须有完善而准确的信息显示，包括标志线、标志牌和标志色。因此，目视管理便自然而然地与定置管理融为一体，按定置管理的要求，采用清晰、标准化的信息显示符号。各区域、通道以及各种辅助工具（如料

架、工具箱、工位器具、生活柜等）均应使用标准颜色，不得任意涂抹。

4.生产作业控制手段的形象直观与使用便捷

为了有效地进行生产作业控制，使每个生产环节、每道工序都能严格按照标准进行生产，杜绝过量生产、过量储备，要采用与现场工作状况相适应的、简便实用的信息传导信号，以便在后道工序发生故障或由于其他原因停止生产，不需要前道工序供应在制品时，操作人员能看到信号，及时停止投入；各生产环节和工种之间的联络，也要设立便捷实用的信息传导信号，以尽量减少工时损失，提高生产的连续性；生产作业控制除了期量控制外，还要有质量和成本控制，实行目视管理。

5.物品码放和运送的数量标准化

物品码放和运送实行标准化，可以充分发挥目视管理的长处。例如，各种物品实行“五五码放”（物品以“五”为基本计数单位进行摆放），各类工位器具，包括箱、盒、盘、小车等，均应按规定的标准数量盛装，这样，操作、搬运和检验人员点数时既方便又准确。

6.现场人员着装的统一化与实行挂牌制度

现场人员的着装不仅起着劳动保护的作用，在机器生产条件下，也是正规化、标准化的内容之一。它可以体现员工队伍的优良素养，显示企业内部不同单位、工种和职务之间的区别，因而还具有一定的心理作用，使人产生归属感、荣誉感、责任心等；对于组织指挥生产，也可创造一定的方便条件。

7.色彩的标准化管理

色彩是现场管理中常用的一种视觉信号，目视管理要求科学、合理、巧妙地运用色彩，并实现统一的标准化管理，不允许随意涂抹。

除了5S管理、定置管理、目视管理外，后期还出现了并行工程、JIT生产、精益管理、柔性制造、敏捷制造等现代生产管理的新方式、新思想，并在全世界得到了推广和应用。

任务四　全面质量管理

一、质量与质量管理

（一）质量的概念

质量是指产品、过程或服务满足规定要求的特征和特性的总和。广义的质量概念包括产品质量、过程质量和工作质量。

产品质量是指产品满足使用要求的特性和特征的总和，包括性能、可靠性、寿命、安全性、经济性等内容。过程质量也称工序质量，是指工序能够稳定生产合格产品的能力。工作质量是指为提高和保证产品质量所开展的生产、技术、组织和管理等方面的工作的水平。

（二）质量管理的概念

根据ISO 9000的定义，质量管理是指一个组织以质量为中心，以全员参与为基础，目的在于通过让顾客满意和本组织所有成员以及社会受益而达到长期成功的管理途径。具体来说，质量管理是为保证产品质量和工作质量所进行的质量调查、计划、组织、协调、控制和信息反馈等工作的总称。

通常认为，影响质量的因素主要有五个，即人员、机器、材料、方法和环境，简称人、机、料、法和环，如图7-4所示。为了保证和提高产品质量，既要管理好生产过程，也要管理好设计和使用的过程，要把所有影响质量的环节和因素都控制起来，形成综合性的质量体系。

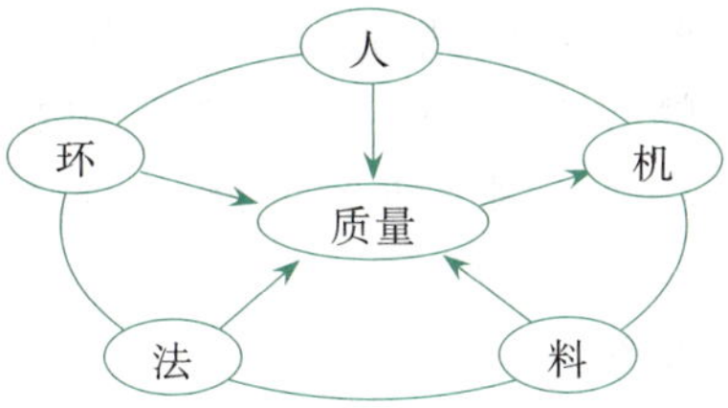

图7-4 影响产品质量的五大因素

（三）质量管理的发展

1.质量检验阶段

20世纪40年代以前，质量管理的重点是事后对产品进行全数质量检验，保证出厂产品的质量，没有事前预防、事中控制和事后反馈。

2.质量统计控制阶段

20世纪40年代到60年代，由于数理统计的产生和发展，抽样检验广泛应用于质量管理中，开始对工序质量进行预防性控制。

3.全面质量管理阶段

1956年，美国通用电气公司的A.V.费根堡姆（A.V.Feigenbaum）首先提出了“全面质量管理”的概念。全面质量管理理论产生于美国，而真正成功是在日本。全面质量管理工作的推行促进了日本经济的发展。质量管理的发展有两次质的变化：由事后检验到事前控制，由被动变主动；由局部管理转变为全面管理；从以提高产品质量为主转变为以提高工作质量为主。

质量管理发展的三个阶段在多方面存在着变化，具体见表7-2。

表7-2 质量管理发展的三个阶段比较

阶段 项目	质量检验	质量统计控制	全面质量管理
质量概念	狭义的质量	从狭义向广义发展	广义的质量
管理范围	仅限于生产现场	由生产现场转向设计过程	产品形成的全过程
管理特点	事后把关，管结果	从把关转向预防	预防为主，管条件因素
管理依据	产品质量符合质量标准	按质量标准控制质量	以用户需要为主，重在产品适用性
参与人员	质检人员	技术部门和质检部门	全体员工

二、质量经济性分析

质量经济性是对人们为获得质量所耗费资源的价值量的度量，在质量相同的情况下，耗费资源价值量小的，其经济性就好，反之就差。

（一）质量经济性分析的重要性

质量经济性分析以用户和社会需求的质量为出发点，从经济的角度分析质量问题，围绕产品的适用性和经济性，寻求质、本、利的最佳组合，以提高企业的经济效益。其重要性主要体现在：能够促进企业贴近市场与顾客，挖掘内部的积极因素并发挥其作用；有利于企业保持质量与效益、质量与经济的相对平衡、稳定；有利于企业资源的整合与利用，质量经济性分析追求的是以低投入、低成本获取满意的质量和尽可能大的利润。

（二）质量经济性分析的方法

1.质量成本法

质量成本是质量管理的经济表现。它是为使质量保持在一定水平所需的费用，最早由费根堡姆在20世纪50年代提出，是用货币语言描述质量的概念。到20世纪60年代，他把质量成本进一步划分，提出了质量成本特性曲线，如图7-5所示。

- 质量成本
  - 运行质量成本
    - 预防成本
    - 鉴定成本
    - 内部缺陷成本
    - 外部缺陷成本
  - 外部质量保证成本

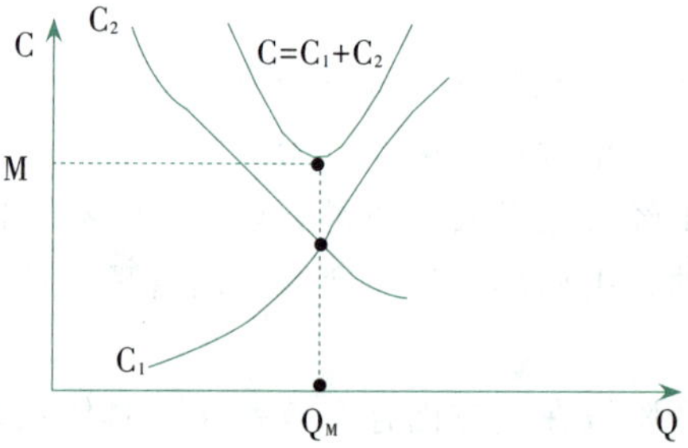

注：C_1表示预防成本和鉴定成本之和，C_2表示内部缺陷和外部缺陷成本之和。

图7-5　质量成本特性曲线

从图7-5中可以看到质量成本特性曲线上有一个极小值M点，其对应的Q_M是企业生产过程中的最佳经济制造质量水平，或者叫最佳经济制造批量，而其对应的质量成本也是最佳成本。它正是企业追求的目标。在此目标前后，即质量差、合格率低或质量很高、合格率100%，都不是最佳质量成本。

质量成本法要求对质量成本进行预测、计划、考核和控制。同时，要做质量成本二、三级项目的综合分析，并形成质量成本报告。

另外，除质量成本法外，还有过程成本法和质量损失法可用于质量经济性分析。

过程成本法：对任何一个产品生产或服务提供过程中与质量相关的成本进行分析，它反映了过程的输入和输出及增值转换效果。过程成本法分两类数据：一为符合性成本，二为非符合性成本。

质量损失法：在产品生产或服务提供过程中，会由于质量差而导致损失，质量损失法就用来分析这种损失情形，具体分为内部损失和外部损失。可见，它是质量成本管理的初级阶段。

2.顾客满意度法

顾客满意度就是满足顾客要求的程度。它受三个基本因素的影响，即满意因素、非常满意因素、不满意因素，如图7-6所示。

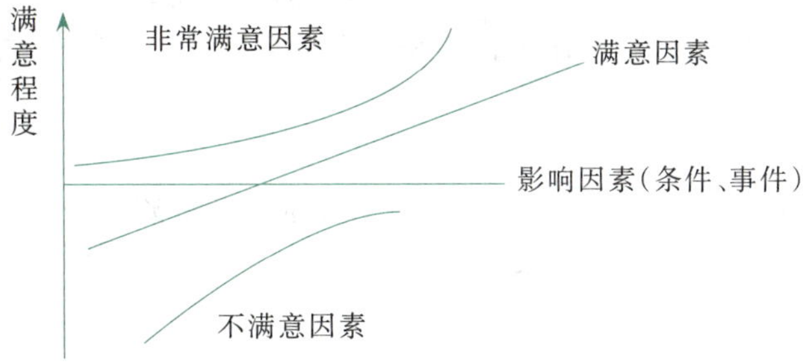

图7-6　顾客满意度分布

这种方法是顾客关心的，实施这种方法要注意三点：①确定满意、不满意、非常满意因素；②观察顾客满意度；③提出满意度报告。

3.收益/成本率法

收益/成本率法，即通过增加收益和降低成本的方式提高收益/成本率。企业可以利用“树图”确定其潜在效益的优先次序，以便最有效地利用资源，如图7-7所示。

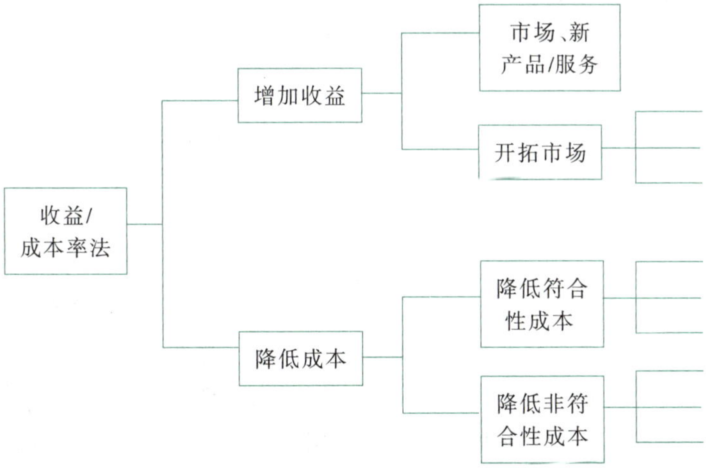

图7-7　收益成本树

收益/成本率法涉及顾客满意度和与成本有关的收入。它也是对符合性成本和非符合性成本的综合运用，如图7-8所示。这种方法多用于分析企业、顾客的期望和要求。

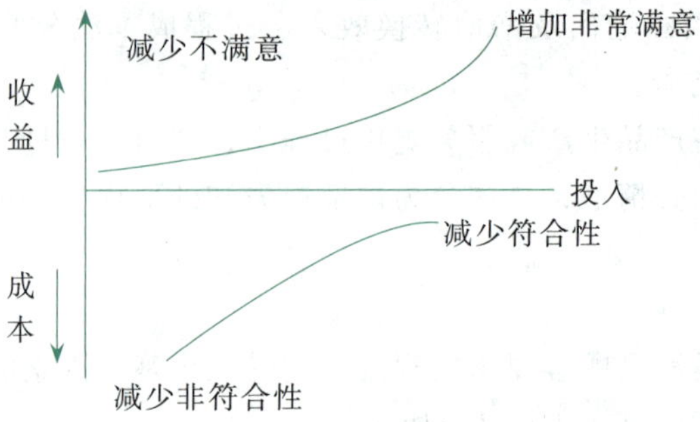

图7-8　顾客满意度和成本、收益的关系

实施步骤：一是进行管理评审，二是确定机会，三是进行收益/成本率分析，四是实施改进。

4.财务资源的控制

ISO9004：2009版6.3财务资源中指出，“确定财务资源的需求和来源；控制财务资源，采取必要措施；报告财务结果；评价财务报告”。管理者应计划、利用、控制所必需的财务资源，做到以上要求。

三、质量成本管理

（一）质量成本的概念

20世纪50年代初期，约瑟夫·朱兰（Joseph Juran）、费根堡姆和菲利普·克罗斯比（Philip Crosby）等质量管理专家提出了质量成本的概念。后来，国际标准化组织对全面质量管理进行了标准化，同时给出了质量成本的定义：“质量成本是总成本的一部分，包括为确保满意质量所发生的费用，以及未达到满意质量的有形与无形损失。”从该定义可以看出，质量成本分为两部分：确保满意质量的成本和未达到质量要求的损失成本，如图7-9所示。

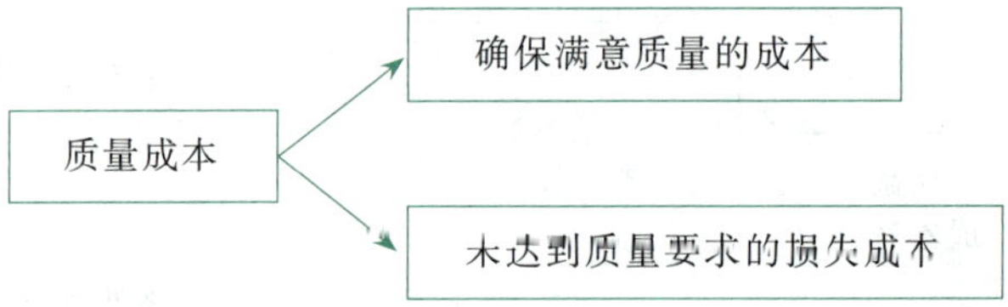

图7-9　质量成本的概念构成

质量成本并不意味着高质量对应着高成本，这一概念有其特定的意思。它是指企业为了保证和提高产品质量而支出的一切费用以及由于产品质量未能达到既定标准而造成的一切损失的总合。因此，质量成本反映了由于产生有缺陷的产品而直接或间接发生的费用，制造合格产品的费用并不属于质量成本的内容。

（二）质量成本的构成

通常情况下，可以将质量成本划分为运行质量成本和外部质量保证成本，如图7-10所示。其中，前者反映了产品在制造和销售过程中所形成的质量成本；后者则是在前者基础上的进一步扩展，这部分成本较难定量测定，但对企业销售、利润以及发展等方面的影响较大，因而是目前质量成本研究的方向。

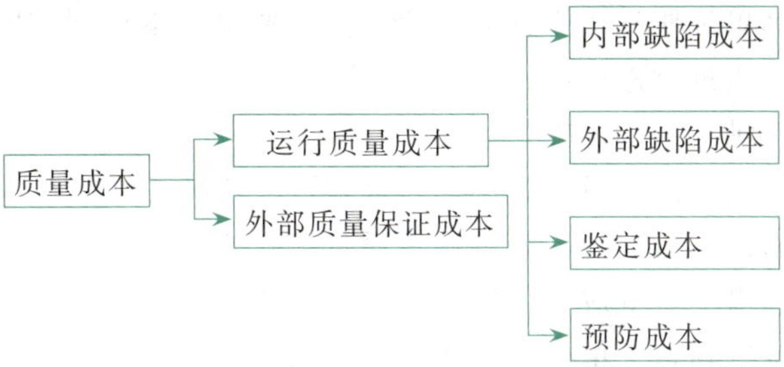

图 7-10　质量成本的构成

1.运行质量成本

（1）内部缺陷成本。它是企业内部由于生产的产品有质量缺陷而造成的损失以及为处理质量缺陷而发生的费用的总和。如果在销售给顾客之前不存在不合格产品，那就没有这类成本。

（2）外部缺陷成本。它是因用户在使用过程中发现产品缺陷而产生的由制造企业支付的一切费用总和。如果没有不合格产品，就不会产生这类成本。

（3）鉴定成本。它是在“一次交验合格”的情况下，为检验产品质量而发生的一切费用。在收集这类成本时，要明确的是所完成的工作项目，而不管是由哪个部门完成的。

（4）预防成本。它是为了防止出现产品质量缺陷，保证和提高产品质量，使故障成本和鉴定成本最低而耗费的一切费用。预防成本通常包括质量管理大纲制定费、质量管理培训教育费和工序控制费等。

2.外部质量保证成本

外部质量保证成本是在运行质量成本基础上的进一步延申和扩展。它涉及制造与销售过程之外的企业活动，是为了确保顾客正常使用产品而提供的售后服务或技术服务，一般包括无形质量成本、顾客质量成本、供应商质量成本和设备质量成本四个方面。

对外部质量保证成本的研究有利于企业更加全面、完整地了解质量成本的规模和影响，从而做出更加切合实际的决策。

（三）质量成本预测和计划

质量成本预测和计划是统计与分析以往的产品质量数据，并根据这些质量数据的变化发展趋势来预测下一阶段所能达成的质量目标。

1.质量成本预测

进行质量成本预测的方法主要有经验判断法、计算分析法和比例测算法。其中，经验判断法主要是以历史数据为基础对成本进行预测；计算分析法是通过质量分析报告来进行质量成本预测；比例测算法的依据是同样的生产者在同样的生产线上和同样的管理机制下，所生产出的产品的合格率应该是具有可比性的。

2.质量成本计划

质量成本计划是为了有效地控制质量成本、提高产品质量而进行质量成本预测的计划。它主要由产品单位质量成本计划、全部产品质量成本计划、质量费用计划、质量成本构成比例计划、质量改进措施计划等构成。

3.质量成本计划的计算方法

质量成本计划是全面质量管理中不可或缺的一部分，在其计算过程中需要使用上一期的质量数据，而这些数据的来源有赖于质量信息管理单位对历史质量信息的存储、整理和分析。下面列出了质量成本计划中四个项目成本的计算公式，将这四个项目成本的计算结果相加就可得到各个单位产品质量成本的计划。

计划期单位产品预防成本计划额=上期预防成本单位产品实际发生额×（1+计划投资增长或降低率）

计划期单位产品鉴定成本计划额=上期鉴定成本单位产品实际发生额×（1+计划投资增长或降低率）

计划期单位产品内部损失计划额=上期单位产品内部损失实际发生额×（1-计划降低率）

计划期单位产品外部损失计划额=上期单位产品外部损失实际发生额×（1-计划降低率）

（四）质量成本分析和报告

1.质量成本分析的内容和方法

质量成本分析主要有质量成本总额分析、质量成本构成分析、质量成本与比较基数的比较分析三个方面的内容。进行质量成本分析时，可以使用指标分析法。指标分析法是将计划期内的指标与基期指标进行对照，考察质量成本目标的提高情况。例如，产品的质量合格率在原来的基础上提高了12%，达到99.7%。

2.质量成本报告的主要内容

质量成本报告的主要内容包括质量成本计划执行和完成情况与基期的对比分析、质量成本四个组成项目构成比例的变化分析、质量成本与相关经济指标的效益对比分析、典型案例和重点问题的分析及解决措施、效益判断的评价和建议等。

（五）质量成本控制和考核

质量成本控制包括事先控制、事中控制、事后控制三个阶段。其控制方法主要有限额费用控制法、围绕生产过程重点提高合格率法。此外，运用质量改进区域、控制区域、至善论区域的划分方法进行质量改进、优化质量成本，也是质量成本控制的常用方法。质量总成本曲线放大如图7-11所示。

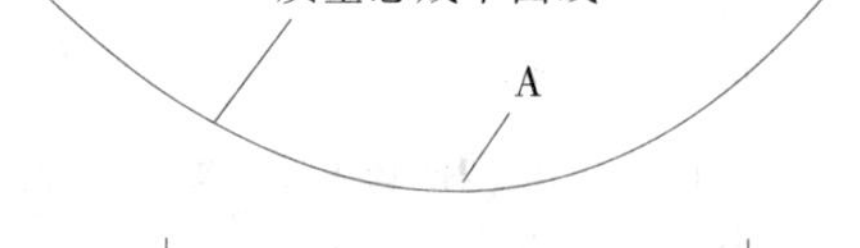

100%不合格品	适宜区	100%合格品
Ⅰ 质量改进区域 缺陷或损失成本＞70% 预防成本＜10% 应确定改进项目，予以实施	Ⅱ 控制区域 损失成本＞50% 预防成本＜10% 如无改进项，重点转为控制	Ⅲ 至善论区域 损失成本＞40% 鉴定成本＜50% 质量过硬，放松检查标准

图7-11 质量总成本曲线放大

（六）质量成本构成比例和特性曲线

1. 质量成本构成比例

通过在生产实践中的长期统计与分析可以发现，四大质量成本费用的构成关系为：内部缺陷成本占质量总成本的25%～40%，外部缺陷成本为20%～40%，鉴定成本为10%～50%，预防成本为0.5%～5.0%。

从各方面成本的比例关系可以看出，成本要素之间是相互关联的，即质量成本构成项目之间是有联系的。如果要降低鉴定成本，不合格品就会出厂，导致外部缺陷成本增加；如果加强前期检查和控制，预防成本和鉴定成本就会提高，但产品内部缺陷成本和外部缺陷成本却会降低，见表7-3。

表7-3　质量成本构成项目之间相互作用的模式

质量成本构成项目	降低质量成本的措施			
	A.降低评价与预防成本	B.提高评价成本（加强检查筛选）	C.加强工序质量控制	D.提高预防成本
预防费用	1/24	1/24	1/24	2/24
筛选检验	1/24	3/24	2/24	1/24
工序控制	1/24	1/24	4/24	2/24
内部缺陷	1/24	12/24	8/24	4/24
外部缺陷	20/24	3/24	2/24	1/24
合　计	24/24	20/24	17/24	10/24

2. 质量成本特性曲线

图7-12为质量成本特性曲线。该图绘制出了预防成本、鉴定成本以及内外部缺陷成本，这些曲线的交叉点实际上是质量总成本中最适宜的成本，也是全面质量管理和成本管理的目标所在。

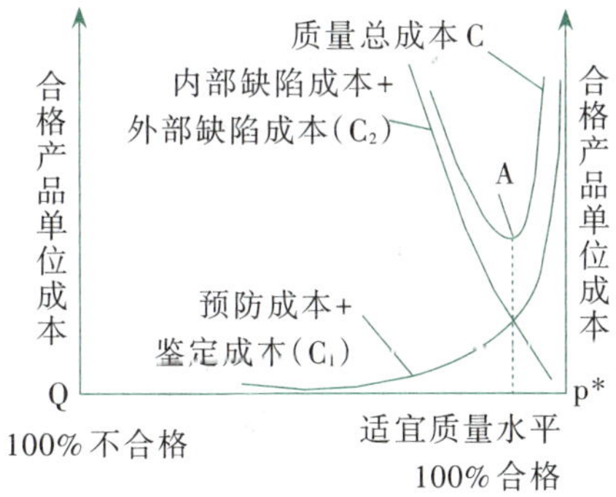

图7-12　质量成本特性曲线

四、全面质量管理

全面质量管理（Total Quality Management，TQM），是指一个组织以质量为中心，以全员参与为基础，通过顾客满意和本组织所有成员及社会受益而实现长期成功的管理途径。

视频7-4

全面质量管理

（一）全面质量管理的八大原则

（1）以顾客为中心，不断通过PDCA循环进行持续的质量改进来满足顾客的需求。

（2）领导的作用。一个企业从总经理层到员工层，都必须参与到质量管理的活动中来。其中，最为重要的是企业的决策层必须对质量管理给予足够的重视。

（3）全员参与。它是全面质量管理思想的核心。

（4）过程方法。它将全面质量管理所涉及的相关资源和活动都作为一个过程来进行管理。PDCA循环实际上是用来研究一个过程的，因此企业必须将注意力集中到产品生产和质量管理的全过程上来。

（5）系统管理。当开展一项质量改进活动的时候，首先需要制定、识别和确定目标，理解并统一管理一个由相互关联的过程所组成的体系。由于产品生产并不仅仅是生产部门的事情，因而需要组织所有部门都参与到这项活动中来，这样才能够最大限度地满足顾客的需求。

（6）持续改进。统计技术和计算机技术的应用正是为了更好地做好持续改进工作。

（7）以事实为基础。作为迄今为止最为科学的质量管理，全面质量管理也必须以事实为依据，背离了事实基础就没有任何意义。

（8）互利的供方关系。组织和供方之间保持互利关系，可增强两个组织创造价值的能力，从而为双方的进一步合作奠定基础，谋取更大的共同利益。因此，全面质量管理实际上已经渗透到供应商的管理之中。

（二）全面质量管理的内容本质

TQM的一般性内容和方法实际上揭示了TQM的本质：①从产品的设计、开发，一直到产品销售给顾客后提供的售后服务，其间所有的环节都属于TQM的范围。②TQM是对全过程的管理，首先从顾客的需求开始，经过设计、检验等全过程的活动，生产和销售满足客户需要的产品。③TQM是一种全员参与的质量管理模式，仅依靠一小部分人是无法实现全面质量管理的，它需要所有人员自发地进行质量问题的预防和保证。④TQM采用科学的质量管理方法，当前最为先进的科学技术、经营管理和统计技术都被广泛地应用到全面质量管理的过程之中，使其变得更为可靠。

全面质量管理的全过程螺旋式上升情况如图7-13所示，箭头所指的方向是用户需求。从企业的质量发展计划开始，通过试验研究，设计出能够满足客户需要的产品，并且进行试制，在试制过程中测量或评估产品满足客户需求的程度。

产品通过鉴定后，再经过生产前的准备、正式生产、工序控制、成品检验、包装入库、产品销售以及售后服务和市场调查，就构成了全面质量管理的全过程。因此，全面质量管理的内容和目标是使这个全过程中的所有工作和产品以及副产品的质量都能满足顾客的需求。

这一全过程涉及设计试制、生产制造、辅助生产、产品使用和维修等具体内容。在每一个具体环节中，TQM都发挥着难以替代的巨大作用。

（三）全面质量管理的思想基础和方法依据

爱德华兹·戴明（Edwards Deming）博士最早提出了PDCA循环的概念，所以这一概念又被称为“戴明环”。全面质量管理的思想基础和方法依据就是PDCA循环。这种循环是一种能使任何一项活动都有效进行的合乎逻辑的工作程序，在企业的质量管理中得到了广泛应用。

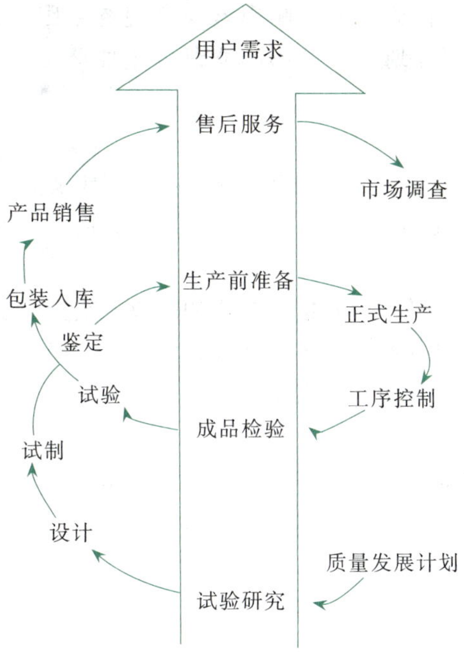

图 7-13　TQM全过程螺旋式上升情况

PDCA 循环（计划（P）—实施（D）—检查（C）—处理（A））是现场质量保证体系运行的基本方式，它反映了不断提高质量应遵循的科学程序。全面质量管理在PDCA 循环的规范下，形成了四个阶段和八个步骤，如图 7-14 和图 7-15 所示。

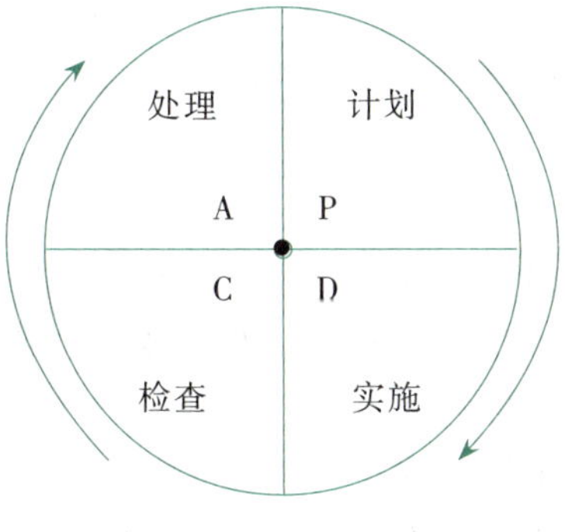

图 7-14　PDCA循环的四个阶段

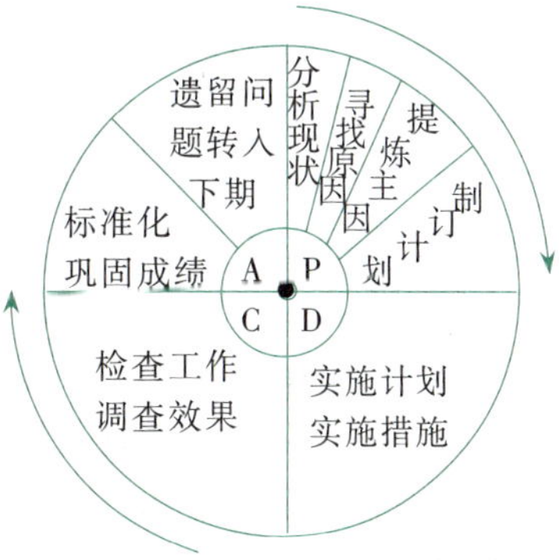

图 7-15　PDCA循环的八个步骤

◆P：计划（Plan）

在开始进行改善的时候，首先要做的工作是计划。计划包括制定质量目标、活动计划、管理项目和措施方案。计划阶段需要检讨企业目前的工作效率、追踪流程目前的运行效果和整理流程过程中出现的问题；对搜集到的资料进行分析并制订初步的解决方案，提交公司高层批准。

计划阶段包括四项工作内容：①分析现状。通过对现状的分析，找出存在的主要质量问题，尽可能以数字进行说明。②寻找原因。在所搜集到的资料的基础上，分析产生质量问题的各种原因或影响因素。③提炼主因。从各种原因中找出影响质量的主要原因。④制订计划。针对影响质量的主要原因，制订解决方案，并具体落实到执行者。

◆D：实施（Do）

在实施阶段，要针对制订的计划和措施，具体组织实施和执行。将初步解决方案提交公司高层进行讨论，在得到公司高层的批准之后，由公司提供必要的资金和资源来支持计划的实施。

在实施阶段需要注意的是，不能将初步的解决方案全面展开，而只能在局部的生产线上进行试验。这样，即使解决方案存在较大的问题，损失也可以降到最低限度。通过类似白鼠试验的形式，检验解决方案是否可行。

◆C：检查（Check）

在检查阶段，将执行的结果与预定目标进行对比，看是否取得了预期效果。按照检查的结果，来验证生产线的运作是否按照原来的标准进行，或者原来的标准规范是否合理等。

生产线按照标准规范运作后，分析所得到的检查结果，查看标准本身是否出现了偏移。如果出现了偏移现象，重新策划，重新执行。这样，通过暂时性生产对策的实施，检验方案的有效性，进而保留有效的部分。检查阶段可以使用的工具主要有排列图、直方图和控制图。

◆A：处理（Action）

处理阶段包括两方面的内容：①总结经验，予以标准化：对成功的经验加以肯定，制定成标准；把差错记录在案，作为鉴戒，防止今后再度发生。②问题转入下一个循环：将遗留问题转入下一个管理循环，作为下一阶段的计划目标。

（四）质量管理新老七种工具/方法

1.质量管理的老七种工具/方法

（1）排列图。它又称帕累托图或主分析图，最早由意大利经济学家维尔弗雷多·帕累托（Vilfredo Pareto）用于经济分析，后来由美国质量管理专家朱兰将其应用于全面质量管理之中，成为全面质量管理常用的质量分析方法之一。

排列图中有两个纵坐标、一个横坐标、若干个柱状图和一条自左向右逐步上升的折线。左边的纵坐标为频数，右边的纵坐标为频率或称累积占有率。一般来说，横坐标表示影响产品质量的各种问题或项目，纵坐标表示影响程度，折线为累积曲线。

排列图法的应用实际上是建立在ABC分析法[①]基础上的，它将现场中作为问题的废品、缺陷、毛病、事故等，按其现象或原因进行分类，选取数据，根据废品数量和损失金额的多少排序，然后用柱形图表示其大小。因此，排列图法的核心目标是找到影响生

① ABC分析法，是根据数量和价值将各种因素分为A、B、C三个等级。其中，A类因素数量居少，价值却最大；B类因素数量居中，价值为中等；C类因素数量居多，价值最小。

产质量的主要因素。例如，可以将累积出现的频率百分比累加达到70%的因素称为A类因素，它是影响质量的主要因素。

排列图能够从众多的项目中找出最重要的问题，能清楚地看到问题的大小顺序，能了解项目在整体中的重要程度，具有较强的说服力，被广泛应用于确定改革的主要目标和效果、调查产生缺陷及故障的原因。因此，企业管理人员必须掌握排列图的绘制，并将其应用到质量管理全过程中去。绘制排列图的步骤如图 7-16 所示。

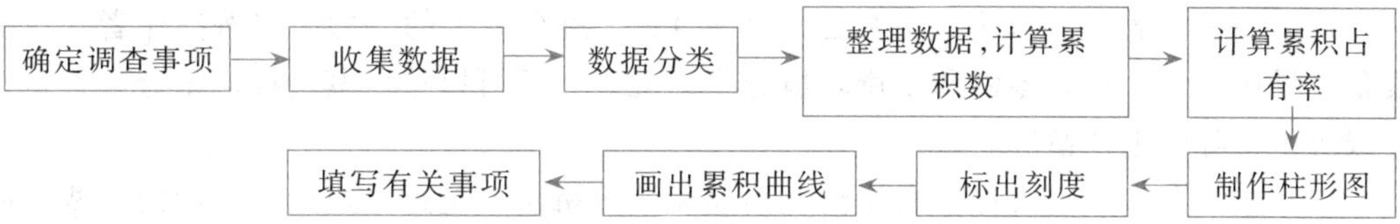

图 7-16　排列图的绘制步骤

（2）因果分析图。它也称特性要因图、树枝图、鱼刺图、石川图，是对作为问题的特性（结果）和对最次特性产生影响的要因（原因）进行系统整理和归纳，并将其画在类似鱼刺形的图上。因果分析图对查找产品质量问题产生的原因、工程的管理和改善，都是一种简明而有效的方法。其一般样式如图 7-17 所示。

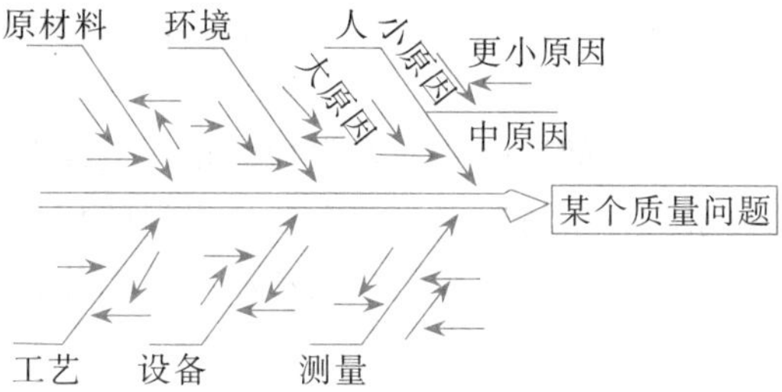

图 7-17　因果分析图的一般样式

因果分析图可以对各种产品质量问题产生的原因进行分析，是全面质量管理过程中进行质量分析时使用频率最高的方法。

绘制因果分析图最一般的方法是“大枝展开法”，即从大枝到中枝、从中枝到小枝，按此次序提出各种要因。这样可以将各种因素限制在预先确定的框内，容易形成小而整齐的因果图。

在因果图中，作为特性经常出现的：在质量方面有尺寸、重量、纯度、废品率、疵点数；在效率方面有工时、需要时间、运转率、负荷系数、产量；在成本方面有收/得到率、损耗、材料费、废品率、人工费。此外，特性要因在大的方面一般可以分为4M1E（操作者、机械设备、操作方法、材料零件和生产环境）和八大要素（除了4M1E之外，另有工具、检测、搬运）。

（3）对策表（也称措施计划表）。在运用对策表时，首先用排列图和鱼刺图找出影响质量的主要原因，然后再找出解决产品质量问题的具体措施，并进行落实。对策表是一种矩阵式的表格，其中包括序号、问题（或原因）、对策（或措施）、执行人、检查人

(或负责人)、期限、备注等栏目。

对策表一般按照PDCA循环的四个阶段、八个步骤进行。它是执行阶段（D）的依据。

（4）分层法。它又称分类法，是加工整理数据、分析影响质量的原因的一种方法。分层法是把收集到的数据按照不同的目的加以分类，把性质相同、同一生产条件下的质量数据归类在一起加工整理，使得数据反映的事实更明显、更突出，便于找出问题。

在全面质量管理过程中，分层法是按照4M1E进行分类的，即可以按操作者、机械设备、操作方法、材料零件和生产环境分类。此外，还可以按照其他标志来分类，这完全取决于实际的生产情况。

（5）相关图法。它又称散布图法、简易相关分析法，是通过运用相关图研究两个质量特性之间的关系来控制影响产品质量相关因素的一种常用方法。相关图是把两个变量之间的相关关系用直角坐标系表示出来的图表，它将影响质量特性因素的各对数据用小点表示，填列在直角坐标图上，并观察它们之间的关系。

对于相关图法，可以应用相关系数、回归分析等进行定量分析处理，确定各因素对产品质量影响程度的大小。如果两个变量之间的相关度很高，那么可以通过对一个变量的控制来间接控制另一个变量。因此，对相关图的分析，可以帮助我们肯定或者否定两个变量之间可能存在的关系的假设。

在相关图中，两个变量之间可能有非常强烈的正相关或弱正相关。这体现了这两个变量之间不同的因果关系。一般情况下，两个变量之间的相关类型主要有六种：强正相关、弱正相关、不相关、强负相关、弱负相关和非线性相关，如图7-18所示。

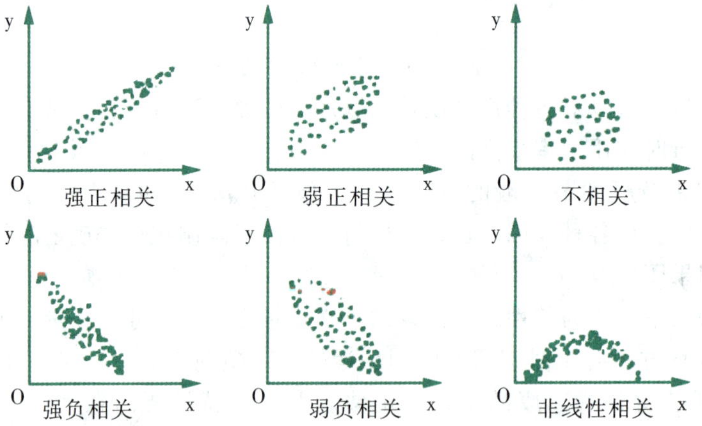

图7-18　两个变量的六种相关类型

（6）直方图。它也称质量分布图、矩形图、柱形图、频数图，是一种用于工序质量控制的质量数据分布图形，是全面质量管理过程中进行质量控制的重要方法之一。直方图适用于对大量计量数值进行整理加工，找出其统计规律，也就是分析数据分布的形态，以便对其整体的分布特征进行推断。

直方图是将测量得到的一批数据按大小顺序整理，并将其划分为若干个区间，统计各区间内的数据频数，再把这些数据频数的分布状态用直方形表示的图表。通过对直方图的研究，可以探索质量分布规律，分析生产过程是否正常。直方图的一般格式如图 7-19 所示。

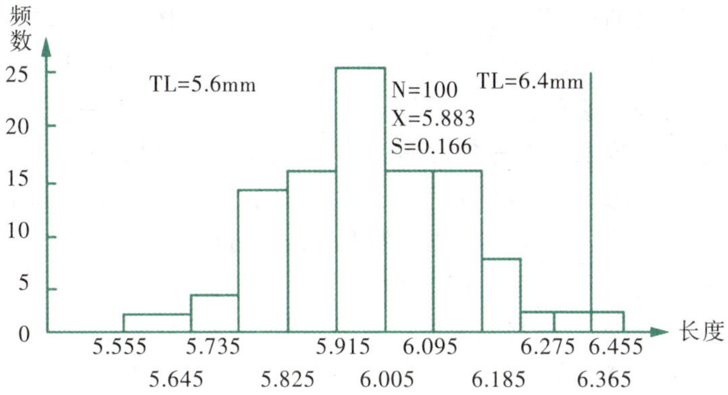

图 7-19 直方图的一般格式

一般情况下，计量值在直方图的中心附近最高，而越向左右则越低，多呈左右对称的形状。实际上可能形成的直方图各种各样，常见的有正常型、折齿型、缓坡型、孤岛型、双峰型和陡壁型等，如图 7-20 所示。

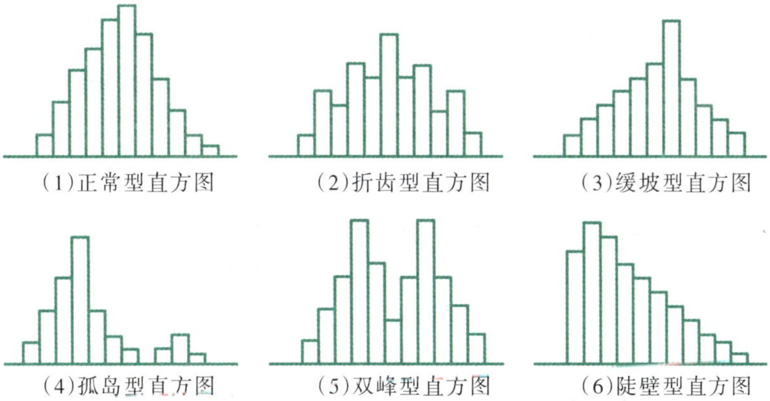

图 7-20 常见的直方图类型

①正常型直方图。它是最为常见的直方图，特点是中心附近频数最大，离开中心则逐渐减小，呈现左右对称的形状。当一种产品处于稳定期的时候，产品合格率的分布情况应该是呈现出正常型的特点，接近于正态分布。

②折齿型直方图。它的特点是在区间的某一位置上频数突然减小，形成折齿形或梳齿形。造成这种结果的原因可能是数据分组太多，或者是测量误差过大，或者是观测到的数据不准确，应重新进行数据的收集和整理。

③缓坡型直方图。由于某种原因使下限（或上限）受到限制时，图的顶峰有时偏向左侧，有时偏向右侧。

④孤岛型直方图。它的特点是在直方图的左端或右端出现分立的“小岛”。当工序中有异常原因时，如在短期内由不熟练的工人替班加工，或者测量有了系统性的错误，会产生孤岛型直方图。

⑤双峰型直方图。它的特点是分布中心附近频数较小，左右各出现一个“山峰”。造成这种结果的原因可能是：观测值来自两个总体，进而产生了两个分布，说明数据分类存在问题；或者两个产品混在了一起。这时应当加以分层，再画直方图。

⑥陡壁型直方图。它的特点是频数平均值偏离中心、靠近一侧，而另一侧则逐渐减小，形成一侧较陡、左右非对称的图形。当产品质量较差时，为了得到合格的产品，需要进行全数检查，以便剔除不合格品；当以剔除不合格品以后的产品数据作直方图时，就会产生陡壁型直方图，这是一种非自然形态的直方图。

（7）控制图。它也称质量管理图或监控图，是指把质量波动的数据绘制在图上，观察其是否超过控制界限，以判断工序质量是否处于稳定状态。这种方法是1924年由美国人沃特·休哈特（Walter Shewhtar）首创的，应用简单、效果较佳、极易掌握，能直接监控生产过程，起到保证质量的作用。控制图如图7-21所示。

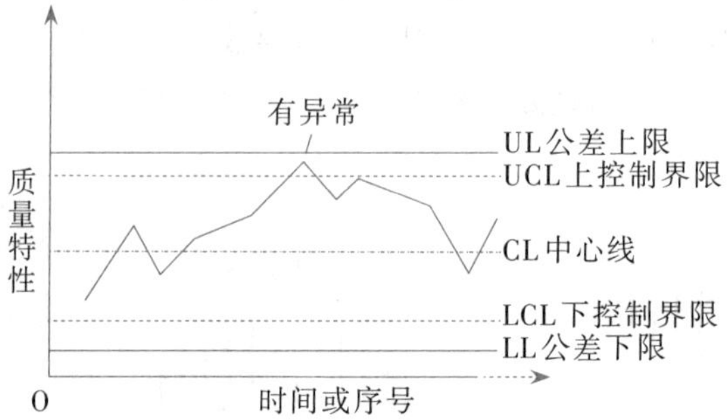

图7-21　控制图

控制图的基本原理是把造成质量波动的六个原因（操作者、机械设备、操作方法、材料零件、生产环境和测量）分为两大类：随机性原因（偶然性原因）和非随机性原因（系统原因）。这样，就可以通过控制图来有效判断生产过程中工序质量的稳定性，及时发现生产过程中的异常现象，查明生产设备和工艺装备的实际精度，从而为制定工艺目标和规格界限奠定基础，使得工序的成本和质量可预测，并能以较快的速度和较高的准确性测量出系统误差的影响程度。

2.质量管理的新七种工具/方法

（1）关联图法。

①关联图的概念。关联图法也称关系图法，是用连线图来表示事物相互关系的一种方法。如图7-22所示，图中各因素A、B、C、D、E、F、G之间有一定的因果关系。其中，因素B受因素A、C、E的影响，它本身又影响因素F，而因素F又影响因素C和G……这样，找出因素之间的因果关系，便于通观全局、分析研究以及制定出解决问题的措施和计划。

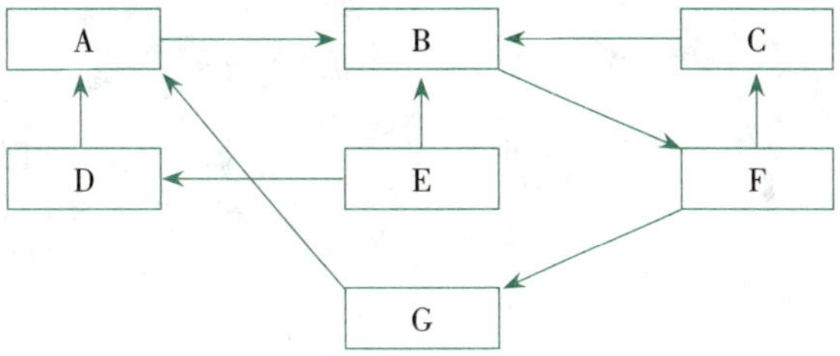

图 7-22　关联图

②关联图的特点：适合整理原因非常复杂的问题；容易取得成员的一致意见；从计划阶段开始就能以广阔的视野透视问题；形式自由，有助于因素之间的联系和转换；可打破先入为主的观念。

③关联图的主要用途：一是制定质量管理的目标、方针和计划；二是分析产生不合格品的原因；三是制定质量故障的对策；四是规划质量管理小组活动；五是用户索赔对象分析。

④关联图的绘制步骤：一是找出与问题有关的各种因素；二是用简明而确切的文字或语言加以描述；三是对因素之间的因果关系以箭头符号进行逻辑上的连接（不表示顺序关系，而表示一种相互制约的逻辑关系）；四是根据图形进行分析讨论，检查有无不够确切或遗漏之处，复核和认可上述各种因素之间的逻辑关系；五是指出重点，确定从何处入手来解决问题，并拟定措施和计划。

在绘制关联图时，箭头的指向原则：如果各因素之间的关系是原因-结果型的，从原因指向结果（原因→结果）；如果各因素之间的关系是目的-手段型的，则从手段指向目的（目的→手段）。

⑤关联图的绘制形式。

第一种，中央集中型关联图。它是指尽量把重要的项目或要解决的问题安排在中央位置，把关系最密切的因素尽量安排在它的周围，如图 7-23 所示。

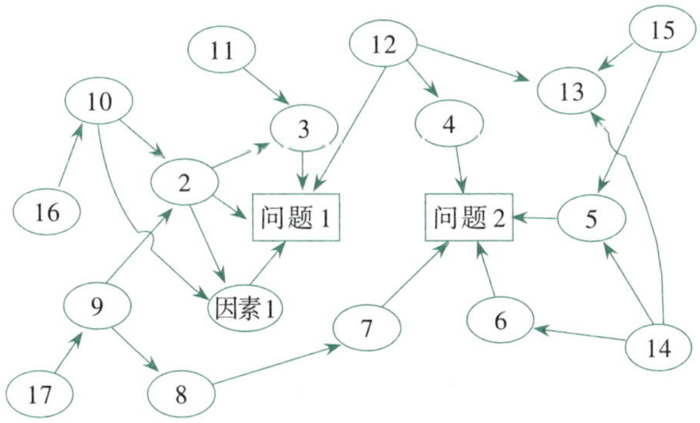

图 7-23　中央集中型关联图

第二种，单向汇集型关联图。它是把重要的项目或要解决的问题安排在右边（或左边），把各种因素按主要因果关系尽可能地从左（或从右）向右（或左）排列，如图 7-24 所示。

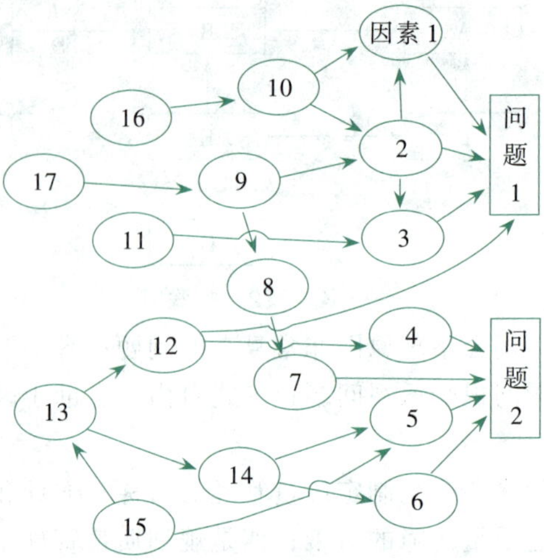

图 7-24 单向汇集型关联图

第三种，关系表示型关联图。它是以各项目间或各因素间的因果关系为主体的关联图，如图 7-25 所示。

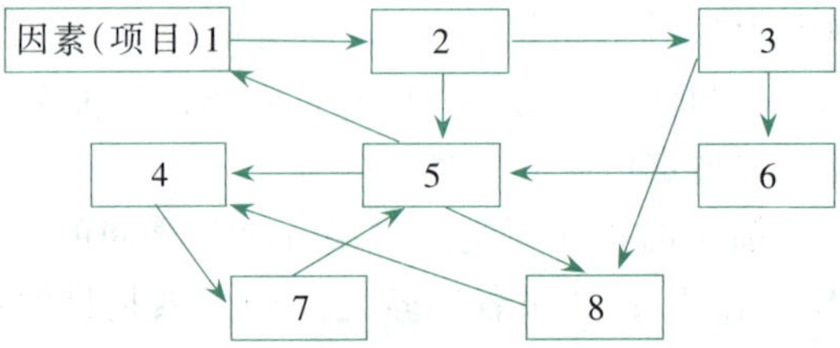

图 7-25 关系表示型关联图

第四种，应用型关联图。它是以上述三种图形为基础而形成的图形，如图 7-26 所示。

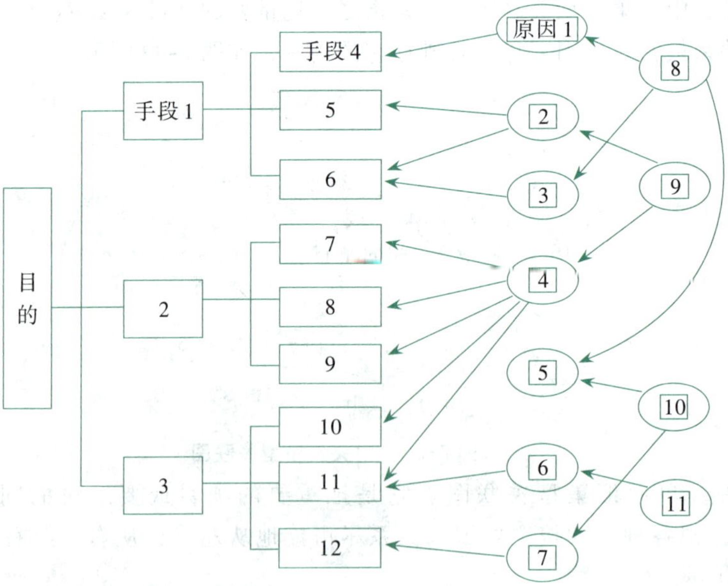

图 7-26 应用型关联图

（2）KJ法

①KJ法的概念。KJ法是由日本的川喜田二郎提出的。“KJ”二字取的是川喜英文名字（Jiro Kawakita）的第一个字母。这一方法是指在错综复杂的现象中，用一定的方式来整理思路、抓住实质、找出解决问题新途径的方法。

②KJ法的特点。KJ法不同于统计方法，统计方法强调一切用数据说话，而KJ法则主要用事实说话，靠“灵感”发现新思想、解决新问题。KJ法认为许多新思想、新理论往往是灵机一动、突然闪现的。但应指出的是，统计方法和KJ法的共同点都是从事实出发，重视根据事实考虑问题。

③KJ法的主要用途：一是认识新事物（新问题、新办法）；二是整理、归纳思想；三是从现实出发，采取措施，打破现状；四是提出新理论，进行根本改造，“脱胎换骨”；五是促进协调，统一思想；六是贯彻上级的方针并将其变成下属的主动行为。

④KJ法的工作步骤：一是确定对象（或用途）。KJ法适用于解决那种非解决不可且又允许用一定时间去解决的问题。对于要求迅速解决、急于求成的问题，不宜用KJ法。二是收集语言、文字资料。收集时，要尊重事实，找出原始思想（“活思想”“思想火花”）。收集这种资料的方法有直接观察法、面谈阅读法和个人思考法等。通常，应根据不同的使用目的对以上收集资料的方法进行适当选择（见表7-4）。三是把所有收集到的资料（包括“思想火花”）都写成卡片。四是整理卡片。整理时，不是按照已有的理论和分类方法来整理，而是把自己感到相似的归并在一起，逐步整理出新的思路。五是把同类卡片集中起来，并进行分类。

表7-4　KJ法卡片

收集方法 使用目的	直接观察	面谈阅读	查阅文献	BS(个人思考法)	回忆	检讨
认识新事物	◎	△	△	△	○	×
归纳思想	○	◎	○	○	○	◎
打破现状	◎	○	○	◎	◎	◎
脱胎换骨	△	◎	◎	×	○	○
参与计划	×	×	×	◎	○	○
贯彻方针	×	×	×	◎	○	○

注：◎常用；○使用；△不常使用；×不使用。

在应用KJ法时，若要认识新事物，打破现状，就要用直接观察法；若要把收集到的一手资料提高到理论的高度，就要查阅文献。

（3）系统图法。

①系统图法的概念。系统图法是系统地分析、探求实现目标的最好手段的方法。在

质量管理中，为了达到某种目的，需要选择某一种手段；而为了采取这一手段，又需要考虑它下一级的相应手段。这样，上一级手段就成为下一级手段的行动目的。把要达到的目的和所需要的手段系统展开，按照顺序来分解，绘制图形（如图7-27所示），就能对问题有一个整体的认识。然后，从图形中找出问题的重点，提出实现预定目标的理想途径。它是系统工程理论在质量管理中的一种具体运用。

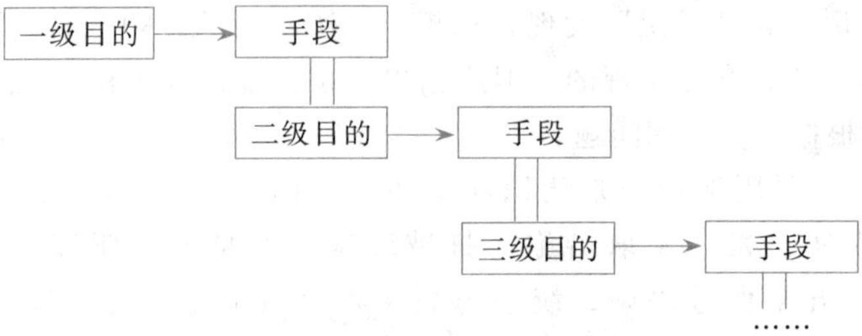

图7-27　系统图法

②系统图法的主要用途：一是在新产品的研制开发中，应用于设计方案；二是在质量保证活动中，应用于质量保证事项和工序质量分析事项；三是应用于目标、实施项目；四是应用于价值工程的功能分析；五是结合因果分析图，使之进一步系统化。

③系统图法的工作步骤：一是确定目的；二是提出手段和措施；三是评价手段和措施，决定取舍；四是把各种手段（或方法）都写成卡片；五是把目的和手段系统化；六是制订实施计划。

（4）矩阵图法

①矩阵图法的概念。矩阵图法是借助数学上矩阵的形式，把与问题有对应关系的各个因素绘制成一个矩阵图，然后根据矩阵图的特点进行分析，从中确定关键点（或着眼点）的方法。

运用这种方法，先把要分析的因素分为两大群（如R群和L群），把属于R群的因素（R_1，R_2，…，R_m）和属于L群的因素（L_1，L_2，…，L_n）分别排成行和列。在行和列的交点上表示R和L各因素之间的关系，这种关系可用不同的记号来表示。

②矩阵图法的主要用途：一是确定系列产品的研制；二是用于原材料的质量分析；三是研究产品不良现象与材料设备工艺之间的关系；四是拟订与市场关联的产品战略方案；五是确定产品质量特性与责任部门之间的关系；六是明确质量要求与工序管理之间的关系。

（5）矩阵数据分析法。

①矩阵数据分析法的概念。矩阵数据分析法与矩阵图法类似。它区别于矩阵图法的地方是：不是在矩阵图上填符号，而是填数据，形成一个分析数据的矩阵。矩阵图上各元素之间的关系如果能用资料定量化表示，就能更准确地整理和分析出结果。这种可以用数据表示的矩阵图法，称为矩阵数据分析法。它是一种定量分析问题的方法，运用这种方法，往往需借助计算机来求解。

②矩阵数据分析法的主要用途：一是预测定型；二是质量分析；三是满意度调查；四是新产品用途分析；五是理化性能、光电特性分析。

（6）PDPC法。

①PDPC法的概念。PDPC法（Process Decision Program Chart）又称过程决策程序图法，是在制定目标的计划阶段，对计划执行过程中可能出现的各种障碍及结果做出预测，并相应地提出多种应变计划的一种方法。这样，在计划执行过程中遇到不利情况时，仍能有条不紊地按第二、第三或其他计划执行。

如图7-28所示，假定A_0表示不合格品率较高，计划通过种种措施，把不合格品率降到Z水平。

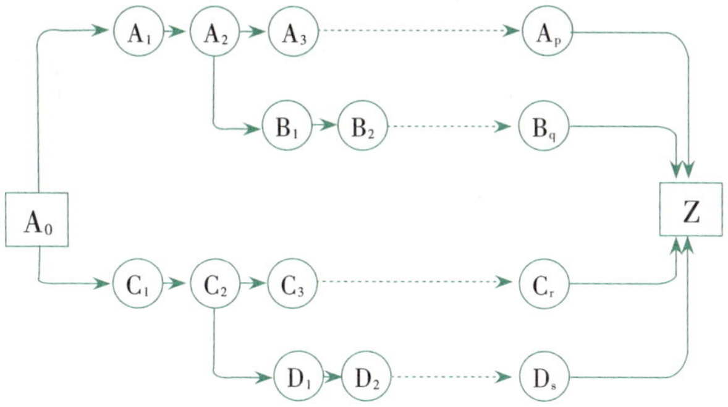

图7-28　PDPC法示意图

先制订出从A_0到Z的措施是A_1，A_2，A_3，…，A_p的一系列活动计划。在讨论中，考虑到技术或管理上的原因，要采取措施A_3有不少困难，于是从A_2开始制订出应变计划（即第二方案），经A_1，A_2，B_1，B_2，…，B_q到Z目标。同时，还可以考虑同样能达到目标Z的C_1，C_2，C_3，…，C_r或者C_1，C_2，D_1，…，D_s的另外两个系列的活动计划。这样，当前面的活动计划遇到问题、难以达到Z水平时，仍能及时采用后面的活动计划达到Z水平。

②PDPC法的主要用途：①制订新产品开发的实施计划；②制定重大事故防范措施；③制定生产质量问题防范措施；④提出处理质量纠纷的方案。

（7）箭条图法

箭条图法又称矢线图法，是计划评审法在质量管理中的具体运用，是使质量管理的计划安排具有时间进度内容的一种方法。它的作用在于从全局出发、统筹安排，抓住关键线路，集中力量，按时和提前完成计划。

（五）新老七种工具/方法的灵活运用

在全面质量管理中，新老七种工具都能发挥很重要的作用，尤其是老七种工具，由于其简单易用，目前应用较为广泛。应该注意到，各种工具的应用不是孤立的，而是相互关联的，一种工具可能使另一种工具的结果得到深化和具体化，为解决问题创造良好的条件。只要充分熟悉并掌握了新老各种工具的奥妙，就能在解决实际问题时得心应手。例如，在PDCA循环中，各种工具就能够得到灵活的运用，见表7-5。

表 7-5　　PDCA循环各阶段质量管理工具的灵活运用

工具阶段		老七种工具/方法							新七种工具/方法						
		排列图	因果分析图	对策表	直方图	控制图	相关图	分层法	KJ法	关联图	系统图	矩阵图	箭条图	PDPC法	矩阵数据分析法
P	选题	●	○	○	○	○		○	●	○					
	确定目标	○			○	○		○				○			
	现状调查	●	○	●	○	○		○	●	○	○	●			○
	原因分析	●	●	○	●	●	●	○		●	●	●			
	制定对策		○								○	○	●	●	
D	对策实施	○			○	●							○	○	○
C	效果检查	●		○	●	●		○							
A	巩固措施			○		○					○	●			
	遗留问题	●			○	○									

注：●特别适用，○可用。

应知考核

随堂测 7

一、单项选择题

1. 下列不属于生产管理基本问题的是（　　）。

A. 提高质量　　B. 降低成本

C. 保证交货期　　D. 提高产量

2. 下列不属于企业生产过程的是（　　）。

A. 基本生产　　B. 辅助生产　　C. 生产技术设备　　D. 原材料开采

3. 生产运作过程的核心是（　　）。

A.生产技术准备过程 B.基本生产过程

C.辅助生产过程 D.生产服务过程

4.工艺专业化车间布置方式的最大优点是（ ）。

A.对产品变化有较强的适应性 B.简化了管理工作

C.节约运输设备和运输人力 D.为流水生产创造了条件

5.对于体积小、单件加工时间短、批量小的零件，可选择（ ）。

A.顺序移动方式 B.平行移动方式

C.平行顺序移动方式 D.三者均可

6.通常情况下，生产过程时间组织最短的是（ ）。

A.平行顺序移动 B.顺序移动 C.平行移动 D.垂直移动

7.5S活动，是对生产现场各生产要素所处状态不断进行整理、整顿、清扫、清洁和（ ）的活动。

A.提高水平 B.提高素养 C.提高文明 D.提高文化

8.（ ）阶段质量管理的重点主要是确保产品质量符合规范和标准。

A.早期质量管理 B.统计质量控制 C.全面质量管理 D.质量检验

9.最早提出PDCA循环概念的是（ ）。

A.费根堡姆 B.休哈特 C.朱兰 D.戴明

10.下列属于质量管理新七种工具/方法的是（ ）。

A.分层法 B.直方图 C.关联图 D.相关图

二、多项选择题

1.生产运作管理的基本内容有（ ）。

A.生产系统的运行 B.生产系统的维护

C.生产系统的设计 D.生产系统的改进

2.运行质量成本是在产品的制造和销售过程中所发生的质量成本，一般由（ ）组成。

A.鉴定成本 B.外部缺陷成本 C.内部缺陷成本 D.预防成本

3.工序间在时间上结合的移动方式主要有（ ）。

A.平行顺序移动 B.平行移动 C.混合移动 D.顺序移动

4."戴明环"包括（ ）。

A.计划 B.组织 C.实施 D.检查

5.以下属于质量管理老七种工具/方法的有（ ）。

A.分层法 B.直方图 C.关联图 D.相关图

三、简答题

1.简述现代企业生产运作管理所面临的新环境及具备的特征。

2.简述生产过程的组织形式。

3.简述定置管理的基本内涵。

4.简述质量经济性分析的基本方法。

5. 简述全面质量管理的内容本质。

应会考核

一、案例分析

【背景资料】

上汽通用汽车有限公司质量管理

为深入贯彻制造强国和质量强国战略，加强企业质量品牌建设，结合工信部“打造质量标杆企业”“发挥质量标杆企业引领作用”的要求，上海市自2019年11月开始在全市范围内开展了2019年度“质量标杆”活动，遴选出17家上海市“质量标杆”企业。为充分发挥标杆引领作用，促进先进质量管理方法的实践推广，我们将专题介绍17家“质量标杆”的先进经验，引导各行业企业提高质量管理水平，共同促进上海工业企业高质量发展。

上汽通用汽车有限公司成立于1997年，旗下凯迪拉克、别克、雪佛兰三大品牌产品覆盖了乘用车各细分市场。作为中国汽车领军企业之一，其市场占有率和销量连续多年位居排行榜第一梯队，并同时出口整车和零部件至多个国家和地区。公司持续追求卓越质量，力求以安全优质的汽车产品和无微不至的服务，助力中国制造走向世界。

上汽通用根据公司战略、顾客与市场需求的变化，搭建了面向全球的新产品全生命周期质量管理平台。平台覆盖质量管理全过程，从质量策划、质量控制、质量保证和质量改进四方面落地，设计阶段输入全球客户需求，创新FMEA FIT集成系统，完善设计及工艺开发，搭建PQRR项目质量管理评审系统为平台运行提供流程保障；通过OTA远程系统升级及售后24h快速响应机制等持续提升产品全生命周期客户体验，并通过创新管理流程和质量工具，实现产品全生命周期的闭环质量管理。

基于该平台研发的产品已投放全球市场，获得显著经济效益和社会收益，百辆车抱怨率年均下降10%，售后索赔成本年均下降2亿元，多款出口车型实现全球销量口碑双丰收，并多次荣获“全国质量奖”“全国质量技术奖”等荣誉。该平台将持续增强公司的核心竞争力，以创新的汽车产品和服务，引领智慧出行，成就美好生活。

资料来源　佚名.上汽通用汽车有限公司构建面向全球的新产品生命周期质量管理平台的经验［EB/OL］.［2020-08-05］.http：//mini.eastday.com/a/200805163942017.html.

【考核要求】

上汽通用汽车有限公司是如何开展全面质量管理的？它在质量管理上有哪些秘诀？

二、综合实务

鸿星尔克自主技术打造核心竞争力，以匠人之心铸就新国货

2021年7月21日，鸿星尔克在官方微博宣布，向河南灾区捐赠价值5 000万元的物资。这则消息在网上迅速传播的同时也引来网友们的“野性消费”，而后又引发了“质疑诈捐”风波，可见善良的力量、网络的力量。好在事实胜于雄辩，鸿星尔克董事长吴

荣照的发言给网友留下了深刻印象，令人深思。据了解，截至7月24日，鸿星尔克在某平台直播间销售额突破1亿元，总销量超60万件，总点赞数达4.28亿。官方截图显示，目前鸿星尔克官微已被网友开通会员至2140年，长达120年。而对于网友的支持，鸿星尔克也发文致谢，并表示“立志成为百年品牌，不然对不起网友送的会员”。

毋庸置疑，鸿星尔克本身拥有诸多优势，如多年低调行事、物美价廉、质量过硬等等不一而足。然而，在以千禧一代和“Z世代”为主要消费群体的当下，该品牌也暴露出了部分短板。事实上，鸿星尔克近年来的业绩表现并不尽如人意，财报披露：2018年鸿星尔克亏损2.98亿元，2019亏损295.8万元。而究其原因，主要是经营方向一度“跑偏”；品牌的原创设计及创意能力有所欠缺，尚未形成所谓的爆款或拳头产品。此外其，营销方式也略显单一。

事件发酵后，吴荣照董事长骑着小黄车来到直播间，自我介绍说：“大家好，我是鸿星尔克的吴荣照……我只是中国千千万万个创业的企业家之一。”其自我介绍时没有职位、头衔说明，尽显朴实无华之风。反观许多成名的所谓企业家，在自我介绍时光头衔就得说五分钟。对比之后，高下立见。

吴荣照董事长的讲话具有鲜明的客户第一的意识，懂得换位思考，非常接地气，他说：“希望大家理性消费，不需要的东西就不要购买了。”相比其他主播的专用名词“买它、买它”，真是一股清泉、一道亮丽的风景线。

吴荣照董事长在讲话中提到“恳请大家不要给同行造成困扰”，其尊重同行，不搞恶性竞争，不诋毁同行，充满善意，具有良好的社会责任感。

吴荣照董事长还站在社会的角度来讲话，他说只是凭着初心在做一些力所能及的事情，希望大家多关注灾情，能够把目光放到灾情现场，更多地关注一线救灾人员，因为他们值得我们更多的掌声。其将“小我”融入“大我”中，强调家国情怀、责任担当，反映了一名共产党员全心全心意为人民服务的责任与情怀。

吴荣照董事长面对网上的质疑，坦诚已经承诺捐赠的价值5 000万元的物资将分期分批送达灾区，坦诚自己的公司并没有像网上说的那样要破产，还能够坚持做好自己的品牌。请大家不要神话鸿星尔克，他只是新时代下普普通通的创业者之一，将不忘初心、牢记使命，继续做好一名创业者的本职工作。

吴荣照董事长的讲话反复强调家国情怀、责任担当，这是每一位企业管理者、每一个职场人应当具备的基本立场。行善，如春园之草，不见其长，日有所增。良善不会被辜负，爱与爱的传递将会继续。

资料来源　佚名.董事长吴荣照恳请网友：不要神化鸿星尔克未“濒临破产”[EB/OL].[2021-07-26].https://news.iresearch.cn/content/202107/387399.shtml.有删减.

根据上述案例，请回答下列问题：

1.吴荣照董事长“希望大家理性消费，不需要的东西就不要购买了”，体现了（　　）。

A.“朴实无华、真诚感人“的魅力

B.“客户服务、换位思考”的意识

C.“出于公心、大爱无疆”的情怀

D.“开诚布公、实事求是”的担当

2.从管理者的角度来看，吴荣照董事长自我介绍时没有职位、头衔说明，体现了(　　)。

A.“朴实无华、真诚感人“的魅力

B.“客户服务、换位思考”的意识

C.“尊重同行、善意营销”的思维

D.“出于公心、大爱无疆”的情怀

3.吴荣照董事长“恳请大家不要给同行造成困扰”，体现了(　　)。

A.“朴实无华、真诚感人“的魅力

B.“客户服务、换位思考”的意识

C.“尊重同行、善意营销”的思维

D.“出于公心、大爱无疆”的情怀

4.吴荣照董事长面对网上的质疑，坦诚已经承诺捐赠的价值5 000万元的物资将分期分批送达灾区，坦诚自己的公司并没有像网上说的那样要破产，还能够坚持做好自己的品牌，体现了(　　)。

A.“尊重同行、善意营销”的思维

B.“出于公心、大爱无疆”的情怀

C.“开诚布公、实事求是”的担当

D.“为善力行、家国情怀”的格局

5.你认为鸿星尔克在未来的发展中应做到(　　)。

A.加强原创力量，形成“时尚”拳头产品

B.加大产品设计和创新力度

C.在目标群体中建立自身的品牌心智

D.研发自主技术，打造核心竞争力

项目实训

【实训项目】

企业生产过程认知。

【实训目的】

通过对企业生产或服务过程的参观学习，了解企业生产过程的空间和时间组织形式等内容。

【实训内容】

由专业指导教师组织学生到企业的生产或服务现场进行参观学习。指导教师提前对学生进行分组，每组5人左右，并事先布置好相关实训内容；各小组通过参观学习、分组讨论，完成实训报告。

【实训要求】

1.以小组为单位进行报告撰写，并进行共同讨论；按照报告质量以及现场讨论情况，分别对各组及组内各成员进行成绩评定。

2.撰写实训报告。

《　　　　　　　　　　　》实训报告		
项目实训班级：	项目小组：	项目组成员：
实训时间：　　年　　月　　日	实训地点：	实训成绩：
实训目的：		
实训步骤：		
实训结果：		
实训感言：		
不足与今后改进：		
项目组长评定签字：	项目指导教师评定签字：	

项目八

企业市场营销管理

知识目标

理解：市场营销的观念、市场营销环境分析的主要内容。

熟知：市场营销的基本方法。

掌握：市场细分、目标市场选择和市场定位的基本步骤和策略，市场营销组合的基本策略。

技能目标

掌握企业市场营销的基本内容，能够具体运用市场营销的基本方法。

素质目标

能够了解市场营销在现代企业管理中的重要地位和意义，培养学生的现代市场营销理念。

思政目标

能够正确地理解“不忘初心”的核心要义和精神实质；树立正确的世界观、人生观和价值观，做到学思用贯通、知信行统一；通过市场营销管理理论丰富自己的营销意识、观念和风范，激发创新和创造活力及职业荣誉感。

管理故事　　免费摸奖　促销惹麻烦

某商场推出一则促销广告：“自即日起，在商场内举办摸球有奖销售活动，凡每天购买50元商品者可免费摸奖一次，多买多摸，当场兑现。”一位顾客看到这个广告后，便专程到商场买了一台价格为2 400元的空调，当晚到商场参加摸奖。商场促销广告规定：顾客如果摸到印有“9、6、9”这三个数字的乒乓球，就可获得头等奖5 000元。然而，当这位顾客拿着头等奖的乒乓球来兑奖时，商场营销部的负责人却以“6”和“9”形体相反为由，认为是“6、9、6”，拒不兑奖。

后来，该顾客跑到消费者协会去投诉，商场最后还是给了这位顾客5 000元奖金，但商场形象却受到了很大影响，这位顾客从此再也不去那家商场购物了，此事一传十、十传百……

资料来源　彭石普. 市场营销——理论、实务、案例、实训［M］. 4版. 大连：东北财经大学出版社，2018.

免费摸奖促销之所以会惹上麻烦，首先是这家商场缺乏诚信所致。该商场既想通过促销扩大销售，又心存侥幸，以为顾客摸不到头等奖。一旦顾客中了头等奖，由于没有思想准备，只好耍赖。这是不讲信誉、违背职业道德与营销伦理的行为，必须受到谴责。我们应该认识到，信誉是商家的生存之本，既然承诺了就要兑现；为了眼前的蝇头小利而不惜违背承诺，不仅会给自身的品牌形象带来极坏影响，也会在日益激烈的商业竞争中使自己的路越走越窄。其次，这一事件说明该商场推出的这则促销方案考虑不周，设计不严密，没有意外防范措施。这种“赔了夫人又折兵”的情况发生，说明制订一份经得起推敲的促销活动方案有多么重要。

知识准备

任务一　市场营销概述

一、市场及其构成要素

（一）市场的概念

从时空角度来看，市场是指买卖的场所；从经济学角度来看，市场是指商品交换关系的总和；从管理学角度来看，市场是指供需双方在共同认可的一定条件下进行的商品或劳务的交换活动；从营销学角度来看，市场是由具有特定欲望和需求，并愿意以资源进行交换以及能够以交换来满足这些需求的潜在顾客所组成的。

（二）市场的构成要素

市场的构成要素包括有某种需要的人口、为满足这种需要的购买力和购买欲望。

市场=人口+购买力+购买欲望

二、市场营销的概念

（一）菲利普·科特勒对市场营销的定义

视频8-1

市场营销观念

著名市场营销专家菲利普·科特勒（Philip Kotler）认为，市场营销是个人和群体通过创造并同他人交换产品和价值以满足需求及欲望的一种社会和管理过程。其包含的内容有：①市场营销的最终目标是“满足需求和欲望”；②“交换”是市场营销的核心，交换过程是一个主动、积极寻找机会，满足双方需求和欲望的社会过程与管理过程；③交换能否顺利进行，取决于营销者创造的产品和价值满足顾客需求的程度与交换过程管理的水平。

（二）市场营销的相关概念

（1）需要、欲望和需求。需要（Need）是指没有得到某些基本满足的感受状态。欲望（Wants）是指想得到基本需要的具体满足物的愿望。需求（Demands）是指对有能力购买并且愿意购买的某个具体产品的欲望。

（2）产品（Product）。它是指能够满足人的需要和欲望（需求）的任何东西。

（3）效用、费用和满足。效用（Value）是消费者对产品满足其需要的整体能力的评价（满足消费者需求的重要性）。费用是指消费者通常根据对产品价值的主观评价决定购买时所要支付的货币。满足是指实现预定目标或愿望时的状况和体验。

（4）交换、交易和关系。交换（Exchange）是指从他人处取得所需之物，而以自身的某种东西作为回报的行为。交易（Transactions）是交换活动的基本单元，是由双方之间的价值交换所构成的行为。

（5）市场营销者。其具体指希望从别人那里取得资源并愿意以某种有价值的东西作为交换的群体。

三、市场营销观念

市场营销观念是指企业进行经营决策、组织管理市场营销活动的基本指导思想，也是企业的经营哲学。它是一种观念、一种态度或一种思维方式，是一种“以消费者的需求为中心、以市场为出发点”的经营指导思想。企业的市场营销观念经历了从最初的生产观念、产品观念、推销观念到市场营销观念和社会营销观念的发展与演变过程。

（一）生产观念

生产观念盛行于19世纪末20世纪初。该观念认为，消费者喜欢那些可以随处买到且价格低廉的商品，企业应当组织和利用所有资源，集中一切力量提高生产效率和扩大分销范围，增加产量，降低成本。显然，生产观念是一种重生产、轻营销的指导思想，其典型表现就是“我们生产什么就卖什么”。以生产观念指导营销活动的企业，称为生产导向型企业。

（二）产品观念

产品观念是与生产观念并存的一种市场营销观念，都是重生产、轻营销。产品观念认为，消费者喜欢高质量、多功能和具有某些特色的产品。因此，企业经营的重心是致力于生产优质产品，并精益求精。在这种观念的指导下，公司的管理者对自己的产品过于自信，以至于没有意识到产品可能并不迎合需要，甚至市场正朝着不同的方向发展。他们在设计产品时只依赖工程技术人员而极少让消费者介入。

产品观念把市场看作生产过程的终点，而不是生产过程的起点；其忽视了市场需求的多样性和动态性，过分重视产品而忽视顾客的需求。当某些产品供过于求或不适销对路而出现积压时，企业却不清楚产品为什么销不出去，最终导致“市场营销近视症”。

（三）推销观念

推销观念产生于资本主义经济由“卖方市场”向“买方市场”转变的过渡阶段，盛行于20世纪三四十年代。推销观念认为，消费者通常有一种购买惰性或抗衡心理，若听其自然，消费者就不会自觉地大量购买本企业的产品，因此企业管理的中心是积极推销和大力促销，以诱导消费者购买本企业的产品。其具体表现是：“我卖什么，就设法让人们买什么”。奉行推销观念的企业，称为推销导向型企业。在推销观念的指导下，企业相信产品是“卖出去的”，而不是“被买去的”。企业的管理者致力于产品的推广和广告活动，以说服甚至强制消费者购买。他们收罗了大批推销专家，做大量广告，对消费者进行无孔不入的促销信息“轰炸”。

推销观念与前两种观念一样，也是建立在以企业为中心的“以产定销”，而不是满足消费者真正需要的基础上。因此，前三种观念被称为市场营销的旧观念。

（四）市场营销观念

市场营销观念是以消费者的需要和欲望为导向的经营哲学，是消费者主权论的体现，形成于20世纪50年代。该观念认为，实现企业诸目标的关键在于正确确定目标市场的需要和欲望，一切以消费者为中心，并且比竞争对手更有效、更有力地传送目标市场所期望的东西。

市场营销观念的产生，是市场营销哲学一种质的飞跃和革命，它不仅改变了传统营销观念的逻辑思维方式，而且在经营策略和方法上也有很大突破。它要求企业的营销管理贯彻“顾客至上”的原则，从而实现企业目标。因此，企业在开展生产经营时，必须先进行市场调研，根据市场需求及企业自身条件选择目标市场，组织生产经营，最大限度地提高顾客满意度。

（五）社会营销观念

社会营销观念是以社会的长远利益为中心的市场营销观念，是对市场营销观念的补充和修正。从20世纪70年代起，随着全球环境污染、资源短缺、人口爆炸、通货膨胀和忽视社会服务等问题日益严重，要求企业顾及消费者整体利益与长远利益的呼声越来越高。西方学界提出了一系列新的营销理论及观念，如人类观念、理智消费观念、生态准则观念等。其共同点是企业生产经营不仅要考虑消费者的需求，而且要考虑消费者和整个社会的长远利益。这类观念统称为社会营销观念。

社会营销观念的核心是：以实现消费者满意以及消费者和社会公众的长期福利作为企业的根本目的与责任。理想的营销决策应同时考虑消费者需求与愿望的满足、消费者和社会的长远利益、企业的营销效益。

随着时代的发展、市场的变化，市场营销领域也出现了一些新的营销观念和思想，如关系营销、体验营销、绿色营销、网络营销、整合营销等。

同步案例8-1　　面对同一市场，产生不同结论

美国一家制鞋公司要开拓国外市场，于是派了一个业务员去非洲的一个岛国，让他了解一下能否将公司的鞋销售给岛国居民。这个业务员到非洲后待了一天，发回一封电报：“这里的人不穿鞋，没有市场。我即刻返回。”公司又派出了另一名业务员，第二个业务员在非洲待了一个星期，发回一封电报：“这里的人不穿鞋，鞋的市场很大，我准备把本公司生产的鞋卖给他们。”

同步案例8-1

分析提示

公司总裁听到两种不同的消息后，为了更真实地了解情况，又派了第三个业务员。该业务员到非洲后待了三个星期，发回一封电报："这里的人不穿鞋，原因是他们有脚疾，他们也想穿鞋，不过不需要我们公司生产的鞋，因为我们的鞋太窄。我们必须生产宽鞋，才能适合他们对鞋的需求。这里的部落首领不让我们做买卖，除非我们借助于政府的力量和公关活动做好市场营销。我们打开这个市场需要投入大约150万美元。这样我们每年能卖大约2万双鞋，在这里卖鞋可以赚钱，投资收益率约为15%。"

资料来源　陈钦兰. 市场营销学［M］. 2版. 北京：清华大学出版社，2017.

问题：面对同样的市场，三个人为什么做出了不同的判断？

任务二　市场营销环境分析

一、市场营销环境概述

视频8-2

市场营销环境

（一）市场营销环境的概念

市场营销环境是指影响企业市场营销活动及其目标实现的各种因素和力量。这些因素和力量影响营销管理者成功地保持和发展同其目标市场顾客交换的能力。对环境的研究是企业营销活动最基本的课题。企业的市场营销环境可分为微观环境和宏观环境两大类。

微观环境是指环境中直接影响企业营销活动的各种因素，包括供应商、营销中介（中间商、物流企业、融资企业、会计师事务所、律师事务所及其他营销服务机构）、竞争者、顾客（消费者和用户）与社会公众，以及企业内部营销管理决策的各个部门（计划、人事、财务、生产、营销等）。

宏观环境是指环境中间接影响企业营销活动的不可控制的较强社会力量，包括人口环境、经济环境、自然环境、技术环境、政治和法律环境、文化环境等。这些因素不但分别对企业的营销活动产生影响，而且各因素之间的交叉作用同样影响企业的营销活动。

（二）市场营销环境对企业营销的影响

市场营销环境是企业生存和发展的条件。企业如同自然生物，要想生存和发展，就必须与它的生存环境相适应。而环境发展趋势基本上分为两大类：一类是环境威胁，另一类是市场营销机会。不断变化的市场环境，既有可能给企业的市场营销活动提供机会，也有可能带来威胁。同一环境发生变化，对某些企业是机会，对另一些企业则可能是威胁。所谓环境威胁，是指环境中一些不利于企业发展的因素所形成的挑战，如果不果断采取措施，这种不利趋势将损害企业的市场地位。企业的市场营销经理应善于识别所面临的威胁，并按其严重性和出现的可能性进行分类，之后针对那些可能性大且严重的威胁制订应变计划，力图使环境威胁转化为市场机会。

所谓市场营销机会，是指企业市场营销活动可利用的具有吸引力的领域。在该领域内，企业将拥有竞争优势。这些机会可以按其吸引力以及每一个机会可能获得成功的概率来分类。企业在每一特定机会中成功的概率，取决于该企业的实力是否与该行业所需要的成功条件相符合。

二、微观市场营销环境分析

微观市场营销环境是指与企业营销活动直接相关的各种环境因素的总和。企业为实现自己的市场营销目标会与供应商、营销中介、顾客、竞争者和社会公众建立密切的联系，并针对他们制订出自己的营销方案。

（一）供应商

供应商是向企业及其竞争者提供生产所需的资源的企业和个人，资源包括原材料、设备、能源、劳务和资金等。

（二）营销中介

营销中介是在促销、销售以及把产品送达最终购买者方面给企业以帮助的那些机构，包括中间商、实体分配机构、营销服务机构（如调研公司、广告公司、咨询公司）、金融中介（如银行、信托公司、保险公司）等。

（三）顾客

企业的一切营销活动都要以满足顾客的需要为中心，因此，顾客是企业最重要的环境因素。可以从不同角度以不同的标准对顾客进行分类。按照购买动机和类别，整个市场可分为消费者市场、生产者市场、中间商市场、政府采购市场等，每一种市场上都有其独特的顾客。

（四）竞争者

企业在目标市场开展营销活动时，不可避免地会遇到竞争对手的挑战。竞争者的营销战略及营销活动的变化会直接影响企业的营销，企业必须密切注视竞争者任何细微的变化，并采取相应的应对措施。

（五）社会公众

社会公众是对一个组织实现其目标具有实际或潜在利害关系和影响的一切团体及个人。企业所面对的社会公众包括金融公众、媒介公众、政府公众、社团公众、社区公众、内部公众、一般公众七大类。现代企业是一个开放的系统，它在经营活动中必然会与各方建立联系，因此必须处理好与社会公众的关系。

三、宏观市场营销环境分析

（一）人口环境

人口是市场的第一要素。人口数量直接决定了市场规模和潜在容量，人口的性别、年龄、民族、婚姻状况、职业、居住分布等也对市场格局有着深刻影响，从而影响着企业的营销活动。企业应重视对人口环境的研究，密切关注人口的特性及发展动向，及时调整营销策略以适应人口环境的变化。企业要对以下内容进行分析：①人口数量。它是决定市场规模的一个基本要素。②人口结构。这包括年龄、性别、教育与职业、家庭、社会和民族结构。③人口分布。人口有地理分布上的区别，在不同地区，人口密集程度是不同的，从而市场大小和消费需求特性也都不同。

（二）经济环境

经济环境是影响企业营销活动的主要环境因素，包括消费者的收入、支出、储蓄和信贷以及产业结构、经济增长率、货币供应量、银行利率、政府支出等。其中，前四个因素对企业的营销活动影响较大。

1.消费者收入分析

收入是构成市场的重要因素甚至可以说是核心因素。因为市场规模的大小，归根结底取决于消费者的购买力大小，而消费者的购买力取决于他们收入的多少。企业必须从市场营销的角度来研究消费者的收入，通常从以下几个方面进行分析：

（1）国内生产总值。它是衡量一个国家经济实力与购买力的重要指标。国内生产总值增长越快，消费者对商品的需求和购买力就越大；反之，就越小。

（2）人均国民收入。它是国民收入总量与总人口的比值。这个指标大体反映了一个国家人民生活水平的高低，也在一定程度上决定着商品需求的构成。一般来说，人均国民收入水平高，对商品的需求和购买力就大，反之就小。

（3）个人可支配收入。它是指在个人收入中扣除消费者缴纳的各种税款和上缴给政府的非商业性开支后剩余的部分，是可用于消费或储蓄的那部分个人收入，它构成实际购买力。个人可支配收入是影响消费者购买生活必需品的决定性因素。

（4）个人可任意支配收入。它是指在个人可支配收入中减去用于购买生活必需品的支出（如房租、水电、食物、服装等项开支）后剩余的部分。这部分收入是消费需求变化中最活跃的因素，也是企业开展营销活动时所要考虑的重点。这部分收入一般用于购买高档耐用消费品、娱乐、教育、旅游等。

（5）家庭收入。其高低会影响很多产品的市场需求。一般来说，家庭收入高，对消费品的需求大，购买力也大；反之，需求小，购买力也小。另外，要注意分析消费者实际收入的变化，并区分货币收入和实际收入。

2.消费者支出分析

随着收入的变化，消费者的支出也会发生相应变化，继而使一个国家或地区的消费结构发生变化。

德国统计学家恩斯特·恩格尔（Ernst Engel）于1857年发现了消费者收入变化与支出的关系，即消费结构变化之间的规律性。其通常用恩格尔系数来表示，即：

恩格尔系数=食品支出金额/家庭消费支出总金额

恩格尔系数越小，食品支出所占比重越小，表明生活富裕，生活质量高；恩格尔系数越大，食品支出所占比重越大，表明生活贫困，生活质量低。恩格尔系数是衡量一个国家、地区、城市、家庭生活水平高低的重要参数。企业根据恩格尔系数可以了解当前市场的消费水平，也可以推知今后消费变化的趋势及对企业营销活动的影响。

3.消费者储蓄分析

消费者的储蓄行为直接制约着市场消费量的大小。当收入一定时，如果储蓄增多，现实购买量就减少；反之，如果储蓄减少，现实购买量就增加。居民储蓄倾向会受到利率、物价等因素变化的影响。人们储蓄的目的也是不同的，有的是养老，有的是为未来的购买而积累，当然储蓄的最终目的主要还是消费。企业应关注居民储蓄的增减变化，了解储蓄的不同动机，从而制定相应的营销策略。

4.消费者信贷分析

消费者信贷也称信用消费，是消费者凭信用先取得商品的使用权，然后按期归还贷款，完成商品购买的一种方式。信用消费允许人们购买超过其现实购买力的商品，创造了更多的消费需求。随着我国商品经济的日益发达，人们的消费观念大为改变，信用消费方式在我国逐渐流行起来，值得企业深入研究。

（三）政治和法律环境

政治和法律环境是影响企业营销活动的重要宏观环境因素。政治环境引导着企业营销活动的方向，法律环境则限定了企业经营的行为。政治与法律相互联系，共同对企业的市场营销活动产生影响。

1.政治环境分析

政治环境是指企业市场营销活动的外部政治形势。一个国家的政局稳定与否，会给企业营销活动带来重大影响。这种影响主要体现为政府所制定的方针政策（如人口政策、能源政策、物价政策、财政政策、货币政策等）给企业营销活动带来的影响。

2.法律环境分析

法律环境指国家或地方政府所颁布的各项法规、法令和条例等，它们是企业营销活动的准则。为适应经济体制改革和对外开放的需要，近年来我国陆续制定、修订并完善了一系列法律、法规，如《公司法》《产品质量法》等。

（四）文化环境

文化环境是在一种社会形态下已经形成的价值观念、道德规范、风俗习惯、宗教信仰等的总和。任何企业都处于一定的文化环境中，企业营销活动必然受到社会文化环境的影响和制约。为此，企业应了解和分析文化环境，针对不同的文化环境制定不同的营销策略，开展不同的营销活动。企业对文化环境的分析包括教育状况分析、价值观念分析、消费习惯分析、宗教信仰分析、自然环境分析、科技环境分析等。

任务三　目标市场细分

一、市场细分概述

视频8-3

市场细分

市场细分的概念最早是由美国市场学家温德尔·史密斯（Wendell Smith）在1956年提出的。此后，美国营销学家菲利普·科特勒进一步发展和完善了温德尔·史密斯的理论并最终形成了成熟的STP理论——市场细分（Segmentation）、目标市场选择（Targeting）和定位（Positioning）。它是战略营销的核心内容。

（一）市场细分的概念和作用

1.市场细分的概念

所谓市场细分，就是指按照消费者的需求与欲望把一个总体市场（通常因太大以致企业很难为其提供全面的服务）划分成若干个具有共同特征的子市场的过程。分属于同一细分市场的消费者，他们的需求和欲望极为相似；分属于不同细分市场的消费者对同一产品的需求和欲望存在着明显的差别。细分市场不是根据产品品种、产品系列来进行的，而是从消费者（指最终消费者和工业生产者）的角度，根据市场细分的理论基础，即消费者的需求、动机、购买行为的多元性和差异性来划分的。

2.市场细分的作用

市场细分对企业的生产、营销起着极其重要的作用。

（1）有利于选择目标市场和制定市场营销策略。细分后的子市场比较具体，企业很容易了解消费者的需求，可以根据自己的经营思想和方针、生产技术及营销力量，确定自己的服务对象，即目标市场。较小的目标市场，便于企业制定特定的营销策略。同时，在细分市场上，信息容易获得反馈，一旦消费者的需求发生变化，企业可迅速改变营销策略，制定相应的对策，以适应市场需求的变化，从而提高企业的应变能力和竞争力。

（2）有利于发掘市场机会，开拓新市场。通过市场细分，企业可以对每一个细分市场的购买潜力、满足程度、竞争情况等进行分析比较，寻找有利于本企业的市场机会，及时做出营销决策，进行必要的产品技术储备，掌握产品更新换代的主动权，以更好地适应市场的需要。

（3）有利于将人力、物力集中投入目标市场。任何一个企业的人力、物力、资金都是有限的。通过市场细分、目标市场选择，企业可以集中人、财、物去争取局部市场上的优势。

（4）有利于提高经济效益。通过市场细分，企业可以针对目标市场，生产适销对路的产品，在满足市场需求的同时增加企业的收入；产品适销对路可以加速其流转，降低企业的生产、销售成本，有利于提高企业的经济效益。

细分市场客观上是按一定的标准把整体市场分解为诸多同质性的子市场。此外，它也是一个聚集的过程，即将最容易对某种产品的特点做出反应的消费者集合成群。这种聚集可以依据多种标准连续进行，直到识别出其规模足以实现企业利润目标的消费群。

（二）细分市场的依据

1.消费者市场细分依据

一种产品的整体市场之所以能细分，是由于消费者或用户的需求存在差异。引起消费者需求差异的变量很多，实际上，企业通常组合运用有关变量来细分市场，而不是单一采用某一变量。概括起来，细分消费者市场的变量主要有四类，即地理变量、人口变量、心理变量和行为变量。以这些变量为依据来细分市场就产生了地理环境、人口状况、消费心理和消费行为四种基本形式，见表8-1。

（1）按地理环境细分市场。企业可以按照消费者所处的地理位置、自然环境来细分市场。比如，根据国家、地区、城市规模、气候、人口密度、地形地貌等的差异将整体市场分为不同的小市场。地理差异之所以能作为市场细分的依据，是因为处于不同地理

表 8-1　消费者市场细分变量

细分标准	细分变量
地理环境	地理区域、气候、城市大小、人口密度
人口状况	性别、年龄、收入、职业、教育、家庭、信仰
消费心理	社会阶层、生活方式、个性特点
消费行为	使用者状况、购买时机、使用数量、购买阶段、品牌忠诚度、追求利益、态度

环境下的消费者对同一类产品往往有着不同的需求与偏好，他们对企业采取的营销策略会有不同的反应。比如，在我国南方沿海一些省份，某些海产品被视为上等佳肴，而内地的许多消费者则觉得味道平常。又如，由于居住环境的差异，城市居民与农村居民在室内装饰用品的需求上大相径庭。

（2）按人口状况细分市场。其具体是指以人口统计变量（如年龄、性别、家庭规模、家庭生命周期、收入、职业、教育程度、宗教、种族、国籍等）为基础细分市场。消费者的需求、偏好与人口统计变量有着密切的关系。比如，收入水平很高的消费者才有可能成为高档服装、名贵化妆品、高级珠宝等的经常买主。人口统计变量的有关数据相对容易获取，因此企业经常将其作为市场细分的依据。

（3）按消费心理细分市场。根据购买者所处的社会阶层、生活方式、个性特点等心理因素细分市场称作消费心理细分。

①社会阶层。它是指在某一社会中具有同质性和持久性的群体。处于同一阶层的成员有类似的价值观、兴趣爱好和行为方式，不同阶层的成员则在上述方面存在较大差异。很显然，识别不同社会阶层所具有的不同特点，将对很多产品的市场细分提供重要依据。

②生活方式。通俗来说，它是指一个人怎样生活。人们追求的生活方式各不相同，如有人追求新潮时髦，有人追求恬静简朴，有人追求刺激冒险，有人追求稳定安逸。服装生产企业为“简朴的女性”“时髦的女性”“有男子气的女性”分别设计不同服装就是依据生活方式细分市场。

③个性特点。个性是指一个人比较稳定的心理倾向与心理特征。它会促使一个人对其所处环境做出相对一致和持续不断的反应。俗话说：“人心不同，各如其面。”通常，个性会通过自信、自主、支配、顺从、保守、适应等性格特征表现出来。因此，个性可以按这些特征进行分类，从而为企业细分市场提供依据。在西方国家，对诸如化妆品、香烟、啤酒、保险之类的产品，有些企业以消费者的个性特征为基础进行市场细分并取得了成功。

（4）按消费行为细分市场。它是指根据购买者对产品的了解程度、态度、使用情况及反应等将他们划分成不同的群体。许多人认为，行为因素能更直接地反映消费者的需求差异，因而成为市场细分的最佳起点。按行为变量细分市场主要包括：

①购买时机。企业可以根据消费者提出需要、购买和使用产品的不同时机，将他们

划分成不同的群体。例如，城市公共汽车运输公司可根据上班高峰时期和非高峰时期乘客的需求特点划分不同的细分市场并制定不同的营销策略；生产清凉解暑饮料的企业可以根据消费者一年四季对饮料口味的不同，对市场进行细分。

②追求利益。消费者购买某种产品总是为了解决某类问题，满足某种需要。然而，产品提供的利益往往不是单一的，而是多方面的。消费者对这些利益的追求会有侧重，如购买手表有的追求经济实惠、价格低廉，有的追求耐用可靠和保养方便，有的则偏向于能显示出社会地位等。

③使用者状况。根据某一产品是否被使用和使用程度，顾客通常可分为经常购买者、首次购买者、潜在购买者、非购买者。大公司往往注重将潜在购买者变为实际使用者，较小的公司则注重于维护现有使用者，并设法吸引使用竞争产品的消费者转而使用本公司产品。

④使用数量。根据消费者使用某一产品的数量，可将其分为大量使用者、中度使用者和轻度使用者。大量使用者人数可能并不多，但他们的消费量在全部消费量中占很大的比重。美国一家调研公司发现，美国啤酒的80%是被50%的顾客消费掉的，另外一半顾客的消费量只占消费总量的20%。因此，啤酒公司更愿意吸引大量饮用啤酒者，而放弃轻度饮用啤酒者。该调研公司还进一步了解到大量喝啤酒的人多是工人，年龄在25～50岁，喜欢观看体育节目，每天看电视的时间不少于3～5小时。很显然，根据这些信息，啤酒公司可以大大改进其在定价、广告传播等方面的策略。

⑤品牌忠诚度。企业还可根据消费者对产品的忠诚度来细分市场。有些消费者经常转换品牌，另外一些消费者则在较长时期内专注于某个或少数几个品牌。了解消费者的品牌忠诚度以及品牌忠诚者与品牌转换者的各种行为和心理特征，不仅能为企业细分市场提供依据，而且有助于企业了解一些消费者忠诚于本企业产品、另外一些消费者则忠诚于竞争企业产品的原因，从而为企业的营销决策提供启示。

⑥购买阶段。消费者对各种产品的了解程度往往因人而异。有的消费者可能对某一产品确有需要，但并不知道该产品的存在；有的消费者虽已知道产品的存在，但对产品的价值、稳定性等还存在疑虑；另一些消费者则可能正在考虑购买。针对处于不同购买阶段的消费者，企业应进行市场细分并采用不同的营销策略。

⑦态度。企业还可根据顾客对产品的热心程度来细分市场。不同消费者对同一产品的态度可能有很大差异，如有的很喜欢、持肯定态度，有的持否定态度，还有的则持既不肯定也不否定的无所谓态度。企业应针对持不同态度的消费群体进行市场细分，并在广告、促销等方面有所区别。

2.生产者市场细分依据

许多用来细分消费者市场的变量，同样可用于细分生产者市场，如根据地理、追求的利益和使用率等变量加以细分。不过，由于生产者与消费者在购买动机与行为上存在差别，所以，除了运用前述消费者市场细分的标准外，还可用一些新的标准来细分生产者市场，见表8-2。

表 8-2　　生产者市场细分变量

细分标准	细分变量
地理环境	自然资源、气候条件、社会环境、企业地理位置、生产力布局、交通运输条件
用户状况	行业、规模、购买能力
需求特点	购买目的、商品用途、质量、功能、价格要求、使用频率、交易方式
购买行为	追求利益的重点、购买量、周期、付款方式、采购制度与手段

（三）有效的市场细分

1.市场细分的程序

美国市场学家E.J.麦卡锡（E.J.McCarthy）提出了细分市场的一整套程序，包括以下七个步骤：

（1）选定产品市场范围，即确定进入哪一行业、生产什么产品。产品市场范围应以顾客的需求而不是产品本身的特性来确定。

（2）列举潜在消费者的基本需求。比如，公司可以通过调查了解潜在消费者对住宅的基本需求，包括遮风避雨，安全、方便、宁静，设计合理，室内陈设完备，工程质量可靠等。

（3）了解不同用户的不同需求。对于列举出来的基本需求，不同用户的侧重点可能会存在差异。

（4）剔除潜在顾客的共同要求，而以特殊需求作为细分标准。上述对住宅的共同要求固然重要，但不能作为市场细分的基础。如遮风避雨、安全是每位顾客的要求，就不能作为细分市场的标准，应该剔除。

（5）根据潜在顾客基本需求的差异，将其划分为不同的群体或子市场，并赋予每一子市场一定的名称。例如，某房地产公司常把购房的顾客分为好动者、老成者、新婚者、度假者等多个群体，并据此采用不同的营销策略。

（6）进一步分析每一细分市场的需求与购买行为特点，并分析其原因，以便在此基础上决定是否对这些细分市场进行合并，或做进一步细分。

（7）估计每　细分市场的规模，即在调查的基础上，估计每一细分市场的顾客数量、购买频率、平均每次的购买数量等，并对细分市场上产品的竞争状况及发展趋势进行分析。

2.市场细分的方法

企业在运用细分标准进行市场细分时必须注意以下问题：①市场细分的标准是动态的，是随着社会生产力及市场状况的变化而不断变化的，如年龄、收入、城镇规模、购买动机等都是可变的。②不同的企业在市场细分时应采用不同标准。因为各企业的生产技术条件、资源、财力和营销的产品不同，所采用的标准也应有所区别；③企业在进行市场细分时，既可采用一项标准（即单一变量因素）进行细分，也可采用多个变量因素组合或系列变量因素进行细分。

（1）单一变量因素法。它是指根据影响消费者需求的某一重要因素进行市场细分。如服装企业按年龄细分市场，可分为童装、少年装、青年装、中年装、中老年装、老年装市场；或按气候的不同，分为春装、夏装、秋装、冬装市场。

（2）多个变量因素组合法。它是指根据影响消费者需求的两种或两种以上的因素进行市场细分。如锅炉生产厂，主要根据企业规模的大小、用户的地理位置、产品的最终用途及潜在市场规模来细分市场。

（3）系列变量因素法。它是指根据企业经营的特点及影响消费者需求的诸因素，由粗到细地进行市场细分。这种方法可使目标市场更加明确、具体，有利于企业更好地制定相应的市场营销策略。一个企业究竟选用哪些变量作为细分市场的依据，应当视具体情况而定，切忌生搬硬套。此外，用作市场细分的变量也要根据市场需求适时做出调整。

二、目标市场选择

视频8-4

目标市场选择

（一）企业选择目标市场的标准或条件

1.细分市场有一定的规模和发展潜力

企业进入某一市场是期望获得利益，如果该市场规模较小或者趋于萎缩，企业进入后难以获得发展，此时，应审慎考虑，不宜轻易进入。当然，企业也不宜以市场吸引力作为取舍的唯一标准，特别是应力求避免“多数谬误”，即与竞争企业遵循同一思维逻辑，将规模最大、吸引力最大的市场作为目标市场。大家共同争夺同一顾客群的结果往往是过度竞争和社会资源的无端浪费，同时使消费者一些本应得到满足的需求受到冷落和忽视。

2.细分市场的结构有一定的吸引力

细分市场可能具备理想的规模和发展特征，然而从盈利的观点来看，它未必有吸引力。波特认为，有五种力量决定整个市场或其中任何一个细分市场的长期内在吸引力，分别是同行业竞争者、新竞争者、替代产品、购买者和供应商。

（1）同行业竞争者的威胁。如果某个细分市场已经有了众多强大的或者竞争意识强烈的竞争者，那么该细分市场就会失去吸引力。如果该细分市场处于稳定或者衰退状态，生产能力大幅度提高，固定成本和撤出市场的壁垒过高，竞争者投资很大，那么情况就会更糟。这常常会导致价格战和广告争夺战，公司要参与竞争就必须付出高昂的代价。

（2）新竞争者的威胁。如果某个细分市场可能会吸引投入新的生产能力和大量资源并争夺市场份额的新的竞争者，那么该细分市场就会失去吸引力。

（3）替代产品的威胁。如果某个细分市场存在着替代产品或者有潜在替代产品，那么该细分市场就会失去吸引力。替代产品会限制细分市场内价格和利润的增长。公司应密切注意替代产品的价格趋向。如果在这些替代产品行业中技术有所发展，或者竞争日趋激烈，那么该细分市场的价格和利润就有可能下降。

（4）购买者讨价还价能力增强的威胁。如果某个细分市场中购买者的讨价还价能力很强或正在变强，该细分市场就会失去吸引力。购买者会设法压低价格，对产品质量和服务提出更高的要求，并且使竞争者之间的竞争加剧，从而使销售商的利润减少。如果购买者比较集中或者组织化程度高、该产品在购买者的成本中占较大比重、产品无法实行差别化、顾客的转换成本较低、由于购买者的利益较低而对价格敏感、顾客能够向后实行联合，购买者的讨价还价能力就会加强。销售商为了保护自己，可选择议价能力或者转换销售商能力最弱的购买者；较好的防卫方法是提供顾客无法拒绝的优质产品。

（5）供应商讨价还价能力提高的威胁。如果公司的供应商（原材料和设备供应商、公用事业单位、银行、工会等）提价或者降低产品和服务的质量，或减少供应数量，那么该公司所在的细分市场就会失去吸引力。如果供应商集中或有组织、替代产品少、供应的产品是公司重要的投入要素、转换成本高、供应商可以向前实行联合，那么供应商的讨价还价能力就会非常强大。因此，与供应商建立良好关系和开拓多种供应渠道才是防御上策。

3.符合企业的目标和能力

某些细分市场虽然有较大的吸引力，但不能推动企业发展，甚至会分散企业的精力，使其无法完成主要目标，这样的市场应考虑放弃。另外，还应考虑企业的资源条件是否适合在某一细分市场经营。企业只有将那些有条件进入、能充分发挥其资源优势的市场作为目标市场，才会立于不败之地。

（二）目标市场选择策略

1.目标市场模式选择

公司在对不同的细分市场进行评估后，需要针对进入哪些市场以及为多少个细分市场服务做出决策。公司可选择的目标市场模式包括以下几种：

（1）密集单一市场。最简单的方式是公司选择一个细分市场集中营销。通过密集营销，公司会更了解该细分市场的需求，并树立特别的声誉，从而可在该细分市场建立稳固的市场地位。另外，公司通过生产、销售和促销的专业化分工，可获得更多的经济效益。如果细分市场补缺得当，公司的投资便可获得高报酬。同时，密集市场营销面对的风险更大。个别细分市场可能会出现不景气的情况，或者某个竞争者决定进入同一个细分市场，这导致许多公司都选择在若干个细分市场分散营销。

（2）有选择的专门化。这需要选择若干个细分市场，其中每个细分市场都有一定的吸引力，并且符合公司的目标和资源条件。各细分市场之间很少或者根本没有任何联系，然而每个细分市场都有可能盈利。这种多细分市场目标优于单细分市场目标，因为可以分散公司的风险，即使某个细分市场失去吸引力，公司仍可继续在其他细分市场上获取利润。

（3）产品专门化。这是指公司集中生产并向各类顾客销售一种产品。例如，显微镜生产商针对大学和企业的实验室生产并销售显微镜，而不去生产这些实验室可能需要的其他仪器。公司可以通过这种战略，在某个产品市场上树立起很好的声誉。如果产品（这里指显微镜）被一种全新的显微技术代替，公司就会面临危机。

（4）市场专门化。这是指专门为满足某个顾客群体的各种需要而服务。例如，某公司专门为大学实验室提供一系列产品，包括显微镜、烧瓶等。该公司在这一市场上获得了良好的声誉，但如果各大学实验室突然削减预算，它们就会减少从该公司购买仪器的数量，该公司就会面临危机。

（5）完全市场覆盖。这是指公司想用各种产品满足各种顾客群体的需求。只有大公司才有能力采用完全市场覆盖战略，如通用汽车公司（汽车市场）和可口可乐公司（饮料市场）。

2.目标市场策略

（1）无差异市场营销策略。它是指企业将产品的整个市场视为一个目标市场，并采用单一的营销策略，即用一种产品和一套营销方案吸引尽可能多的购买者。无差异市场营销策略只考虑消费者在需求上的共同点，而不关心他们在需求上的差异性。例如，可口可乐公司在20世纪60年代以前曾以单一口味的品种、统一的价格和瓶装、同一广告主题将产品推向所有顾客，就是采取了这种策略。

（2）差异性市场营销策略。它是指将整体市场划分为若干细分市场，针对每一细分市场制订一套独立的营销方案。比如，服装生产企业针对不同性别、不同收入水平的消费者推出不同品牌、不同价格的产品，并采用不同的广告主题来宣传这些产品，就是采用了差异性市场营销策略。

无论是差异性还是无差异市场营销策略，企业均将整体市场作为营销目标，试图满足所有消费者在某一方面的需要。

（3）集中性市场营销策略。它是指集中力量进入一个或少数几个细分市场，实行专业化生产和销售。实行这一策略，企业不是追求在一个大市场上角逐，而是力求在一个或几个子市场上占有较大份额。

3.影响目标市场策略选择的因素

（1）企业的资源或实力。当企业在生产、技术、营销、财务等方面实力很强时，可以考虑采用差异性或无差异市场营销策略；在资源有限、实力不强时，采用集中性市场营销策略效果可能更好。

（2）产品的同质性。这是指在消费者的眼中不同企业生产的产品的相似程度。对于大米、食盐、钢铁等产品，尽管因产地和生产企业的不同会有些品质差别，但消费者可能并不十分看重，其竞争将主要集中在价格上。这样的产品适合采用无差异营销策略。对于服装、化妆品、汽车等产品，由于在型号、式样、规格等方面存在较大差别，可选择性强，同质性较低，因而更适合采用差异性或集中性营销策略。

（3）市场的同质性。这是指各细分市场中顾客需求、购买行为等方面的相似程度。市场同质性高，意味着各细分市场的相似程度高，不同顾客对同一营销方案的反应大致相同，此时，企业可考虑采取无差异营销策略；反之，则适宜采用差异性或集中性营销策略。

（4）产品所处生命周期的不同阶段。产品处于投入期时，同类竞争品不多，竞争不激烈，企业可采用无差异营销策略；当产品进入成长期或成熟期时，同类产品增多，竞争日益激烈，为确立竞争优势，企业可考虑采用差异性营销策略；当产品步入衰退期时，为保持市场地位，延长产品生命周期，全力对付竞争者，可考虑采用集中性营销策略。

（5）竞争者的市场营销策略。企业选择目标市场策略时，还要充分考虑竞争者尤其是主要竞争对手的营销策略。如果竞争对手采用差异性营销策略，企业应采用差异性或集中性营销策略与之抗衡；如果竞争者采用无差异营销策略，则企业可采用无差异或差异性营销策略与之对抗。

（6）竞争者的数目。当市场上同类产品的竞争者较少、竞争不激烈时，可采用无差异营销策略；当竞争者多、竞争激烈时，可采用差异性或集中性营销策略。

三、市场定位

（一）市场定位的概念及作用

1.市场定位的概念

所谓市场定位，是指企业根据目标市场上同类产品的竞争状况，针对顾客对该类产品某些特征或属性的重视程度，为本企业产品塑造强有力的、与众不同的鲜明个性，并将其形象生动地传递给顾客，求得顾客的认同。市场定位的实质是使本企业与其他企业严格区分开来，使顾客明显感觉并认识到这种差别，从而在顾客心目中占据与众不同的、有价值的位置。

传统的观念认为，市场定位就是在每一个细分市场上生产不同的产品，实行产品差异化策略。事实上，市场定位与产品差异化尽管关系密切，但有本质的区别。市场定位是通过为自己的产品塑造鲜明的个性，从而树立独特的市场形象来实现的。一个产品是多个因素的综合反映，包括性能、构造、成分、包装、形状、质量等，市场定位就是要强化或放大某些产品因素，从而形成与众不同的独特形象。产品差异化只是实现市场定位的手段，并不是市场定位的全部内容。市场定位不仅强调产品差异，而且要通过产品差异树立独特的市场形象，赢得顾客的认同。

需要指出的是，市场定位中所指的产品差异化与传统的产品差异化概念有本质区别，它不是从生产者角度出发单纯追求产品差异，而是在市场分析和细分的基础上，寻求建立某种产品特色，因而它是现代市场营销观念的体现。市场定位的观念提出来以后，受到企业界的广泛重视。越来越多的企业运用市场定位参与竞争、扩大市场份额。

2.市场定位的作用

一方面，市场定位有利于建立企业及产品的市场特色，是参与现代市场竞争的有力武器。在现代社会，许多市场都存在严重的供大于求的问题，众多生产同类产品的厂家争夺有限的顾客，市场竞争异常激烈。为了使自己生产经营的产品获得稳定销路，防止被其他厂家的产品所替代，企业必须从各方面树立起一定的市场形象，以使顾客形成一定的偏爱。

另一方面，市场定位是企业制定市场营销组合策略的基础。例如，某企业决定生产销售优质低价的产品，那么这样的定位就决定了：产品的质量要高；价格要定得低；广告宣传要突出强调产品质优价廉的特点，要让目标顾客相信货真价实，低价也能买到好产品；分销、储运效率要高，保证低价出售仍能获利。也就是说，企业的市场定位决定了企业必须设计与之相适应的市场营销组合策略。

（二）市场定位的步骤

1.确立产品特色

市场定位的出发点和根本就是要确立产品特色。首先，要了解市场上竞争者的定位，如它们要提供的产品或服务有什么特点。其次，要了解顾客对某类产品属性的重视程度。显然，费大力气去宣传那些与顾客关系并不密切的产品是多余的。最后，还得考虑企业自身的条件。有些产品的属性虽然是顾客比较重视的，但如果企业力所不及，也不能成为市场定位的目标。

2.树立市场形象

企业所确立的产品特色，是企业有效参与市场竞争的优势，但这些优势不会自动地在市场上显现出来。要使这些独特的优势发挥作用，影响顾客的购买决策，需要以产品特色为基础树立鲜明的市场形象，通过积极主动而又巧妙地与顾客沟通，引起顾客的注意与兴趣，求得顾客的认同。有效的市场定位并不取决于企业怎么想，关键在于顾客怎么看。市场定位最直接的反映就是顾客对企业及其产品所持的态度和看法。

3.巩固市场形象

顾客对企业的认识不是一成不变的，由于竞争者的干扰或沟通不畅，会导致企业市场形象模糊，顾客对企业的理解出现偏差，态度发生转变。因此，树立市场形象后，企业还应不断地向顾客提供新的论据和观点，及时矫正与市场定位不一致的地方，巩固市场形象，维持和强化顾客对企业的看法和认知。

（三）市场定位的方法

1.根据具体的产品特色定位

构成产品内在特色的许多因素都可以作为市场定位的依据，如所含成分、材料、质量、价格等。如“七喜”汽水的定位是“非可乐”，强调它是不含咖啡因的饮料，与可乐类饮料不同。

2.根据特定的使用场合及用途定位

为老产品找到一种新用途，是为该产品进行新的市场定位的好方法。比如，“脑白金”本是一种保健品，可是生产企业将其定位为礼品，取得了较好的销售效果。

3.根据顾客得到的利益定位

产品带给顾客的利益是顾客能切实体验到的，也可以用作定位的依据。1975年，美国米勒酿酒公司推出了一款低热量的“Lite”牌啤酒，将其定位为喝了不会发胖的啤酒，迎合了那些经常饮用啤酒而又担心发胖的人的需要。世界上各大汽车巨头的定位也各有特色，劳斯莱斯豪华气派、丰田物美价廉、沃尔沃安全结实等等。

4.根据使用者的类型定位

很多企业常试图将其产品指向一类特定的使用者，以便根据他们的看法塑造恰当的形象。美国米勒酿酒公司曾将其唯一的品牌“海雷夫”啤酒定位为“啤酒中的香槟”，吸引了许多不常饮用啤酒的高收入女性。后来公司发现，占消费者人数30%的狂饮者消费了啤酒销量的80%。于是，该公司在广告中展示石油工人钻井成功后狂欢的镜头、年轻人在沙滩上冲刺后开怀畅饮的镜头，塑造了一个“精力充沛”的形象，从而成功占领啤酒狂饮者市场达10年之久。

事实上，企业进行市场定位的依据往往不止一个，而是多个依据同时使用。因为要体现企业及其产品的形象，市场定位必须是多维度的。

（四）市场定位的战略

1.避强定位

这是一种避开强有力的竞争对手进行市场定位的模式。企业不与竞争对手直接对抗，而是将自己置于某个市场“空隙”中，开发目前市场上没有的特色产品，拓展新的市场领域。

这种定位的优点是：能够迅速地在市场上站稳脚跟，并在消费者心中树立起一定形象。由于这种定位方式市场风险较小，成功率较高，常为多数企业所采用。例如，美国的Aim牌牙膏专门对准儿童市场这个空隙，因而能在Crest（佳洁士）和Colgate（高露洁）两大品牌统领的世界牙膏市场上占有10%的市场份额。

2.迎头定位

这是一种与在市场上居支配地位的竞争对手“对着干”的定位模式，即企业选择与竞争对手重合的市场位置，争取同样的目标顾客，彼此在产品、价格、分销、供给等方面少有差别。

在世界饮料市场上，作为后起之秀的“百事可乐”进入市场时，就采用过这种方式，与可口可乐进行面对面的较量。实行迎头定位时，企业必须做到知己知彼，应该了解市场上是否可以容纳两个或两个以上的竞争者，自己是否拥有比竞争者更多的资源和更强的能力，是不是可以比竞争对手做得更好；否则，迎头定位可能会成为一种非常危险的战术，将企业引入危途。

3.重新定位

重新定位通常是针对那些销路不佳、市场反应差的产品进行的二次定位。初次定位后，随着时间的推移，新的竞争者进入市场，选择与本企业相近的市场位置，致使本企业原来的市场占有率下降；或者，由于顾客需求偏好发生转移，原来喜欢本企业产品的人转而喜欢其他企业的产品，因而市场对本企业产品的需求减少。在这样一些情况下，企业就需要对其产品进行重新定位。所以，一般来说，重新定位是企业摆脱经营困境、寻求重新获得竞争力的手段。不过，重新定位也可作为一种战术策略，并不一定是因为陷入了困境，可能是由于发现了产品新的市场。例如，某些专门为青年人设计的产品在中老年人群中也受欢迎后，这种产品就需要重新定位。

同步案例8-2　不与大店争抢热门，乐为市场拾遗补阙

同步案例8-2

分析提示

某市南方影楼根据自身是小型店的特点，不是一味地去争那些利润大的热门服务项目，而是开辟一些被人忽视的“化妆套照”“婚礼摄像”等服务项目，为市场拾遗补阙，赢得了社会各界的好评，连续两年经济效益居全市同行业中小型企业之首。

南方影楼通过市场调查，发现消费者想照艺术套照的很多，而市内众多影楼均认为这种套照程序多、利润低，不愿意经营。于是南方影楼瞄准这一“市场”，投资30多万元，在全市首推艺术套照服务。这种套照一次照4张，每套仅收100元钱。新的服务项目一推出，立即受到了各个层次消费者的欢迎，仅该项服务5个月来就接待顾客2 000多人次。这家影楼的经理说：“化妆套照虽然利润低，但它的效果好。我店全盘业务这样红火，‘套照’帮了我们大忙。”该影楼随后又在全市首推配合“婚纱照”的婚礼摄像服务和儿童系列照服务等项目，这些新的服务项目与化妆套照相得益彰，使该店知名度日益提升。

资料来源 彭石普．市场营销——理论、实务、案例、实训［M］．4版．大连：东北财经大学出版社，2018.

问题：该影楼是怎样通过市场细分进行市场定位的？其营销运作获得了哪些好处？

任务四　市场营销组合

市场营销组合指的是企业在选定的目标市场上，综合考虑环境、能力、竞争状况及企业自身可以控制的因素，加以最佳组合和运用，以完成企业的目标与任务。

一、产品组合策略

（一）产品整体概述

产品是指能提供给市场，用于满足人们某种欲望和需要的任何事物。它包括五个层次：

（1）核心产品。它是指向顾客提供的产品的基本效用或利益，每一种产品实质上都是为解决某个问题而提供的服务。

（2）形式产品。它是指核心产品借以实现的形式或目标市场对某一需求的特定满足形式。形式产品由五个特征构成：品质、式样、特征、商标和包装。

（3）期望产品。它是指购买者在购买产品时期望得到的与该产品密切相关的一系列属性和条件。比如，宾馆中的客人期望得到清洁的床位、干净的浴巾等。

（4）延伸产品。它是顾客购买形式产品和期望产品时附带获得的各种利益的总和，包括产品说明书、质量保证、安装、维修、送货、技术培训等。

（5）潜在产品。它是指包括所有附加产品在内的，可能发展成为未来最终产品的潜在状态的产品。

（二）品牌、品牌资产和商标的概念

1.品牌的概念

所谓品牌，是销售者给自己的产品规定的商业名称，通常由文字、标记、符号、图案和颜色等要素或这些要素的组合构成，用作一个销售者或销售者集团的标识，以便与竞争者的产品相区别。

品牌是一个集合概念，包括品牌名称、品牌标志、商标。品牌名称是指品牌中可以用语言称呼的部分。品牌标志是指品牌中可以被认出但不能用言语称呼的部分。品牌的整体含义包括属性、利益、价值、文化、个性、用户等。

2.品牌资产的概念

所谓品牌资产，是指与品牌的名字、象征相联系的资产的集合。从企业的角度来看，品牌资产即品牌的竞争力。构筑品牌资产的五大元素是品牌忠诚度、品牌知名度、品质感知度、品牌联想度和其他独有资产。

3.商标的概念

所谓商标，实质上是一个法律名词，是已获得专用权并受法律保护的一个品牌或一个品牌的一部分。它有“注册商标”和“非注册商标”之分。注册商标是指受法律保护、所有者享有专用权的商标；非注册商标是指未办理注册手续、不受法律保护的商标。

产品命名的基本要求是独特性、简洁性和便利性。从内容上说，产品命名不但要符合销售地点的法律、法规要求，还要符合当地的风俗习惯，以赢得目标市场中消费群体的喜爱。

（三）品牌策略

1.品牌有无策略

品牌化的好处：便于管理订货；有助于企业细分市场；有助于树立良好的企业形象；有利于吸引更多的品牌忠诚者；注册商标可使企业的产品特色得到法律保护，防止别人模仿、抄袭等。

2.品牌归属策略

企业可以有三种选择：①使用自己的品牌（企业品牌、生产者品牌）；②将其产品大量地卖给中间商，中间商再用自己的品牌将产品卖出去，这种品牌称为中间商品牌；③有些产品使用自己的品牌，有些产品使用中间商品牌。

3.品牌统分策略

如果企业决定其大部分或全部产品都使用自己的品牌，那么还要进一步决定是分别使用不同的品牌，还是统一使用一个或几个品牌。在这个问题上有四种可供选择的策略：

（1）个别品牌，指企业各种不同的产品分别使用不同的品牌。其好处主要是：企业的整体声誉不致受某种商品的声誉的影响。例如，某企业原来一直生产某种高档产品，后来推出了较低档的产品，如果这种新产品使用新的品牌，也不会影响这家企业名牌产品的声誉。

（2）统一品牌，指企业所有的产品都统一使用一个品牌名称。企业采取统一品牌名称策略的好处是宣传介绍新产品的费用开支较低。如果企业的名声好，其产品必然畅销。

（3）分类品牌，指企业对其各类产品分别命名，一类产品用一个牌子。该策略的好处在于，可以区分不同类型和不同质量水平的产品。

（4）企业名称加个别品牌，指企业对其不同产品分别使用不同的品牌，而且各种产品的品牌前面还冠以企业名称。该策略的好处在于新产品可以享受企业的声誉，而各种不同的新产品分别使用不同的品牌名称，使各种新产品各具特色。

4.品牌扩展策略

品牌扩展策略是指企业利用其成功品牌的声誉推出改良产品或新产品，包括推出新的包装规格、香味和式样等。此外，还有一种品牌扩展方式，即企业在其耐用品类的低档产品中增加一种式样非常简单的产品，以宣传其品牌中各种产品的基价很低。

5.多品牌策略

多品牌策略是指企业同时经营两种或两种以上互相竞争的品牌。这种策略由宝洁公司首创。一般来说，企业采取多品牌策略的主要原因有：①多种不同的品牌只要被零售商店接受，就可占用更大的货架面积，而竞争者所占用的货架面积会相应缩小；②能吸引更多顾客，提高市场占有率；③有助于在企业内部各个产品部门、产品经理之间开展竞争，提高效率；④可使企业深入各个不同的市场，从而占领更大的市场。

6.品牌重新定位策略

某一品牌在市场上的最初定位即使很好，随着时间的推移也必须重新定位。这主要是因为竞争者可能会推出一个品牌、有些消费者的偏好发生了变化。

（四）包装策略

1.包装的概念

所谓包装，就是企业的某些人员对某种产品的容器或包装物的设计和制造。包装分为：①首要包装，即产品的直接包装，如牙膏皮、啤酒瓶都是这种包装；②次要包装，即保护首要包装的包装物，如包装一定数量牙膏的纸盒或纸板箱；③装运包装，即为了便于储运、识别某些产品的外包装。

此外，在产品包装上还要有标签，这是为了说明产品而贴在产品上的招贴或印在产品包装上的文字、图案等。

2.包装的作用

（1）保护产品。良好的包装可以使产品在营销管理及消费者保存期间不致损坏、变质、散落，保护产品的使用价值。

（2）促进销售。在顾客自我服务的情况下，更需要利用产品包装来向广大顾客宣传、介绍产品，吸引顾客的注意力。

（3）提高价值。由于生活水平的提高，消费者一般愿意为良好包装带来的方便、美感、可靠性和声望多付些钱，所以，良好的包装不仅能促进销售，而且能提高产品的附加值。

3.包装的具体策略

（1）相似包装策略。它指企业生产的各种产品在包装上采用相似的图案、颜色，以体现共同特征。

（2）差异包装策略。它指企业的每种产品都有自己独特的包装，在设计上采用不同的风格、色调和材料。这种策略能够避免某一种商品推销失败而影响其他商品的声誉，但也会相应地增加包装设计费用和新产品促销费用。

（3）相关包装策略。它指将多种相关产品配套放在同一包装物内出售，如系列化妆品包装。这样可以方便顾客购买和使用，有利于新产品的销售。

（4）复用包装策略或多用途包装策略。它指包装内的产品用过之后，包装物本身还可作其他用途使用，如奶粉包装铁盒。采取这种策略的目的是通过给消费者额外利益以扩大产品销售。

（5）分等级包装策略。它指对同一种商品采用不同等级的包装，以适应不同的购买力水平，如送礼商品和自用商品采用不同档次的包装。

（6）附赠品包装策略。它指在包装上或包装内附赠奖券或实物，以吸引消费者购买。这一策略对儿童尤为有效。

（7）改变包装策略。它指当某种产品销路不畅或包装失去吸引力时，企业可以改变包装设计、包装材料，使用新的包装。这样可以使顾客产生新鲜感，从而扩大产品销量。

（五）产品生命周期

视频8-5

产品生命周期理论

产品生命周期是指产品从进入市场到退出市场所经历的市场生命循环过程。产品只有经过研发、试销，然后进入市场，它的市场生命周期才算开始。产品退出市场，标志着其生命周期的结束。

1.产品生命周期阶段

典型的产品生命周期一般分为四个阶段：

（1）导入期。新产品投入市场便进入导入期。为了扩展销路，企业需要投入大量的促销费用对产品进行宣传。在这一阶段，由于技术方面的原因，产品不能大批量生产，因而成本高，销售额增长缓慢，企业不但得不到利润，反而可能会亏损。

（2）成长期。当产品在导入期的销售取得成功以后，便进入成长期。这时顾客对产品已经熟悉，大量的新顾客开始购买，市场逐步扩大。产品已具备大批量生产的条件，生产成本相对降低，企业的销售额迅速上升，利润也迅速增长。在这一阶段，竞争者看到有利可图，会纷纷进入市场参与竞争，使同类产品的供给量增加，价格随之下降，企业利润的增长速度逐步放缓，最后达到生命周期利润的最高点。

（3）成熟期。经过成长期以后，市场需求趋于饱和，潜在顾客已经很少，销售额增长缓慢直至转而下降，标志着产品进入了成熟期。在这一阶段，竞争逐渐加剧，产品售价降低，促销费用增加，企业利润下降。

（4）衰退期。随着技术的发展，新产品或新的代用品出现，使顾客的消费习惯发生改变，转向其他产品，从而使企业的销售额和利润额迅速下降。此时，产品进入衰退期。

2.产品生命周期策略

（1）导入期营销策略。导入期产品销量小，促销费用和制造成本高，销售利润常常很低甚至为负值。导入期营销策略包括：①快速撇脂策略。利用高价格、高促销费用，以求迅速扩大销量，取得较高的市场占有率。②缓慢撇脂策略。以高价格、低促销费用的形式进行经营，以求获得更多的利润。③快速渗透策略。实行低价格、高促销费用的策略，迅速打入市场，取得尽可能高的市场占有率。④缓慢渗透策略。以低价格、低促销费用来推广新产品。

（2）成长期营销策略。在成长期，销售额和利润额迅速增长，竞争者开始进入市场参与竞争。成长期营销策略包括：①改善产品品质。例如，增加新的功能、设计新的产品款式，以提高产品的竞争力，满足顾客更广泛的需求，吸引更多的顾客。②寻找新的子市场。通过市场细分，找到新的、需要尚未被满足的子市场，根据其需要组织生产，迅速进入这一新的市场。③改变广告宣传的重点。把广告宣传的重心从介绍产品转到树立产品形象和品牌上来，维系老顾客，吸引新顾客，使产品形象深入人心。④在适当的时机采取降价策略。这样可以激发那些对价格比较敏感的消费者产生购买动机和采取购买行动。

（3）成熟期营销策略。产品经过成长期一段时间以后，销售量的增长逐渐放缓，利润开始缓慢下降，这表明产品已开始走向成熟期。成熟期营销策略包括：①调整市场策略，即寻找新的子市场和营销机会。②调整产品策略。其包括改进产品质量，增加新的功能和特点，吸引消费者。③调整营销组合策略，即通过对产品、定价、渠道和促销等市场营销组合因素的调整，刺激销量回升。

（4）衰退期营销策略。其包括：①继续策略，即仍在原来的子市场使用相同的分销渠道、定价及促销方式，直到这种产品完全退出市场为止。②集中策略，即把企业的资源集中在最有利的子市场和分销渠道上，从中获取利润。这样有利于缩短产品退出市场的时间，同时又能为企业创造更多的利润。③收缩策略，即大幅度降低促销水平，尽量减少促销费用，以增加目前的利润。这样会导致产品在市场上的衰退加速，但也能从忠实于这种产品的顾客中获得利润。④放弃策略。对于衰退比较迅速的产品，企业应该当机立断，放弃经营。

二、定价策略

（一）影响定价的因素

企业要科学地进行产品定价，必须分析影响定价的基本因素。价格实际上是各种因素综合作用的结果。影响定价的主要因素有竞争环境、商品成本、供求关系、企业定价目标、品牌形象、竞争者、企业的地理位置、政府对某些商品价格的规定等。

（二）定价方法

企业的定价方法主要有以下三种：

1.成本导向定价法

成本导向定价法是指企业在定价时主要以成本为依据，最常用的是加成定价法（Markup Pricing），即在产品成本上加上一定比例的利润，构成产品价格。成本导向定价法是一种保本经营的做法。当企业对市场需求及竞争等有关信息了解不多时，可采用这一方法。

2.需求导向定价法

需求导向定价法是指根据买方对商品价值的理解和需求强度而不是卖方的成本来定价。其主要是指理解价值定价法（Perceived-value Pricing）。理解价值也称认识价值或感受价值，是指买方在观念上所理解的价值。因此，卖方可以运用营销组合中的非价格因素，影响买方对产品的认知，使之形成对卖方有利的价值观念，然后再根据产品在买方心目中的价值来定价。

3.竞争导向定价法

竞争导向定价法要求企业在定价时主要以竞争对手的价格为依据。其特点是：只要竞争者的价格不动，即使成本或需求变动，本企业的价格也不动；相反，竞争者调整价格，本企业也调整价格，即使成本或需求没有变动。这种定价方法主要适用于下述三种情况：①企业在某一时期的经营目标就是击败某个或某些竞争对手；②企业刚刚进入某一市场，对如何定价尚无主见；③企业经营的是大宗商品，定价时只需随行就市。

（三）具体的定价策略

1.折扣与折让定价策略

为了鼓励顾客及早付清货款、大量购买或在淡季购买，企业会酌情降低其基本价格。这种价格调整称为价格折扣和折让。其共有五种策略：

（1）现金折扣。这是企业给那些当场付清货款的顾客的一种减价。

（2）数量折扣。这是企业给那些大量购买某种产品的顾客的一种减价，以鼓励顾客购买更多的货物，因为大量购买能使企业降低生产、销售、储运等环节的成本。

（3）功能折扣。它又称贸易折扣，是制造商给某些批发商或零售商的一种额外折扣，促使他们愿意执行某种市场营销功能（如推销、储存、服务）。

（4）季节折扣。这是企业给那些购买过季商品或服务的顾客的一种减价，使企业的生产和销售在一年四季保持相对稳定。

（5）让价策略。这是另一种类型的价目表价格的减价。例如，一部新手机标价4 000元，顾客以旧手机折价500元购买，只需付款3 500元，这称作以旧换新折让。如果经销商同意参加制造商的促销活动，则制造商卖给经销商的货物可以打折，这称作促销折让。

2.地理定价策略

地理定价策略是根据商品销售地理位置的不同而规定差别价格的策略。其主要形式有：

（1）FOB原产地定价。它是指顾客（买方）按照厂价购买某种产品，企业（卖方）只负责将这种产品运到产地某种运输工具上交货。交货后，从产地到目的地的一切风险和费用一概由顾客承担。

（2）统一交货定价。这种形式与FOB原产地定价正好相反，就是对于卖给不同地区顾客的某种产品，企业都按照相同的出厂价加相同的运费定价。也就是说，对全国不同地区的顾客，不论远近，都实行一个价。因此，这种定价又称邮资定价。

（3）分区定价。这种形式介于前两者之间，就是企业把全国（或某些地区）分为若干价格区，对于卖给不同价格区顾客的某种产品，分别制定不同的地区价格。距离企业远的价格区，价格定得较高；距离企业近的价格区，价格定得较低。在各个价格区内实行一个价。企业采用分区定价也有不利因素：①在同一价格区内，有些顾客距离企业较近，有些顾客距离企业较远，对前者而言就不划算；②处在相邻价格区界两边的顾客，他们相距不远，但要按高低不同的价格购买同一种产品。

（4）基点定价。它是指企业选定某些城市作为基点，然后按一定的出厂价加上从基点城市到顾客所在地的运费来定价。

（5）运费免收定价。有些企业因为急于在某些地区做生意，会负担全部或部分实际运费。这些卖主认为，如果生意扩大，其平均成本就会降低，足以抵偿这些费用开支。采取运费免收定价，可以使企业增强市场渗透能力，并且能在竞争日益激烈的市场上站住脚。

3.心理定价策略

心理定价，是针对顾客心理而采用的一类定价策略，主要应用于零售商业。其共有三种定价方法：

（1）声望定价。它指企业利用消费者仰慕名牌商品或名店声望的心理来确定商品的价格，故意把价格定成整数或高价。

（2）尾数定价。它又称奇数定价，即利用消费者数字认知的特殊心理制定带有零头的价格，使消费者产生价格较便宜的感觉，还能给消费者留下卖主定价认真的印象：有尾数的价格是经过认真的成本核算才得出来的。这样，就容易使消费者对定价（企业）产生信任感。

（3）招徕定价。它指零售商利用部分顾客求便宜的心理，特意将某几种商品的价格定得较低，以吸引顾客。例如，某些商店每天、每时都有1～2种商品降价出售，吸引顾客经常来采购廉价商品，同时带动其他正常价格的商品销售。

视频8-6

差别定价

4.差别定价策略

所谓差别定价，也称价格歧视，是企业按照两种或两种以上不反映成本费用比例差异的价格销售某种产品或劳务。它有四种形式：

（1）顾客差别定价，即企业按照不同的价格把同一种产品或服务卖给不同的顾客。

（2）产品形式差别定价，即企业对不同型号或形式的产品分别制定不同的价格，但是，不同型号或形式产品价格之间的差额和成本费用之间的差额并不成比例。

（3）产品部位差别定价，即企业对处在不同位置的产品或服务分别制定不同的价格，即使这些产品或服务的成本费用没有任何差异。

（4）销售时间差别定价，即企业对不同季节、不同时期甚至不同钟点的产品或服务分别制定不同的价格。

5.新产品定价策略

（1）撇脂定价。它是指在产品生命周期的最初阶段，把产品的价格定得很高，以攫取最大利润，就像从鲜奶中撇取奶油一样。企业之所以能这样做，是因为有些购买者主观认为某些商品具有很高的价值。

（2）渗透定价。它是指企业把创新产品的价格定得相对较低，以吸引大量顾客，提高市场占有率。从市场营销实践来看，企业采取渗透定价需具备以下条件：①市场需求对价格极为敏感，因此，低价会刺激市场需求迅速增长；②企业的生产成本和经营费用会随着经验的增加而下降；③低价不会引起实际和潜在的竞争。

三、分销渠道策略

分销渠道是指某种产品和服务从生产者向消费者转移的过程中，取得这种商品和服务的所有权或帮助所有权转移的所有企业和个人。分销渠道包括商人中间商和代理中间商，以及处于渠道起点和终点的生产者和最终消费者或用户。但是，它不包括供应商、辅助商。

（一）分销渠道的类型

按流通环节的多少，分销渠道可分为直接渠道与间接渠道。间接渠道又分为短渠道与长渠道。

1.直接渠道与间接渠道

直接渠道是指生产企业不通过中间商环节，直接将产品销售给消费者，它是工业品分销的主要渠道类型。间接渠道是指生产企业通过中间商环节把产品传送到消费者手中，它是消费品分销的主要渠道类型。此外，工业品中有许多产品，如化妆品等，也采用间接分销形式。直接渠道与间接渠道的区别在于有无中间商。

2.长短渠道

分销渠道的长短一般是按通过流通环节的多少来划分的，具体包括以下四层：①零级渠道：制造商→消费者。②一级渠道（MRC）：制造商→零售商→消费者。③二级渠道：制造商→批发商→零售商→消费者，多见于消费品分销；或者是制造商→代理商→零售商→消费者，多见于消费品分销。④三级渠道：制造商→代理商→批发商→零售商→消费者。可见，零级渠道最短，三级渠道最长。

3.宽窄渠道

渠道宽窄取决于渠道的每个环节中使用同类型中间商数目的多少。企业使用的同类中间商多，产品在市场上的分销面广，称为宽渠道。例如，一般的日用消费品（毛巾、牙刷等）由多家批发商经销，又转卖给更多的零售商，能大量接触消费者，大批量地销售产品。企业使用的同类中间商少，分销渠道窄，称为窄渠道。它一般适用于专业性强的产品或贵重、耐用消费品，由一家中间商统包，几家经销。它使生产企业容易控制分销，但市场分销面受到限制。

4.单渠道和多渠道

企业的全部产品都由自己直接设立的销售部销售，或全部交给批发商经销，称为单渠道。多渠道则可能是在本地区采用直接渠道，在外地采用间接渠道；在有些地区独家经销，在另一些地区多家分销；在消费品市场用长渠道，在生产资料市场则采用短渠道。

（二）分销渠道设计

1.影响分销渠道设计的因素

（1）顾客特性。渠道设计深受顾客人数、地理分布、购买频率、平均购买数量以及对不同营销方式的敏感性等因素的影响。当顾客人数多时，生产者倾向于利用每一层次都有许多中间商的长渠道。

（2）产品特性。它也会影响渠道设计。易腐坏的产品为了避免拖延及重复处理增加腐坏可能的风险，通常需要直接的市场营销。那些与其价值相比体积较大的产品，需要利用生产者到最终用户之间搬运距离最短、搬运次数最少的渠道来销售。非标准化产品，通常由企业推销员直接销售，这主要是由于不易找到具备相关知识的中间商。需要安装、维修的产品经常由企业自己或授权独家特许经销商来负责销售和保养。单位价值高的商品则通常由企业的推销人员销售而不通过中间商。

（3）中间商特性。设计渠道时，还必须考虑执行不同任务的中间商的优缺点。

（4）竞争特性。生产者的渠道设计还受到竞争者所使用的渠道的影响，因为某些行业的生产者希望在与竞争者相同或相近的市场与竞争者的产品抗衡。

（5）企业特性。企业的总体规模决定了其市场范围、大客户的规模以及强制中间商合作的能力。财务能力弱的企业一般采用“佣金制”的分销方法，并且尽量利用愿意并且能够承担部分物流配送费用、顾客融资成本等的中间商。企业产品组合的广度越大，则与顾客直接交易的能力越强。

（6）环境特性。当经济萧条时，生产者都希望采用能使最终顾客廉价购买的方式将其产品投入市场。这也意味着生产者会使用较短的渠道来免除那些会提高产品最终售价却没有必要的服务。而在经济相对繁荣的时期，为了加快产品送达目标市场的速度或提高相应的效率，企业会采用一定的长渠道。

2.分销渠道的具体设计

一般来说，新企业在刚刚运营时，总是先采取在有限市场上进行销售的策略，因其资本有限，只得利用现有中间商。中间商的数目通常是有限的，所以产品投入市场的最佳方式也是可以预知的。

新企业一旦经营成功，就有可能向其他新市场扩展。企业仍可以利用现有的中间商销售其产品，也可以在不同地区使用各种不同的市场营销渠道。生产者的渠道系统需要因时因地地灵活变通。

（1）明确渠道目标与限制。每一个生产者都必须在顾客、产品、中间商、竞争者、企业政策和环境等因素形成的限制条件下，确定其渠道目标。

（2）明确各种渠道方案。渠道方案主要涉及四个基本因素：中间商的基本类型；每一个分销层次所使用的中间商数目；各中间商特定的市场营销任务；生产者与中间商的交易条件及相互责任。

（3）评估各种可能的渠道方案。企业可通过经济性、控制性和适应性三个标准对各种渠道方案进行设计评估。其中，经济性标准最为重要。

（三）分销渠道的管理

企业管理人员在进行渠道设计之后，还必须对个别中间商进行选择、激励与定期评估。

1.选择渠道成员

生产者在选择中间商时，常处于两种极端情况之间：一是生产者毫不费力地找到特定的中间商并使其加入渠道系统，这可能是因为他很有声望，也可能是因为其销售的产品能赚钱；二是生产者必须费尽心思才能找到期望数量的中间商。一般来说，生产者要评估中间商经营的时间长短、成长记录、清偿能力、合作态度、声望等。

2.激励渠道成员：避免激励不足和激励过分

激励渠道成员，要避免激励过分和激励不足。激励过分，会使成本过高，利润减少，也会影响销量；而激励不足，会使中间商推销的积极性下降，影响销量。

3.定期评估渠道成员

生产者除了选择和激励渠道成员外，还必须定期评估他们的绩效。如果一开始生产者与中间商就签订了有关绩效标准与奖惩条件的合同，后续会避免很多麻烦。评估中间商的绩效，主要有以下两种办法：第一种是将每一个中间商的销售绩效与上期的绩效进行比较，并以整个群体的升降百分比作为评估标准；第二种是将各中间商的绩效与对该地区的销售潜力分析所得出的配额相比较。

四、促销策略

促销策略是指企业通过人员推销、广告、公共关系和营业推广等各种促销方式，向消费者或用户传递产品信息，引起他们的注意和兴趣，激发他们的购买欲望和购买行为，以达到扩大销售的目的。

（一）广告

1.广告的概念

广告是广告主以付费的方式，通过一定的媒体有计划地向公众传递有关商品、服务和其他方面的信息，借以影响受众的态度，进而诱发或说服其采取购买行动的一种大众传播活动。

从该定义可以看出，广告具有以下特点：①广告是一种有计划、有目的的活动；②广告的主体是广告主，客体是消费者或用户；③广告的内容是商品或服务的有关信息；④广告的手段是借助广告媒体直接或间接地传递信息；⑤广告的目的是促进产品销售或树立良好的企业形象。

2.广告促销方案的制订

尽管各方对广告在促销中的作用存在争论，但在市场上，我国企业对广告却始终情有独钟。这从中央电视台每年黄金时段的广告招标金额节节攀升中可见一斑。显然，市场早已走出了“酒好也怕巷子深”的时代，当代企业要考虑的并不是要不要做广告的问题，而是如何做出精品广告，从而赢得消费者对广告的信任。这需要企业进行科学的广告决策。企业的广告决策，一般包括五个重要的步骤，简称“5M”。

（1）确定广告目标（Mission）。企业广告决策的第一步是确定广告目标。广告目标是企业通过广告活动要达到的目的，其实质就是在特定的时间对特定的目标受众完成特定内容的信息传播，并获得目标受众的预期反应。

（2）编制广告预算（Money）。广告目标确定后，企业必须确定广告预算。广告预算是否合理对企业来说是一个至关重要的问题：预算太少，广告目标不能实现；预算太多，又造成浪费，有时甚至决定企业的命运。中央电视台曾经的广告标王，如秦池、爱多的命运，都对此作了很好的注解。

（3）确定广告信息（Message）。广告的效果并不取决于企业投入的广告经费，关键在于广告的主题和创意。广告主题决定广告表现的内容，广告创意决定广告表现的形式和风格。只有广告内容迎合目标受众的需求，广告表现具有独特性，广告才能引人注意，并给目标受众带来美好的联想，从而促进销售。

（4）选择广告媒体（Media）。广告表现的结果就是广告作品。广告作品只有在恰当的广告媒体（包括广播、电视、报纸、杂志和互联网等大众传播媒体）投放才能实现广告传播目标。除大众传播媒体以外，广告媒体还有招牌、墙体等户外媒体，车身、车站等交通媒体，信函、传单等直接媒体等。选择媒体时，要根据广告产品和目标市场的特征、广告目标、竞争对手的媒体使用情况、广告媒体的特征、国家广告法规等因素进行选择。

（5）评估广告效果（Measurement）。广告效果主要体现在三方面，即广告的传播效果、促销效果和社会效果。广告的传播效果是前提和基础，促销效果是核心和关键。当然，企业的广告活动也不能忽视对社会风气和价值观念的影响。

（二）人员推销

1.人员推销的概念及特点

根据美国市场营销协会的定义，人员推销是指企业通过派出销售人员与一个或一个以上的潜在消费者交谈，作口头陈述，以推销商品，促进和扩大销售的活动。

相比其他推销形式，人员推销具有以下特点：①注重人际关系，与顾客进行长期的情感交流；②具有较强的灵活性；③具有较强的选择性；④及时促成购买；⑤营销功能的多样性。

2.人员推销的步骤及策略

（1）寻找潜在顾客，即寻找有可能成为购买者的顾客。潜在顾客是一个“MAN”，即具有购买力（Money）、购买决策权（Authority）和购买欲望（Need）的人。

（2）访问准备。在拜访潜在顾客之前，推销员必须做好必要的准备。具体包括了解顾客、熟悉推销品、了解竞争者及其产品、确定推销目标、制订推销的具体方案等。充分的准备是推销成功的必要前提。

（3）接近顾客。这是推销员征求顾客同意接见、洽谈的过程。接近顾客是推销成功的先决条件。为此，要达到三个目标：给潜在顾客一个良好的印象；验证在准备阶段所得到的信息；为推销洽谈打下基础。

（4）洽谈沟通。这是推销过程的中心。推销员向准客户介绍商品时，不能仅限于让客户了解商品，最重要的是激起客户的需求，使其做出购买行为。推销员养成“JEB”的商品说明习惯，能使推销事半功倍。JEB，简而言之，就是首先说明商品的事实状况（Just Fact），然后对商品的性质加以解释说明（Explanation），最后再阐述它的长处

（Benefit）及带给客户的利益。熟练掌握商品推销的三段论法，能让推销变得非常有说服力。

（5）应付异议。推销员应随时准备应付不同意见。顾客异议表现在多方面，如价格异议、功能异议、服务异议、购买时机异议等。有效地排除顾客异议是达成交易的必要条件。一个有经验的推销员面对顾客争议，既要采取不蔑视、不回避、注意倾听的态度，又要灵活运用有利于排除顾客异议的各种技巧。

（6）达成交易。这是推销的成果和目的。在推销过程中，推销员要注意观察潜在顾客的各种变化。当发现对方有购买的意思表示时，要及时抓住时机，促成交易。为了达成交易，推销员可提供一些优惠条件。

（7）事后跟踪。现代推销理念认为，成交是推销过程的开始。推销员必须做好售后的跟踪工作，如安装、退换、维修、培训及顾客访问等。对于VIP客户，推销员特别要注意与之建立长期的合作关系，实施关系营销。

（三）销售促进

1.销售促进及其适用性

销售促进是为了刺激消费者迅速购买商品而采取的各种促销措施。其目的是扩大销售和提升人气。由于市场竞争的程度加剧、消费者对交易中的实惠的日益重视、广告媒体费用上升、企业经常面临短期销售压力等原因，销售促进受到越来越多的企业的青睐。

销售促进比较适合对消费者和中间商开展促销工作，一般不太适用于产业用户。对于个人消费者，销售促进主要能吸引三类人群：①已使用本企业产品的消费者，促使其消费更多；②已使用其他品牌产品的消费者，吸引其转向本企业产品；③未使用过该产品的消费者，争取其试用本企业的产品。对于中间商，销售促进主要是吸引其更多地进货和积极经销本企业的产品，提高其品牌忠诚度。

在产品处于生命周期的投放期和成长期时，销售促进的效果较好；在成熟期，销售促进的作用明显减弱。对于同质化程度较高的产品，销售促进可在短期内迅速提高销售额；但对于高度异质化的产品，销售促进的促销作用相对较小。

一般来说，市场占有率较低、实力较弱的中小企业，由于无力负担大笔的广告费，对所需费用不多又能迅速增加销量的销售促进往往情有独钟。

有时，企业也可以将销售促进与广告、公共关系等促销方式结合起来，以销售促进吸引竞争者的顾客，再用广告和公共关系使之对本企业的产品产生长期偏好，从而争取竞争对手的市场份额。

2.销售促进的实施

企业实施销售促进时，应重点做好以下工作：

（1）确定推广目标。企业在开展销售促进活动之前，必须明确推广目标。推广目标因不同的推广对象而不同。对消费者来说，推广目标主要是促使他们更多地购买和消费产品，吸引竞争品牌的消费者等；对中间商而言，推广目标主要是吸引中间商经销本企业的产品，进一步调动其经销的积极性，提高中间商对本企业的忠诚度等；对推销员来说，推广目标就是激发其推销热情，激励其寻找更多的潜在顾客。

（2）选择恰当的销售促进方式。

①营造适宜的商业氛围。商业氛围对激发消费者的购买欲望具有极其重要的作用。因此，商店布局必须精心构思，使其具有一种目标消费者乐于购买的氛围。

②选择恰当的销售促进工具。企业可以根据市场类型、销售促进的目标、竞争情况、国家政策以及各种推广工具的特点灵活选择推广工具。

③制订合理的销售促进方案。合理的销售促进方案应包括诱因的大小、刺激对象的范围、促销媒体和促销时机的选择、推广期限和促销预算的确定等内容。

④测试销售促进方案。为了保证销售促进的效果，企业在正式进行销售促进之前，必须对推广方案进行测试。测试的内容主要有推广诱因对消费者的效力如何、所选用的工具是否恰当、媒体选择是否恰当、顾客反应是否足够等。发现不恰当的部分，要及时进行调整。

⑤执行和控制销售促进方案。企业必须制订具体的实施方案。实施方案中应明确规定准备时间和实施时间。准备时间是指推出方案之前所需的时间；实施时间是从推广活动开始到95%的推广商品已到达消费者手中这一段时间。

⑥评估销售促进的效果。企业必须高度重视对销售促进效果的评价。评价一般可以采用比较法（比较推广前后销售额的变动情况）、顾客调查法和实验法等方法进行。

（四）公共关系

1.公共关系的要素及特征

从营销的角度讲，公共关系是企业利用各种传播手段，沟通内外部关系、塑造良好形象，为企业的生存和发展创造良好环境的经营管理艺术。

（1）公共关系的构成要素。其包括社会组织、传播和公众。社会组织是公共关系的主体，它是执行一定社会职能、实现特定的社会目标、构成一个独立单位的社会群体。在营销中，公共关系的主体就是企业。

公众是公共关系的客体，是面临相同问题并对组织的生存和发展有着现实或潜在利益关系和影响力的个体、群体及社会组织的总和。企业在经营管理中必须注意处理好与员工、顾客、媒体、社区、政府等各类公众的关系，为自己创造良好和谐的内外环境。

社会组织与公众之间需要信息传播。传播是社会组织利用各种媒体，将信息或观点有计划地与公众进行交流的沟通过程。社会组织开展公关活动的过程实际上就是传播沟通过程。

（2）公共关系的特征。作为一种促销手段，公共关系与前述其他手段相比，具有自己的特点：①注重长期效应。公共关系是指企业通过公关活动树立良好的社会形象，从而创造良好的社会环境。这是一个长期的过程。良好的社会形象也能给企业的经营和发展带来长期的促进效应。②注重双向沟通。在公关活动中，企业要把与自身相关的信息传播给公众并做出解释，同时要把公众的信息向企业内部传播并做出解释，使企业和公众在双向传播中形成和谐的关系。③可信度较高。相对而言，大多数人认为公关报道比较客观，比企业的广告更加可信。④具有戏剧性。经过特别策划的公关事件，容易成为公众关注的焦点，可使企业和产品获得更多的关注。

2.公共关系活动的实施

公共关系活动需要经历以下步骤：

（1）确定公关目标。开展公关活动要有明确的目标。目标的确定是公关活动取得良好效果的前提条件。企业的公关目标因企业面临的环境和任务的不同而不同。

（2）确定公关对象。公关对象的选择就是公众的选择。这取决于公关目标，不同的公关目标决定了公关传播对象侧重点的不同。如果公关目标是提高消费者对本企业的信任度，毫无疑问，公关活动应该重点根据消费者的权利和利益要求进行；如果企业与社区的关系出现摩擦，公关活动就应该主要针对社区公众进行。

（3）选择公关方式。公关方式是公共关系工作的方法系统。在不同的公关状态和公关目标下，企业必须选择不同的公关方式，以便有效地实现公关目标。

（4）实施公关方案。这是一个把公关方案确定的内容变为现实的过程，是企业利用各种方式与各类公众进行沟通的过程。实施公关方案是企业公关活动的关键环节。再好的公关方案，如果没有实施，都只是镜花水月，没有任何价值。

（5）评估公关效果。这是指根据特定的标准，对公共关系计划、实施及效果进行衡量、检查、评价和估计，以判断其成效。需要说明的是，公关效果评估并不是在公关方案实施后才进行，而是贯穿于整个公关活动中。

应知考核

一、单项选择题

随堂测8

1.市场营销理论于20世纪初诞生在（　　）。

A.美国　　B.法国　　C.日本　　D.英国

2.在（　　）观念下容易出现“市场营销近视症”。

A.生产　　B.推销　　C.产品　　D.社会市场营销

3.下列（　　）是企业的微观环境因素。

A.人口　　B.购买力　　C.公众　　D.自然环境

4.企业为使产品获得稳定销路，培育产品特色，树立市场形象，以求取得顾客的特殊偏爱，这称作（　　）。

A.市场营销组合　　B.寻找市场机会　　C.市场细分　　D.市场定位

5.处于导入期或成长期的新产品最好实行（　　）。

A.无差异市场营销　　B.差异市场营销

C.集中市场营销　　D.无差异或集中市场营销

6.产品整体概念中最基本、最主要的部分是（　　）。

A.核心产品　　B.有形产品　　C.附加产品　　D.品牌

7.招徕定价属于（　　）定价策略。

A.折扣与折让　　B.心理　　C.地区　　D.差别

8.分销渠道不包括（　　）。

A.代理中间商　　B.代理商　　C.生产者和用户　　D.辅助商

9.如果一个生产企业希望在市场上树立本企业的形象和培育市场信誉，它应采用（　　）品牌。

A.中间商　　B.生产者　　C.个别　　D.借用

10.企业对那些购买过季商品或者服务的顾客给予一定的折扣，使其生产和销售在一年四季保持相对稳定，这种价格折扣属于（　　）。

A.现金折扣　　B.数量折扣　　C.功能折扣　　D.季节折扣

二、多项选择题

1.市场营销的研究对象是企业所开展的以营销组合为主要内容的营销活动及其客观规律，而营销组合是指（　　）。

A.产品　　B.定价　　C.地点　　D.促销

2.市场营销环境包括（　　）。

A.微观环境　　B.宏观环境　　C.人口环境　　D.科技环境

3.STP理论包括（　　）。

A.市场定位　　B.市场细分　　C.营销组合　　D.目标市场选择

4.目标市场策略包括（　　）。

A.无差异市场营销策略　　B.差异性市场营销策略

C.分散性市场营销策略　　D.集中性市场营销策略

5.影响产品定价的主要因素有（　　）。

A.商品成本　　B.供求关系　　C.企业定价目标　　D.品牌形象

三、简答题

1.简述市场营销观念的变化。

2.简述市场定位的步骤和策略。

3.简述市场营销环境分析的主要内容。

4.简述市场细分的程序。

5.简述市场营销组合策略。

应会考核

一、案例分析

【背景资料】

屡屡碰壁的促销活动

一家饲料企业原本效益很好，也没有做过促销，直至其他企业后来居上，这家企业才慌了，于是召开销售人员会议。销售人员没有不抱怨的：人家企业做得多好，农民买一包饲料可以得到一件文化衫，经销商做大了，组织其去国外考察。这家企业的经理心想：这不是很难，我们也做得到。

江南每年6—8月是农忙时节，农户都忙着“双抢”，养殖业是淡季。这位经理想，淡季一定要刺激农民消费。于是，该企业制作了很漂亮的文化衫。7月底，销售人员又向老板抱怨：怎么这么晚才给市场发放促销品，别人早就做了。原来，竞争企业在5月底就将文化衫全部发放到位，农民在“双抢”时根本没有时间去购买饲料。第二年，该企业很早就准备好了促销品，是质量很好的香皂，因为农忙时农民每天都要洗澡，香皂是他们的必需品。但结果和预料的大相径庭：经销商拒绝大量进货。销售人员从市场前沿发回报告，说经销商已经大量购进了竞争厂家的货，原因是该厂家承诺在市场淡季完成旺季85%销售额的经销商，可以参加出国考察团。竞争厂家已经抢占了经销商的仓库和资金。

资料来源　彭石普. 市场营销原理与实训［M］. 4版. 北京：高等教育出版社，2018.

【考核要求】

这家企业的促销活动为什么会屡屡碰壁，问题出在哪里？如果请你做企业经理，你将采取什么方法解决这一促销难题？

二、综合实务

新产品开发

某企业是一家改装专用汽车的企业，20世纪70年代末生产任务不足，工厂在面临亏损的情况下，组织了一个有几十个人的调查组，对全国专用汽车市场进行了调查，结果发现环卫和石油是具有发展专用汽车潜力的两大部门。就环卫车而言，全国有1.4亿人口，人均日产生垃圾2千克，按每5 000人配备一辆环卫车计算，全国需要2.8万辆；即使不算工矿区在内，全国按200多个城市的9 000多万人口计算，也需要1.9万辆。当时，全国环卫系统拥有各种环卫车的总量仅为8 000辆左右。石油专用车在国内早有厂家生产，但品种不齐全，国家对各种车辆实行进口限制以后，石油系统的部分订单转向国内。环卫部门和石油部门都是国家重点发展的部门，资金充足，市场相对稳定。尤其是环卫系统亟待改善作业条件，所以销售不成问题。另外，旅行车也是市场急需的产品。从企业自身条件看，该厂具有20多年生产专用汽车的经验，拥有一批长期从事专用汽车设计、制造的人才，有着从事多品种、小批量生产的条件和经验；但是，对于装饰性要求较高的旅行车来说，生产和技术水平都还不足。根据上述分析，企业决定：除继续生产国家需要的各种专用车外，还要依靠自己的力量，加速研制开发环卫和石油系统需要的各种专用车辆。

根据上述案例，请回答下列问题：

1.该企业进行新产品开发的依据是（　　）。

A.地理环境　　B.市场需求与企业条件

C.企业条件　　D.竞争者产品开发情况

2.该企业开发的产品是（　　）。

A.换代的新产品　　B.全新产品　　C.改进的新产品　　D.仿制的新产品

3.该新产品的开发方式是（　　）。

A.企业独自研制　　B.仿制

C.技术引进　　D.技术引进与自行研制相结合

4.该企业产品组合的关联度是（　　）。

A.无关联性　　B.关联密切　　C.关联不太密切　　D.以上都不对

5.该企业产品的目标市场策略是（　　）。

A.无差异性市场策略　　B.差异性市场策略

C.密集性市场策略　　D.产品差异性策略

项目实训

【实训项目】

营销环境对企业营销决策的影响。

【实训目标】

企业必须根据营销环境的变化，制定和适时调整营销组合策略，这样才能抓住机会获得成功。通过这一项目的学习，要充分认识市场营销环境对企业营销活动所产生的重要影响，掌握宏观环境与微观环境的构成及分析方法。

【实训内容】

选择某一大商场（超市），了解并分析其市场营销环境，包括宏观、微观环境。

【实训要求】

1.每个班按5人一组来分组，每组推选一名组长，负责与老师的联系。

2.分组讨论市场营销环境对企业营销活动所产生的重要影响。

3.各组选派一位代表发言，对本组的市场营销环境分析情况进行陈述。

4.撰写实训报告。

<table>
<tr><td colspan="3">《　　　　　　　　　　　　》实训报告</td></tr>
<tr><td>项目实训班级：</td><td>项目小组：</td><td>项目组成员：</td></tr>
<tr><td>实训时间：　　年　　月　　日</td><td>实训地点：</td><td>实训成绩：</td></tr>
<tr><td colspan="3">实训目的：</td></tr>
<tr><td colspan="3">实训步骤：</td></tr>
<tr><td colspan="3">实训结果：</td></tr>
<tr><td colspan="3">实训感言：</td></tr>
<tr><td colspan="3">不足与今后改进：</td></tr>
<tr><td colspan="3">项目组长评定签字：　　　　　　　　项目指导教师评定签字：</td></tr>
</table>

项目九

企业财务管理

知识目标

理解：企业财务管理的基本概念、内容、过程。

熟知：企业筹资管理、投资管理、资产管理、利润分配管理。

掌握：财务分析的基本内容、方法。

技能目标

通过学习，具备能够对一般企业的财务管理情况进行基本分析的能力。

素质目标

通过本项目的学习和训练，学生能够了解财务管理在现代企业管理过程中的重要地位和意义，具有现代财务管理方面的基本思想和素养。

思政目标

能够正确地理解“不忘初心”的核心要义和精神实质；树立正确的世界观、人生观和价值观，做到学思用贯通、知信行统一；通过企业财务管理理论加强责任和风险意识，具备财务管理人员应具备的内控意识和观念，树立财务职业道德观。

管理故事　　**情侣苹果的故事**

某年元旦，某高校门口，一老妇守着两筐苹果叫卖，2元一个（成本1.5元），因为天寒，问者寥寥。一教授见此情形，上前与老妇商量几句，然后走到附近商店花20元钱买来节日织花用的彩带，并与老妇一起将苹果两两一扎，接着高喊道：“情侣苹果哟！10元一对！”路过的情侣们甚觉新鲜，用彩带扎在一起的一对苹果看起来很有情趣，因而买者甚众，不一会儿200个苹果就被全部卖出。扣除20元彩带的费用，老妇赚了680元（200÷2×10−200×1.5−20），原来就算能卖完也只能赚100元，她对教授感激不尽。

资料来源　佚名．情侣苹果［EB/OL］．［2021-06-09］．https：//baijiahao.baidu.com/s?id=1702096373319861621&wfr=spider&for=pc.有改动．

财务管理的首要任务就是要使企业价值最大化。两筐卖不出去的苹果系上彩带，加上“情侣苹果”这一充满创意的命名，一下子就卖完了，还比原来多赚了几倍！可见，卖产品不要光盯着产品本身，要在产品以外寻找闪光点、价值点，才能做到“开源”有术、财源滚滚。

知识准备

任务一　财务管理概述

企业要进行生产经营活动，就必须有人力、物资等各项生产经营要素，并开展有关的活动，这些活动就构成了企业的财务活动。同时，企业进行财务活动时，必然集中反映一定的财务关系。为此，要了解什么是财务管理，必须先分析企业的财务活动与财务关系。

一、财务活动与财务关系

（一）财务活动

财务活动是指资金的筹集、投放、使用、收回及分配等一系列行为。从整体上讲，财务活动包括以下四个方面：①筹资活动。企业组织商品生产，必须以占有或能够支配一定数额的资金为前提。②投资活动。企业取得资金后，必须将资金投入使用，以谋求最大的经济效益；否则，筹资就失去了其意义和效用。③经营活动。企业在日常生产经营过程中，会发生一系列的资金收付活动。④分配活动。企业投资（或进行资金营运活动）应当取得收入，并相应实现资金的增值。企业必须对取得的各种收入依据现行法规及规章做出分配，以全面实现财务目标。

（二）财务关系

企业从资金的筹集、投放、使用到分配，必将与有关各方发生经济联系。企业在组织财务活动过程中与利益相关方发生的经济利益关系即财务关系，包括企业与所有者、债权人、被投资单位、债务人、供应商和客户、政府、企业内部各单位、职工以及其他有关各方之间的财务关系。企业是组织财务活动的主体，具有明显的社会性，正确处理好财务关系是财务管理的重要内容。

二、财务管理的内容

财务管理的内容是由企业资金运动的内容决定的。企业投入资金，用来进行产品生产和经营，要考虑投资的效益；企业投入的资金是以一定的方式从各种渠道获得的，必须注意资金的成本；产品售出收回货币资金、产生利润、确定资金增值的分配政策，这就组成了财务管理的主要内容。它包括资金的筹资决策、投资决策和股利分配决策。财务管理的三项基本内容是有机联系在一起的。筹资是财务管理的基础环节，企业财务人员若能采用适当方式，以较低的成本和较小的风险筹集到资金，那么就可能有较多的投资机会取得盈利，也能把较多的盈余分配给股东。

三、财务管理的目标

（1）利润最大化。利润最大化目标在我国和西方都曾是较流行的一种观点，在实务界有重大的影响。

（2）股东财富最大化。许多人认为，股票市场价格的高低体现着投资大众对公司价值所作的客观评价。

（3）企业价值最大化。与企业有关的利益集团除了股东外，还有企业债权人、企业员工、社区及管理当局。

（4）人力资本所有者价值最大化。虽然在企业契约中各要素所有者都有权参与企业目标的制定，但随着一般工人的相对减少，技术人员、管理人员和企业家的相对增多，尤其是他们的生产能力和管理能力的增强，其在企业发展中的相对重要性将日益显著，起着影响甚至决定企业行为的作用。

四、财务管理的环节

（一）财务预测

财务预测是根据财务活动的历史资料，考虑现实的要求和条件，对企业未来的财务活动和财务成果做出科学的预计和测算。进行财务预测，是为了提高财务管理的预见性、避免盲目性、争取最优财务成果的重要措施。

（二）财务决策

财务决策是指财务人员按照财务目标的总体要求，利用专门方法对各种备选方案进行分析对比，并从中选出最佳方案的过程。

（三）财务预算

财务预算是指运用科学的技术手段和数量方法，对未来财务活动的内容及指标所进行的具体规划。财务预算一般由企业财务管理职能部门负责组织，会同有关部门协同编制。

（四）财务控制

财务控制是在财务管理的过程中，利用有关信息和特定手段，对企业财务活动施加影响或进行调节。

（五）财务分析

财务分析是根据核算资料、运用指定方法，对企业财务活动过程及其结果进行评价和剖析的一项工作。财务分析的目的就是总结经验，研究和掌握企业财务活动的规律性，不断改进财务管理。

综上所述，财务预测是财务决策的依据，财务决策是财务管理的核心，财务预算是财务预测和财务决策的具体化，财务控制是实施财务预算的保证，财务分析可以改善财务预测、决策、预算和控制，提升企业财务管理水平，提高企业经济效益。以上五个环节相互联系、相互配合，形成周而复始的财务管理循环过程，构成完整的财务管理工作体系。

五、财务管理环境

财务管理环境又称理财环境，是指对企业财务管理产生影响作用的外部条件和因素的总和。

（一）经济环境

财务活动是经济活动的组成部分，经济环境是财务管理的重要环境。经济环境一般包括经济体制、经济周期、经济政策、通货膨胀和市场竞争等。

（二）法律环境

市场经济是以法律规范和市场规则为特征的经济制度。企业是市场经济的载体，企业的财务活动应遵守各种法律、法规。

（三）金融环境

企业筹资、投资活动是在一定的环境约束下进行的，这一环境称为金融环境。金融环境主要包括金融市场和金融工具，是企业财务管理的重要环境。它不仅为企业筹资和投资提供了场所和方式，而且促进了资本的合理流动和优化配置。

（四）技术环境

财务管理的技术环境是指财务管理得以实现的技术手段和技术条件，它决定着财务管理的效率和效果。目前，我国进行财务管理所依据的会计信息是通过会计信息系统所提供的，占企业经济信息总量的60%～70%。在企业内部，会计信息主要是提供给管理层决策使用；而在企业外部，会计信息则主要是为企业的投资者、债权人等提供服务。

任务二　筹资管理

一、企业筹资概述

视频9-1

筹资

（一）筹资概念

1.筹资的含义

筹资是指企业根据其生产经营、对外投资以及调整资本结构等需要，通过一定的渠道，采用适当的方式，切实有效地获取所需资金的一种行为。筹资是企业生产经营的起点，是决定资金运动规模与企业发展程度的重要环节。

2.筹资的分类

从不同的角度，筹资有很多种分类：

（1）按资金占用时间长短，可以划分为长期资金和短期资金。长期资金是指企业筹集的期限在1年以上用于战略性发展的资金。企业的资本金、长期债券、长期借款等是长期资金。广义的长期资金可以分为中期资金（5年内）和长期资金（5年以上）。短期资金是指企业筹集的期限在一年以内用于生产经营过程中短期周转的资金，即主要用于流动资产、零星技术改造等的资金。

（2）按所筹资金来源，可以划分为自有资金和借入资金。自有资金是指企业投资者投入且拥有所有权的资金，包括资本金、资本公积、盈余公积和未分配利润。自有资金是一个企业经济实力的体现。借入资金是指企业债权人投入的资金，包括银行借款、应付债券等。

（3）按所筹资金渠道，可以划分为内源筹资和外源筹资。内源筹资是指公司经营活动产生的资金，即公司内部融通的资金，它主要由留存收益和折旧构成。外源筹资是指企业通过一定方式向企业之外的其他经济主体筹集资金。外源筹资方式包括银行贷款、发行股票、企业债券等。此外，企业之间的商业信用、融资租赁在一定意义上也属于外源筹资的范围。

（4）按所筹资金是否以金融机构为媒介，可以划分为直接筹资和间接筹资。直接筹资是指企业不通过银行等金融机构，与资金供应者直接协商或者发行股票、债券等筹集资金。间接筹资是指企业通过银行等金融机构所进行的筹资活动。间接筹资是一种传统的筹资活动。

（二）筹资的动机与要求

1.筹资的动机

企业的筹资动机多种多样，有的是单一的，有的是综合的，归纳起来主要有扩张筹资动机、偿债筹资动机和混合筹资动机三种。

（1）扩张筹资动机，是指因企业扩大生产规模或追加对外投资的需要而产生的筹资动机。它主要适用于经营前景良好、处于成长期的企业。扩张筹资动机产生的结果是企业资产总额的增加。

（2）偿债筹资动机，是指企业为了偿还某项已经到期的债务而产生的筹资动机，即以新债还旧债。它主要适用于改变债务结构或因现有支付能力不足而被迫举债还债的企业。这种动机不会改变资产总额。

（3）混合筹资动机，是指因企业同时需要长期资金和流动资金而形成的筹资动机。通过混合筹资，企业既可以扩大资产规模，又可以偿还部分旧债。

2.筹资的要求

筹资的要求包括：合理确定资金需要量，做到筹资规模适当；筹措及时，筹资时间安排恰当；方式经济，充分考虑资本成本，合理确定资本结构；遵守国家法律，维护合法权益，筹资来源合理。

（三）影响企业筹资决策的因素

企业筹资与企业的其他各项物资供应一样，必须满足企业对资金的需求，因此在进行筹资决策时，必须考虑以下因素：企业的资金需要量（筹资数量）、企业的筹资时间、可供选择的筹资渠道和筹资方式（筹资品种）、企业的筹资质量。其中筹资质量包括筹资成本、筹资风险、预计的资金使用效率及使用效果等。

二、筹资渠道和筹资方式

（一）企业的各种筹资渠道

1.国家财政资金

国家财政资金具有广阔的来源和稳固的基础，是国有企业特别是国有独资公司获得资金的主要渠道。

2.银行信贷资金

银行对企业的各种贷款，是我国目前各类企业最为重要的资金来源。我国银行分为商业银行和政策性银行两种，前者为各类企业提供商业性贷款，后者为特定企业提供政策性贷款。

3.非银行金融机构资金

非银行金融机构主要是指信托投资公司、保险公司、金融租赁公司、财务公司等，它们所提供的各种金融服务，既包括信贷资金的投放和物资的融通，还包括为企业承销证券等金融服务。

4.其他企业资金

企业在生产经营过程中，往往会形成部分暂时闲置的资金，为了一定的目的也需要相互投资。另外，企业间的购销业务可以通过商业信用的方式来完成。这样就形成了企业间的债权债务关系，形成了债务人对债权人的短期信用资金的占用。

5.民间资金

企业员工和城乡居民的节余货币，作为“游离”于银行和非银行金融机构等之外的个人资金，可以对企业进行投资，形成民间资金来源，为企业所利用。

6.企业自留资金

企业内部形成的资金，主要是计提折旧、提取公积金和未分配利润而形成的资金。这些资金的重要特征是，它们无须通过一定的方式去筹集，而直接由企业内部自动生成或转移。

7.外商资金

外商资金是指外国投资者以及我国港、澳、台地区投资者投入的资金，是外商投资企业的重要资金来源。

（二）企业的各种筹资方式

1.吸收直接投资

吸收直接投资是企业以协议等形式，按照“共同投资、共同经营、共担风险、共享利润”的原则直接吸收国家、法人、个人资金的一种筹资方式。吸收直接投资不以股票为媒介，适用于非股份制企业。

2.发行股票

股份制企业的资本金称为股本，将股本划分为若干等份，即股份。股份是抽象的，要通过具体的物化形式来表现，这就是股票。股票作为一种所有权凭证，具有永久性、流通性、风险性和参与性的特点。

3.长期借款

长期借款是指企业向银行或其他非银行金融机构借入的使用期超过一年的借款，主要用于购建固定资产和满足长期流动资金占用的需要。

4.发行债券

债券是债务人为筹集债务资本而发行的、约定在一定期限内还本付息的一种有价证券（又称长期应付票据）。

5.融资租赁

租赁是指出租人在承租人给予一定报酬的条件下，授予承租人在约定的时间内占有和使用财产权利的一种契约性行为。租赁的种类很多，目前我国主要有经营租赁和融资租赁两类。

融资租赁又称财务租赁，是一种长期的用以专门解决承租人财务困难的现代租赁形式，也称资本租赁。

6.利用商业信用

商业信用是企业在进行商品交易时由于延期付款或延期交货所形成的借贷关系。企业乐意使用商业信用，是因为提供商业信用的企业实际上提供了两项服务：销售商品、提供短期借款。

（三）筹资渠道与筹资方式对应关系

筹资渠道与筹资方式两者既有区别又有联系。筹资渠道指的是资金来源问题，筹资方式则解决通过何种方式取得资金的问题。一定的筹资方式可能只适用于某一特定的资金来源渠道，但同一渠道的资金可以采用不同的方式取得。它们之间的对应关系见表9-1。

表9-1　企业筹资渠道与筹资方式对应关系

筹资方式 筹资渠道	吸收直接投资	发行股票	长期借款	发行债券	融资租赁	利用商业信用
国家财政资金	√	√				
银行信贷资金			√			
非银行金融机构资金	√	√	√	√	√	
其他企业资金	√	√		√		√
民间资金	√	√		√		
企业自留资金	√	√				
外商资金	√	√			√	

三、资本成本

视频9-2

资本成本

（一）资本成本及其构成

（1）资金成本与资本成本。资金成本是指企业为筹集和使用资金而付出的代价。而资本成本是指企业为筹集和使用长期资金（包括借入资金和自有资金）而付出的代价。

（2）资本成本的作用。资本成本可以看作投资人期望的收益率或者机会成本，是企业筹资决策和投资决策的主要依据。

（3）影响资本成本的因素。其包括总体经济环境、国家财政政策和货币政策、证券市场的发展状况、企业内部的经营状况和融资状况等。

（4）资本成本的构成。资本成本包括资本筹集成本和资本使用成本两部分。资本筹集成本是指企业在资本的筹集过程中所支付的各项费用，如发行股票和债券、借款等所支付的各项费用。而资本使用成本则是指企业在使用资本过程中所支付的各项费用，如股票的股息、债券的利息、银行贷款的利息等。

（二）资本成本的计算

实际工作中，资本成本可以通过资本使用成本与实际筹集到的资本数额的比值作为其衡量指标。其一般公式表示为：

资本成本率=资本使用成本/（筹资金额-资本筹集成本）

（三）资本成本的分类

资本成本有多种表现形式，这些形式包括：个别资本成本——由不同筹资渠道形成；综合资本成本——总资本成本的加权平均数；边际资本成本——追加筹资时的综合资本成本。

任务三　投资管理

一、投资的概念和类型

（一）投资的概念

投资是指特定经济主体（包括国家、企业和个人）为了在未来可预见的时期内获得收益或使资金增值，在一定时机向一定领域的标的物投放足够数额的资金或实物等货币等价物的经济行为。从特定企业角度看，投资就是企业为获取收益而向一定对象投放资金的经济行为。

（二）投资的类型

1.按照投资行为的介入程度划分

按照投资行为的介入程度可分为直接投资与间接投资。直接投资的主要特点是，直接将投资者与投资对象联系在一起，形成可供投资者直接使用或支配的生产经营能力。间接投资也称证券投资，资金所有者和资金使用者是分离的。投资者一般只有受益权，没有经营管理权（普通股票股东除外）；投入的资本由受资者使用。

2.按照投资的领域划分

按照投资领域的不同可分为生产性投资（生产资料投资）和非生产性投资（非物质生产领域）。

3.按照投资的方向划分

按照投资方向的不同可分为对内投资和对外投资。从企业的角度看，对内投资就是项目投资，对外投资就是购买有价证券或其他金融产品或向其他企业注入资金。

4.按照投资的内容不同划分

按照投资的内容不同可分为固定资产投资、无形资产投资、其他资产投资、流动资产投资、房地产投资、有价证券投资、期货与期权投资、信托投资、保险投资等多种形式。

二、项目投资

（一）项目投资的概念

项目投资是一种以特定建设项目为投资对象的长期投资行为。

（二）项目投资的特点

投资内容独特（每个项目都至少涉及一项固定资产投资）；投资数额多；影响时间长（至少一年或一个营业周期）；发生频率低；变现能力差；投资风险大。

（三）项目投资的意义

从宏观角度看，项目投资是实现社会资本积累功能的主要途径，也是扩大社会再生产的重要手段；能够为社会提供更多的就业机会，提高社会总供给。从微观角度看，项目投资能增强投资者技术经济实力，提高投资者创新能力，提升投资者市场竞争力。

三、投资决策及其影响因素

投资决策是指特定投资主体根据其经营战略和方针，由相关管理人员做出的有关投资目标、拟投资方向或投资领域的决定和投资方案的选择过程。

（一）投资决策主要考虑的因素

投资决策要考虑需求、时期和时间价值、成本等因素，具体见表9-2。

表9-2　投资决策主要考虑的因素

因素	内容	
需求	需求情况可以通过考察投资项目建成投产后预计的产品各年营业收入的水平来反映	
时期和时间价值	时期	由项目计算期构成情况决定
	时间价值	根据项目计算期不同时点上价值数据进行折现，从而计算出相关动态项目评价指标
成本	投入阶段的成本	由建设期和运营前期所发生的原始投资所决定
	产出阶段的成本	由运营期发生的经营成本、税金及附加和企业所得税三个因素决定

（二）项目的计算期及构成

项目计算期是指投资项目从投资建设开始到最终清理结束整个过程的全部时间。

项目计算期（n）=建设期（s）+运营期（p）

运营期=试产期+达产期（完全达到设计生产能力）

（三）项目投资的内容

从项目投资的角度看，原始投资（又称初始投资）等于企业为使该项目完全达到设计生产能力、开展正常经营而投入的全部现实资金。

原始投资=建设投资+流动资金投资

建设投资=固定资产投资+无形资产投资+其他资产投资

固定资产投资是指项目用于购置或安装固定资产而应当发生的投资。固定资产原值与固定资产投资之间的关系如下：

固定资产原值=固定资产投资+建设期资本化利息

流动资金投资又称垫支流动资金或营运资金投资，是指项目投产前后分次或一次投放于营运资金项目的投资增加额。

项目总投资=原始投资+建设期资本化利息

同步案例9-1

同步案例9-1

分析提示

A企业拟投资新建一个项目，在建设起点开始投资，历经2年后投产，试产期为1年，主要固定资产的预计使用寿命为10年。

根据上述资料，你能估算该项目的建设期、运营期、达产期和项目计算期吗？

四、投资的程序和投资项目可行性分析

（一）投资的程序

一般来说，投资的程序可分为以下步骤：提出投资领域和投资对象、评价投资方案的财务可行性、投资方案比较与选择、投资方案的执行、投资方案的再评价。

（二）投资项目可行性分析

就企业投资项目而言，其可行性是指对环境的不利影响最小、技术上具有先进性和适应性、产品在市场上能够被容纳或接受、财务上具有合理性和较强的盈利能力、对国民经济有贡献、能够创造社会效益。一般来说，投资项目可行性分析可从环境与市场分析、技术与生产分析及财务可行性分析三个方面进行。

1.环境与市场分析

（1）建设项目的环境影响评价。建设项目的环境是指建设项目所在地的自然环境、社会环境和生态环境的统称。建设项目的环境影响评价属于否决性指标。

（2）市场分析。它又称市场研究，是指在市场调查的基础上，通过预测未来市场的变化趋势，为了解拟建项目产品的未来销路而开展的工作。

2.技术与生产分析

（1）技术分析。广义的技术分析是指在构成项目组成部分及发展阶段上与技术问题有关的分析论证与评价；狭义的技术分析是指对项目本身所采用的工艺技术、技术装备的构成以及产品内在技术含量等方面内容进行的分析研究和评价。

（2）生产分析。它是指在确保能够通过项目对环境进行评价的前提下，所进行的厂址选择分析、资源条件分析、建设实施条件分析、投资产后生产条件分析等一系列分析论证工作的统称。

3.财务可行性分析

财务可行性分析是指在已完成相关环境与市场分析、技术与生产分析的前提下，围绕已具备技术可行性的建设项目而开展的，有关该项目在财务方面是否具有投资可行性的一种专门的分析评价。

任务四 营运管理

一、营运资金管理

营运资金是指企业生产经营活动中占用于流动资产中的资金。营运资金有广义和狭义之分。广义的营运资金又称毛营运资金（总营运资金），是指一个企业流动资产的总额；狭义的营运资金又称净营运资金，是指流动资产减去流动负债后的差额。营运资金的管理主要是流动资产的管理即现金、应收账款和存货的管理。

（一）流动资产

流动资产是指在1年内或超过1年的一个营业周期内变现或运用的资产，具有占用时间短、周转快、变动大、易变现等特点。

流动资产主要包括货币资金、应收及预付款项、存货、短期投资等。其中，货币资金包括库存现金和存入银行的各种存款；应收及预付款项包括应收票据、应收账款、其他应收款、待摊费用等；存货包括原材料、燃料、包装物、低值易耗品、修理用备件、在产品、自制半成品、产成品、外购商品等；短期投资包括各种短期债券、股票等。

流动资产的特点为：流动资产的资金占用形态具有变动性；流动资产的占用数量具有波动性；流动资产循环与生产经营周期具有一致性；流动资产的资金来源具有灵活多样性。

流动资产管理的要求包括：既要保证生产经营需要又要合理节约使用资金；流动资金管理和流动资产管理相结合；资金使用和物资运动相结合。

（二）流动负债

流动负债是指将在1年（含1年）或者超过1年的一个营业周期内偿还的债务，包括短期借款、应付账款、应交税费和1年内到期的长期借款等。

流动负债的特点为：速度快，申请短期借款往往比申请长期借款更容易、更便捷，通常在较短时间内便可获得；弹性大，与长期债务相比，短期贷款给债务人以更大的灵活性；成本低，在正常情况下，短期负债筹资所发生的利息支出低于长期负债筹资的利息支出；风险大，由于流动负债占用时间比较短，因此风险较大。

二、现金管理

（一）现金的持有动机

（1）支付动机，即企业为正常生产经营而需要保持的现金支付能力。一般来说，企业为满足支付动机所持有的现金余额主要取决于企业销售水平。企业销售额增加，有关支付业务所需现金余额也随之增加。

（2）预防动机，即企业为应付意外情况而需要保持的必要的现金支付能力。企业为应付意外情况所需要保持的现金数额主要取决于以下三个因素：①企业愿意承担风险的程度；②企业临时举债能力的强弱；③企业预测现金流量的可靠程度。

（3）投资动机，即企业为了抓住稍纵即逝的投资机会，以获取较大的利益而需要保持适当的现金支付能力。

（二）现金的持有成本

（1）管理成本。它是指企业因持有一定数量的现金而发生的各项管理费用，一般属于固定成本。

（2）机会成本。它是指企业因持有一定数量的现金而丧失的再投资收益，机会成本属于变动成本，现金持有量越大，机会成本越高，反之就越小。

（3）转换成本。它是指企业用现金购入有价证券，以及转让有价证券换取现金时付出的交易费用。在现金需要量既定的前提下，现金持有量越小，进行证券变现的次数越多，相应的转换成本就越大；反之，现金持有量越大，证券变现的次数越少，需要的转换成本也就越小。

（4）短缺成本。它是指因现金持有量不足但又无法及时通过有价证券变现加以补充而给企业造成的损失，包括直接损失与间接损失。现金的短缺成本与现金持有量呈负相关关系。

（三）最佳现金持有量的确定

一般来说，确定最佳现金持有量的常见方法有：

（1）成本分析模式。该模式是根据现金持有的相关成本，分析、预测其总成本最低时的现金持有量的一种方法。在影响现金持有量的相关成本因素中，成本分析模式只考虑持有一定数量的现金而发生的管理成本、机会成本和短缺成本，而不考虑转换成本。

（2）存货模式。该模式来源于存货经济批量模型，它认为公司现金持有量在许多方面与存货相似，存货经济批量模型可用于确定目标现金持有量。在存货模式中，只考虑机会成本和转换成本，凡是能够使现金管理的机会成本与转换成本之和保持最低的现金持有量，即为最佳现金持有量。

（3）现金周转模式。该模式是从现金周转角度出发，根据现金的周转速度来确定最佳现金持有量的一种方法。

（4）因素分析模式。该模式是根据上年现金占用额和有关因素的变动情况，来确定最佳现金持有量的一种方法。

（5）随机模式。该模式是在企业未来的流量呈不规则波动、无法准确预测的情况下采用的确定最佳现金持有量的一种方法。

（四）现金收支计划的编制

现金计划包括：①现金收入，包括营业现金收入和其他现金收入两部分。②现金支出，包括营业现金支出和其他现金支出两部分。③净现金流量，是指现金收入与现金支出的差额。④现金余缺，是指计划期期末现金余额与最佳现金余额之间的差额。

（五）现金的日常管理

现金的日常管理包括库存现金管理、银行存款管理、现金收支综合管理（加速现金收款及控制支出）、闲置现金投资管理。

三、应收账款管理

（一）应收账款功能

1.增加销售

采用赊销的方式，意味着企业在销售产品的同时，向买方提供了可以在一定期限内无偿使用资金的优惠条件，这对于购买方具有很大的吸引力，因此赊销是一种促销手段，对于企业扩大产品销售、开拓市场、增强竞争力具有重要意义。

2.减少存货

赊销可以加速产品销售的实现，加快产成品向销售收入的转化速度，从而节约各项费用。

（二）应收账款成本

（1）机会成本。它是指资金由于投放在应收账款上而不能用于其他投资所丧失的收益。

应收账款的机会成本=维持赊销业务所需要的资金数额×资金成本率

（2）管理成本。它是指企业对应收账款进行管理而发生的耗费。

（3）坏账成本。它是指应收账款因某些原因无法收回而给应收账款持有企业带来的损失。

（三）信用政策

（1）信用标准。它是指客户为获得商业信用所应具备的最低条件，通常以预期的坏账损失率表示。

（2）信用条件。它是指企业接受客户信用时所提出的付款要求，主要包括信用期限、折扣期限和现金折扣等。

（3）收账政策。它是指当客户违反信用条件，拖欠甚至拒付账款时，企业所采取的收账策略与措施。制定合理的收账政策就是要在增加收账费用与减少坏账损失及应收账款机会成本之间进行权衡。

（四）应收账款的日常管理

（1）信用调查。它分为两种方法：直接调查和间接调查。其中间接调查的信息来源主要包括财务会计报告、信用评估机构、银行等其他部门。

（2）信用评估。它分为两种方法：①5C评估法，是重点分析影响信用的五个方面的一种方法，这五个方面分别是品质、能力、资本、抵押和条件。②信用评分法，是指先对一系列财务比率和信用情况指标进行评分，然后进行加权平均，得出顾客综合的信用分数，以此进行信用评估。

（3）收账程序。它包括：①信用政策及客户信用分析；②信函通知；③电话催收；④法律行动。

四、存货管理

（一）存货的功能和成本

（1）存货功能。其包括：保证企业不间断生产；满足产品销售批量化、经常化的需要；保证企业均衡生产并降低生产成本；避免或减少经营中可能出现的失误和意外事故对企业造成的损失。

（2）存货成本。其主要包括采购成本、订货成本、储存成本、缺货成本。

（二）经济订货批量的确定

经济订购批量是指使订货成本和储存成本合计数量最低时的订购批量。经济订货批量确定模型为：

$$Q^*=\sqrt{\frac{2CR}{PF}}=\sqrt{\frac{2CR}{H}}$$

其中，Q^*为经济订货批量；C为单次订货成本；R为年总需求量；P为货物单价（元/件）；F为每件存货的年保管费用占其价值的百分比；H（PF）为单位产品的库存成本，即每件存货的年平均库存保管费用（元/件·年）。

（三）存货资金定额的确定

存货资金占用额=储备资金定额+生产资金定额+产成品资金定额

（1）储备资金定额的核定。原材料占用资金在储备资金中占有极大比重，因而储备资金定额的核定主要是指原材料资金定额的核定。

原材料资金定额=原材料每日平均耗用量×原材料计划价格×原材料资金定额日数

（2）生产资金定额的核定。

在产品资金定额=产品每日平均产量×产品单位计划工厂成本×在产品成本系数×生产周期

（3）产成品资金定额的核定

产成品资金定额=产品每日平均产量×产品单位计划工厂成本×产成品资金定额日数

（四）存货的日常控制

（1）存货的归口分级控制。其包括三项内容：①在厂长或经理的领导下，财务部门对存货资金实行统一管理；②实行资金的归口管理；③实行资金的分级管理。

（2）ABC控制法，即对存货进行有重点的管理的方法。

（3）零存货管理。

任务五　利润管理

一、企业利润分配程序

（一）弥补企业亏损

企业发生的年度亏损，可以用下一年度的税前利润弥补；不足以弥补的，可以在五年内用税前利润延续弥补；五年内未弥补完的，用缴纳所得税后的利润弥补。

（二）缴纳所得税

所得税是国家参与企业收益分配的一种税种。其计算公式为：

企业应纳所得税的数额=企业的应税所得额×所得税税率

（三）税后利润的分配

企业缴纳所得税后一般按下列顺序分配利润：

（1）支付被没收财物的损失和因违反税法规定而需支付的滞纳金和罚款。把这项支出作为税后利润分配的首要项目，是为了维护国家的法律权威，促使企业遵纪守法。

（2）弥补以前年度亏损。如果有五年内未弥补完的亏损，就转由税后利润弥补。

（3）提取公积金。公积金是企业从净利润中提取形成的，用于弥补公司亏损、扩大公司生产经营或者转为增加公司资本。应当按照10%的比例提取法定公积金。另外，股份有限公司还要按规定比例提取任意公积金。

（4）提取公益金。公益金是企业用于职工集体福利设施支出的基金。提取公益金要按企业决议确定的比例提取。

（5）向投资者分配利润。它是投资者实现投资回报的重要途径。企业以前年度未分配的利润，可以并入本年度向投资者分配。企业当年若无利润，不得向投资者分配利润。

二、股利政策

（一）股利政策的类型

（1）剩余股利政策。在公司有着良好的投资机会时，可以根据一定的目标资本结构，测算出投资所需的权益资本，先从盈余中留用，然后将剩余的盈余作为股利分配。

优点：能充分利用筹资成本最低的资金来源，满足投资者的需要并保持理想的资本结构，使加权平均资本成本最低。

缺点：股利支付不稳定，不能使希望取得稳定收入的股东满意，也不利于树立公司良好的形象。

（2）持续增加的股利政策。公司将每年发放的股利数额固定在一个特定水准上，当公司预测未来盈余会增加，足以使公司将股利维持在更高水平时，就提高年度股利的发放数额。

优点：有利于公司树立良好的形象，稳定股票价格，有利于投资者有规律地安排收入和支出。

缺点：股利支付与公司盈利能力脱节，当净利润下降或现金紧张时，仍要保证股利的正常发放，容易引起公司资金短缺，导致财务状况恶化。

（3）固定股利政策。公司每年从盈余中按固定比率提取股利分配给股东。

优点：体现了风险投资与风险收益对等的原则，不会增加公司的财务压力。

缺点：由于股利波动传递的是经营业绩不稳定的信息，容易使外界产生公司经营不善的印象，不利于股票价格的稳定与上涨，也不利于树立企业良好的财务形象。

（4）正常股利加额外股利政策。每年支付较少的正常股利，在盈余较多年度的年底发放额外股利。

优点：具有较大的灵活性，可给公司较大的弹性。

缺点：当公司在较长时期持续发放额外股利，可能会被股东误认为是“正常股利”，而一旦取消了这部分额外股利，可能会使股东认为这是公司财务状况恶化的表现，进而可能会引起公司股价下跌的不良后果。

（二）影响股利分配的因素

根据股利相关论，影响股利分配的因素有：①法律限制：资本保全、企业积累、净利润、超额累计利润。②经济限制：稳定的收入和避税、控制权的稀释。③财务限制：盈余的稳定性、资产的流动性、举债能力、投资机会、资本成本、债务需要。④其他限制：债务合同约束、通货膨胀。

三、股利支付的方式

（1）现金股利。它是以现金支付的股利，它是股利支付的主要方式。公司支付现金股利除了要有累计盈余外，还要有足够的现金。

（2）财产股利。它是以现金以外的资产支付的股利，主要是以公司所拥有的其他企业的有价证券，如债券、股票作为股利支付给股东。

（3）负债股利。它是公司以负债支付的股利，通常以公司的应付票据支付给股东，在不得已的情况下也有通过发行公司债券抵付股利的。

财产股利和负债股利实际上是现金股利的替代。这两种股利方式目前在我国公司实务中很少使用，但并非法律所禁止。

（4）股票股利。它是公司以增发的股票作为股利的支付方式。

任务六　财务分析

一、财务分析概述

（一）财务分析的概念和作用

1.财务分析的概念

财务分析是根据企业财务报表等信息资料，采用专门方法，系统分析和评价企业财务状况、经营成果以及未来发展趋势的过程。

2.财务分析的作用

通过财务分析，可以判断企业的财务实力；可以评价和考核企业的经营业绩，揭示财务活动存在的问题；可以挖掘企业潜力，寻求提高企业经营管理水平和经济效益的途径；可以评价企业的发展趋势。

（二）财务分析的内容

财务分析的内容主要包括偿债能力分析、营运能力分析、盈利能力分析、发展能力分析等。

二、偿债能力分析

偿债能力是指企业偿还到期债务（包括本息）的能力。偿债能力分析包括短期偿债能力分析和长期偿债能力分析。

（一）短期偿债能力分析

短期偿债能力是指企业流动资产对流动负债及时足额偿还的保证程度，是衡量企业当前财务能力，特别是流动资产变现能力的重要标志。

企业短期偿债能力分析主要采用比率分析法，衡量指标主要有流动比率、速动比率和现金流动负债比率。

1.流动比率

流动比率是流动资产与流动负债的比率，表示企业每1元流动负债有多少流动资产作为偿还的保证，反映了企业的流动资产偿还流动负债的能力。其计算公式为：

流动比率=流动资产÷流动负债

一般情况下，流动比率越高，企业短期偿债能力越强。因为该比率高，不仅表明企业拥有较多的营运资金可抵偿短期债务，而且表明企业可以变现的资产数额较大，债权人的风险较小。但是，高流动比率并不都是好现象。

从理论上讲，流动比率维持在2∶1是比较合理的。但是，由于行业性质不同，流动比率的实际标准也不同。所以，在分析流动比率时，应将其与同行业平均流动比率、本企业历史的流动比率进行比较，才能得出合理的结论。

2.速动比率

速动比率又称酸性测试比率，是企业速动资产与流动负债的比率。其计算公式为：

速动比率=速动资产÷流动负债

其中，速动资产=流动资产-存货

或，速动资产=流动资产-存货-预付账款-待摊费用

计算速动比率时，流动资产中要扣除存货，这是因为存货在流动资产中变现速度较慢，有些存货可能滞销，无法变现。至于预付账款和待摊费用则根本不具有变现能力，只是能减少企业未来的现金流出量，所以理论上也应加以剔除，但实务中，由于它们在流动资产中所占的比重较小，计算速动资产时也可以不剔除。

传统经验认为，速动比率维持在1∶1较为正常，它表明企业的每1元流动负债就有1元易于变现的流动资产来抵偿，短期偿债能力有可靠的保证。

速动比率过低，企业的短期偿债风险较大；速动比率过高，企业在速动资产上占用资金过多，会增加企业投资的机会成本。但以上评判标准并不是绝对的，要具体情况具体分析。

3.现金流动负债比率

现金流动负债比率是企业一定时期的经营现金净流量与流动负债的比率，它可以从现金流量角度来反映企业当期偿付短期负债的能力。其计算公式为：

现金流动负债比率=年经营现金净流量÷年末流动负债

其中，年经营现金净流量是指一定时期内，由企业经营活动所产生的现金及现金等价物的流入量与流出量的差额。

该指标是从现金流入和流出的动态角度对企业实际偿债能力进行考察的。用该指标评价企业偿债能力更为谨慎。该指标较大，表明企业经营活动产生的现金净流量较多，能够保障企业按时偿还到期债务。但也不是越大越好，太大则表示企业流动资金利用不充分，收益能力不强。

（二）长期偿债能力分析

长期偿债能力是指企业偿还长期负债的能力。它的大小是反映企业财务状况稳定与否及安全程度高低的重要标志。其分析指标主要有四项。

1.资产负债率

资产负债率又称负债比率，是企业的负债总额与资产总额的比率。它表示企业资产总额中，债权人提供资金所占的比重，以及企业资产对债权人权益的保障程度。其计算公式为：

资产负债率=（负债总额÷资产总额）×100%

资产负债率高低对企业的债权人和所有者具有不同的意义。债权人希望负债比率越低越好，此时，其债权的保障程度更高。

对所有者而言，其最关心的是投入资本的收益率。只要企业的总资产收益率高于借款的利息率，举债越多，即负债比率越大，所有者的投资收益越大。

一般情况下，企业负债经营规模应控制在一个合理的水平，负债比重应在一定的标准内。

2.产权比率

产权比率是指负债总额与所有者权益总额的比率，是企业财务结构稳健与否的重要标志，也称资本负债率。其计算公式为：

产权比率=（负债总额÷所有者权益总额）×100%

该比率反映了所有者权益对债权人权益的保障程度，即在企业清算时债权人权益的保障程度。该指标越低，表明企业的长期偿债能力越强，债权人权益的保障程度越高，承担的风险越小，但企业不能充分地发挥负债的财务杠杆效应。

3.负债与有形净资产比率

负债与有形净资产比率是指负债总额与有形净资产的比例关系，表示企业有形净资产对债权人权益的保障程度，其计算公式为：

负债与有形净资产比率=（负债总额÷有形净资产）×100%

有形净资产=所有者权益-无形资产-递延资产

企业的无形资产、递延资产等一般难以作为偿债的保证。从净资产中将其剔除，可以更合理地衡量企业清算时对债权人权益的保障程度。该比率越低，表明企业长期偿债能力越强。

4.利息保障倍数

利息保障倍数又称已获利息倍数，是企业息税前利润与利息费用的比率，是衡量企业偿付负债利息能力的指标。其计算公式为：

利息保障倍数=税息前利润÷利息费用

其中，利息费用是指本期发生的全部应付利息，包括流动负债的利息费用、长期负债中进入损益的利息费用以及进入固定资产原价中的资本化利息。

利息保障倍数越高，说明企业支付利息费用的能力越强；该比率越低，说明企业难以保证用经营所得来及时足额地支付负债利息。因此，它是企业是否需要举债经营、衡量其偿债能力强弱的主要指标。

想要合理地确定企业的利息保障倍数，需将该指标与其他企业，特别是同行业平均水平进行比较。根据稳健原则，应以指标最低年份的数据作为参照物。但是，一般情况下，利息保障倍数不能低于1。

三、营运能力分析

营运能力分析是指通过计算企业资金周转的有关指标分析其资产利用的效率，是对企业管理层管理水平和资产运用能力的分析。

（一）应收账款周转率

应收账款周转率也称应收账款周转次数，是一定时期内商品或产品主营业务收入净额与平均应收账款余额的比值，是反映应收账款周转速度的一项指标。其计算公式为：

应收账款周转率（次数）=主营业务收入净额÷平均应收账款余额

其中：

主营业务收入净额=主营业务收入-销售折让与折扣

平均应收账款余额=（应收账款年初数+应收账款年末数）÷2

应收账款周转天数=360÷应收账款周转率

=（平均应收账款余额×360）÷主营业务收入净额

应收账款包括“应收账款净额”和“应收票据”等全部赊销账款。“应收账款净额”是指扣除坏账准备后的余额，“应收票据”如果已向银行办理了贴现手续，则不应包括在应收账款余额内。

应收账款周转率反映了企业应收账款变现速度的快慢及管理效率的高低。周转率高表明：①收账迅速，账龄较短；②资产流动性强，短期偿债能力强；③可以减少收账费用和坏账损失，从而相对增加企业流动资产的投资收益。同时，借助应收账款周转期与企业信用期限的比较，还可以评价购买单位的信用程度，以及企业原定的信用条件是否适当。

但是，在评价一个企业应收账款周转率是否合理时，应与同行业的平均水平相比较而定。

（二）存货周转率

存货周转率也称存货周转次数，是指企业在一定时期内主营业务成本与存货平均余额的比率。它是反映企业的存货周转速度和销货能力的一项指标，也是衡量企业生产经营中存货营运效率的一项综合性指标。其计算公式为：

存货周转率（次数）=主营业务成本÷存货平均余额

存货平均余额=（存货年初数+存货年末数）÷2

存货周转天数=360÷存货周转率

=（平均存货×360）÷主营业务成本

存货周转速度的快慢，不仅反映企业采购、生产、销售各环节管理工作状况的好坏，而且对企业的偿债能力及获利能力有决定性的影响。一般来说，存货周转率越高越好，存货周转率越高，表明其变现的速度越快，周转额越大，资金占用水平越低；存货占用水平越低，存货积压的风险就越小，企业的变现能力以及资金使用效率就越高。但是在存货周转率分析中，应注意剔除存货计价方法不同所产生的影响。

（三）总资产周转率

总资产周转率是企业主营业务收入净额与资产总额的比率。它可以用来反映企业全部资产的利用效率。其计算公式为：

总资产周转率=主营业务收入净额÷平均资产总额

平均资产总额=（期初资产总额+期末资产总额）÷2

资产平均占用额应按分析期的不同分别加以确定，并应当与分子位置上的主营业务收入净额在时间上保持一致。

总资产周转率反映了企业全部资产的使用效率。该周转率高，说明全部资产的经营效率高，取得的收入多；该周转率低，说明全部资产的经营效率低，取得的收入少，最终会影响企业的盈利能力。企业应采取各项措施来提高企业的资产利用程度，如提高销售收入或处理多余的资产。

（四）固定资产周转率

固定资产周转率是指企业年销售收入净额与固定资产平均净值的比率。它是反映企业固定资产周转情况，从而衡量固定资产利用效率的一项指标。其计算公式为：

固定资产周转率=主营业务收入净额÷固定资产平均净值

固定资产平均净值=（期初固定资产净值+期末固定资产净值）÷2

固定资产周转率高，不仅表明企业充分利用了固定资产，也表明企业固定资产投资得当，固定资产结构合理，能够充分发挥其效率；反之，固定资产周转率低，表明固定资产使用效率不高，提供的生产成果不多，企业的营运能力欠佳。

在实际分析该指标时，应剔除某些因素的影响。一方面，固定资产的净值会随着折旧计提而逐渐减少，因固定资产更新，净值会突然增加；另一方面，由于折旧方法不同，固定资产净值缺乏可比性。

四、盈利能力分析

（一）企业盈利能力的一般分析

可以按照会计基本要素设置销售利润率、成本利润率、资产利润率、自有资金利润率和资本保值增值率等指标，借以评价企业各要素的盈利能力及资本保值增值情况。

1.主营业务毛利率

主营业务毛利率是销售毛利与主营业务收入净额之比，其计算公式为：

主营业务毛利率=销售毛利÷主营业务收入净额×100%

销售毛利=主营业务收入净额–主营业务成本

主营业务毛利率指标反映了产品或商品销售的初始获利能力。该指标越高，表示取得同样销售收入的销售成本越低，销售利润就越高。

2.主营业务利润率

主营业务利润率是企业的利润与主营业务收入净额的比率，其计算公式为：

主营业务利润率=利润÷主营业务收入净额×100%

根据利润表的构成，企业的利润有主营业务利润、营业利润、利润总额和净利润四种形式。其中，利润总额和净利润包含着非销售利润因素，所以能够更直接反映销售获利能力的指标是主营业务利润率和营业利润率。通过考察主营业务利润占整个利润总额比重的升降，可以发现企业经营理财状况的稳定性、面临的危险或可能出现的转机迹象。主营业务利润率指标一般要计算主营业务利润率和主营业务净利率。

主营业务利润率指标反映了每1元主营业务收入净额给企业带来的利润。该指标越大，说明企业经营活动的盈利水平越高。

在主营业务毛利率和主营业务利润率指标分析中，应将企业连续几年的利润率加以比较，并对其盈利能力的趋势做出评价。

3.资产净利率

资产净利率是企业净利润与平均资产总额的比率。它是反映企业资产综合利用效果的指标。其计算公式为：

资产净利率=净利润÷平均资产总额

平均资产总额为期初资产总额与期末资产总额的平均数。资产净利率越高，表明企业资产利用的效率越高，整个企业盈利能力越强，经营管理水平越高。

4.净资产收益率

净资产收益率又称净值报酬率或权益报酬率，是指企业一定时期内净利润与平均净资产的比率。它可以反映投资者投入企业的自有资本获取净收益的能力，即反映投资与报酬的关系，因而是评价企业资本经营效率的核心指标。其计算公式为：

净资产收益率=净利润÷平均净资产×100%

（1）净利润是指企业的税后利润，是未作分配的数额。

（2）平均净资产是企业年初所有者权益与年末所有者权益的平均数。

平均净资产=（所有者权益年初数+所有者权益年末数）÷2

净资产收益率是评价企业自有资本及其通过积累获取报酬水平的最具综合性与代表性的指标，反映企业资本营运的综合效益。该指标通用性强，适用范围广，不受行业局限。在我国上市公司业绩综合排序中，该指标居于首位。通过对该指标的综合对比分析，可以看出企业获利能力在同行业中所处的地位，以及与同类企业的差异水平。一般认为，企业净资产收益率越高，企业自有资本获取收益的能力越强，运营效益越好，对企业投资人、债权人的保障程度也越高。

5.资本保值增值率

资本保值增值率是企业期末所有者权益总额与期初所有者权益总额的比率。资本保值增值率表示企业当年资本在企业自身努力下的实际增减变动情况，是评价企业财务效益状况的辅助指标。其计算公式如下：

资本保值增值率=期末所有者权益总额÷期初所有者权益总额

该指标反映了投资者投入企业资本的保全性和增长性，该指标越高，表明企业的资本保全状况越好，所有者权益的增长越高，债权人的债务越有保障，企业发展后劲越强。一般情况下，资本保值增值率大于1，表明所有者权益在增加，企业增值能力较强。但是，在实际分析时应考虑企业利润分配情况及通货膨胀因素对其的影响。

（二）社会贡献能力分析

在现代经济社会，企业对社会贡献的主要评价指标有两个：

1.社会贡献率

社会贡献率是企业社会贡献总额与平均资产总额的比值。它反映了企业占用社会经济资源所产生的社会经济效益大小，是社会进行资源有效配置的基本依据。其计算公式为：

社会贡献率=企业社会贡献总额÷平均资产总额

其中，企业社会贡献总额包括工资（含奖金、津贴等工资性收入）、劳保退休统筹及其他社会福利支出、利息支出净额、应交或已交的各项税款、附加及福利等。

2.社会积累率

社会积累率是企业上缴的各项财政收入与企业社会贡献总额的比值。其计算公式为：

社会积累率=上缴国家财政总额÷企业社会贡献总额

其中，上缴国家财政总额包括企业依法向财政缴纳的各项税款，如增值税、所得税、其他税款等。

五、发展能力分析

发展能力是企业在生存的基础上，扩大规模、壮大实力的潜在能力。在分析企业发展能力时，主要考察以下指标：

（一）销售（营业）增长率

销售（营业）增长率是指企业本年销售（营业）收入增长额同上年销售（营业）收入总额的比率，其表示与上年相比，企业销售（营业）收入的增减变化情况，是评价企业成长状况和发展能力的重要指标。这里，企业销售（营业）收入是指企业的主营业务收入。销售（营业）增长率的计算公式为：

销售（营业）增长率=本年销售增长额÷上年销售总额=（本年销售额-上年销售额）÷上年销售总额

该指标是衡量企业经营状况和市场占有能力、预测企业经营业务拓展趋势的重要标志，也是考察企业扩张增量和存量资本的重要前提。不断增加的销售（营业）收入，是企业生存的基础和发展的条件，“世界500强”就主要以销售收入的多少进行排序。该指标若大于零，表示企业本年的销售（营业）收入有所增长，指标值越大，表明增长速度越快，企业市场前景越好；若该指标小于零，则说明企业或产品不适销对路、质次价高，或在售后服务等方面存在问题，产品销售不出去，市场份额萎缩。该指标在实际操作时，应结合企业历年的销售（营业）水平、企业市场占有情况、行业未来发展及其他影响企业发展的潜在因素进行前瞻性预测，或者结合企业前三年的销售（营业）收入增长率做出趋势性分析判断。

（二）资本积累率

资本积累率是指企业本年所有者权益增长额同年初所有者权益的比率。它可以表示企业当年资本的积累能力，是评价企业发展潜力的重要指标。

该指标是企业当年所有者权益总的增长率，反映了企业所有者权益在当年的变动水平。资本积累率体现了企业资本的积累情况，是企业发展强盛的标志，也是企业扩大再生产的源泉，展示了企业的发展活力。资本积累率反映了投资者投入企业资本的保全性和增长性，该指标越高，表明企业的资本积累越多，企业资本保全性越强，持续发展的能力越强；该指标如为负值，表明企业资本受到侵蚀，所有者权益受到损害，应予以充分重视。

（三）总资产增长率

总资产增长率是企业本年总资产增长额同年初资产总额的比率，它可以衡量企业本期资产规模的增长情况，评价企业经营规模总量上的扩张程度。

该指标是从企业资产总量扩张方面衡量企业的发展能力，表明企业规模增长水平对企业发展后劲的影响。该指标越高，表明企业在一个经营周期内资产经营规模扩张的速度越快。但实际操作时，应注意资产规模扩张时质与量的关系，以及企业的后续发展能力，避免资产盲目扩张。

（四）固定资产成新率

固定资产成新率是企业当期平均固定资产净值同平均固定资产原值的比率。其中，平均固定资产净值是指企业固定资产净值的年初数同年末数的平均值；平均固定资产原值是指企业固定资产原值的年初数与年末数的平均值。

固定资产成新率反映了企业所拥有的固定资产的新旧程度，体现了企业固定资产更新的快慢和持续发展的能力。该指标高，表明企业固定资产比较新，对扩大再生产的准备比较充足，发展的可能性比较大。运用该指标分析固定资产新旧程度时，应剔除企业应提未提折旧对房屋、机器设备等固定资产真实状况的影响。

（五）三年利润平均增长率

三年利润平均增长率表明企业利润连续三年的增长情况，体现了企业的发展潜力。其计算公式为：

$$\text{三年利润平均增长率}=\left[\sqrt[3]{\text{年末利润总额}\div\text{三年前年末利润总额}}-1\right]\times100\%$$

三年前年末利润总额是指企业三年前的利润总额。假如评价企业2020年的效绩状况，则三年前年末利润总额是指2017年利润总额年末数。

利润是企业积累和发展的基础，该指标越高，表明企业积累越多，可持续发展能力越强，发展的潜力越大。利用三年利润平均增长率指标，能够反映企业的利润增长趋势和效益稳定程度，较好地体现企业的发展状况和发展能力，避免因少数年份利润不正常增长而对企业发展潜力的错误判断。

（六）三年资本平均增长率

三年资本平均增长率表示企业资本连续三年的积累情况，体现企业的发展水平和发展趋势。其计算公式为：

$$三年资本平均增长率=（\sqrt[3]{年末所有者权益\div三年前年末所有者权益}-1）\times100\%$$

其中，三年前年末所有者权益是指企业三年前的所有者权益年末数。假如评价2020年企业效绩状况，三年前年末所有者权益是指2017年所有者权益年末数。

由于一般增长率指标在分析时具有“滞后”性，仅反映当期情况，而三年资本平均增长率指标，能够反映企业资本保值增值的历史发展状况，以及企业稳步发展的趋势。该指标越高，表明企业所有者权益得到的保障程度越高，企业可以长期使用的资金越充足，抗风险和保持连续发展的能力越强。

应知考核

随堂测9

一、单项选择题

1.（　　）是根据财务活动的历史资料，考虑现实的要求和条件，对企业未来的财务活动和财务成果做出科学的预计与测算。

A.财务预测　　B.财务预算

C.财务决策　　D.财务控制

2.财务管理的主要内容包括资金的筹资决策、（　　）和股利分配决策。

A.投资决策　　B.财务决策　　C.预算决策　　D.管理决策

3.企业采用（　　）的方式筹集资金，能够降低财务风险，但往往资金成本较高。

A.发行债券　　B.发行股票　　C.从银行借款　　D.利用商业信用

4.（　　）是我国目前各类企业最为重要的资金来源。

A.民间资金　　B.信托投资公司　　C.银行信贷资金　　D.企业自留资金

5.下列项目中，不属于流动资产的是（　　）。

A.汇票　　B.股票　　C.材料　　D.房屋

6.以下属于项目投资特点的是（　　）。

A.发生频率高　　B.投资数额大　　C.投资风险小　　D.影响时间长

7.企业为正常生产经营而需要保持的现金支付能力指的是现金持有的（　　）。

A.投资动机　　B.预防动机　　C.支付动机　　D.管理动机

8.属于长期偿债能力分析的指标有（　　）。

A.流动比率　　B.速动比率

C.现金流动负债比率　　D.资产负债率

9.（ ）是股利支付的主要方式。

A.负债股利 B.现金股利 C.财产股利 D.股票股利

10.以下不属于偿债能力分析指标的是（ ）。

A.资产负债率 B.速动比率 C.资产净利率 D.流动比率

二、多项选择题

1.财务管理的环节包括（ ）。

A.财务预算 B.财务预测 C.财务分析 D.财务决策

2.企业筹资的形式有（ ）。

A.银行借款 B.吸收直接投资 C.发行债券 D.融资租赁

3.投资项目的可行性研究包括（ ）。

A.财务可行性分析 B.市场分析

C.技术分析 D.建设项目的环境影响评价

4.现金持有成本包括（ ）。

A.机会成本 B.短缺成本 C.坏账成本 D.管理成本

5.股利支付的方式有（ ）。

A.财产股利 B.现金股利 C.股票股利 D.负债股利

三、简答题

1.企业财务管理的基本内容有哪些?

2.简述企业财务管理的一般程序。

3.简述企业筹资的主要方式和渠道。

4.企业营运管理的主要内容有哪些?

5.企业财务分析的主要内容有哪些?

应会考核

一、案例分析

【背景资料】

蓝田神话

刘姝威（中央财经大学财经研究所研究员，中国企业研究中心主任）被评为“经济年度人物”和“感动中国——年度人物”。中央电视台的颁奖辞称：“她是那个在童话里说‘皇帝没穿衣服’的孩子，一句真话险些给她惹来杀身之祸。她对社会的关爱与坚持真理的风骨，体现了知识分子的本分、独立、良知与韧性。”

刘姝威运用国际通用的财务分析方法，分析了蓝田股份从招股说明书到2001年中期报告的全部财务报告以及其他公开资料。根据对蓝田股份会计报表的研究推理，写了一篇600多字的研究推理短文《应立即停止对蓝田股份发放贷款》给《金融内参》。她通过《北京青年报》公开发表了蓝田股份会计报表的研究推理摘要，包括四部分内容：（1）蓝田股份的偿债能力分析；（2）蓝田股份的农副产品销售收入分析；（3）蓝田股份的现金流量分析；（4）蓝田股份的资产结构分析。最后，研究推理：蓝田股份的偿债能力越来越恶化；扣除各项成本和费用后，蓝田股份没有净收入来源；蓝田股份不能创造足够的现金流量以维持正常的经营活动和保证按时偿还银行贷款的本金和利息；银行应该立即停止对蓝田股份发放贷款。

600多字的短文谁不能写？谁都能写，关键是其内容的价值。刘姝威的这600多字文章的意义巨大，它居然击碎了一直牛气冲天的蓝田神话（1996年，蓝田股份上市时股本为9 696万股，至2000年年底已扩张到4.46亿股；主营业务收入从4.68亿元猛增到18.4亿元），直接改变了蓝田股份的命运，众多银行就是在看了这篇文章以后"统一行动"，拒绝给蓝田股份贷款。想一想，上市公司一旦遭到银行的"统一封杀"，结果会如何？股价自然是一泻千里，蓝田股份的命运自然是可想而知。不仅如此，从这篇文章挽回国家巨大损失和使无数股民免遭损失的"隐性社会效果"来看，"中国"怎能不被刘姝威所"感动"？

资料来源　佚名. 刘姝威曾600字击碎蓝田神话［EB/OL］.［2017-06-26］. http：//blog.sina.com.cn/s/blog_c6ba6a0a0102x0yj.html.有改编.

【考核要求】

财务分析有什么意义？

二、综合实务

某食品厂每年需要采购3 000吨面粉用于生产，每次采购订货手续费为300元，每吨产品的年库存保管成本为20元，请计算该食品厂采购面粉的经济订货批量EOQ。

项目实训

【实训项目】

财务分析——公司的偿债能力、营运能力分析。

【实训目标】

通过本实训，学生能够掌握对企业偿债能力、营运能力指标的运用。

【实训内容】

1.A公司有关财务数据如下：

资产负债表（简表）2020年　　单位：万元

资 产	年初数	年末数	负债及所有者权益	年初数	年末数
库存现金	155	180	应付票据	168	172
应收账款	672	653	应付账款	258	280
存货	483	536	其他流动负债	234	259
流动资产总额	1 310	1 369	长期负债	513	550
固定资产净额	585	620	股东权益	722	728
资产总计	1 895	1 989	负债及所有者权益总计	1 895	1 989

2020年度利息费用为52万元，利润总额为320万元。要求：计算该公司有关偿债

能力的指标。

2.B公司有关资料如下：

资产负债表（简表）2020年　　　　单位：万元

资　产	年初数	年末数	负债及所有者权益	年初数	年末数
库存现金	155	180	应付票据	168	172
应收账款	672	653	应付账款	258	280
存货	483	536	其他流动负债	234	259
流动资产总额	1 310	1 369	长期负债	513	550
固定资产净额	585	620	股东权益	722	728
资产总计	1 895	1 989	负债及所有者权益总计	1 895	1 989

2020年度利润表有关资料如下：销售收入为3 835万元，销售成本为2 708万元。要求：计算该公司有关营运能力的指标。

【实训要求】

1.（1）教师布置；（2）学生动手；（3）总结现实典型；（4）教师点评。

2.撰写实训报告。

《　　　　　　》实训报告		
项目实训班级：	项目小组：	项目组成员：
实训时间：　　年　　月　　日	实训地点：	实训成绩：
实训目的：		
实训步骤：		
实训结果：		
实训感言：		
不足与今后改进：		
项目组长评定签字：	项目指导教师评定签字：	

项目十

企业人力资源管理

知识目标

理解：人力资源管理的职能；职业生涯设计与开发应注意的问题。

熟知：绩效评估与报酬；员工培训的内容及方法。

掌握：人员的招募与甄选；员工绩效评估目的、内容和方法；人事风险防范的相关内容。

技能目标

学生能够结合有关人力资源管理的理论，理解和运用其在今后实际工作的意义。

素质目标

通过本项目的学习，能够提高对人力资源管理中人员招聘的甄别和筛选、人员培训和员工绩效的基本内容与基本方法的认识，并能够在实际工作中加以灵活运用。

思政目标

能够正确地理解“不忘初心”的核心要义和精神实质；树立正确的世界观、人生观和价值观，做到学思用贯通、知信行统一；通过人力资源管理理论培养自己的职业情感和良好的心境，树立组织行为管理的“人本管理理念”。

管理故事

七个人的分粥故事

有七个人住在一起，每天共喝一桶粥，但是粥每天都不够。一开始，他们抓阄决定谁来分粥，每天抓一次。于是每周下来，他们只有一天吃饱了，就是自己分粥的那天。后来他们推选出一位道德高尚的人来分粥。“强权”就会产生腐败，大家开始挖空心思去讨好他、贿赂他，搞得整个小团体乌烟瘴气。然后，大家开始组成三人的分粥委员会及四人的评选委员会，互相攻击扯皮下来，粥吃到嘴里全是凉的。最后他们想出一个办法：轮流分粥，但分粥的人要等其他人都挑完后拿剩下的一碗。为了不让自己吃到最少的，每人都尽量分得平均，即使不平均，也只能认了。这样一来，大家快快乐乐、和和气气。

资料来源　佚名. 七个人分粥的故事［EB/OL］.［2021-05-05］. https://wenku.baidu.com/view/65c142d9356baf1ffc4ffe4733687e21af45ffbe.html.

人力资源管理者的主要职责就是建立一个像“轮流分粥，分者后取”那样合理的游戏规则，让每名员工按照游戏规则自我管理。游戏规则要兼顾企业利益和个人利益，并且要让个人利益与企业整体利益统一起来，实现责、权、利三者的完美结合，缺一不可。缺乏责任，企业就会产生腐败，进而衰退；缺乏权力，管理者的制度就变成废纸；缺乏利益，员工的积极性就会下降，消极怠工。因此企业应该首先建立起一个责、权、利完美结合的平台，形成一个公平合理的人力资源管理机制，只有这样才能充分调动员工的积极性，使其各显其能。

知识准备

任务一　人力资源管理概述

一、人力资源管理的职能

人力资源管理是指组织为了实现既定的目标，运用现代管理方法和手段，对人力资源的获取、开发、利用和保持等方面进行管理的一系列活动的总和。其职能性的工作有以下几个方面：

（一）人力资源规划

根据组织的发展战略和经营计划，评估组织的人力资源现状及发展趋势；收集和分析人力资源供给与需求方面的信息和资料，预测人力资源供给和需求的发展趋势，确定相应的人员增减与调整政策。

（二）工作分析

工作分析是人力资源管理中的一项基础性工作。根据不同的工作内容，通过对工作任务的分解，设计不同的职务工作体系，为人力资源管理中招聘、考评培训、调配、晋升等各项工作提供基本依据。

（三）人员招聘与录用

通过系统吸引与科学甄选的工作，挑选合适的求职者，合理安排工作岗位，及时为企业补充符合工作要求的员工。

（四）员工职业生涯开发

企业组织有责任鼓励和关心员工的个人发展，组织应根据员工的个人性格、气质、能力、兴趣、价值观等特点，同时结合组织的需要，为员工制订职业生涯发展计划，并及时做出追踪性的监督和考查。

（五）培训和开发

构建系统的员工培训体系，通过全员与全过程培训，进一步开发员工的工作潜能，让员工在知识、能力、工作态度和工作绩效方面有所提升。

（六）绩效管理

建立系统的绩效管理体系，通过科学合理的工作绩效评估与及时的绩效信息反馈，进一步提高和改善员工的工作绩效。

（七）薪酬和福利

合理、科学的薪酬与福利体系关系到组织中员工队伍的稳定。人力资源管理部门应根据员工的资历、职级、岗位及实际表现和工作绩效等，为员工制定公平合理的、具有吸引力的薪酬体系与福利制度。

（八）劳动关系

通过人力资源管理工作，企业组织与员工群体在工资、福利及工作条件等方面能够协调一致，相互认同，促进组织与员工之间形成良好的心理契约。

二、工作分析

视频 10-1

工作分析

工作分析是人力资源管理最基本的工作。工作分析是对组织中各工作职务的特征、规范、要求、流程以及对完成此项工作员工的素质、知识和技能要求进行描述的过程。工作分析包括一连串系统的步骤，如仔细地观察工作任务与工作行为，汇集和查证组织中有关人员的资料与工作环境条件，并对各类相关要素进行客观的、准确的描述。工作分析一般包括两方面的内容：确定工作的具体特征，找出工作对任职人员的各种要求。前者称为职务说明，后者称为职务规范。工作分析结束后要编制职务说明和职务规范两种书面文件，以作为后面各阶段人力资源管理工作如招聘、考评、激励和培训等的依据与指导。

职务说明具体描述了工作的物质特点和环境特点，主要解决工作内容与特征、工作责任与权力、工作目的与结果、工作标准与要求、工作时间与地点、工作岗位与条件、工作流程与规范等问题。职务说明并无统一的标准，但规范的职务说明应包括职位名称、工作内容和工作程序、物理环境、社会环境和聘用条件等内容。

职务规范是用来说明担任某项职务的人员必须具备的生理要求和智力要求。主要包括年龄、性别、学历、工作经验、健康状况、力量与体力、运动的灵活性、感觉器官的灵敏度，以及观察能力、集中能力、记忆能力、理解能力和学习能力等内容。

三、人力资源规划

人力资源规划一般包括如下几方面内容：

（一）通过任务目标分析，确定人力资源需求计划

人力资源需求计划是预估组织未来对人和职务的需求。任何企业对人力资源的需要，从根本上说都是由企业落实其未来发展目标和战略的需要决定的，战略规划确定了

组织的发展方向和所需的人员数量、质量、结构方面的变化。

（二）通过职位分析，确定具体的职位空缺计划

职位分析无论是由直线管理人员还是人力资源管理专业人员来做，都必须着眼于了解和规定以下几方面的信息：这一职位包含的工作活动有哪些，工作中人的行为应该怎样，工作中使用什么机器、设备、工具以及其他辅助用具，衡量工作的绩效标准是什么，这一职位工作的有效开展对人的素质条件有什么要求。一旦组织明确了需要开展的工作，那么，将它与现有组织的职位设计情况相比较，就可以制订出具体的职位空缺计划。职位空缺计划反映了企业未来需要补充的人力资源的类别和结构。

（三）结合人力资源现状分析，制订满足未来人力资源需要的行动方案

根据组织任务目标和职位分析的要求，确定了组织在未来某一时刻需要填补空缺的职位后，下一步工作就是要针对当前人力资源供应情况制订人力资源增补的计划与方案。

任务二　人员招聘

一、人员的招募与甄选

招聘就是组织为了发展的需要，根据工作分析和人力资源规划所确定的人员数量和质量要求，寻找、吸引那些具备相应能力又有意愿到组织任职的人员，并从中挑选出适合的人员予以录用的过程。人员招聘有两个重要环节，即招募与甄选。

（一）人员招募的渠道

人员招募有两种方式：

1.内部招募

内部招募是指在组织内部现有的员工中发掘组织所需要的人员来填补职位空缺。内部招募是重要的管理人员招募渠道。据调查，在各组织中管理职位有90%是由内部人员提拔起来担任的。内部招募的来源主要包括内部晋升、工作轮换以及返聘等。

（1）内部招募的优点。其包括：①由于组织内有较充实可靠的资料，因而对候选人的优缺点比较了解，能准确地判断其是否胜任新的工作。②被提升的组织成员对组织的历史和现状比较了解，能较快地进入工作角色。③由于职位有提升的机会，可提高组织成员的士气，并激励组织成员的进取心，促使其努力充实提高自身的知识和技能。④可使过去对组织成员进行培训的投资得到回报。

（2）内部招募的缺点。其包括：①组织内部提供的人员有限，特别是关键的主管人员，当组织内有大量空缺职位时，会出现“青黄不接”的情况。②会造成“近亲繁殖”。③内部招募容易导致组织员工之间的过度竞争，影响员工之间的关系，并且容易使组织内没有被提升的员工的积极性受到挫伤，致使其消极地对待工作。

2.外部招募

外部招募，是指从组织外部得到组织所急需的人员。外部招聘可通过广告、就业服

务机构、学校、组织内成员推荐等途径来进行。其对象是可胜任组织职位工作的各种人员。

（1）外部招募的优点。其包括：①有广泛的人员来源满足组织的需求，并有可能招聘到一流的人才。②可避免“近亲繁殖”。③可避免组织内没有被提拔的人的积极性受挫，避免造成因嫉妒心理而引起的情绪不快和组织成员间的不团结。④外部招募能够为组织带来新思想、新方法和新技术，也能给组织带来更多的创新机会。由于大多数应聘者有一定的经验，可节省在培训上所耗费的大量时间和费用。

（2）外部招募的缺点。其包括：①由于不了解应聘者的情况，很难短期内对应聘者做出客观的评价。②应聘者对组织的历史和现状不了解，聘用后要有一个熟悉过程。③如果组织内有可胜任该职务的人没有被选用，而从外部招聘，会使他们感到不公平，对自己在组织内的职业前景失去信心。

总之，内部招募与外部招募各有利弊，组织应综合运用这两种招募渠道以达到最佳的招募效果。

同步案例10-1

TS集团的招聘

同步案例10-1

分析提示

TS集团在业务刚刚起步时，曾在报纸上公开刊登向社会招聘高级技术管理人才的广告，在一周内就有200余名专业技术人员报名，应聘TS集团的经理、部门主管、总工程师等职位。公司专门从某大学聘请了人力资源管理方面的专家组成招聘团，并由总裁亲自领导。随后，招聘团对应聘者进行了笔试、面试等选拔测试，挑选出一批优秀的人才。这次向社会公开招聘人才的尝试，给TS集团带来了新的生机和活力，使其迅速发展成为当地知名的公司。

随着知名度的迅速提高，该公司开始从组织内部寻找人才。公司决策层认为：寻找人才是非常困难的，但是组织内部机构健全，管理上了轨道，员工业务熟练，单位主管有了知人之明，有了伯乐，人才自然会被挖掘出来。基于这个思想，每当有职位空缺，该公司并不立即对外招聘，而是先看公司内部的其他部门有没有合适的人员可以调任，如果有，先在内部解决；各个部门之间也可以互通有无，进行人才交流，只要是本部门需要的人才，双方部门领导同意就可以向人力资源部提出调动申请。

资料来源　佚名．TS集团的招聘［EB/OL］．［2020-11-10］．https：//www.educity.cn/souti/04346BF0.html.

请根据上述资料回答下列问题：

（1）在起步阶段，TS集团为什么采用外部招募的方式？

（2）随着企业的知名度越来越高，TS集团为什么优先从组织内部寻找人才？

（二）人员招募的方法

1.内部招募的方法

（1）工作公告法。它是最常用的一种方法，这种方法是组织在确定了空缺职位的性质、职责、要求和任职资格等信息后，通过组织内部公告栏、局域网等载体向全体员工公布空缺职位的信息，从而吸引相关人员前来申请这些空缺职位。

（2）档案记录法。它是组织运用员工人事档案来了解员工的各种信息，从而寻找合适的人员来填补职位空缺的方法。对建立了人员管理信息系统的组织，这种方法较为适用。这种方法对主观的信息，如人际关系能力、判断力、道德品质等则难以确认，因而那些对能力要求很高的职位，这种方法则不适用。

（3）推荐法。它是由组织部门主管或其他管理人员直接向人力资源部门推荐其认为能够胜任某个职位的员工作为候选人的方法。这种方法也包括员工自荐。其优点在于推荐人比较了解被推荐人的工作能力和道德品质等信息，起到了初步甄选的作用。

2.外部招募的方法

（1）广告招募。这是通过报刊、电视等传统媒介向社会公众传递组织的人员需求信息，以吸引求职者前来应聘的招募方法。广告招募要注意两个问题：一是要根据不同的招募对象，选择不同的媒体；二是要注意广告的设计，内容要全面、准确，形式要有利于吸引应聘者，有利于塑造良好的企业形象。

（2）校园招募。这是一种直接深入校园，与学校的就业指导部门协商，在校园内开展招募活动的方法。校园招募的对象是即将步入职场的应届毕业生。

（3）网络招募。它是指利用互联网技术进行的招募活动，也称电子招募或在线招募。网络招募按网络化程度可分为两种：一种是半网络化的，只是把网络作为发布招募信息的平台；另一种是全网络化的，既在网络上发布招募信息，也在网络上收集在线模板化的简历并进行在线甄选工作。

（4）推荐招募。这是指通过组织内员工、客户或者合作伙伴推荐组织外部的应聘者来填补组织职位空缺的方法。

（5）专业机构招募。这是指组织借助一些专业机构如人才交流中心、职业介绍所、猎头公司、人力资源外包公司等实现人员的招募。

（三）人员甄选

吸引一批申请者后，人力资源管理过程的下一步就是确定谁是该职位最合格的人选，这一步骤称为甄选。

1.甄选的程序

首先对应聘者的工作申请表和简历进行初步筛选，然后采用心理测验、个性测试、工作样本测试、评价中心等方法对应聘者进行全面、深入的了解。在初步录用之前，组织一般还需要对应聘者的背景进行调查，以审核应聘者材料的真实性。进行入职体检以确保应聘者的身体状况符合职位要求。初步录用后还要安排一个试用期进行考察。最后，才能做出正式录用的决策。

2.甄选方法的效度和信度

效度是指管理者所使用的甄选手段与有关工作标准之间存在确实的相关关系。例如，管理者将测试成绩作为甄选的一种依据，即这次测试得分高的人，一旦走上工作岗位，其表现将超过测试得分低的人。也就是说，该项测试的得分与后来的工作绩效表现具有正相关的关系。

信度指明一种手段是否能对同一事物做出持续一致的测量。一种甄选手段，如果其信度很低，那么就不可能是有效的。这就如你每天在一台不稳定的秤上测量体重，每次所称的重量都相差很大，这种测量的结果必然说明不了什么。因此，要使甄选手段成为有效的预测器，它就必须拥有在可接受范围内的一致性。

3.甄选手段

（1）申请表分析。几乎所有的组织都要求应聘者填写一份求职申请表，提交自己的个人资料。这可能只是一份让应聘者填上姓名、地址和电话号码的简表，也可能是一份综合性个人简历表，要求仔细地填写个人的履历、技能和成就。人力资源管理部门可根据简历和求职申请表提供的资料，对求职者进行初选，筛选出较合适的人选，再运用笔试、面谈等手段进行甄选。

（2）笔试。典型的笔试包括智商、悟性、能力和兴趣等方面的内容。有充分的证据证明，对智商、空间和机械能力、认知准确性和运动能力的测试，对工业组织中许多半熟练和非熟练的操作工作具有中等程度的效度。另外，求职者的工作意愿和动机水平很难通过笔试来了解。

（3）绩效模拟测试。能否在应聘者实际做一项工作之前就发现他是否具备相应的能力，绩效模拟测试无疑是一种较好的方法。因为绩效模拟测试是基于职务分析资料做出的，所测验的是人的实际工作行为，而不是其替代物，因此自然应当比笔试更能满足工作表现相关性的要求。最有名的绩效模拟测试方法有工作抽样法和测评中心法两种。前一种方法适用于常规的职务，后一种方法适用于挑选从事管理工作的人员。

工作抽样法是给申请者提供一项职务的缩样复制物，让他们完成该项职务的一种或多种核心任务。申请者通过实际执行这些任务，来展示他们是否拥有必要的才能。一般说来，工作样本试验的结果是令人满意的，其几乎总会产生比悟性、兴趣和智商等书面测试更好的效度。

测评中心法是由直线主管人员、监督人员及受过训练的心理学家组成测评中心，模拟性地设计出实际工作中可能面对的一些现实问题，让应聘者经受几天的测试练习，从中评价其管理能力。它能预见应聘者之后在管理职位中工作表现的结果，特别适用于评价应聘者的管理潜能，但这种方法的使用成本较高。

（4）面谈。它与申请表一样，是普遍使用的一种人员甄选手段。面谈对申请者的评价带有一定的主观性。为此，我们提出如下具体建议：对所有应聘者设计一些固定的问题；取得对应聘者面谈的有关工作的更详细信息；尽量减少对应聘者履历、经验、兴趣、测试成绩或其他方面的先前认识；多提问那些要求应聘者对实际做法给予详尽描述的问题；采用标准的评价格式；面谈中要做笔记；避免短时间面谈造成过早形成决策等。

二、人员的培训

（一）新员工的入职培训

1.对新员工进行入职培训的目的

（1）使组织与员工相互了解。新员工在加入组织之前，对组织各方面没有深入的了解。在正式开始工作之前，通过入职培训，员工能真实、全面地了解组织。这对组织和员工都是必要的。

（2）新员工可以更快地适应工作。入职培训可以使员工消除焦虑，帮助员工排除环境障碍，加快新员工适应工作的速度。

（3）培养员工的归属感。人的归属需要具有多向度和多层次性，归属感的形成是一个由浅入深、渐进互动的过程，因此，归属感的培养是一个长期的、复杂的、动态的过程。

2.新员工入职培训的内容

（1）组织文化。通过入职培训，新员工可以了解组织的成长历程、宗旨、战略、优势和面临的挑战；组织的价值观、经营哲学、行为规范；组织的经营范围、经营区域、主要的客户情况；组织的结构、主要的高级管理人员等；并且明确组织倡导什么、反对什么、应以什么样的精神面貌投入工作。

（2）组织的规章制度。通过入职培训，员工能够了解他们最关心的以及不了解就难以开始工作的制度，包括考勤制度、安全规范、财务报销制度、绩效考评制度、薪酬福利制度、培训制度、晋升制度、激励制度等。

（3）部门职能和职位职责。通过入职培训，员工能够了解组织各部门的工作目标、主要任务、与其他职能部门的关系、部门内各项工作之间的关系、职位职责、基本的工作流程、操作要领、常见的问题及解决办法等。组织内还要开展新老员工之间的“传、帮、带”活动，指派一些素质高、经验丰富的老员工对新员工给予一对一的指导。

（4）工作环境。通过入职培训，员工能够了解与其工作、生活密切相关的场所、组织的布局。

（二）在职员工的培训

1.在岗培训

大量的培训是在工作岗位上进行的，这是一种将学习和应用直接结合起来的培训方法。在岗培训一般由经验丰富的管理人员或员工骨干实地示范，可以在工作过程中进行，也可以利用工余时间和节假日。常用的在岗培训方式有：

（1）示范。受训者先观摩演示者的工作示范，然后自己动手练习。在作业活动领域，新员工通常跟随经验丰富的老师傅学习，这称作师傅带徒弟。

（2）指导。它是指受训者在富有经验的人的指导下开展工作，这种方式适用于对管理人员的培训。

（3）岗位轮换。它是通过横向地交换岗位，使员工从事另外一个岗位的工作。这样做的目的，是使员工逐步学会多种工作技能，并能增强员工对工作之间相互依赖的认识。

（4）业余进修。它是指员工利用工作之外的时间，通过自学、函授或网上教育等形式获得新知识，进行个人能力的开发。

2.脱岗培训

脱岗培训是指培训对象脱离工作岗位，集中时间和精力参加培训活动。这种做法的好处是比较系统、正规，培训效果较好，尤其对提高管理人员和技术人员的素质非常有效。缺点是短期内会在一定程度上影响单位工作，培训成本较高。脱岗培训的方式有：

（1）课堂讲授法。这是最普遍采用的传统培训方法。员工参加各种培训班，由老师在课堂上讲授培训课程的内容。这种方法的最大优点是可以在较短的时间内向较多的培训对象传递大量的信息，平均成本较低。缺点是单向沟通，受训对象参与性较差。

（2）视听教学法。这是指用信息化教学手段实施培训的方法。其优点是视听的感官刺激，可以给受训者留下深刻印象。缺点是缺乏交流沟通，实际效果较差。

（3）研讨法。这种方法是先由专家或专业人士就某一培训专题举行讲座，再由培训对象就此专题进行自由讨论，以达到深入理解的目的。此法适用于管理人员的培训。

（4）角色扮演法。这是要求某些受训人员在一定的工作情景下担任一定的工作角色并现场表演，其余受训者观察与模仿表演者的有关行为，培训师则在现场指导和评价。此法适用于具体技能的培训。

（5）案例分析法。这种方法是围绕一定的培训目的，把实际工作中面临的问题加以典型化并形成案例，提供给培训对象，让他们通过阅读、思考、分析与讨论，发现问题、分析问题并提出解决问题的办法。

（6）商业游戏。将参加培训的人员分成若干小组，每个小组代表一个组织，根据组织目标对各项经营策略做出决策，并通过计算机和网络在模拟的市场中与其他组织竞争。这种培训方法可以用来开发领导决策能力，培养团队合作精神。

任务三　职业生涯

一、职业生涯的设计与开发

视频 10-2

职业生涯

（一）职业生涯的概念

每个人都有其职业生涯，如律师的职业生涯、医生的职业生涯、工程技术人员的职业生涯、科研人员的职业生涯、政府官员的职业生涯、管理者的职业生涯等。所谓职业生涯，是指一个人一生连续担负的工作职业和工作职务的发展道路。

（二）职业生涯的设计和开发的概念

职业生涯的设计和职业生涯的开发这两个概念有时是同义词，但有时又有重要区别。职业生涯的设计，就是对个人今后所要从事的职业、要去的工作组织和单位、要担负的工作职务和工作职位的发展道路，做出设想和计划的过程。职业生涯的开发，是指为达到职业生涯设计所列出的各阶段的职业目标，而进行的知识、能力和技术的开发性（培训、教育）活动。

二、研究职业生涯设计与开发的意义

（一）有利于明确人生未来的奋斗目标

一个人的职业究竟应向哪个方面发展，可以通过制订职业生涯的计划加以明确。这样就可以避免无目标地四处飘泊，随波逐流，浪费青春。例如，在我国的大学生和研究生就业中，曾出现过一股“公司热”，都想去公司当一名管理人员，获取优厚的经济待遇。但是事实证明，有不少人对自己的职业生涯目标不明确，他们的气质、能力、性格、兴趣爱好，使其不适合做公司的管理工作。很多人在职业发展上一事无成，并不是他们没有足够的知识和才能，而主要是由于他们没有设计和选择最适合他们发展成长的职业生涯。

（二）有利于本人和组织更好地了解个人的实力和专业技术

对个人来说，应有自知之明，不仅要知己之所长，还要知己之短。在制订职业生涯的设计与开发的计划时，能扬长避短，就可以选择合适的职业和职务。要在工作上取胜，必须制订出一个知自己的长短、知环境的利弊、扬长避短的职业生涯计划。

（三）有利于制订有针对性的培训开发计划，把握前途和命运

我国著名京剧演员周信芳，是沙哑嗓子，不宜唱小生和花旦。于是他自我设计了适合他嗓子的唱腔，专演老生，别具一格，使人拍案叫绝。

（四）有利于人尽其才，避免人力资源的浪费

近年来，在实现干部的知识化、专业化和年轻化的过程中，有一大批专业技术人员被组织或群众推上了厂长、经理的岗位。这些人中有的工作得很出色，把企业经营管理得充满生机和活力，做出了卓越的成绩，成为名副其实的企业家；但也有的专业技术人员被组织安排到管理岗位后，却使他们从专业之塔的顶端被抛到管理之塔的底部。

三、职业生涯的选择

（一）职业的选择

一般来说，影响人们选择职业的个性特征有：

1.职业行为的特点

美国约翰斯·霍普金斯大学的心理学教授约翰·霍莱特经多年研究后，提出了最常见的职业行为的个性理论。他认为个性可分为6种基本的类型，见表10-1。每一类型的人均有一种特定的与之相适应的工作环境。所谓相适应的工作环境，就是既能适应个人的个性特征又能取得职业成功的工作环境，包括职业、职务和职位。霍莱特认为，个性的6种分类是选择职业的最好预测器。

每种从事相同职业的人，往往具有某种共同的兴趣。这种兴趣不但是可以测定的，而且能够对从事各种职业的个人兴趣进行比较。这种信息可以帮助个人选择职业。很多情况表明，人们总是趋向于他们所感兴趣的职业道路。某些迹象还表明，在个人挑选职业时，他本人的兴趣对其今后职业的成功起到很大的作用，或至少起一定作用。

2.自我观念（意识）的特点

自我观念（意识）的特点也是影响职业选择的一个个性特征。它是人的一般的自我想象，包括人的行为、能力、外貌以及作为人的价值。对一个人来说，自我观念（意识）可能是看到别人在所选职业取得成功之后产生的新的价值观。从某种意义上来说，职业道路是个人自我意识的扩展，任何人的自我观念（意识）都会影响他们最初的职业选择，以及由此而来的一段时间内从事这种职业的成绩和效果。

表10-1　霍莱特个性类型的说明

个性类型	相应的解决问题的作风	个性特征	兴趣	代表性的职业
1. 现实主义型	感觉思维型	真诚坦率、讲求实际、有坚持性、实践性、稳定性	手工的、机械的、农业的、电子的技术	体力劳动者、机械操作者、飞行员、农民、卡车司机、木工等
2. 调查研究型	直觉思维型	分析性、批判性、好奇的、理智的、内向的、有推理能力的	科学	物理学家、人类学家、化学家、数学家、生物学家
3. 艺术型	直觉情感型	感情丰富的、理想主义的、富有想象力的、易冲动的、有主见的、直觉的	语言、艺术、音乐、戏剧、书法	诗人、小说家、音乐家、雕刻家、剧作家、导演
4. 社会型	感觉情感型	富有合作精神的、友好的、肯帮助人的、和善的、爱社交的、易了解的	与人有关的事、人际关系的技巧、教育工作	临床心理学家、咨询者、传教士、教师
5. 创新型（企业家型）	不确定	喜欢冒险的、有雄心壮志的、精神饱满的、乐观的、自信的、健谈的	领导、人际关系的技巧、具有影响他人的能力	经理、汽车推销员、政治家、律师、采购员
6. 常规型（传统型）	感情思维型	谨慎的、有效的、无灵活性的、服从的、守秩序的、能自我控制的	办公室工作、电子计算机技术、运营系统的工作	出纳员、统计员、图书管理员、行政管理助理、邮局职员

3. 个人所处的社会背景

社会背景包括童年经历、家庭的社会经济地位、父母受教育的程度，以及父母的职业、亲戚、朋友的情况等。所有这些因素都会影响个人职业目标的确定和未来职业道路的选择。实际上，家庭、亲友等因素并不能完全制约个人对职业道路的选择，因为还有其他更为微妙的社会因素也影响着个人职业道路的选择。

影响职业选择的有关个性特征和社会背景的这些因素，是互相联系又彼此影响的。社会背景对个人自我观念（意识）的形成起重要作用，也是影响个性发展的重要因素。

（二）对所在组织的选择

这是有关个人职业生涯选择的第二个重要决策。一个人要到什么样的组织（工作单位）去工作，应主要考虑以下两类因素：一是该组织能为自己提供机会的多少和可能性的大小。这些机会包括能使自己工作做出成绩，职业上取得成功，以及职位上得到提升，有和谐的上下级关系和同事关系等。二是可行性机会的信息也影响着个人对组织进行选择的决策。哪一个组织与本人配合得最为默契，要通过有可行性机会信息的传递才能得知。人们可从多种渠道得到有关组织需要用什么样人的消息，包括从组织本身、朋友、熟人，以及该组织现在的员工或从前的员工等方面。总而言之，人们究竟要选择什么样的组织单位，都是以他们认为该组织的特征、价值观、需要和目标与个人的特征、价值观、需要和目标相适应为基础的。

四、职业生涯的几个阶段

职业生涯的发展阶段，是指个人一生中具有各种不同特征的不同时期。这些特征主要表现为具有不同的职业、工作职务、工作单位或工作部门，以及工资报酬和福利待遇、需要、价值观、工作活动的方式和内容等方面。

（一）在组织内部个人职业生涯的变动

1.纵向变动

职业生涯的纵向变动，就是在组织内部员工个人工作职位的升降。在特定的组织中，绝大多数人的职业生涯是沿着一定等级系列变动的，一般来说，就是员工得到一系列的提升和发展。当然，在这种变动过程中，只有极少数人可能提升到组织的高层职位上，并不是所有人都能达到他们最初所确定的职业生涯的最终等级。

2.横向变动

职业生涯的横向变动，就是组织内部的个人工作岗位或职务沿着职能部门或技术部门的两侧发展变动。横向的部门是与个人的知识、技术、经验相关的领域。经营性企业中一般包括生产、市场、财务、工程和人事等职能部门。在此需要考虑每个人工作生涯（职业道路）的可行性：某些员工的整个职业生涯，是在同一职能或技术领域内度过，而另一些人则可能经常地变动。中层管理人员工作职务的轮换，往往沿着生产、市场和人事部门等横向进行的。各组织通过把这些中层管理人员放在各种职能部门担任职务，最后再提升到掌管全局的管理岗位。

3.向核心变动

向核心变动，就是由组织外围逐步向组织内圈变动。当发生向核心方面工作变动时，员工对组织的情况就会了解得更多，担负的责任也会更大，并且经常有机会参与重大问题的讨论和决策。沿着核心方面发展变动与沿着纵向方面发展变动是相关的。一个人也可能不经过其他方面而直接向一个方向变动。

（二）整个职业生涯的阶段划分

对绝大多数人来说，一个人在任何组织中的职业生涯都只是他整个职业生涯的一部分，因此，根据个人在职业生涯中所关心的问题和应开发的工作不同，可以把个人的整个职业生涯划分为早期职业生涯、中期职业生涯和晚期职业生涯三个阶段，见表10-2。

五、职业生涯设计与开发应注意的问题

（一）职业生涯设计中要留有余地

在制订职业生涯计划时要留有余地，职业的目标和方案可有高、中、低三种。在具体实施过程中，根据当时的环境和提供的机会灵活选择。制订职业生涯的设计和开发计划的目的，是组织给员工个人创造恰当的机会。当员工着手设计将来职业生涯的时候，应该考虑给自己留些选择的余地，尤其是当现在对未来的打算并不很有把握的时候，这样做尤为重要。

表 10-2　　不同的职业生涯阶段所关心的问题和应开发的工作

阶段	所关心的问题	应开发的工作
早期职业生涯	1.第一是要得到工作 2.要学会如何处理日常工作中所遇到的麻烦 3.为成功地完成所分派的任务而承担责任 4.要做出改变职业和工作组织（单位）的决定	1.了解职业和工作组织的信息 2.了解工作职务的协议 3.学会如何与上司、同事和其他人协同工作 4.开发某一方面或更多方面的专门知识
中期职业生涯	1.选择专业和决定应承担义务的程序 2.确定专业和组织的一致性 3.重新确定前进的目标和进程等 4.在几种可供选择的成功的职业生涯方案中做出选择（如是技术的，还是管理的）	1.开发更为宽广的职业领域和扩大组织范围 2.了解如何自我评价 3.了解如何正确解决工作、家庭之间的矛盾
晚期职业生涯	1.承担更大的责任或缩减在某一点上所承担的责任 2.培养关键性下属职员 3.退休	1.扩大和加深兴趣与技术的广度及深度 2.了解其他综合性的成果 3.了解如何合理安排生活，避免被工作所控制

（二）要给予员工择业的权利和自由

个人在制订职业生涯计划时，是计划从事发挥自己优势的职业。因此，组织和整个社会就应当给予员工选择自己真正想做并能做得更好的职业的权利，允许自由择业。所谓择业权，就是员工自主选择职业、工种和单位的权利。其中包括两方面的含义：一是劳动者在就业前，可对将要去的工作地点、单位、部门及具体的岗位和职务进行自主选择。二是已经在某处工作的劳动者，还具有调离、辞职、重新择业的权利。这种择业权绝不等于个人想到哪里就可去哪里工作，想干什么就可以随心所欲，而是必须受到劳动者本人素质和社会需求的约束。只有当个人与组织进行最佳匹配，才能实现这种择业权。

（三）必须为所有成员提供平等就业和就职的机会

职场上存在的重男轻女、重视“关系户”等情况均为实现职业生涯设计设置了重重障碍。这类问题只有通过公开招聘、平等竞争、合理考核来解决。

（四）既要了解自己，又要了解专业

一个人到底适合干什么职业，做什么工作，要根据本人所具有的性格、气质、能力、兴趣、价值观等而定，既要了解自己的长处与短处，也要掌握专业特点，以避免择业时的盲目性。

（五）两种职业生涯的结合

随着社会的进步，夫妻双方全力追求职业成就的家庭日益增多，因而他们的职业生涯决策也遇到各种各样的问题，两种职业生涯的结合面临诸多困难。工作的转换为组织把两种职业生涯结合起来提供了机会，一个组织在聘用工作人员的过程中，对实现夫妻双方的职业生涯计划具有较大的影响力。夫妻俩任意一方职业生涯的变动，往往会导致另一方工作的变动。两种职业生涯结合也要求组织在招收新成员时，相应考虑受聘员工另一半的工作。

总之、职业生涯的设计与开发，实际是为个人选择未来，而要选好未来，必须把个人与组织的需要相结合。只有这样，才能做好人与工作的最佳匹配。也只有实现最佳匹配，个人在职业上才能取得更大成就，组织的绩效也才能大大提高。

应知考核

一、单项选择题

随堂测10

1.已经在组织中工作一段时间的员工，其培训内容和方法与新员工的入职培训有所不同的是（　　）。

A.脱岗培训　　B.提升培训

C.离职培训　　D.在职培训

2.让培训对象脱离工作岗位，集中时间和精力参加培训活动等属于（　　）。

A.提升培训　　B.在职培训　　C.脱岗培训　　D.新员工培训

3.下列选项中，属于直接薪酬的是（　　）。

A.奖金　　B.福利保障　　C.带薪假期　　D.优惠服务

4.企业中，常常见到员工之间会在贡献和报酬上相互参照攀比。一般来说，你认为员工最有可能将（　　）作为自己的攀比对象。

A.企业的高层管理人员　　B.员工的顶头上司

C.企业中其他部门的领导　　D.与自己处于相近层级的人

5.有这样一个小企业的老板，他视员工如兄弟，强调“有福共享，有难同当”，并把这种思路贯穿企业的管理工作中。当企业的盈利高时，他便多发奖金；一旦企业产品销售状况不好，他就少发甚至不发奖金。一段时间后，他发现大家只是愿意“有福共享”，而不愿“有难同当”。在“有难”时甚至还有员工离开公司，或将联系到的业务转给别的公司，自己从中拿提成。这位老板有些不解，这是因为（　　）。

A.这位老板在搞平均主义

B.这位老板把激励因素转化成了保健因素

C.员工们的横向攀比

D.这位老板对员工激励缺乏系统规划

6.对大多数企业主管来说，最困扰他们的不是如何与竞争对手抢夺市场，而是如何找到、训练以及留住优秀的员工，对高新技术企业来说尤其如此。请你为这些主管在以下几项中找出一种最佳的方法（　　）。

A.提供诱人的薪水和福利　　B.提供舒适的工作环境

C.提供具有挑战性的工作　　D.提供自由工作的便利

7.某推销员经过努力，一年中实现了500万元的销售业绩，该推销员认为自己大大超额完成了工作任务。他非常高兴，主动地向销售主管汇报并提出额外奖金的要求。谁知销售主管只是说了些口头表扬的话，只字不提奖金的事。这位推销员等了好多天，什么也没等到。他知道额外奖金的梦破灭了，他的工作热情也没有了。如果这位销售主管是一位称职的管理者的话，你认为他不给推销员发额外奖金的最大可能原因是（　　）。

A.他怕大家过分地追求销售量，而忽视了服务质量

B.没有预先给出计划标准，缺少控制和考核的依据

C.企业正处于发展阶段，许多方面需要资金，不能发额外奖金

D.企业其他的推销人员也同样超额地完成了销售任务

8.超瑞药业股份有限公司生产经营7大类近20个品种的中西及生化类药品，产品定位在低成本、大众化上。该公司在研发、生产、经营（市场营销）三大领域共有15个部门，加上辅助管理系统，全公司共有26个部门近150多个岗位。以下技能系列培训对该公司的内部运作最合适的是（　　）。

A.基层人员的主动性和创新才能；中高层人员的学习能力

B.基层人员的业务（操作）技能；中层人员的合作意识与能力；高层人员的创新意识

C.基层人员的合作意识与能力；中高层人员的学习能力

D.基层人员的业务（操作）技能；中高层人员的领导能力

9.最早提出人力资源开发的是（　　）。

A.里奥·纳德勒　　B.亚当·斯密　　C.法约尔　　D.弗农

10.某管理者认为，现代社会条件下，人们更需要得到尊重、体谅、关心和支持。于是在管理中，他非常注重对下属做好这些工作。时间长了，他们这个部门的群体意识最强，成员的满意度也最高，但他们总得不到上级的表扬，因为他们总是业绩平平。该管理者面临的主要问题是（　　）。

A.管理者的管理水平有限，不能使大家取得好成绩

B.这个部门的人员素质太差、能力有限，不能很好地完成任务

C.管理者的领导方式存在问题，单纯的关心体谅未必能使下属的工作效率自然而然地得到提高

D.不一定是人的问题，有可能是所处的环境对他们不利

二、多项选择题

1.内部招募的方法有（　　）。

A.工作公告法　　B.档案记录法　　C.推荐法　　D.广告招募

2.下列选项中，属于甄选手段的是（　　）。

A.申请表分析　　B.笔试　　C.绩效模拟测试　　D.面谈

3.新员工入职培训的内容有（　　）。

A.组织文化　　B.组织的规章制度

C.部门职能和职位职责　　D.工作环境

4.早期职业生涯应开发的工作有（　　）。

A.了解工作岗位和工作组织的信息

B.了解工作职务的协议

C.了解如何与上司、同事和其他人协同工作

D.开发某一方面或更多方面的专门知识

5.以下（　　）职业的个性类型属于艺术型。

A.教师　　B.律师　　C.音乐家　　D.导演

三、简答题

1.人力资源管理职能由哪些内容组成？

2.何谓工作分析？如何进行工作分析？

3.人力资源规划包括哪些内容？

4.简述人员招募的方法。

5.职业生涯设计与开发应注意的问题有哪些？

应会考核

一、案例分析

【背景资料】

桂西公司的人员招聘

桂西公司由于经营困难，最近被效益较好的珠江公司兼并了。兼并以后，桂西公司保留原来的主要管理人员，同时，珠江公司调配一些年轻的管理人员来协助桂西公司的工作。于是，桂西公司的人力资源部来了珠江公司的两位年轻人：程鹏和万里。这两个年轻人待人诚恳、工作勤奋，在大学里学的又是人力资源管理专业，所以，他们深受人力资源部部长老宋的赏识。老宋任职多年，但有关人力资源管理的理论知识比较欠缺。最近几年，在企业中，人力资源管理的重要性得到广泛认同，人力资源部也不断增加新的工作内容，老宋有点力不从心。最初老宋觉得有两名新同事的加入，桂西公司的人力资源管理工作一定会更上一层楼，但是，老宋最近却感到工作不那么顺利，尤其是在员工招募问题上，老宋与程鹏、万里闹得很不开心。

事情的缘由是这样的：桂西公司被兼并以后，新的管理层决定淘汰一些已经过时的产品，新设两条产品线，为此，需要招募一批操作工和一些基层的管理人员。老宋认为操作工可以通过广告招募，首要的筛选标准无疑是技术能力。关于这一点，程鹏和万里也同意。但是在招募基层管理人员时，老宋认为应该采用企业内部晋升方式，因为作为管理人员，其自身的工作积极性、工作态度等是非常重要的标准。一方面公司对这些候选人比较了解，另一方面通过内部晋升，也可以调动现有员工的工作积极性。至于考核的标准，老宋认为学历并不重要，主要是候选人过去的工作业绩、工作经历及工作热情等。而程鹏和万里坚持认为应采用多种渠道来招募基层管理人员。遴选的标准，应该是相应的学历和胜任职位的能力。老宋不太明白，多种渠道具体有哪些渠道？

资料来源　董克用，李超平．人力资源管理概论［M］．5版．北京：中国人民大学出版社，2019.

【考核要求】

请根据背景资料回答下列问题：

（1）请你告诉老宋，人员招募的具体渠道有哪些。

(2) 根据本案例，你认为应该如何招募基层管理人员。

二、综合实务

H公司的人员培训

H公司以严格的选择评定标准找到所需要的人才，再以相关的培训和发展课程对其进行培养，以便更好地利用现有人力资源的潜力。

为了寻找到合适的人选，H公司设置了评估中心对候选人进行评估。评估作业包括现场实况操作、角色扮演、个性剖析等。虽然这类评估作业成本很高，但公司认为物有所值。

对每个人的优缺点做了中肯的评估后，那些被认定具有领导才能的候选人就可参加所谓的“团队管理技巧发展课程”。课程分为两阶段，第一阶段是课堂教育，主要传授实务培训与经验，历时7周。为保证理论与实务的融合，受训者通常是上课1周，随后回到工作岗位1周，如此交替进行。第二个阶段历时6个月，受训者将有机会表现他们的领导才能。而且他们必须认定一个目标，并尽力完成。培训即将结束时，由经理人员所组成的小组进行最后的评估，以决定受训者是否符合公司要求。

为培养团队合作精神，公司还要求候选人参加为期1周的领导才能发展课程，在前往集训地前，他们将被问到所担忧的事情是什么。每个人所担心的都不一样，但通过团队合作后，都一一克服了。当他们重返工作岗位时，每个人都非常自信，自认天下再无难事。

资料来源　赤羽雄二. 麦肯锡团队管理法［M］. 杜红，译. 北京：北京时代华文书局，2020. 有改编.

根据以上案例，请回答以下问题：

1. 关于培训和训练的区别，下列说法中不正确的是（　　）。

A. 训练属于发展活动

B. 培训属于学习活动

C. 训练针对相关技能和具有清晰结构的程序，提供明确的指导，帮助理解

D. 培训方式有解释、示范和有指导的实践，还有反馈

2. 在培训即将结束时，公司的经理人员会对学员进行最后的评估，以审查他们是否合格。典型的审查需要回答的问题不包括（　　）。

A. 是否达到了学习目标　　B. 学员在生活中遇到了什么问题

C. 学员是否能够完成规定任务　　D. 学习实践活动中哪些方面做得较好

3. 公司在安排候选人参加完1周的领导才能发展课程后，如果对候选人的学习效果进行评估，评估内容不包括（　　）。

A. 课程的合理程度

B. 候选人在参加完培训后领导能力的提升程度

C. 候选人在培训中学到的技能

D. 候选人在培训结束后工作效率的提高程度

4. 公司对现有人力资源进行培养，从组织目标和发展目标的角度来看，这样

做（　　）。

A.符合发展目标，不符合组织目标　　B.既不符合发展目标，又不符合组织目标

C.符合组织目标，不符合发展目标　　D.既符合组织目标，又符合发展目标

5.H公司培养人才的方式属于常用学习方式中的（　　）。

A.岗位轮换　　B.训练　　C.伙伴工作　　D.培训

项目实训

【实训项目】

模拟招聘。

【实训目标】

（1）培养学生招聘工作的能力；

（2）培养与训练学生应聘的能力与心理素质。

【实训内容】

（1）全班可分为两大组作为两个公司，分别担任招聘方与应聘方，以公司为单位组织招聘活动。

（2）招聘方公司要制订招聘计划，包括招聘目的、招聘岗位、聘用条件、招聘程序等，特别是聘用的决定办法。

（3）应聘方学生都要写出应聘提纲或应聘讲演稿，一定要体现出应聘者的竞争优势。

（4）模拟招聘场景：根据招聘公司的战略发展计划建立相应的组织结构和部门，公司招聘由人力资源部经理主持，公司成员均为招聘组成员；招聘程序按课程讲授的内容进行，各公司根据每个应聘者的综合表现决定是否聘任；学生应在教师的指导下进行精心准备，成功地扮演好招聘者和应聘者的角色。

【实训要求】

1.招聘公司需提供招聘计划书；

2.应聘方学生提供应聘提纲或演讲稿；

3.评估组织状况和个人能力状况；

4.由教师最终做出统计和效果综合评价。

5.撰写实训报告。

《　　　　》实训报告		
项目实训班级：	项目小组：	项目组成员：
实训时间：　　年　　月　　日	实训地点：	实训成绩：
实训目的：		
实训步骤：		
实训结果：		
实训感言：		
不足与今后改进：		
项目组长评定签字：	项目指导教师评定签字：	

项目十一

企业战略管理

知识目标

理解：企业战略的概念及特征。

熟知：企业战略应解决的问题；企业战略的制定。

掌握：企业战略的构成要素；企业战略的层次；企业环境及构成；企业战略的基本类型。

技能目标

能够对企业环境进行分析，具有制定企业战略的能力。

素质目标

通过本项目的学习，对经济全球化环境有所了解，能分析企业的内外部环境；了解企业战略的基本类型，掌握企业战略的制定过程。

思政目标

能够正确地理解“不忘初心”的核心要义和精神实质；树立正确的世界观、人生观和价值观，做到学思用贯通、知信行统一；通过企业战略管理理论强化自己的战略管理意识，提升战略管理水平。

管理故事

万事开头难的“辉煌”

“菜价这么贵，还想做京城美食‘头等舱’?”一些客人看着菜谱摇摇头，甩下这句话转身就走。

“辉煌净雅”在北京一开业就遇到了难题。连日来的惨淡经营让员工们颇受打击。想想在山东时的情景，每天都能听到“净雅服务一流”“净雅员工素质高”等赞美之词，再看看眼前的冷落情况，有些员工不免心灰意冷想回家了。其实，此刻张桂金副总裁心里更急，但她每次走到员工中间都会微笑着给大家鼓劲，不断以“你真棒”三个字鼓励大家。

面对迟迟打不开的局面，高层领导决定重拳出击，高调推出“净雅八大服务亮点”，包括：无论什么档次的菜品，只要客人不满意就无条件退换；高档菜可折份上；所有投诉必须在规定时间内回复；等等。

“八大服务亮点”一经推出立刻在京城引起轰动。这么高档的菜真可以折份上吗？真可以无条件退吗？有好奇的，有将信将疑的，人们开始涌向“辉煌净雅”一探虚实。“只要你在净雅吃过一次饭，就能让你爱上净雅。”净雅人很自信地说。

“八大服务亮点”拉动了客人的需求，也拉近了与客人间的距离。6个月的时间，“辉煌净雅”已经走出刚开业时的阴影，迎来了“辉煌”。

资料来源　杨沛霆．净雅的管理故事与哲理［EB/OL］．［2018-04-05］．https：//max.book118.com/html/2018/0405/160138248.shtm.有删减．

万事开头难，这句话的另一层含义是：万事难的，也就是开头，只要有思路、有魄力，就能做下去。要想迅速开拓新市场，就要站在客户的立场上，勇于打破“行规”，从而独树一帜。经营，贵在“守正出奇”。

知识准备

任务一　企业战略管理概述

一、企业战略的概念

“战略”一词运用于企业经营管理，是指一个企业为了实现它的长远目标和重要使命而制订的长期计划。企业要在复杂多变的环境中求得生存和发展，必须对自己的经营管理进行长期的、通盘的谋划。

在西方国家，从20世纪50年代起，企业战略研究就成为管理课程中的重要内容。60年代，美国战略管理鼻祖伊戈尔·安索夫（Igor Ansoff）的《战略管理论》一书出版后，企业战略才作为一个科学性概念，开始在企业管理学中应用。

西方学者对企业战略管理的描述主要以安索夫、肯尼斯·安德鲁斯（Kenneth Andrews）和明茨伯格的观点为代表。

（一）安索夫的观点

安索夫指出，企业在制定战略时，有必要首先确定自己的经营性质。不论是以产品系列还是按照构成产品系列的技术来确定企业经营的性质，企业目前的产品和市场与企业未来的产品和市场之间一定存在着某种内在联系，安索夫将这种内在联系称为“共同的经营主线”。通过分析这条共同的经营主线，可以把握企业运行的方向，寻找企业发展的新天地。

他认为，使命是现有产品的一种需求，而用户是产品的实际购买者。因此，企业的使命与用户的使命之间是有区别的。一个用户往往会有一系列不相关的需求，在制定战略的过程中，企业应该在用户需求既定的情况下，找出存在于用户需求中的产品特征、技术或者需求相似性，以此作为企业的共同经营主线。企业如果将其经营性质定义得过宽，则会失去共同的经营主线，也就无法制定企业战略；反之，企业如果将其经营性质定义得过窄，则会由于应变能力不足，在复杂多变的环境中难以生存。总之，经济发展的现实情况对企业家和管理学家提出了客观要求，即企业战略必须一方面能够指导企业的生产经营活动，另一方面能够为企业发展提供足够的空间。

（二）安德鲁斯的观点

安德鲁斯是美国哈佛大学商学院的教授，他认为企业总体战略是一个决策模式，决定并揭示企业的宗旨和目标，提出实现目标的重大方针与计划，确定企业应该从事的经营业务，明确企业的经济类型与人文（企业）类型，决定企业应当对员工、消费者和社会做出的经济与非经济的贡献。

安德鲁斯的观点指出了企业总体战略要解决的主要问题——企业长远发展的使命与实现使命的有机结合，使企业能够形成自己的特殊战略属性和竞争优势，将不确定的环境因素与企业的经营活动很好地结合起来，以便能够集中企业的各种资源形成企业产品和市场的“生长圈”，并且能够在较长的时期内相对稳定地执行企业的战略。

（三）明茨伯格的观点

明茨伯格是加拿大麦吉尔大学的管理学教授，他认为，在企业经营活动中，经营者可以在不同的场合以不同的方式给企业总体战略赋予不同的含义。他借鉴市场营销学中四要素（4Ps）的提法，即产品（Product）、价格（Price）、分销（Place）和促销（Promotion），提出战略是由5种规范的定义阐明的，即计划（Plan）、计策（Policy）、模式（Pattern）、定位（Position）和观念（Perspective），即5Ps。

1.战略是一种计划

作为计划的战略有两层含义：一方面，战略是有意识地开发、设计出来的，是明确的，一般情况下还应该是公开的；另一方面，战略是行动前制定的，供决策者在行动中使用。

2.战略是一种计策

作为计策的战略是指在特定的环境下，企业把战略作为威胁和战胜竞争对手的一种手段与优势。在企业的实际运作中，需要与竞争对手针锋相对地进行竞争，任何一个竞争对手的重大战略行动，都会产生一连串的联动效应，进而改变市场或行业的竞争格局。作为计策的战略，就是要在行动前充分考虑对手可能的行动，以便在行动中先发制人。

3.战略是一种模式

作为模式的战略是指战略不仅可以是在行动前制定的，是人们有意识地设计出来的，也可以是人们行为的结果。明茨伯格提出战略是对模式的一种定义，战略体现为从其提出直到完成为止的一系列行为，是一个动态的过程。

4.战略是一种定位

作为定位的战略是指战略应当确定企业在环境中的位置，由此确定企业在权衡产品与市场、社会责任与自身利益、内部条件与外部环境后的一系列经营活动和行为，通过正确配置企业资源，形成企业特殊的竞争优势。这涉及两个方面：一是企业经营的行为选择，二是在行业中竞争地位的选择。

5.战略是一种观念

作为观念的战略是指战略应当体现企业中人们对客观世界固有的认识方式，是人们思维的产物。好的战略之所以能够成为企业制胜的法宝，就是因为它体现了决策者对企业的改革与发展，是一种与众不同的观念，有了这种能够使企业员工共享的观念，战略才可能得到准确的执行，才能获得成功。

结合理论与实际，我们可以把企业战略定义为：企业面对剧烈变化、存在严峻挑战的内外部环境，为求得生存和不断发展而进行的总体性谋划。

二、企业战略的构成要素

（一）企业使命和企业目标

1.企业使命

企业使命有狭义和广义之分。狭义的企业使命是产品导向的，即以确定企业的基本生产经营领域为其生存目的。广义的企业使命是从企业的实际出发，以市场为导向来定义的，它着眼于满足市场的某种需要。综合来说，企业使命是关于企业存在的目的或对社会发展的某一方面应做出的贡献的陈述。它不仅要陈述企业未来的任务，而且要阐明为什么要完成这些任务，以及完成任务的行为规范是什么。尽管企业使命在各个企业中是千差万别的，但它都要回答两个基本问题：一是本企业是做什么的和按什么原则做；二是本企业应该树立什么样的社会形象，以区别于同类企业。

企业使命应包括以下三方面的基本内容：①企业建立和存在的根本目的；②为实现基本目的应从事的经营活动；③企业在经营活动中的基本行为规范和原则。

2.企业目标

企业目标是企业战略构成的基本内容，主要表明企业在实现其使命的过程中要取得的长期结果。为了保证实现企业的长期目标，必然要求其在产品、市场、内部经营结构和生产率等方面都达到相应的水平。

（二）经营范围

经营范围又称经营领域，是产品领域和市场领域的集合。它反映了企业与外部环境相互作用的程度。企业应根据自己所处的行业、自己生产的产品和市场来确定经营范围，只有产品与市场相结合，才能真正确立企业的经营业务。

确定或描述企业的经营领域一般有三种形式：①从生产的产品的角度进行描述；②从进入的市场的角度来描述；③从二者相结合的角度来描述。

确定企业的经营范围，应当反映企业的任务或战略意图。所以，它应解决以下三个问题：①企业应从事何种业务；②应集中于何种顾客需求、细分市场或技术；③企业的长期战略意图是什么。

（三）竞争优势

竞争优势是指企业在所从事的经营领域通过与竞争对手相比较，强于竞争对手的市场地位。企业应寻求和确立自身在各领域中起主导作用的重点，创造相对优势，并通过重点集中，以产生放大效应，形成可持续发展的局面。这就要求战略管理者要仔细考察和分析企业每一项经营业务的市场机会，以及与竞争对手相比所拥有的独特能力。这里具体应考虑以下三个问题：①企业如何达到期望的目标增长水平？②能否通过扩展现有重点业务，达到期望的增长水平？③能否通过业务多样化，达到将来的增长目标？

（四）资源配置

资源配置是指企业根据战略期的经营领域，以及确立竞争优势的要求，对其掌握的各种经济资源，在质和量上进行合理分配。其目的是形成战略所需要的经营结构或战略体系。具体来说，应考虑以下问题：①企业如何在各业务（领域）之间分配其有限的资源，以获取最高的回报；②就每项业务的各种可选择战略而言，哪种战略能带来最大的投资回报；③资源短缺问题如何有效解决。

（五）增长向量

增长向量指明了企业的成长方向，表明企业从原有产品与市场组合向未来产品与市场组合移动的方向。企业增长向量矩阵见表11-1。

表11-1 企业增长向量矩阵

产品 市场	原有	相关	全新
原有	市场渗透	产品发展	产品革新
相关	市场开拓	多样化	产品发明
全新	市场转移	市场创造	创新发展

企业根据所处环境以及对自身实力的分析、判断，可以选取表11-1中的九个发展方向。其中，既有在一个行业发展的方向，也有跨行业甚至多个行业发展的方向，越偏向右下方，难度和风险越大，但是，其发展速度可能越快。

（六）协同作用

协同作用是指企业各经营领域之间由联合作用而产生的整体效果大于各自单独进行时的效果之和的效应，即整体大于部分之和的效应。

协同作用表明了一种联合作用的效果。安索夫指出，协同作用涉及企业与其新产品和市场项目相配合所需要的特征。它常常被描述为具有“1+1＞2”的效果，这意味着企业内部经营单位联合起来所产生的效益要大于各个经营单位各自努力所创造的效益总和。

协同作用可以细分为：①销售协同作用，即企业各种产品使用共同的销售渠道、仓库等；②运行协同作用，即企业内分摊间接费用，分享共同的经验曲线；③管理协同作用，即在一个经营单位里运用另一个单位的管理经验与专门技能。协同作用是衡量企业新产品与市场项目的一种变量。

综合来看，企业战略的六个要素更深一层的意义还在于企业应考虑如何提高获利能力。企业使命指明了企业发展的方向；经营范围确定了企业获利的领域；竞争优势指出了企业获取机会的特征；资源配置强调了合理配置资源以形成所需要的结构或体系；增长向量指出了企业经营领域扩展的方向；协同作用旨在挖掘企业总体获利能力的潜力。它们之间相辅相成，共同构成了企业战略的内核。

三、企业战略的层次

对于一个典型的现代企业，其战略一般包括三个层面：公司总体战略、经营单位战略（事业部战略）和职能战略，如图 11-1 所示。

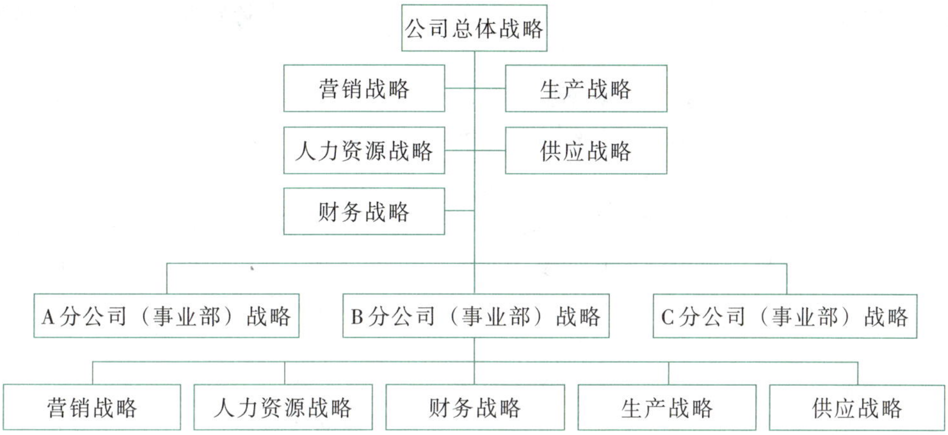

图 11-1　企业战略管理层次

（一）公司总体战略

公司总体战略的研究对象是一个由一些相对独立的业务或战略经营单位组成的整体。这一层次的战略是一个企业的整体战略总纲，是企业最高管理层指导和控制企业的一切行为的最高纲领。其主要内容包括企业战略决策一系列最基本的因素，是企业存在的基本逻辑关系或基本原因。

公司总体战略主要强调两个方面的问题：一是回答“我们应该做什么业务”，即确定企业的使命与任务，明晰企业的产品与市场领域以及企业经营活动的范围和重点；二是回答“我们怎样去开展这些业务”，即在企业不同的战略经营单位之间如何配置有限的资源，以及明确什么样的发展方向。

从企业战略管理的角度来说，公司总体战略主要体现在以下方面：①企业使命的确定，即企业最适合从事哪些业务领域，为哪些消费者服务，企业向何种经营领域发展；②战略经营单位的划分及战略事业的发展规划；③关键战略经营单位的战略目标。

企业总体战略主要是回答企业应该在哪些经营领域开展生产经营的问题。因此，就构成要素而言，企业使命、经营范围和资源配置是总体战略的主要构成要素。

一般来说，总体战略有以下特点：①从形成的性质看，企业总体战略是有关企业全局发展的、整体性的、长期的战略行为。②从参与战略的人员看，公司总体战略的制定与推行，主要是企业的高层管理人员。③从对企业发展的影响程度看，公司总体战略与组织形态有着密切的关系。当公司的组织形态简单、经营业务和目标单一时，公司总体战略就是该项经营业务的战略，即经营战略；当公司的组织形态为了适应环境的需要而趋于复杂化，经营业务和目标也变得多元化时，公司的总体战略也会相应地复杂化。

（二）经营单位战略

经营单位战略也称经营领域战略，是在总体性的公司战略的指导下，管理某一个特定的经营单位的战略计划，是公司战略之下的子战略。企业从组织层面上把具有共同战略因素的若干事业部或其中某些部分组合成一个经营单位。每个经营单位都有自己的产品和细分市场。在企业内，如果各个事业部的产品和市场具有特殊性，也可以视其为独立的经营单位。

制定经营单位战略主要是针对不断变化的外部环境，在各自的经营领域里有效地竞争。为了保证企业的竞争优势，各经营单位要有效地控制资源的分配和使用。同时，还要协调各职能层次的战略，使之成为一个统一的整体。

经营单位战略与总体战略的区别是：①总体战略是有关企业发展全局的、整体性的、长期的战略安排，对企业的长期发展产生深远的影响；而经营单位战略着眼于企业中有关事业部或子公司的局部性战略问题，影响着某一具体事业部或子公司的具体产品和市场，只能在一定程度上影响总体战略的实现。②总体战略的主要参与者是企业的高层管理者；而经营单位战略的参与者主要是具体的事业部或子公司的管理人员。

经营单位战略与总体战略的联系是：某一经营领域的战略服从于总体战略规划，而总体战略的制定又要以经营领域战略为依据。

从战略管理的角度看，这一层次的战略应解决好以下问题：①如何贯彻企业使命；②各经营领域外部环境中的机会与威胁分析；③各经营领域的内部条件分析，以便认识自身的优势与劣势；④战略目标的制定；⑤明确各经营领域的战略重点、战略阶段和主要的战略措施。

（三）职能战略（Functional Strategy）

职能战略是总体战略和经营单位战略在各专业职能方面的具体化，是企业内主要职能部门的短期战略计划。职能战略可以使各职能部门的管理人员更加清楚地认识到本部门在实施企业总体战略中的责任和要求，使笼统的战略内容更加明确化，以指导各项具体业务，并有效地运用研发、营销、生产、财务、人力资源等方面的经营职能，为实施以上两个层次的战略服务。这一层次战略的重点是提高企业资源的利用效率并使其最大化。职能战略可细分为营销战略、人力资源战略、财务战略、生产战略、供应战略等。

从战略管理的角度看，该战略应着力解决以下问题：①如何实现企业发展的总体目标；②职能目标的论证及细分；③确定其战略重点、战略阶段和主要战略措施；④战略实施中的风险和应变能力分析。

战略管理三个层次的特点比较见表11-2。

表 11-2 战略管理三个层次的特点比较

比较内容	战略层次		
	公司总体战略	经营单位战略	职能战略
管理要素	产品与市场领域的方向	竞争优势	协同效应
管理者	高层	中层	基层
性质	观念型	中间	执行
明确程度	抽象	中间	确定
可衡量程度	以判断、评价为主	半定量化	通常可定量
频率	定期或不定期	定期或不定期	定期
所起作用	开创型	中等	改善、增补型
与现状的差距	大	中	小
承担的风险	较大	中等	较小

四、企业战略的特征

（1）全局性。企业战略是以企业全局为研究对象，根据企业的总体发展需要而制定的，它规定了企业的总体目标与行为。

（2）长远性。企业战略立足于未来，对较长时期内企业的生存和发展进行通盘谋划，从而决定企业当前的行动。

（3）整体最优性。企业战略立足于企业整体功能，按照企业各个部分之间的有机联系，把总体作为研究对象，从企业总体与局部之间相互依存、相互结合和相互制约的关系中，揭示企业的总体特征与运行规律，增强企业战略的整体优化效应，达到预期的战略目标。

（4）风险性。企业战略既是企业在激烈的竞争中如何与竞争对手竞争的行动方案，也是针对企业外部各个方面的压力，应对各种变化的行动方案，具有明显的抗击风险特征。

（5）社会性。企业战略不能仅仅立足于企业的盈利目标，还要兼顾国家和民族的利益、社会利益、社会文化、环境保护等。企业还要特别注意自己应承担的社会和法律责任，注意树立良好的社会形象，维护企业品牌。

五、企业战略应解决的问题

（1）发展方向。它是指由企业宗旨或使命所决定的未来的产品结构和目标市场，也称企业未来的经营领域。经营领域是企业的生产领域和市场领域的组合。其中，市场领域既可以是整体市场，也可以是细分市场。

（2）经营结构。它是指由企业的使命和经营领域所决定的各种资源和能力的配置状况。经营结构具体又可分为两类：软结构，即企业的价值观念、经营思想、企业文化、公共关系等的组合；硬结构，即企业的各种经济资源结构、生产技术结构和组织结构。所以，经营结构实质上反映了企业在一定的价值观念和经营思想的指导下，围绕所从事的经营领域进行的资源配置状况。

任务二　企业战略环境

一、企业环境

（一）企业环境的概念

企业环境是指影响企业生存和发展的各种内外因素的组合，包括外部环境和内部条件两个方面。外部环境是企业生存和发展的前提条件，内部条件则是企业生存和发展的基础。企业的生存和发展，从根本上讲，取决于利用自身条件去适应所处的外部环境。企业战略环境研究就是对企业外部环境和内部条件的变化进行研究与分析，为企业制定和实施战略提供依据。

通常，外部环境因素对企业来说是不可控的，内部环境因素（又称内部条件）是企业可以控制的。根据外部环境因素对企业作用的方式和特征的不同，它又分为宏观环境因素和经营环境因素（或称行业环境因素）。企业的内部条件按其构成要素，可分为资源要素、管理要素和能力要素。

（二）企业环境各因素之间的相互关系

从系统的观点来看，企业是外部环境的子系统。企业的生存与发展是以外部环境为条件、内部条件为基础的。

1.外部环境

外部环境因素是企业不可控的力量，这些因素的变化既有可能给企业带来机会，也有可能带来威胁，从而影响企业战略的各个方面。

（1）从影响方式上看，宏观环境因素对企业的影响是间接的，主要是通过对行业和市场的影响来间接地影响企业；而经营环境因素则是企业的直接环境因素，行业和市场的变化直接作用于企业。

（2）从影响范围上看，宏观环境因素的影响是广泛和持久的，它不仅影响某个企业，而且影响一个或多个行业，甚至影响整个国民经济，且一旦产生影响，就会持续较长时期；而经营环境因素通常只影响一个行业，尤其是对企业的某一具体经营领域会有大的影响，其影响常常是短期的。

（3）从影响时间上看，宏观环境因素对企业的影响往往是滞后的，如果某一宏观环境因素发生变化，常常要经过一段时间才会对企业产生实质性影响；而经营环境因素对企业的影响则是即时的，经营环境因素一旦发生变化，就能立即在企业的相应经营领域中反映出来。

2.内部条件

企业的内部条件可分为总体条件和经营领域条件。总体条件是从全局来考察的，强调企业整体各条件要素的合理配置和组合，因而影响企业的整体优势和整体目标；经营领域条件主要是从企业的各经营单位来考察的，它强调某一领域条件要素的合理配置和使用。经营领域条件对经营环境的变化特别敏感，因为它们直接影响某一经营领域的竞争优势和目标。

（三）企业环境分析的任务

1.外部环境分析

对企业的外部环境进行分析，就是要认识外部环境的发展变化对企业的影响。外部环境对企业的影响会产生两种不同的效应：①会给企业带来不利的影响，这种影响往往对企业的生产经营活动构成威胁；②会对企业产生有利的影响，为企业的成长和发展提供良好的机会。

2.内部条件分析

对企业的内部条件进行分析，就是要分析企业抓住外部环境所提供的机会的能力。具体来看，内部条件在与竞争对手的比较上也有两种情况：①强于竞争对手的优势条件；②弱于竞争对手的劣势条件。

总的来说，企业环境分析的任务是：在外部环境研究和内部条件分析的基础上，明确企业面临的机会和威胁、自身的优势和劣势，为制定企业战略提供依据。

（四）企业环境分析的步骤

（1）根据企业环境的不确定性，对企业环境进行初步了解：如果环境是简单的、相对静止的，进行详细、系统、历史性的分析是很适用的；如果环境是动态的、复杂的，则采用面向未来的预测性分析更好一些。

（2）考察环境的影响。其目的是：找出以往的环境影响要素，确定它们如何影响企业的发展或经营状况。这对环境分析和考虑战略变动程度是很有帮助的。

（3）将重点转向对单个环境要素的详细分析上——结构分析。通过结构分析，可以改善已经形成、对环境要素的一般性认识。其目的在于：找出发生作用的关键要素，并分析为什么这些要素关键。

（4）分析企业的战略地位。分析与竞争对手相比，本企业的地位如何。分析企业的战略地位有许多方法，如竞争者分析、战略集团分析、市场细分和市场能力分析、市场增长与市场份额分析、吸引力分析。这种分析的目的是：进一步了解企业可能会遇到的机会和不得不面对的威胁。

（5）确认机会和威胁，为制定战略提供依据。

二、企业外部环境分析

（一）宏观环境分析

企业所面对的宏观环境是指给企业带来市场机会或环境威胁的主要外部力量，它们直接或间接地影响企业的战略，会给企业的生存与发展带来重大影响。一般采用

G-PEST宏观分析方法，具体包括政治（Politic）环境、经济（Economic）环境、社会（Social）文化环境、科学技术（Technological）环境。如果扩展开来的话，还包括教育（Educational）环境、法律（Legal）环境、伦理（Ethical）环境、地理（Geographical）环境等。

（二）经营环境研究

1.行业环境分析的主要问题

这包括：行业是如何组织的？行业变化的推动力是什么？哪些经济要素、经营特色对该行业的竞争影响最大？该行业面临的战略焦点和主要问题是什么？

视频11-1

波特五力模型

2.行业结构模型——五力分析

在行业竞争研究方面，最知名的是迈克尔·波特（Michael Porter）的行业结构模型分析（如图11-2所示）。他认为：一个行业的竞争状况取决于五种基本力量，这些力量汇集起来决定着该行业的利润率和利润潜力，这种利润潜力是以投资资金的长期收益来衡量的。这五种力量分别是：

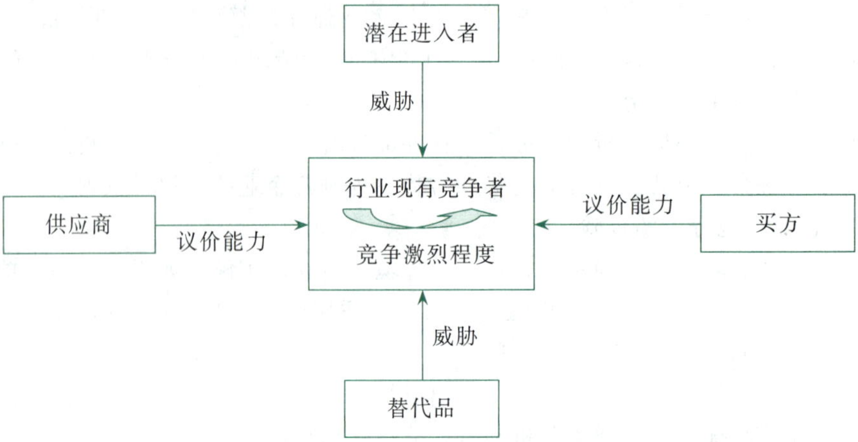

图11-2　行业结构模型

（1）行业现有竞争者的竞争：在企业所处的行业中企业之间的正面竞争。

（2）潜在进入者的威胁：经营同类产品或服务的竞争者进入市场或进入本行业的可能性。

（3）替代品的威胁：其他行业的产品或服务可以与本行业的产品或服务一样满足消费者的相同需求。

（4）买方的议价能力：购买者所采取的手段主要有要求降低价格、要求较高的产品质量或更多的服务。

（5）供应商的议价能力：企业的供应商在向企业提供产品和原材料时的讨价还价能力。

除了这五种基本力量外，还应注意高新技术因素、信息与互联网的影响，特别是各级政府的政策趋向等。波特还提出，除了识别竞争者外，企业还要分析竞争者策略，确定竞争者目标，评估竞争者的优势和劣势，判断竞争者的反应模式。企业管理者的任务是：①在决定进入一个行业之前进行竞争强度分析；②进入某一行业之后，要运用行业内的竞争结构来确定自己的“位置”；③通过行业竞争分析来确定自己的竞争战略。

3.如何选择具有优势的行业

对行业进入进行分析时，应确立两个基本概念：进入障碍——企业进入一个行业的难易程度以及所花费的代价；退出障碍——企业退出某个行业时需要付出的代价。将这两个因素进行不同的组合，就会形成不同的优势行业或劣势行业。行业进入障碍与退出障碍矩阵见表11-3。

表11-3 行业进入障碍与退出障碍矩阵

退出障碍 / 进入障碍	低	高
低	稳定的低收益	低收益、高风险
高	稳定的高收益	高收益、高风险

需要指出的是，进入障碍与退出障碍的高低是相对的，并没有严格的界限。以自行车生产行业为例，与修理业相比，它是一个进入障碍高、退出障碍也高的行业；而与汽车业相比，它又是一个进入障碍低、退出障碍也低的行业。此外，对资金实力和技术水平不同的企业，同样的进入障碍对它们的阻碍作用也大不相同。

4.行业吸引力分析

行业吸引力是企业进行行业比较、选择的价值标准。行业吸引力分析是指在对行业特征、主要机会和威胁进行分析的基础上，找出关键因素，通过定性、定量分析，确定其吸引力的大小。其中，1分为严重威胁；2分为轻度威胁；3分为无影响；4分为一般机会；5分为重大机会。假设当前电视机、洗衣机等家电市场已趋于饱和，但5G手机有良好的市场前景，家电企业纷纷进入手机制造行业。针对某家电企业，手机行业的吸引力分析见表11-4。

表11-4 手机行业吸引力分析

关键行业特征因素	权 数	得 分	加权分
市场潜力	0.15	4.60	0.69
销售增长率	0.12	4.50	0.54
行业生产规模	0.15	4.10	0.615
竞争结构	0.05	4.15	0.21
行业盈利水平	0.20	3.12	0.624
政府对行业的政策	0.10	3.00	0.30
相关科技发展趋势	0.05	3.67	0.18
社会的限制	0.10	0.50	0.05
法律、法规	0.08	2.60	0.21
合 计	1.00	—	3.42

注：加权分=权数×得分

三、企业内部条件分析

企业内部条件分析就是从微观角度入手，对企业自身进行分析，准确认识企业的优势、劣势；并分析处于劣势的原因，以便结合外部环境研究的成果，为企业战略的制定提供依据。

（一）内部条件分析的内容

1.企业资源分析

企业战略必须与企业资源建立一种协调平衡的关系。企业战略的制定要以能控制的资源为依据。一般来说，对企业资源的分析主要是评估以下五个方面的内容：财力资源、物力资源、人力资源、技术资源和声誉，具体见表11-5。

表11-5　对企业资源的分类和评估

资源	主要特征	主要表现
财力资源	企业自有资金的数量和融资能力，总体上决定了企业的投资能力和资金使用弹性	资产负债率、资金周转率、各项开支管理制度等
物力资源	企业设备规模、技术水平，占地和建筑面积以及地理位置，企业拥有的原材料，决定着企业产品的成本、质量及生产能力和水准	固定资产现值、企业规模、固定资产的用途、折旧率等
人力资源	①员工的专业素养和知识水平决定了他们的基本能力；②员工的适应能力体现了企业本身的灵活性；③员工的忠诚度和奉献精神往往决定了企业维持竞争优势的能力	员工的受教育程度、技术状况及工资水平
技术资源	①技术储备（包括专有技术和专有知识）决定了企业的技术应用状况；②技术创新方面包括进行研究时用的技术装备以及科技人员的状况	重要专利的数量、出让专利的收入、研究开发人员所占的比重等
声誉	通过品牌、质量以及与顾客的关系，建立起在客户心目中的企业声誉，树立企业在其供应商、金融机构、公众、员工等心目中的良好形象	品牌知名度、企业经营水平及连续性、对产品市场表现的客观评价、相对于竞争产品的价格表现

2.企业内部管理分析

企业内部管理水平是制定有效战略并成功实施战略的重要保证。企业内部管理分析包括企业的计划、组织、激励措施和人力资源的利用情况等。

3.企业市场营销能力分析

企业市场营销能力不仅是制定战略的重要依据，也是实施战略的重要能力。企业市场营销能力分析包括企业市场营销系统的决策和管理能力、产品竞争能力、销售活动能力、市场营销组合策略的现状和变化趋势。

4.企业财务状况分析

判断企业实力和对投资者的吸引力的最好方法是进行财务状况分析。了解企业在财务方面的优劣势，有助于企业有效地配置资源。分析财务状况，最常使用的方法是各种财务比率分析。

5.企业科研开发能力分析

企业科研开发能力分析包括：企业科研开发人员的数量和素质；科研开发部门拥有的设施、设备和信息渠道；与其他科研单位的合作关系；科研经费；研究目标等。

6.企业生产能力分析

企业生产能力分析包括生产工艺和过程、生产能力、库存及其管理、工人的技术水平和劳动热情、产品质量、成本控制能力等。

（二）价值链分析

价值链分析主要是针对企业内部环境进行分析，这需要收集企业的管理、营销、财务、生产作业、人力资源、研发以及计算机信息系统运行等方面的信息，从中分析企业的优劣势。

1.价值链

价值链又称增值链，是指由企业能创造价值的一系列经常活动所组成的链条。它是由一系列生产经营活动构成的，主要包括两类：一类是基本活动，主要有采购、生产、储运、营销、服务等功能或活动；另一类是支援活动，主要有技术开发、人力资源管理、财务等功能或活动。

2.价值链分析的基本原理

企业的每项生产经营活动都是为顾客创造价值的经济活动，那么，企业所有的互不相同但又相互关联的价值创造活动叠加在一起便构成了一个链条。它创造的价值如果超过了成本，就能盈利；如果超过竞争对手所创造的价值，就会拥有更大的竞争优势。总之，企业是通过比竞争对手更廉价或更出色地开展价值创造活动来获得竞争优势的。

价值链分析是从企业内部条件出发，把企业经常性活动的价值创造、成本构成与企业自身的竞争能力相结合，与竞争对手经常性活动相比较，从而发现企业目前及潜在的优劣势的分析方法。价值链分析是企业战略制定与实施时使用的有力的分析工具。

通过深入分析可以得知，价值链一方面可以对每一项价值活动进行分析，另一方面可以对各项价值活动之间的联系进行分析。为了诊断和分析竞争优劣势，企业有必要根据价值链的一般模型，构造具有企业自身特色的价值链。

在进行系统的价值链分析的基础上，发掘企业的竞争优势，需要采取正确的竞争战略。构建企业竞争优势的战略主要有三种，即成本领先战略、产品差异化战略和集中型战略。

四、企业战略态势的综合分析——SWOT分析法

企业通过对其所处的环境进行分析，可以清楚地认清外部环境状况及其发展变化

的趋势，也可以充分地了解自己所拥有的能力。战略应最大限度地利用内部优势和环境机会，同时将企业的劣势和威胁降至最低程度。SWOT分析法就是系统地确认企业所面临的优势S（Strength）和劣势W（Weakness）、机会O（Opportunity）和威胁T（Threat）。其主要目的在于对企业的综合情况进行客观、公正的评价，特别是应将这些因素的发展变化与企业战略结合起来，据此构思、评价和选择企业战略方案，如图11-3所示。

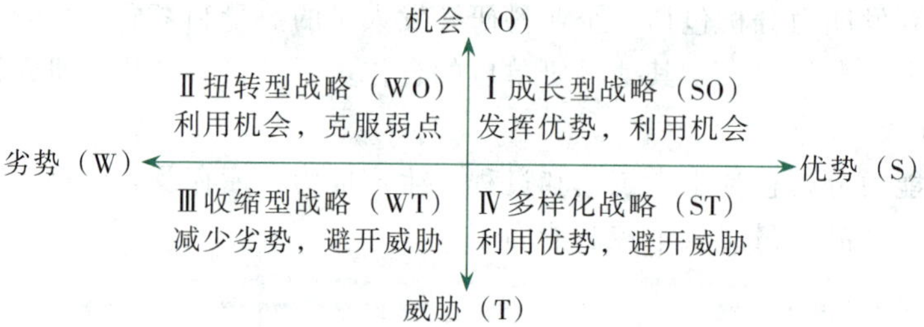

图11-3　SWOT分析

任务三　企业战略类型

一、一般性竞争战略

美国著名的企业战略学家迈克尔·波特在其竞争理论分析的基础上提出，在行业竞争中蕴藏着三种能战胜竞争对手的一般性竞争战略，即成本领先战略、产品差异化战略、集中型战略。这是企业经常采用的常规竞争战略或常规“武器”。

（一）成本领先战略

成本领先战略是指企业力争以最低的总成本取得行业中的领先地位，并按照这一基本目标采取一系列的措施。

成本领先战略的优点：在与竞争对手的竞争中，企业具有进行价格战的良好条件，即企业可以利用低价格从竞争对手那里夺取市场，提高自己的市场占有率，扩大销售量。成本领先战略的缺点：投资较大，把过多的注意力集中于低成本上，对新技术的采用及技术创新反应迟钝。

实施成本领先战略，首先，企业必须充分利用先进的设备和生产设施，并能有效地提高设备利用率；其次，利用管理经验，加强成本与费用的控制，全力以赴地降低成本；再次，最大限度地减少研发、推销、广告、服务等方面的费用支出；最后，产量要达到一定的规模，这样才能保证企业的生产维持在低成本水平上。总之，企业要采取各种措施降低经营总成本，使自身的成本低于竞争对手，依靠处于领先地位的低成本获得高额利润，使企业在竞争中占据有利地位。

（二）产品差异化战略

产品差异化战略的指导思想是企业提供的产品与服务在行业中具有与众不同的特色，这种特色既可以表现在产品性能、设计、技术特性、品牌、产品形象、服务方式、销售方式等某个方面上，也可以同时表现在几个方面上。差异化战略应该是顾客感受得到的、对其有实际价值的产品或服务的独特性。

产品差异化战略的优点：利用了顾客对产品特色的注意和信任，由此对产品价格的敏感度降低，可以使企业避开激烈的竞争，在特定领域形成独家经营的市场，使其他企业在短时间内难以追赶，以此来保持市场领先地位。产品差异化战略的缺点：往往要以成本的提高为代价，产品差异化所取得的利润中有很大一部分被产品成本的提高所抵销。另外，由于特色产品的价格较高，很难拥有较大的销售量。因此，该战略不利于迅速提高市场占有率。

企业产品形成差异化的方法：一是使产品的内在因素产生差异化，二是使产品外在因素产生差异化。内在因素的差异化是指在产品性能、设计、质量及附加功能等方面与竞争对手相区别，使产品别具一格，开创独特的市场。外在因素的差异化是指企业要打造良好的商品形象，即要充分地利用产品的定价、商标、包装、销售渠道以及促销手段等方法，使其与竞争对手在营销组合方面形成差异化。

（三）集中型战略

集中型战略又称专业化战略，其通过满足特定消费群体的特殊消费需求，或集中服务于某一有限的区域市场，以此来建立企业的竞争优势及市场地位。集中型战略最突出的特征是，企业专门服务于总体市场中的一部分，也就是对某一类型的顾客或某一地区性市场开展密集型营销，如图11-4所示。

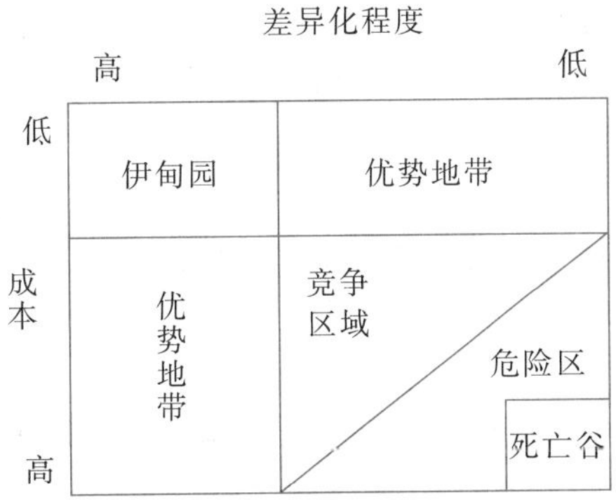

图11-4　集中型战略分析

集中型战略包括三种具体形式：一是产品类型的专业化，即企业集中全部资源来生产特定产品系列中的一种产品；二是顾客类型的专业化，即企业只为某种类型的顾客提供产品和服务；三是地理区域的专业化，即企业产品经营范围仅局限于某一特定地区。

这种战略的优点：企业能够控制一定的产品势力范围，在此范围内，其他竞争者不易与之竞争，因此其竞争优势地位较为稳固。另外，其经营目标集中，管理简单方便，可以集中使用企业所拥有的资源，有条件深入研究，以至于精通有关的专门技术。但这一战略也存在一定的缺点：当市场发生变化、技术创新或新的替代品出现时，该产品的需求下降，企业将遭到严重的冲击。

二、总体战略

总体战略是企业整体发展的战略纲领，是企业最高管理层指导和控制企业一切活动的指南。它包括稳定型战略、紧缩型战略、扩张（增长）型战略。

（一）稳定型战略

稳定型战略是企业不改变现有的经营范围和规模的战略。其指导思想是在现有条件下提高经济效益。实施该战略的原因和适用范围：企业所面临的外部环境较为稳定，而企业认为自己是成功的；企业领导人宁可墨守成规，也不愿冒风险；对获得成功的大型企业来说，保持大规模的稳定经营也可减少甚至避免风险。

（二）紧缩型战略

紧缩型战略是企业减少投入、封存或出售部分设备，从而缩小其经营规模的战略考虑。其指导思想是，通过紧缩来摆脱目前或将要出现的困境，使其财务状况好转，以求将来的发展。实施该战略的原因和适用范围：企业目前执行的战略失败，只有通过紧缩才能重新积蓄力量；企业处境困难，但又缺乏足够的力量予以扭转；环境中存在着较大的威胁因素，而企业的内部条件又不足以克服这些威胁；本行业所处环境已无机会，通过紧缩现有业务，准备进入新的行业。一般来说，紧缩型战略的类型有以下三种：

1.抽资转向战略

抽资转向战略，即企业在现有的业务领域不能维持原有的市场规模，或发现新的更好的发展机遇的情况下，对原有业务领域进行压缩投资、控制成本的战略。通常，抽资转向战略的具体方式有调整组织结构、降低成本和投资、减少资产、加速回收企业资金等。

2.放弃战略

放弃战略，即企业将其一个或几个主要部门转让、出卖或停止经营。这个部门可以是一个经营单位、一条生产线，或者是一个事业部。

3.清算战略

清算战略，即卖掉其资产或停止整个企业的运行——终止企业的存在。

（三）扩张（增长）型战略

扩张（增长）型战略是企业扩大原有主要经营领域的规模，或向新的经营领域开拓的战略。其核心是，通过竞争优势谋求企业的发展和壮大。实施此战略的原因和适用范围：扩张能使企业获得许多社会效益；获得规模经济的效益，提高企业的市场竞争地位；当环境中存在新的机会，并与企业的内部条件基本吻合时，企业一般会采用扩张型战略；当企业所在行业发生剧烈变化时，为了使企业不至于处于被动地位，采用扩张型战略是必要的。

该战略又可细分为规模增长战略、多元化增长战略、一体化增长战略等。规模增长战略是企业在原有生产范围内，充分利用在产品和市场方面的潜力来求得增长的战略。多元化增长战略是相对于集中化、专业化增长战略而言的一种常用战略，往往涉及多个经营领域。一体化增长战略是根据企业所确定的经营范围，着力解决与企业当前活动有关的竞争性、上下游生产问题等的战略。

任务四　企业战略制定

一、确定战略目标

（一）长期基本目标

长期基本目标是企业在战略期要达到的总体经营状态。具体来说，它是通过销售增长率、销售额、资金利润率、资金结构、盈利的分配比例等指标来描述的。

（二）产品/市场目标

为保证长期目标的实现，要根据未来的市场情况和自身条件，决定企业应该对市场中的哪类顾客提供什么样的产品或服务，并且应该达到什么样的水平。这一层面上的目标主要由产品结构、新产品的开发、市场占有率、市场开发等来衡量。

（三）经营结构目标

经营结构目标是为了实施产品/市场策略，对企业拥有的各种资源进行合理配置。其主要是对人员、设备、生产技术结构、组织机构做出相应的规划，使之能保证以上两个层次战略目标的实现，具体包括设备投资、人员结构、研究开发费用、组织结构的调整等。

（四）生产率目标

生产率目标是在战略期有效开展企业的生产、销售活动，从而达到相应的水平，保证以上层次目标的实现，具体包括如劳动生产率和资金周转率提高、成本降低方面具体目标的制定。

对于企业战略目标的制定，首先，提出在战略期结束时企业可能达到的总体经营状态，对照现实经营状态，找出存在的差距，再根据未来环境和企业内部条件，分析企业将面临的机会和威胁、优势和劣势。其次，明确企业在战略期弥补差距的能力。最后，通过对能力和差距的综合平衡，来确定企业的长期基本目标和各层次的目标。具体如图 11-5 所示。

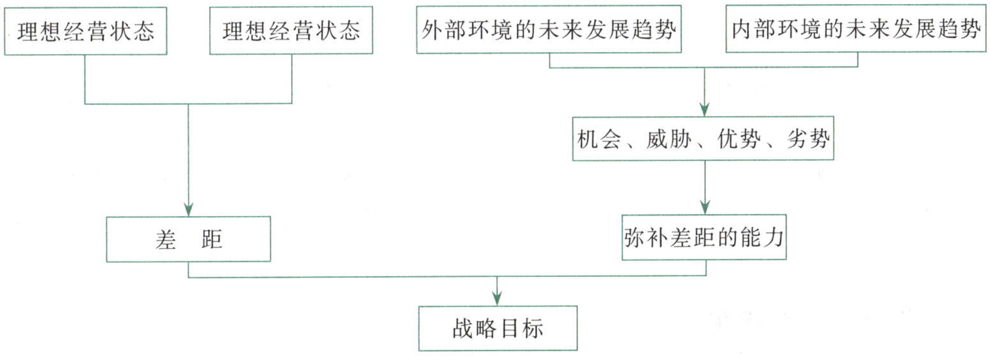

图 11-5　确定战略目标的原理

二、经营领域战略的确定

企业在衡量自身实力以及与竞争对手比较时，其战略性方法是将其全部经营活动划分为若干独立的经营领域进行分析，然后针对各经营领域的具体情况制定战略。把企业的经营领域划分为若干独立的细分领域，是企业制订战略方案的一项十分重要的工作。

对经营领域的评价可采用经营领域评价矩阵的方法。这一方法包括两个变量：经营领域的成熟度和企业在该领域的竞争地位。具体如图11-6所示。

经营领域成熟度	企业竞争地位				
		绝对优势	实力较强	实力一般	实力较弱
	开发期	领先地位 ——产品开发 ——市场开发	追超领先者 ——产品开发 ——市场开发	努力开发改进 ——产品开发改进 ——市场开发改进 或及时撤退	努力开发改进 或 及时撤退
	成长期	领先地位 ——市场开发	追超领先者 ——产品开发 ——市场开发	努力开发 ——产品改进 ——市场开发	努力开发改进 或 及时撤退
	成熟期	领先地位 ——市场渗透 ——竞争战略 或一体化	保持或提高市场占有率 ——竞争战略 或一体化	稳定维持 或 逐步紧缩	紧缩 ——抽资 ——清算
	衰退期	逐步紧缩 ——分期撤退	紧缩 ——抽资	紧缩 ——抽资 ——清算	清算

图11-6　经营领域评价矩阵

经营领域的成熟度是对产品生命周期概念的扩展。它说明一个领域一般要依次经历四个阶段，即开发期、成长期、成熟期、衰退期，每个阶段都具有投资和收益、竞争结构和战略行动方面的不同特征。对经营领域成熟度的划分一般以销售增长率为标准。

把经营领域的成熟度和企业的竞争性变量结合起来，就构成了一个经营领域评价矩阵。企业的每个经营领域都可以在其中找到相应的位置。这个评价矩阵指出了每一个象限内经营领域的战略问题和战略方向。由图11-6可以看出，处于矩阵右下方的经营领域都存在着问题。当然，还有三个领域在这一矩阵中不能反映出来：①如果不改变当前的战略，那么预计在战略期它们的竞争地位将会下降的领域；②环境中将会出现独特的机会或风险的领域；③目前的经营成果与其竞争力不相称的领域。这就需要企业进行更深入的研究。

三、企业总体战略的制定

制定总体战略的程序有两种形式：一是先制定总体战略，再进行分解，形成各经营领域的战略；二是各经营领域根据其面临的具体环境来制定经营领域战略，然后进行汇总、优化组合，最终形成总体战略。下面介绍两种战略选择的方法。

（一）波士顿矩阵分析法

波士顿矩阵分析法是由美国波士顿咨询公司发明的一种被广泛运用的业务组合分析法。其基本思路如图11-7所示。

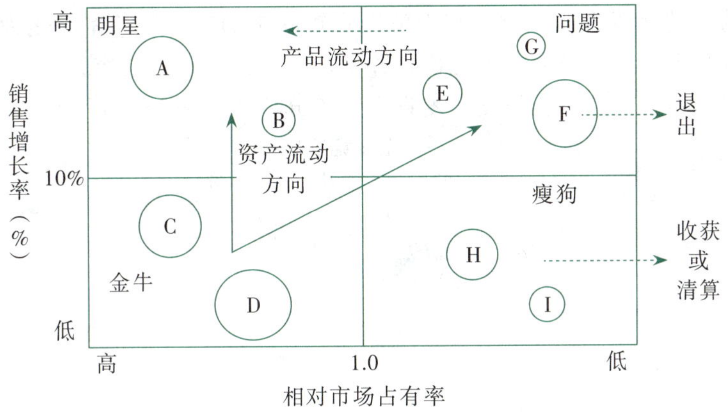

视频11-2

波士顿矩阵

图11-7　波士顿矩阵分析法

在图11-7中，一个企业的相对竞争地位（相对市场占有率）和业务增长率（销售增长率）是其整个业务组合内某一特定业务单位应当采取的战略的两个基本参数。相对市场占有率是指一定时期内，企业某种产品的销售量（额）占本行业销售水平最高的企业同类产品销售量（额）的比例。销售增长率是指一定时期内，企业某种产品销售量（额）相对基期销售量（额）增长的比例。通过这两种因素的组合，就可以反映出企业各项经营业务所处的四种状态：

1.明星类业务

其表示成长速度快并处于市场领先地位，一般是企业的名牌产品。对于这类业务，企业应增加投资，巩固市场占有率，争取赢得较多的收益。

2.问题类业务

其表示市场成长速度快，但本企业的这些业务在市场上的竞争力较低。这类业务可能会经努力而取得很好的效果，也可能一直无起色。

3.金牛类业务

处于这一状态的业务，其市场已不再高速增长了，一般是处于饱和期（或成长期）的产品，但它们在市场上仍占主导地位，所以其销售的绝对额和利润绝对额都是巨大的。此时，对这类业务不再投入大量的资金，要设法使其盈利期延长，依靠足够的市场份额，获取大量收益。

4.瘦狗类业务

处于该状态下的业务，市场已没有前景，市场份额不断下降，维持这类业务对企业来说意义不大，因此可以考虑撤退或淘汰。

这种分析方法提供了一个框架，帮助企业管理者充分理解特点各异的经营单位如何确定基本战略，如何调整企业的产品和业务结构，如何对这种结构进行优化，如何确定战略资源分配的优先级，以获取企业总体的最大效益。企业应该对各经营业务区别对待，有选择地发展其经营领域。

（二）麦肯锡矩阵分析法

这种分析方法又称竞争地位-产业吸引力矩阵或九象限矩阵分析法。它是在波士顿矩阵分析法的基础上改进而来的。它把波士顿矩阵中的销售增长率转化为行业吸引力，把相对市场占有率转化为企业竞争地位，并给出了一系列评价内容，使企业在分析其总体战略时更切合实际、具有操作性。麦肯锡矩阵分析法如图11-8所示。

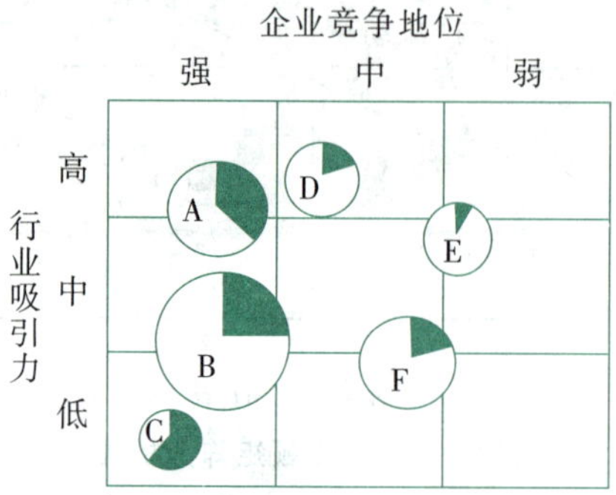

图11-8　麦肯锡矩阵分析法

企业竞争地位评估的内容包括利润率波动、销售额波动、价格控制力、市场占有率、产品生命周期、研发费用、消费者的态度。

行业吸引力评估的内容包括相关经济增长率、消费增长率、地区市场增长率、产品创新速度、需求饱和度、国家对收入和增长速度的调节。

在图11-8中，圆圈代表某种业务的行业规模，阴影部分代表企业的市场占有率。矩阵左上方三个区域中的业务，其行业吸引力和企业竞争地位都很优越，可实行增长或发展战略，配置较多的资源；处于右下角三个区域的业务，其行业吸引力和企业竞争力都很弱，可采用放弃战略；剩余的区域则采用维持战略。

同步案例11-1　　**民营企业发展转型期的战略与变革**

同步案例11-1

分析提示

经过12年的艰苦创业，李先生的恒达集团已具备了很强的竞争实力和坚实的根基，正考虑向更高层次发展。目前公司总资产2亿元，年销售收入3亿元，年净利润1 000万元（优势：实力强），并且销售收入和利润以年均15%的速度递增（市场增长率高，为金牛企业）。制药和轻工业是集团的两大支柱产业。制药公司设备先进并拥有数个基本类药物，但目前缺乏新、特药品种，利润稳定。轻工业方面市场需求增长很快，产品供不应求，但该行业市场进入壁垒较低，生产厂商众多，竞争激烈（多元化经营，但发展不平衡）。公司目前的困难包括：①融资困难，公司有市场前景较好的项目以及厚实的家底，但作为民营企业，其融资渠道匮乏，资金成为企业发展的“瓶颈”；②人员问题，公司中随同李先生创业的元老们忠诚有余，但不具备现代企业管理能力和素质，要更换他们也很难，且公司的人才引进、培训、激励机制尚未建立，使得人才匮乏的问题一时难以解决（劣势：融资困难、人员问题）。李先生意识到了企业今后竞争的残酷性，他必须在短期内完成向现代企业的转型，完成对老企业的改造，确立更明确的发展思路，迅速壮大企业规模。为此，他希望着手进行企业变革，使企业向更高的层次进一步发展。

资料来源　田明，吕鹏.公司战略与风险管理［M］. 北京：北京科学技术出版社，2021.

请根据上述案例回答下列问题，并提出自己的看法：

1.该公司战略的制定包括哪几个环节？

2.该公司高层的平稳顺利调整如何才能实现？

3.符合公司实情的资本运作思路应该是什么样的？

应知考核

一、单项选择题

随堂测 11

1.最早系统阐述战略管理的理论著作是（　　）。

A.安索夫的《企业战略》

B.钱德勒的《战略与结构》

C.德鲁克的《卓有成效的管理者》

D.波特的《竞争战略》

2.一个企业的整体战略总纲是（　　）。

A.公司总体战略　　B.经营单位战略　　C.职能战略　　D.人力资源战略

3.定位学派的代表人物是（　　）。

A.安索夫　　B.德鲁克　　C.迈克尔·波特　　D.钱德勒

4.对于一次购买、经久耐用的消费品，应采用的竞争战略是（　　）。

A.成本领先战略　　B.产品差异化战略　　C.集中型战略　　D.多样化战略

5.SWOT分析中的“W”是指（　　）。

A.优势　　B.劣势　　C.机会　　D.威胁

6.SWOT分析中的“O”是指（　　）。

A.优势　　B.劣势　　C.机会　　D.威胁

7.如果对当前的绩效感到满意，公司就会选择（　　）。

A.集中化战略　　B.多样化战略　　C.防御战略　　D.稳定性战略

8.制定公司层面战略广泛流行的方法是（　　）。

A.SWOT分析　　B.波士顿矩阵分析法

C.市场剖析法　　D.5W1H分析

9.在波士顿矩阵中，对（　　）业务不再投入大量的资金，要设法使其盈利期延长，依靠足够的市场份额，获取大量收益。

A.明星类　　B.问题类　　C.金牛类　　D.瘦狗类

10.在波士顿矩阵中，对（　　）业务企业应增加投资，巩固市场占有率，争取赢得较多的收益。

A.明星类　　B.金牛类　　C.问题类　　D.瘦狗类

二、多项选择题

1.一般来说，一个公司的战略层次包括（　　）。

A.公司层总战略　　B.职能层战略

C.事业层经营战略　　D.管理层战略

2.影响公司战略管理的宏观环境因素主要有（　　）。

A.政治-法律因素　　B.经济因素　　C.技术因素　　D.社会因素

3.影响公司战略的内部因素有（　　）。

A.企业文化　　B.市场营销　　C.生产运作　　D.财务状况

4.企业战略的构成要素包括（　　）。

A.企业使命和目标　　B.经营范围

C.竞争优势　　D.资源配置

5.企业战略目标是由一系列具体目标所构成的体系，其层次结构可分为（　　）。

A.长期基本目标　　B.产品/市场目标　　C.经营结构目标　　D.生产率目标

三、简答题

1.简述明茨伯格关于企业战略的观点。

2.简述公司总体战略的主要表现。

3.简述宏观环境因素与经营环境因素的差别。

4.确定价值链时应注意哪些问题？

5.简述企业战略的基本类型及每个类型包括的内容。

应会考核

一、案例分析

【背景资料】

海清啤酒的SWOT分析

海清啤酒成功地在中国西部一个拥有300万人口的C市收购了一家啤酒厂，不仅在该市取得了95%以上市场占有率的垄断地位，而且在全省的市场占有率也达到了60%以上，成了该省啤酒业名副其实的龙头老大。距离C市100千米有一个竞争对手——金杯啤酒公司，3年前它是该省啤酒业的老大。然而，最近金杯啤酒公司因经营不善整体出售给了一家外资公司。

金杯啤酒公司被收购后，外方立刻投入近亿元的资金搞技术革新，还请了世界第四大啤酒厂的专家坐镇狠抓质量。但是新老板很清楚，金杯啤酒公司最短的那块板是营销。为一举占领C市的市场，金杯啤酒公司不惜代价从外企挖了3名营销精英，还高薪招聘了20多名应届大学毕业生，花大力气对其进行培训。

省内啤酒市场的特点是季节性强，销售主要在春末、夏季及初秋的半年多时间。一年的营销大战在4、5、6三个月基本决定胜负。作为快速消费品，啤酒的分销网络相对稳定，主要被一级批发商控制。金杯啤酒公司没有选择正面强攻，主要依靠直销作为市场导入的手段，由销售队伍去遍布C市的数以万计的零售终端“虎口夺食”。

金杯啤酒公司的攻势在春节前的1月就开始了，其成功地推出了1月18日要在C市进行大型促销的悬念广告，且有礼品附送。覆盖率和重复购买率都大大超出预期。但是，金杯啤酒公司在取得第一轮胜利的同时，也遇到了内部的管理问题。该公司过于强调销售，以致把结算流程、财务制度和监控机制都甩在一边。销售团队产生了骄傲轻敌的浮躁情绪，甚至上行下效，认为不捞白不捞。公司让部分城区经理自任经销商，免费用公司的运货车，赊公司的货，又做生意赚钱，又当经理拿工资。库房出现了无头账，查无所查，连钱去哪儿了都不知道。

面对竞争，海清啤酒在检讨失利的同时，依然对前景充满信心。公司认为对手在淡季争得的市场份额，如果没有充足的产量做保障，肯定要跌下来；而且海清的分销渠道并没有受到冲击，金杯啤酒公司强入零售网点不过是地面阵地的穿插。啤酒销售的旺季，也就是决胜的时候快到了，你认为海清啤酒应该怎样把对手击退，巩固自己的市场领导地位呢？

资料来源　佚名．“老牌”企业的竞争［EB/OL］．［2020-11-26］．https：//www.docin.com/p-2505739534.html.

【考核要求】

根据背景资料回答下列问题：

1.阐述海清啤酒的内外部环境。

2.运用SWOT分析法，分析海清啤酒面临的环境。

3.如何评价金杯啤酒公司的竞争战略？

4.海清啤酒应采用什么样的战略？

二、综合实务

企业战略管理的运用

韩老四是D县东乡区苇塘村的农民，他祖辈都以开小餐馆为生，直至20世纪50年代初他父亲还一直在村里开小餐馆。那时，他虽然还很小，但也在店里跑前跑后地跟着干。他家祖传下一门绝活，就是烧制一种酱卤的熟食，十分可口且独具特色，其中尤以卤鸭最为有名。20世纪50年代后期，国家实行社会主义改造，小餐馆搞了合作经营。不久他父亲去世了，韩老四成了人民公社的社员，大家也忘了他是韩家卤鸭的一代传人。改革开放后，他办起了“韩老四卤鸭店”，虽是小本经营，但却门庭若市。钱越赚越多，他先在邻村办分店，渐渐将分店办到了省城，俨然成了连锁店。于是，韩老四成立了韩家卤食公司，产品品种增加，连锁店扩大，甚至办起了一家工厂，专门生产袋装和罐头卤食。韩老四成了富甲一方的民营企业家，人们都称他为“韩老板”。韩老板认为，公司创出品牌、经营成功的关键是韩家的独门秘方，包括原料选择、卤汁配方、烧烤手艺等全套技术。因此，保持这种独特风味，既是公司的立足之本，也是公司对喜好其产品的顾客应负的责任。所以，他提出“质量第一，服务为本”的口号，高薪聘请品尝师把关，十分重视对与产品品质密切相关的厨工、技师、采购员等的技术培训与考核。在增加新产品及增设新的连锁店方面，韩老板极为谨慎，采取宁缺毋滥的方针，绝不为盲目扩张而损害产品质量与特色。后来经人推荐，港商李先生拜访了韩老板。李先生在香港多年经营风味食品店与餐馆，近年还将业务扩展到广东好几个市、县，财力雄厚，见多识广。李先生品尝过韩老板的传统美食后赞不绝口，表现出极大的热情与诚意，愿投入资金与韩老板合资。对此，韩老板也表现出不小的兴趣。在谈及合资后的打算时，李先生认为韩家公司目前所采用的传统式直线职能制结构太落后于形势，应当改为按不同产品性质而划分的事业部制结构，以适应公司进一步发展的需要。他还建议韩老板利用产品畅销、名气日盛的大好形势，不失时机地向讲究口福的华南地区发展，进而向港、澳及东南亚华人众多的地区拓展。他还劝韩老板，牌子既已打响，就不必僵守质量，应将重点转到扩大规模上来，并应利用名牌优势，向牛肉、羊肉、豆制品乃至饮料、酿酒等相关行业扩展。对于李先生的想法，韩老板听后不以为然，面显愠色道："我们韩家的产品，靠的就是以独特风味吸引顾客，为顾客提供优质服务。你这种快速扩展的主张，显然有伤我店根本，违反我韩家的传统经营之道，万万不可行。"两人因看法分歧，引起了争辩，渐至唇枪舌剑。最后，李先生大声喊道："你真是个顽固不化的土包子，目光短浅，放着眼前发大财的机会不利用，真是不可理喻！"韩老板听后，脸色铁青，拍案而起道："人各有道，我韩某有我传家的规矩。有赚大钱的法子你自己去赚好了。你走你的阳关道，我过我的独木桥。"说罢叫声"送客"，转身走向内室。李先生悻悻然拂袖而去。

资料来源　佚名．韩老板的经营策略［EB/OL］．［2020-12-02］．https：//www.xuesai.cn/souti/D4A47B13.html.

根据以上案例，请回答以下问题：

1.在决定企业经营战略的过程中，经营者主要应该考虑（　　）。

A.自身的文化与学识水平　　B.自身的个性与价值观等

C.自身的成长经历与知识背景　　D.企业内在与外在因素的综合作用

2.对于本案例中韩老板企业经营成功的决定因素，最完整的论述是（　　）。

A.产品的独特风味与专门的生产技术

B.韩本人注重质量与服务，与顾客的关系好

C.改革开放政策及市场中的需求与机会

D.天时、地利、人和等内外部主客观因素的有利结合

3.李先生建议韩老板采纳的事业部制结构的特点是（　　）。

A.对有独立市场、独立利益的产品实行分权管理

B.各事业部独立核算、自负盈亏，成为利润中心

C.公司总部保留重要人事任免、预算审批及方针政策等重大问题决策权

D.以上三种都是

4.韩老板与李先生产生分歧的根本原因在于（　　）。

A.追求社会效益与追求经济效益思想的对立

B.两种不同经营价值观的冲突

C.两位企业家个性上的差异

D.两种不同经营做法上的矛盾

5.从企业未来经营成功的可能性来看，以下回答中更为适当的是（　　）。

A.李先生的主张必能取胜，因为他灵活进取

B.长远看韩老板会成功，因为他对顾客负责

C.需要结合政府政策、市场竞争、需求变化等因素综合考虑

D.以上三条都不对

项目实训

【实训项目】

SWOT分析。

【实训目标】

通过SWOT分析掌握环境分析的方法，并根据分析结果提出解决方案。

【实训内容】

选择一个你比较熟悉的企业，应用SWOT分析法对其内部环境进行分析，并针对实训企业在以下方面做一个详细调查和说明：

1.企业的名称、住址、主要业务内容（简单介绍）。

2.今后几年该企业所面临的内部环境（销售、财务、研发、人力资源）可能有什么变化，对该企业会产生什么影响，该企业的机会和威胁有哪些（重点写）。

3.对该企业进行产业环境分析（详写），写一份不少于1 000字的分析报告。

【实训要求】

1.充分利用所学专业知识并根据有关资料，写出实训报告。报告要求语言简洁、准确，调查的资料可靠。教师按优、良、及格与不及格四个等级评分。

2.学生应在教师的指导下认真完成一份1 000字左右的企业内部环境分析报告。

3.撰写实训报告。

<table>
<tr><td colspan="3">《　　　　　　　　　　　　　　》实训报告</td></tr>
<tr><td>项目实训班级：</td><td>项目小组：</td><td>项目组成员：</td></tr>
<tr><td>实训时间：　　年　　月　　日</td><td>实训地点：</td><td>实训成绩：</td></tr>
<tr><td colspan="3">实训目的：</td></tr>
<tr><td colspan="3">实训步骤：</td></tr>
<tr><td colspan="3">实训结果：</td></tr>
<tr><td colspan="3">实训感言：</td></tr>
<tr><td colspan="3">不足与今后改进：</td></tr>
<tr><td colspan="3">项目组长评定签字：　　　　　　　　　　项目指导教师评定签字：</td></tr>
</table>

项目十二

企业创新管理

知识目标

理解：创新管理的概念、职能和作用。
熟知：创新管理的内容和过程。
掌握：满足创新管理的基本条件。

技能目标

具备结合有关管理的具体情况，分析和解决企业创新管理问题的能力。

素质目标

通过本项目的学习，能够培养学生对管理学的兴趣，增强对管理学重要性的认识，认知并提高自身的管理素质和管理意识。

思政目标

能够正确地理解“不忘初心”的核心要义和精神实质；树立正确的世界观、人生观和价值观，做到学思用贯通、知信行统一；通过创新管理理论丰富自己的创新意识和创新能力的培养，具备创造动机、创造兴趣、创造情感和创造意志。

管理故事

船长与治理成本

在一艘只有两个人划船的船上，“搭便车”的行为不容易出现，因为两人之间很容易做到相互监督，某个人偷懒会严重损害另一个人的利益并立刻被对方察觉；而在一艘载有100名船员的船上，1名船员偷懒对其他99名船员的利益损害均摊后就不那么明显了，也不易被察觉，因此“搭便车”的行为就会很普遍。

因此，在载有100名船员的大船上设置一个船长是必要的，船公司付出的人力资源管理成本远低于“搭便车”行为造成的损失。而在两个人的船上，相互监督能达到管理的目的，再设一个船长反而会因重量的增加而延缓划船的速度。

资料来源　佚名．船长与治理成本［EB/OL］．［2019-08-05］．https：//wenku.baidu.com/view/bbe4aee8a4e9856a561252d380eb6294dc8822fa.html.节选．

人力资源管理者应根据企业的规模使用恰当的绩效管理方法。对小型企业来说，如果人员少、管理结构扁平、人员之间可便捷地进行沟通，则无须建立烦琐的绩效管理体系，而应突出考核的明确性、实用性、时间性。任何制度都不是一次性的，它应该随着企业的变化而逐步完善，逐渐成为企业长期战略的体现。

知识准备

任务一　创新管理概述

一、创新管理的概念和作用

（一）创新管理的概念

“创新”的概念最早是由美籍奥地利经济学家、哈佛大学教授约瑟夫·熊彼特（Joseph Schumpeter）在1912年德文版《经济发展理论》一书中提出的。他认为，创新是对“生产要素的重新组合”，包括开发一种新的产品，采用一种新的方法，开辟一个新的市场，获得或者控制原料、半成品一种新的来源，以及实行一种新的组织形式。人们通常也将它与设备的更新或工艺的改进联系在一起。无疑，这些技术方面的革新是创新的重要内容，但不是全部内容。创新首先是一种思想及在这种思想指导下的实践，是一种原则以及在这种原则指导下的具体活动，是管理的一种基本职能。

一般认为，创新管理有狭义和广义之分。狭义的创新管理是指一个组织为了适应外部环境的变化，在经营理念、管理体制、管理制度、管理工具、管理方法上所做的变革，是创造一种新的、更有效的方法来整合组织内外资源，以实现既定管理目标的活动。广义的创新管理是指富有创造力的组织能够不断地将创造性思维转变为某种有用的结果。

创新管理表现为：开拓和使用管理的新技术，开辟一个新市场或生产经营的新领域，组建一个新系统，制定一套新的管理程序或规章制度，创造一套全新的管理理论和管理模式。其目的在于提高组织的效能、效率和应变能力。

创新作为管理的职能表现在它本身就是管理工作的一个环节，它对任何组织来说都是一项重要的活动。创新也与其他管理职能一样，有其内在逻辑性，建构在其逻辑性基础上的工作原则可以使得创新活动有计划、有步骤地进行。

（二）创新管理的作用

创新是组织的活力之源，是组织在市场竞争中求生存、求发展的必然选择，更是民族进步的灵魂和立身之本。企业创新管理具有以下作用：①是适应科技发展和知识经济时代的需要；②是建设创新型国家的需要；③是其自身生存、发展的需要；④是改善组织市场环境的需要；⑤是提高组织整体素质的需要；⑥是将企业引向高效快速发展轨道的需要；⑦是降低产品成本、提高组织生产效率的需要。

二、创新管理的理论依据

企业要有效地进行创新管理，必须遵循企业创新的特点和基本规律，要依据以下几个基本理论：

（一）企业本性论

企业是现代社会的经济主体，是社会政治、经济和文化生活的基本单元。现代社会是以企业为主宰的团体社会。如果企业没有利润，又怎样体现自己的意义、追求自己的价值呢？这是企业进行创新管理首要和基本的理论依据。

（二）管理本性论

企业本性论指明了企业生存的目标。但该怎样实现这一目标呢？必须靠科学的管理。通过加强基础管理和专业管理，保证产品质量的提高、产量的增加、成本的下降和利润的增长。这是企业创新管理的又一依据。

（三）员工本性论

管理本性论明确了创造利润这一企业本性，认识到实现企业本性要靠科学的管理。根据市场和社会变化有效地整合企业内部资源，创造更高的生产率，不断满足市场需求，是创新管理的内容，但这还不够，还必须明确管理的主体。在构成企业的诸多要素中，员工是最积极、最活跃的主体性要素，企业的一切营运活动都必须靠员工来实现。员工是企业生产力的基本要素，又是管理的主体。这是企业活力的源泉所在，也是管理能否成功的关键。

（四）国企特性论

国有企业是国有资产的运营载体，当前在国民经济中占有主导地位，是一种特殊的企业。政府要依靠和发挥国有经济的作用，通过国有企业实现宏观调控，与外资企业抗衡，稳定市场秩序，维护公开、公平的市场竞争，保证经济社会发展目标的实现。改革只会改变国有企业承担社会目标的形式和某些内容，但绝不会改变其承担社会目标的职能，也不会改变经营者。

三、创新管理的原则

创新管理的原则是指产生创新管理创意的行为准则，是进行创新管理的出发点和评价标准。创新管理是一项复杂的活动，涉及的层面很多。要使创新管理能够顺利进行并取得预期效果，必须遵循一定的原则。

（一）扬弃原则

坚持扬弃原则就是在现有的特色管理或在别人先进的管理思想、方式、方法的基础上进行发扬或抛弃（抛弃是指在他人的基础上逆其发展趋势而行），有新意地进一步提高，即在他人的基础上大胆探索出新的管理思想、方式、方法和理论。

扬弃原则是在原有的基础上展开的，只需对原有的基础问题加以分析研究。企业应把握深层原因，在研究中要注意自己的特点和长处，并进行深层思考，从中发掘出新的创意，实现管理创新。

（二）突破常规思维束缚的原则

已经形成的思维方式对人的思维活动会产生固化和引导作用，使人的思维活动“走老路”“按常规思考”。这种常规思维会在人的大脑中形成“思维定式”，使人无法摆脱原来框架的束缚。创新管理要求突破传统思维束缚，以新的视角审视、思考问题，找到解决问题的突破口。

（三）交叉综合原则

交叉综合原则是指创新活动的展开或创新动向的获得要运用学科知识交叉、综合的方法。当今科学发展的趋势是在日益走向高度综合的情况下形成众多的边缘交叉学科，这为人们解决问题提供了理论武器。两个或几个学科形成的边缘地带是人们研究最活跃的地方，两个或几个学科相互交叉为人们解决问题提供了理论支撑。社会的高度发展使人们认识到问题的解决越来越难以只建立在某一个理论体系的基础上，创新管理只有坚持交叉综合的原则才能探索出更理想的解决实际问题的方式。

任务二　创新管理的内容与过程

一、创新管理的内容

（一）观念创新

管理观念是指管理者在一定的哲学思想支配下形成的对管理的感性和理性认识。创新首先是观念的创新，因为观念决定思想，思想决定行为，观念是行为的先导。在企业各种创新管理中，观念创新起着重要的先导作用。没有观念创新，就不会有其他创新。实践也证明，在企业创新管理中，观念超前、不断创新，就能想别人之不敢想、为别人之不敢为，自然就能够发现别人视而不见的商机，将企业的优势发挥出来，取得创新管理的成功。所以，观念创新是企业创新管理的首要内容。

20世纪80年代以来，经济发达国家的优秀企业家提出了许多新的管理观念，如知识增值观念、知识管理观念、全球经济一体化观念、战略管理观念、持续学习观念等。管理者应积极适应现代社会的需要，结合自身条件构建自己独特的经营管理观念。

同步案例12-1　　华菱集团的危机管理

同步案例12-1

分析提示

华菱集团在全中国还不能说如雷贯耳，但在湖南却是非常有名。正是危机理念，使华菱形成了独特的管理模式。华菱集团前董事长李效伟的第一个危机理念就是孙子哲学。“在企业里我是董事长，但在外面我就是孙子！人家都是爷！这听起来不雅，但我为什么还要大张旗鼓地提出来？因为这就是针对我们国企普遍存在的自大心理得来的。在我们总部，当时大部分人都是从省冶金厅直接调过来的，我必须要转变他们行为习惯中的架子、思想意识上的惰性。首先，你出去必须要放下架子，先当孙子！同时，你要广交朋友，特别是企业管理层要和人家的基层办事员交朋友。你想，我们管理层都是‘老资格’，而人家全是大学毕业生，结果他坐着听，我站着给他汇报，这时我靠什么去支撑？就是靠‘孙子精神’。”

伴随着“孙子哲学”的是李效伟提出的“湘勇精神”，即曾国藩湘军的“屡败屡战”精神。上市后，为了配合华菱薄板的项目，华菱做了一个增发新股的计划，并得到了上级的批准。但忽然间证监会发文，政策改了，增发要被取消。周围人都认为既然板上钉钉，就肯定不行了。李效伟却马上来到北京，找到有关部门，从下午一直游说到傍晚，甚至连站在人家走廊堵人的招儿都使了，终于赢得了上级部门的支持。这种“不达目的，誓不罢休”的精神被李效伟渗透到华菱的每一名员工身上，成为华菱的企业精神。“孙子哲学”和“湘勇精神”也成了华菱危机管理的雏形和基础。

资料来源 佚名. 华菱集团的危机管理［EB/OL］.［2021-04-30］. http: //www.795.com.cn/wz/88426.html.

请问：华菱集团危机管理模式的意义何在？

（二）文化创新

企业文化创新是指为了使企业的发展与环境相匹配，根据自身的性质和特点形成体现企业共同价值观的企业文化，并不断创新和发展的活动过程。其实质在于在企业文化建设中突破与企业经营管理实际脱节的僵化的文化理念和观念的束缚，实现向贯穿于全部创新过程的新型经营管理方式的转变。

（三）组织创新

在很大意义上，管理是通过有效的资源配置以实现组织既定目标的，组织形式的变革与创新，是创新管理的重要组成部分。因为任何组织机构都不是一成不变的，引起组织结构变革的因素通常是外部环境的改变，组织自身成长的需要，以及组织内部生产、技术、管理条件的变化等。实行组织创新，就是根据变化了的条件，对整个组织结构进行创新性设计与调整，进而有利于提高组织运行效率、降低组织运行成本。

（四）制度创新

制度创新在企业创新管理中具有积极意义。制度创新是指在人们现有的生产和生活条件下，通过创设新的、更能有效激励人们行为的制度和规范来实现社会的持续发展与变革创新。所有创新活动都有赖于制度创新的积淀和持续激励，通过制度创新得以固化，并以制度化的方式持续发挥其作用。所以，制度创新是促进企业创新和经济发展的重要保证，是以反映经济运行客观规律、体现组织运作的客观要求、充分调动组织成员的积极性为出发点和归宿的。

（五）战略创新

战略创新能使企业发现行业战略定位空间中的空缺并予以填补，使之发展成为一个大众市场。战略创新的核心问题是重新确定企业的经营目标。企业的经营目标会决定企业如何确定自己的顾客、竞争对手，也会决定企业对关键性成功因素的看法，并最终决定企业的竞争策略。成功的战略创新者会采用与所有竞争对手完全不同的竞争策略和经营目标。

（六）市场创新

市场创新是企业创新管理的另一项重要内容，就是企业通过引入并进行各种新市场要素的商品化与市场化，开辟新的市场，促进对企业生存和发展的新市场的研究、开发、组织与管理的活动。它包括推出新技术、新产品、新品牌、新包装、新广告创意，提供新的市场服务、新的原材料，制定新的价格，采用新的市场营销手段和方式，开辟产品的新用途、新的市场领域、新的客户群等。

（七）技术创新

生产活动是把投入转换为产出的过程，生产活动中决定生产效率和效益的一个重要因素就是技术。技术水平的高低是组织实力的重要标志，在很大程度上决定了组织的竞争力。技术创新就是对组织在生产过程中采用的手段、方式和方法的新变革、新突破及新应用。引导行业的技术进步、站在行业技术的最前沿已成为组织技术创新的动力所在。企业如果拥有核心技术，可以大幅提升产品竞争力；而缺乏核心技术的企业则会面临着越来越大的竞争威胁，而且引进技术也越来越不容易。现在，缺乏核心技术已成为制约我国企业发展的重要障碍。所以，技术创新是当前企业创新管理的一个重要而紧迫的内容。

（八）产品创新

产品是组织向外界最重要的输出，也是组织对社会做出的贡献。产品创新是指组织向市场推出新产品，以调整自己对社会贡献的形式。顾客的需求要依靠组织所生产的产品来满足，不同时期顾客的需求可能不一样，因此，组织必须根据服务对象的需要不断进行产品创新。同时，组织也只有通过对自己产品的不断创新，不断满足服务对象的需要，才能源源不断地获得收益，以弥补生产的消耗，求得生存和发展。

（九）人力资源管理创新

企业能否永葆青春，关键在人才，因此，如果没有人力资源管理的创新，创新管理就无从谈起。人力资源管理的创新是管理方法、手段创新的基础。当前，人们的认识在某些方面仍囿于旧观念、旧体制、旧做法，只有厉行改革，进行人力资源管理创新，才能使人才迅速成长以及才尽其用。所以，创新管理的关键还是要通过人力资源管理创新来调动广大员工的创新热情，齐心协力地发展并壮大企业。可以这样认为，人力资源管理创新是企业创新管理一个能动的因素和非常活跃的内容。

同步案例 12-2　　**上海通用的柔性化管理**

同步案例 12-2
分析提示

在上海通用汽车的发展历程中，柔性化管理已成为一道亮丽风景。最初，中国几乎所有的汽车工厂都采用一个车型、一个平台、一条流水线、一个厂房的制造方式。唯有上海通用是另类，其最多可以在一条线上生产四种不同平台的车型。这就是“柔性化”生产方式。柔性化生产给厂家和消费者带来的最直接的效用就是节省了时间和金钱。上海通用的别克君威、别克赛欧就是很好的证明。上海通用严格而规范的采购系统、科学而严密的物流配送系统、以市场为导向的高度柔性化的精益生产系统，以及以客户为中心的客户关系管理，共同构成了其柔性化生产管理的支撑体系，使上海通用汽车成为GM（通用汽车公司）全球范围内柔性最强的生产厂家，也成了企业柔性化管理的经典范例。

资料来源 佚名. 上海通用汽车的柔性化生产［EB/OL］.［2021-04-21］. http：//www.795.com.cn/wz/88427.html.有删减.

请问：上海通用汽车的柔性化管理有哪些值得借鉴之处？

二、创新管理的过程

（一）对现状的不满

在几乎所有的案例中，创新管理的动机都源于对公司现状的不满：或是公司遇到危机，或是商业环境变化以及新竞争者出现而形成战略型威胁，或是某些人对操作性问题产生抱怨。

（二）从其他来源处认知并寻找灵感

只有认识到企业现有管理手段、方法的落后，才会对新的管理理念和成功经验主动去认知，有借鉴和学习的意愿。这个过程需要大量的理论基础和案例等的支持，从这些资源中汲取有利的元素，应用到新的管理体系之中。创新管理者的灵感可能来自其他社会体系的成功经验，也可能来自那些未经证实却非常有吸引力的新观念。

（三）创新

创新管理者将各种不满的要素、灵感以及解决方案组合在一起，组合方式通常并非一蹴而就，而是重复、渐进的，但多数创新管理者都能找到一个清楚的推动要素。

（四）争取内部和外部的认可

在创新管理的最初阶段，获得组织内部的认同比获得外部人士的支持更为关键。这个过程需要明确的拥护者。如果有一个有威望的高管参与创新，就会大有裨益。另外，只有尽快取得成果才能证明创新的有效性。然而，许多创新管理往往在数年后才有成果，因此，创建一个支持同盟并将创新推广到组织中去非常重要。创新管理还需要获得外部认可，以说明这项创新获得了独立观察者的印证。在尚且无法通过数据证明创新管理的有效性时，高层管理者通常会寻求外部认可来促使内部变革。外部认可具有双重性：一方面，它提高了其他公司复制创新成果的可能性；另一方面，它也提高了公司坚持创新的可能性。

任务三 创新管理的途径

一、创新管理的基本条件

（一）创新主体（企业家、管理者和企业员工）应具有良好的心智模式

这是实现创新管理的关键。心智模式是指由过去的经历、习惯、知识素养、价值观

等形成的基本固定的思维认识方式和行为习惯。创新主体具有的心智模式一是远见卓识，二是较好的文化素质和价值观。

（二）创新主体应具有较强的能力结构

创新管理主体必须具备一定的能力才有可能完成创新管理，这些能力包括核心能力、必要能力和增效能力。核心能力突出地表现为创新能力；必要能力包括将创新理念转化为实际操作方案的能力、从事日常管理工作的各项能力；增效能力则是控制、协调、加快进度的各项能力。

（三）企业应具备较好的基础管理条件

现代企业中的基础管理主要指一般的管理工作，如基础数据、技术档案、统计记录、信息收集归档、工作规则、岗位职责标准等的管理。创新管理往往在基础管理较好的基础上才有可能产生，因为基础管理好，可以提供许多必要的准确的信息、资料、规则，这本身也有助于创新管理的顺利进行。

（四）企业应营造一个良好的创新管理氛围

创新主体有创新意识、能有效发挥其创新力，与拥有一个良好的创新氛围有关。在良好的工作氛围下，人们思想活跃，新点子产生得多且快；而不好的氛围则可能导致人们思想僵化、思路堵塞、头脑空白。

（五）创新管理应结合企业的特点

现代企业之所以要进行管理上的创新，是为了更有效地整合资源以完成本企业的目标和任务。因此，这样的创新就不可能脱离本企业和本国的特点。在当前的国际市场中，短期内中国一些企业的实力比部分西方企业弱，如果"以刚对刚"，则会失败；以太极拳的方式以柔克刚，则可能是中国企业走向世界的最佳策略。中国企业应充分发挥集"情、理、法"于一体的中国式管理制度的优势和特长。

（六）创新管理应有创新目标

创新管理的目标比一般目标更难确定，因为创新活动及创新目标具有更大的不确定性。尽管确定创新目标是一件困难的事情，但是如果没有一个恰当的目标，则会浪费企业的资源，这本身又与管理的宗旨不符。

二、创新管理能力提高的途径

（一）有意识地进行创新管理

当前，很多公司都建立了研发实验室，或是为某些个人指定了明确的创新职责，但有多少公司建立了专门的组织机构来进行创新管理呢？要成为一名创新管理者，第一步需向整个组织推销其观念。

（二）创造一种有怀疑精神、解决问题的文化

当面临挑战时，公司员工会如何反应？他们会开始怀疑吗？他们是会借助竞争者采用的标准解决方案，还是会更深入地了解问题，努力发现新的解决之道？只有后一条路才能将公司引向成功的创新管理，管理者应当鼓励员工解决问题而非选择逃避。

（三）寻求不同环境中的类比和例证

公司应该向一些拥有高度弹性的社会体系学习。如果公司希望提高员工的动力，就应该去观察、学习各种社会组织。鼓励员工去不同国家或地区的公司工作也非常有价值，这可以开阔员工的视野并激发创新性思维。

（四）培养低风险试验的能力

很多公司的管理人员不断鼓励员工及团队提出创新管理办法。但要想使能动性转化为有效性，就不能放任所有的新主意在整个公司内蔓延。每种创新应只能在有限的人员范围和有限的时间内进行。这既保证了新创意有机会实施，也不会危害到整个组织。

（五）利用外部的变革来源来探究新想法

当公司有能力自己推进创新管理时，有选择地利用外部的学者、咨询顾问、媒体机构以及管理专家会很有益处。他们能够提供三种基本帮助：新观念的来源；作为一种宣传媒介让这项创新管理更有意义；使公司已经完成的工作得到更多的认可。

（六）持续不断地进行创新管理

真正的成功者绝非仅进行一两次的创新管理；相反，他们是持续的创新管理者。通用电气就是一个例子。它不仅成名于其群策群力原则和无边界组织，还拥有很多的创新方式，如战略计划、管理人员发展计划、研发的商业化等。

应知考核

随堂测12

一、单项选择题

1.（　　）创新是当前企业创新管理一个重要而紧迫的内容。

A.企业文化　　B.企业技术

C.企业战略　　D.企业模式

2.（　　）是企业可持续发展的重要依托。

A.文化创新　　B.技术创新　　C.创新管理　　D.模式创新

3.（　　）原则是指产生创新管理创意的行为准则，是进行创新管理的出发点和评价标准。

A.创新管理　　B.扬弃

C.交叉综合　　D.突破常规思维束缚

4.（　　）是在原有的基础上展开的，只需对原有的基础问题加以分析研究。

A.创新管理原则　　B.扬弃原则

C.交叉综合原则　　D.突破常规思维束缚的原则

5.（　　）是指创新活动的开展或创新动向的获得要运用学科知识交叉、综合的方法。

A.创新管理的原则　　B.扬弃原则

C.交叉综合原则　　D.突破常规思维束缚的原则

6.（　　）是指管理者在一定哲学思想支配下形成的对管理的感性和理性认识。

A.管理观念　　B.管理思想　　C.产品创新　　D.人力资源创新管理

7.（　　）是指组织向市场推出新产品，以调整自己对社会贡献的形式。

A.管理观念　　B.管理思想　　C.产品创新　　D.人力资源创新管理

8.（　　）是企业创新管理一个能动的因素和非常活跃的内容。

A.管理观念　　B.管理思想　　C.产品创新　　D.人力资源创新管理

9.（　　）应具有良好的心智模式，这是实现创新管理的关键。

A.创新主体　　B.创新客体　　C.创新内容　　D.创新思想

10.创新管理主体应具有核心能力、必要能力和增效能力，而核心能力突出地表现为（　　）。

A.创新主体　　B.创新客体　　C.创新能力　　D.创新思想

二、多项选择题

1.创新管理的作用有（　　）。

A.适应科技发展和知识经济时代的需要

B.建设创新型国家的需要

C.企业自身生存和发展的需要

D.改善组织市场环境的需要

2.制度创新的作用有（　　）。

A.是促进企业创新和经济发展的重要保证

B.反映经济运行的客观规律

C.体现组织运行的客观要求

D.以充分调动组织成员的积极性为出发点和归宿

3.提高创新管理能力的途径包括（　　）。

A.有意识地进行创新管理　　B.寻求不同环境中的类比和例证

C.利用外部的变革来源探究新想法　　D.持续不断地进行创新管理

4.引起组织结构变革的因素有（　　）。

A.外部环境的改变

B.组织自身成长的需要

C.组织内部生产、技术、管理条件的变化

D.组织的纪律

5.下列关于员工本性论的说法中正确的有（　　）。

A.在构成企业的诸多要素中，人是最积极、最活跃的主体性要素

B.企业的一切营运活动都必须靠人来实现

C.企业既是生产力的基本要素，又是管理的主体

D.现代社会是以企业为主宰的团体社会

三、简答题

1.简述创新管理的作用。

2.简述创新管理的基本理论依据。

3.简述创新管理的原则。

4. 简述创新管理的内容。

5. 简述创新管理的基本条件，以及如何提高创新管理能力。

应会考核

一、案例分析

【背景资料】

英特尔公司的企业文化创新

英特尔公司（Intel）创立于1968年。自20世纪70年代开发出世界上第一台用于个人电脑的4004型微处理器以来，英特尔公司创造了一个又一个的辉煌，其成功主要缘于决策层不断创新的理念。

英特尔的创始人摩尔从20世纪70年代起就构筑了其赖以成功的商业模式。摩尔提出，计算机的性能每18个月翻一番，只有不断创新才能赢得高额利润，并将获得的资金再投入下一轮的技术开发中去。摩尔定律的实质是树立企业的危机意识和竞争意识。企业决策层的创新意识、创新理念是企业成功的关键。尽管世界上85%以上的个人电脑上装的是英特尔的奔腾系列微处理器，但企业仍有一种危机感。英特尔副总裁保罗·奥特里尼说："为了保持英特尔的领先地位，我们每天早上6：00开始工作，晚上6：00下班，有时晚上还要加班加点，一天至少要工作12个小时。"在英特尔公司，只能完成领班交给的任务的雇员是不会有大出息的；只有善于动脑、总结经验和有创新精神的雇员才能在英特尔立足和晋升。要创新仅仅靠8小时是远远不够的，大家都是利用工作之余看书和做试验，更新自己的知识，拿出准确的试验数据证明自己的新见解。各级管理部门鼓励每个人献计献策。

资料来源 佚名. 英特尔公司的企业文化创新［EB/OL］.［2012-06-30］. http：//www.doc88.com/p-281930030764.html.有删减.

【考核要求】

你怎样看待英特尔企业文化中的创新意识？

二、综合实务

D公司面向市场优化企业组织机构

不断改革企业管理体制，是适应不同产品结构、人才结构和科技结构，发挥企业各种资源功效的内在要求。D公司近年来在组织机构方面的改革主要有：

（1）逐步推行事业部制。为了适应快速多变的市场需要，提高企业的应变能力与管理效率已势在必行。D公司精心研究和策划组织机构的改革方案，做出了先实行模拟事业部制后实行独立事业部制的决定，将厂部的八个职能部门重新整合成八部一室，压缩或分流102名处室人员。这一措施激发了各经营分厂的活力，管理效率得以提高，而厂部的工作则着重于制定企业的发展战略及协调各经营分厂的经营战略、技术战略等。

（2）生产组织管理从工艺专业化转向产品专业化。早在20世纪90年代末，D公司就采用了以工艺专业化为核心的生产组织形式，但常常出现如下问题：①该种生产组织是跨行政部门的，在各生产工艺环节出现生产进度不一致时，有时难以协调；②由于原料品种多，可能会出现原料组织不到位而导致的停工待料现象，影响生产效率。D公司对产品的生产组织形式进行仔细研究后，发现其主导的三大类产品基本上是相对独立的，没有必要按照生产工艺划分车间，于是打破了原来低效率的工艺专业化生产格局，建立起了产品专业化的新体系，一年内劳动生产率提高了50%。

（3）改革科研体制。2010年以前，D公司将研究所集中于总厂，负责全厂的技术开发，由于科研人员远离市场，缺乏市场意识，新产品开发的速度跟不上市场需求的变化。针对这一矛盾，D公司做出了把科技人员推向市场的决策，即解散远离市场的集中式新产品开发研究所，而将其转移到相关的经营分厂。这一措施取得了很好的效果，表现在：①技术开发以市场为导向，消除了科研与生产、销售脱节的弊端；②由于有了经济观念，产品开发中的不合理费用得以减少。

（4）引进多种经营机制，实行“一厂多制”。在市场经济条件下，各种所有制都有其优势，国有企业引进多种经营机制、提高自身活力是一种新的尝试，D公司对此进行了初步的探索。例如，D公司的传输分厂积极采用横向联合方式进行生产经营，一方面与某市的镇政府合办企业，解决了产业发展所必需的土地、厂房和企业富余人员的流向问题；另一方面与香港一家公司组建了合资企业，生产具有当今国际先进水平的数字传输设备，既获得了必要的资金，又得到了先进的技术。

资料来源 作者根据相关资料整理.

根据上述案例，请回答以下问题：

1.D公司推行事业部制的主要目的是（　　）。

A.减少决策层次　　B.精简人员

C.经营自主权下放　　D.提高决策效率

2.把科技人员推向市场，最有可能出现的灾难性问题是（　　）。

A.企业科技人员地位下降　　B.企业科技人员收入下降

C.企业科技人员任务不饱和　　D.企业长远科研项目停顿

3.对D公司组织创新效果的评判，以下不正确的是（　　）。

A.带来了经济活力　　B.无显著经济效益

C.带来了人事变更　　D.产生了新的管理方式

4.D公司的事业部建成后，可能遇到的主要问题是（　　）。

A.决策混乱　　B.企业文化不一致

C.总厂资金回收困难　　D.企业核心竞争力下降

5.对“一厂多制”最合理的理论概括是（　　）。

A.多种经营体制的互补　　B.合资合作是大势所趋

C.经营资源的合理化配置　　D.宏观经济体

项目实训

【实训项目】

对创新管理的内容及过程的认识。

【实训目标】

（1）强化对创新管理内容的把握。

（2）培养创新管理的实际操作能力。

【实训内容】

以小组为单位，针对本学院或本系的管理现状展开调研，找出存在的问题或制约因素。

【实训要求】

联系所学理论，结合调研结果，写出调研分析报告和创新方案并在全班进行讨论。

项目十三

企业团队管理

知识目标

理解：团队、团队的分类及团队的角色。
熟知：团队管理的原则和方法、团队外部关系。
掌握：团队构建的程序和方法、团队的核心要素。

技能目标

具备了解自己所在团队的能力，能够正确地扮演自己在团队中的角色，进而掌握构建团队的方法和管理团队的要点。

素质目标

通过本项目的学习，明白在未来的组织中团队必将成为创造公司业绩的主要力量，培养其团队管理能力。

思政目标

能够正确地理解“不忘初心”的核心要义和精神实质；树立正确的世界观、人生观和价值观，做到学思用贯通、知信行统一；通过团队管理理论创建“高绩效团队”，强化团队归属感，感悟团队建设对人生价值的重要性。

管理故事　　犹太人的团队精神

犹太民族是世界上最富有集体精神和团结协作精神的民族。其影响世界的两大巨著《圣经》和《塔木德》，都是集体智慧的结晶。俗话说：“三个臭皮匠，顶个诸葛亮。”而犹太人的合作往往是几十人或上千人的合作，这就使人不得不对这种集体精神大加推崇。

爱因斯坦、尼尔斯·玻尔、海因里希·鲁道夫·赫兹一度曾是要好的朋友和论敌，正是这几个犹太人推动了整个人类的科学进步。此外，利奥·西拉德、爱因斯坦、罗伯特·奥本海默、爱德华·特勒也曾是要好的朋友。正是这四个人的共同努力，才制造出了原子弹和氢弹。

在经济界，犹太人的这种倾向就更明显了，他们的生意伙伴一般都在犹太人中间选择。萨尔诺夫、梅耶·罗斯柴尔德、威廉·佩利、凯瑟琳·格雷厄姆等曾是最要好的朋友和生意对手，彼此在友谊和竞争中发财。美国好莱坞的电影巨头米高梅公司、派拉蒙公司等都是犹太人的公司，其几乎垄断了整个美国电影产业。

资料来源　佚名．犹太人之所以精明，是因为他们最好的团队精神［EB/OL］．［2017-06-20］．https：//www.sohu.com/a/150498183_787519.

在犹太人的商业理念中，团队的协作精神如同企业利润一样重要。在他们看来，团队中的每一个成员都有其可用之处，彼此应该互相尊重、互相合作，而不能相互排斥。

知识准备

任务一　团队概述

一、团队的概念和性质

（一）团队的概念

团队（Team）是指通过成员的共同努力能够产生积极协同作用的群体，是拥有共同目标，具备不同能力、才干、经验和背景的一群人。事实表明，如果某项工作的完成需要多种技能、经验，那么由团队来做，效果通常比个人好。团队成员努力的结果可以使团队的绩效水平远高于个体成员绩效的总和。尽管他们有众多不同，但共同的目标足以将他们凝聚成一个团队。团队与群体的区别见表13-1。

表13-1　团队与群体的区别

项目	工作群体	工作团队
目标	信息共享	集体绩效
协同配合	中性	积极
责任	个体化	个体的或共同的
技能	随机的或不同的	互相补充的

（二）团队的性质

1.团队的能力性质

（1）对等知识联网。它是指一个知识节点能直接与另一个知识节点交流，而无须通过逐层的等级结构。团队中的每个成员作为一个工作节点（或知识节点），都不是孤立的，而是通过网络的方式联系在一起，成为一张知识网。在这张知识网中，每个人都是平等的，彼此不存在任何层级，因此，它是一张“对等”的知识网。

（2）核心能力元。能存活下来的每一个企业都将成为独具核心能力的单元组织。所谓单元组织，是指企业功能被减缩为少功能或单功能的组织。这样的单元组织实际上就是一个团队。团队是具有核心能力的单元（简称“能力元”）。团队成员间的知识互相补充，通过知识联网构成核心能力所需的知识基础，并通过团队学习的方式增强团队知识容量及运用知识的水平，形成核心能力，从而使团队本身成为一个能力元。

（3）能力高放机制。每一种组织作为知识及其能力运用的综合体系，都具有能力放大机制。个人的知识与能力是有限的，当自己的知识、能力不足时，就会通过契约关系联合具有补足性知识、能力的拥有者，从而形成知识与能力的结合（形成组织），以超越个人的知识与能力，产生1+1 > 2的效果。

2.团队的组织性质

（1）团队群集——复合组织。根据团队能力的可交易性，可以将团队分为两种类型：依附团队和独立团队。依附团队的核心能力是结构性能力，是相应的独立团队核心能力的组成部分。独立团队的核心能力是功能性能力，与其他独立团队结合，就可以形成完整的功能。

（2）团队——次级组织。它也可称为正式社会，是为了实现某个共同目标，将其行为彼此联合与协调起来所形成的社会团体。它有两个方面的含义：①团队首先是一个组织；②团队存在于复合组织之中，作为功能性的单元组织而存在。

（3）自组织性、网络化与全息性。团队的形成，是队员相互接纳的过程，体现为“自组织性”。这里没有独裁式的管理者，只有平等协商的领导，而且，团队领导是从一个团队成员的角度进行工作的。

自组织性的结果，表现为团队结构的网络化，与团队基础组织的结果相似，因此称团队基础组织为“全息”组织是再贴切不过的了。“全息”是指系统中的一部分，而部分既由更小部分组成，同时又是组成整体的一部分，且部分的特性折射出整体的特性。

二、团队高效的特征

高效的协作团队是一个实现特定工作目标和将目标转变为行为的最有效的工具。团队成员的协同工作可以产生更优质的工作成果、良好的工作环境以及更高的工作效率。一个高效的团队通常具有以下特征：共同的目标；相关的技能；一致的承诺；良好的信任与沟通；良好的协作；一致的决策；解决成员之间的冲突；有效地计划和利用时间；有一个出色的团队管理者。

三、团队的组织形式

（一）组织内的团队与跨组织的团队

根据团队与所在组织的关系，可以将团队区分为组织内的团队和跨组织的团队。在一个组织系统内可以建立多个团队，这些团队属于同一个组织的团队。在不同组织之间，也存在跨组织的团队。例如，不同的公司联合起来解决共同的问题，组成跨组织团队。组织内的团队和跨组织的团队如图 13-1 所示。

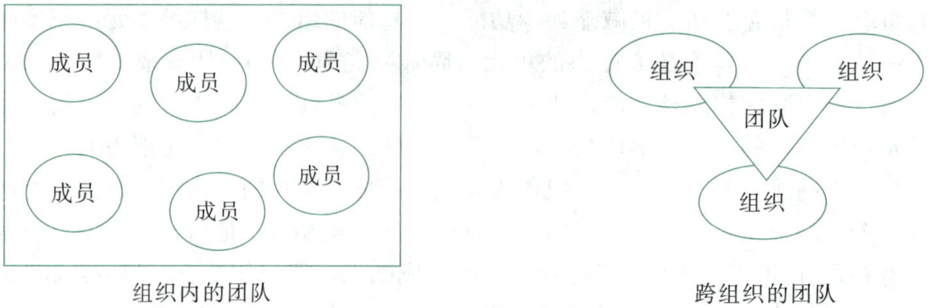

图 13-1　组织内的团队和跨组织的团队

（二）定点团队和虚拟团队

根据团队成员地理分布的特征，可以将团队分为定点团队和虚拟团队。有的团队，成员都居住在一个城市，工作在一个距离有限的区域内，他们经常面对面地沟通，这种团队就是定点团队。有的团队，成员分散在距离遥远的不同地域，主要通过现代通信网络进行远距离联系和合作，很少有面对面的沟通，这种团队就是虚拟团队。定点团队与虚拟团队地域分布的区别如图 13-2 所示。

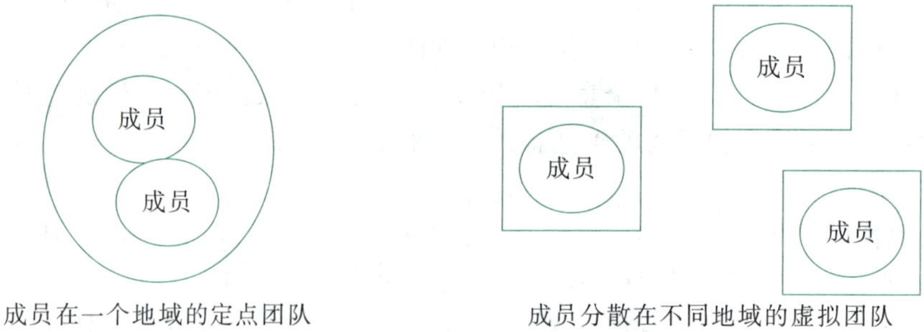

图 13-2　定点团队与虚拟团队地域分布的区别

任务二　团队分类

一、正式团队与非正式团队

（一）正式团队

正式团队一般是指常设的，承担经常性、重复性的工作，并且有明确的工作职责和组织形式的工作群体。它主要有以下几种类型：

1. 高层管理团队

高层管理团队通常由一位最高管理层领导以及一些直接向其汇报的下级管理者组成。其任务与特点是：采取垂直型管理方式，负责组织的日常管理工作，以及讨论和决策组织的目标、发展战略与规划。例如，非营利组织的理事会、董事会等。

2.交叉功能式团队

交叉功能式团队一般由来自各领域的具备专门知识和技能的人员组成。其主要任务与特点是：成员将各自的新的知识带入团队，从而交叉互补；通过合作的方式共同解决某个关键性问题。例如，一个企业计算机网站的建设，就需要懂计算机网页设计、懂宣传、懂美术的人共同设计完成。这种工作群体就可以被看作交叉功能式团队。

3.业务式团队

业务式团队由组织中负责长期项目的人员组成。其主要任务与特点是：除了完成本职工作以外，还要对团队所承担的工作有固定的计划和绩效评估方法。

4.支持性团队

支持性团队是指由组织中负责内勤等行政工作的人员所组成的工作群体。其主要任务与特点是：承担组织内部的日常管理工作，在依赖组织严格的操作程序的基础上，为其他各个团队提供支持。

5.项目小组

项目小组是在经常性项目实施时组成的工作群体，以所有成员共同完成工作任务为目标。成员一般训练有素、分工合作，成员之间能够相互理解，这样的团队具有良好的工作能力和组织纪律性。

6.任务小组

任务小组是指为了完成某项任务而临时组建的团队。为了共同完成某项具体的工作任务，成员通常来自组织内部的各个部门，一般会随着工作任务的完成而解散。

7.专家小组

专家小组也是一个工作团队，通常为实施某个项目而组织起来，由具有专业能力的人员组成，他们能够为完成该项目提供智力帮助。专家小组的特点是，小组成员全部是相关领域的专家，可以是聘用的，也可以是义务帮忙的；后者一般与组织有着良好的关系。

（二）非正式团队

非正式团队是因为临时性工作而聚集在一起的工作群体，这种工作群体可以是常设的，承担经常性工作。非正式团队主要有以下两种类型：

1.共同兴趣类

共同兴趣类非正式团队可以是因为共同的兴趣和爱好（如集邮、钓鱼、登山等）而聚集在一起建立的各种协会；可以是为了开展某一领域的科学研究工作而组建的各种学会，如管理学会、心理学会等；也可以是因为友谊而聚集在一起建立的各类同乡会、联谊会等。这些团队的特点是共同开展所喜爱的活动，团队成员来自各个不同组织和部门，人员不固定，可定期定时活动，也可临时组织活动。其组织形式完全自发，与成员所在的工作单位和工作职务无关。

2.临时发起类

临时发起类非正式团队通常是因为临时性活动而聚集在一起形成的团队，如共同去购物组成的团购群体、观看体育比赛临时组成的啦啦队等。这些团队的主要特点是开展临时发起的活动，成员来自各个不同的组织，相互之间可能不认识，人员极不固定，一般在活动结束后便立即解散。

二、特殊类型的团队

（一）职能部门的团队

要创建的团队类型取决于团队总目标和任务的性质。就企业而言，一般可以按照组织系统的主要职能建立咨询团队、生产团队、营销团队和管理团队。

每一类团队都可以根据任务性质划分为更小的团队。例如，营销团队可以细分为市场开发团队、销售团队和售后服务团队。因此，团队也是一个有层次的系统。但是，一般来说，工作团队的人数不宜过多。队伍庞大的团队其实是团队系统。有效互动的团队人数有一个大体的限制。成功的团队一般由2~20人组成。人数太多的团队，缺少直接的人际沟通机会，容易分化为更小的团队。

（二）长期、中期和短期的团队

以存续时间为划分标准，团队可划分为长期团队、中期团队和短期团队。

长期团队存在于组织的职能部门中，部门存在，则团队存在。团队成员一般是某职能部门的员工。长期团队的目标是完成组织的基本职能，人员组成具有稳定性。其生命长度一般在半年到几年不等。

中期团队是为了完成某个特别项目而设立的。如果该项目需要不同领域的技能，则其组成人员来自许多部门，成员同时受团队的管理和原所在部门的管理。

短期团队是为了研究某个问题或进行某项决策而设立的。这些问题的解决方案提出后或决策任务结束后，团队就解散了。当出现新的问题需要研究或进行新的决策时，再组建新的团队。如果问题和决策涉及组织系统内的多个部门，则团队成员从有关部门抽调，成员同时接受团队的管理和原部门的管理。

（三）自主管理团队类型

根据自我管理程度的高低，团队可以划分为高度、中度和低度自我管理团队三种基本类型。团队自我管理程度见表13-2。

表13-2 团队自我管理程度

团队自我管理特征	高度自我管理	中度自我管理	低度自我管理
团队采用目标管理，对目标负责	几乎全部	很多	部分
团队自我监督工作的过程和结果	几乎全部	很多	部分
团队对自己的业务流程负责	几乎全部	很多	部分
团队的创新精神和创新机会	强，充分	中等，很多	弱，少
个人受团队伙伴的影响	很大	中等	小
领导者适度使用职权，强调上下级沟通	是这样	经常是这样	有时是这样

由于自我管理团队能够自我激励、自我评估、自我改进，大大降低了管理成本。与自我管理团队相对的是受到上级严密控制的群体，我们可以称其为“控制型群体”。

控制型群体的特点是：①上级管理者对群体实行严格的过程管理，监督群体的工作进程；②上级管理者对群体很少授权，群体领导人经常向上级管理者报告工作进程和结果；③在采购、库存、人事安排、生产目标、成本和质量等环节更多地依赖组织系统的计划和安排；④群体较少有创新机会和创新精神；⑤个人受群体管理者的影响很大，管理者更多地依靠职权管理。

由于控制型群体需要严密监督和控制，管理成本很高。

任务三　团队构建

一、构建团队的原因

（一）安全的需要

视频 13-1

团队构建

人类寻求安全的本能使得人们聚集到一起，形成一个群体，成员间可以彼此帮助，获得个体自身所没有的力量。目前，很多非营利组织都认识到了这一点，它们在吸引人们加入该团队中时，已经开始把满足成员的基本生活及安全保障需要放到重要的议事日程上。确实，如果非营利组织管理者不能为成员营造一种安全的生活和工作氛围，那么他们就会去寻找新的安全环境。

（二）地位的需要

团队成员通过团队工作来获得被认同的地位，这种地位与成员在团队中的贡献和工作能力有关；同时，成员通过团队工作还将获得自己的社会地位或家庭地位，这也是人们加入团队的主要原因之一。如果成员在团队中无法获得自己的地位，那么他们就会寻找新的心理支撑点。

（三）自尊的需要

团队可以给予或增强成员的自我价值，使之通过工作获得自尊。成员在团队中的自尊通常与团队的价值和自己的能力紧密地联系在一起。团队必须给成员以团队内和团队外的自尊。被一个高层次的组织接纳本身就体现出了一个人的价值所在。

（四）归属的需要

团队可以满足成员社会交流的需要，这是由人的本能所决定的。因此在某种意义上，团队还是满足人们友谊和社会交流需要的基本单位。一个让参与相关任务的成员之间充分沟通、交流心得的团队，可以使每个人产生强烈的归属感，促进团队工作的开展。

（五）实现某种目标的需要

团队工作会让每一个成员了解到个人的力量是有限的，为了实现团队的工作目标，成员必须借助团队的力量。所以，团队管理者应让成员享受到达到某种目标后的成就感和快乐，否则团队成员会缺乏工作动力。

二、团队的角色

英国剑桥大学产业培训研究部在雷蒙德·贝尔宾（Raymond Belbin）教授的领导下做了9年的团队研究。他们得到的一个最核心的概念就是团队角色。它定义了具有特定性格特征和能力的成员能为团队做出的贡献。重要的团队角色数量有限，团队的成功依赖他们的组合模式以及他们履行职责的情况，各类角色见表13-3。

表13-3　团队的角色

角色	所说的话或所作所为
谋士	“试试……怎么样？” “这听起来有点愚蠢，但是……”
推动者	“注意，只剩20分钟了，我们开始干吧……” “这简直不可思议，但我们应该看到……”
挑战者	“难道这真是最好的方法吗？” “我们为什么要做这件事呢？”
关心细节者	“可是，我们能付得起吗？” “谁将做那件事？”
实施人员	做好工作，处理未完成的事，检查每个人的所作所为
资源调查员	寻找并获得信息、联系方式和其他资源
协调人员	帮助人们相处，解决棘手问题
领导	推动所有角色，如管弦乐队的指挥

要顺利完成工作，团队成员必须扮演各种不同的角色（我们这里思考的是与团队建设有关的角色），如有创新精神的角色或者喜欢积极进取的角色。不同的人可能习惯于扮演不同的角色；同时，管理者需要鼓励团队成员积极承担不同的责任。

一支完全由“谋士”组成的团队，将十分擅长产生各种新的想法。但是，当对各种想法进行评估并具体实施时，这支团队或许就不会有什么出色的表现了。团队总是需要成员扮演各种各样相互补充的角色，唯有如此，团队才不是个体的简单叠加。

团队中至少需要两种角色：①执行任务的人员——保证团队任务的进度；②维护人员——维持团队的稳定与成员之间的和谐关系，包括处理冲突和人际关系，帮助团队解决问题并实现决策。

伊莱斯·怀特（Eales White）提出了“团队效力圈”（如图13-3所示）的概念，分析了团队中各种不同的角色。

在“团队效力圈”中，推动、创造、分析和协调是四大作用，它们分别建立在两两互补的基础上。除了四大作用外，在下一级水平，还有四种作用，分别是产生、指导、沟通和解决问题。这里的每种作用都与辅助作用相结合。例如，解决问题既需要创新（提出新思想），也需要评估（找到最好的思想）。

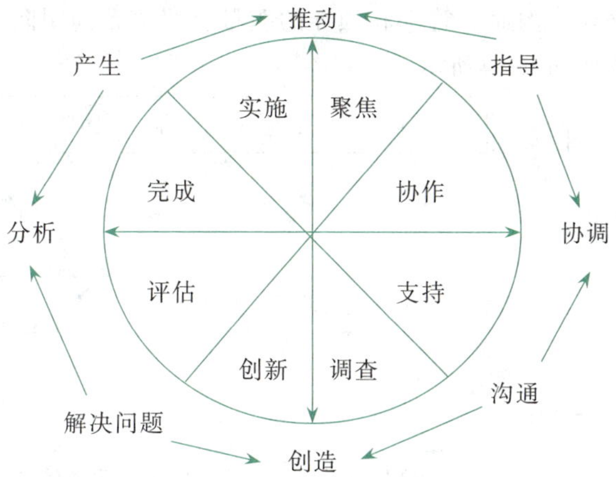

图 13-3　团队效力圈

人们一般会根据自己的习惯和特点，倾向于扮演一个或两个角色，也可能扮演多个角色。如果发现自己的团队存在“漏洞”，即缺少某方面的角色，团队领导一定要仔细思考谁能填补这些“漏洞”。一般来说，角色的转换有一些要求，通常可以让一个“挑战者”去扮演“关心细节者”的角色，但让一个“挑战者”去扮演“谋士”的角色就不太可能。

三、团队构建的任务和程序

（一）团队构建的任务

1. 创建团队

创建团队，即把一些人员组合在一个群体中，为团队奠定队伍基础，这是团队构建的起点。组合人员必须有一个心理融合的过程，即成员间增进了解、相互信任和提升凝聚力。

2. 培养团队品质

团队构建的核心任务是培养团队品质，把群体培养成为一个真正的团队。其具体内容包括培养团队精神，增强团队工作能力，制定团队规范以及营造团队信任气氛，使之最终成为一个品质优良的团队。一个真正意义上的团队主要表现为：团队成员已经相互信任，彼此比较了解，开始分享共同的团队目标和团队的核心价值观，能够共同面对团队的任务和困难，凝聚力达到一定的强度。

3. 保持并改善团队品质和优势

一个群体成为团队后，构建团队的工作开始转入新的阶段。这个新阶段的任务是不断适应内外部环境的变化进行“微调”，继续保持团队的品质和优势。

团队构建的三项任务是一个系统工程。三项任务的完成呈现出一定的时间序列，形成团队构建完整过程的三个阶段：组合团队（创建阶段），培养团队品质（成长阶段），继续保持和发展团队的优秀品质和优势（成熟阶段）。在团队构建的过程中，贯穿始终的是团队沟通、团队管理和团队领导。从组合团队的第一天开始，团队构建便离不开良好的沟通、管理和领导。沟通、管理和领导的质量直接关系到团队构建的成效。团队构建的三个阶段的任务如图 13–4 所示。

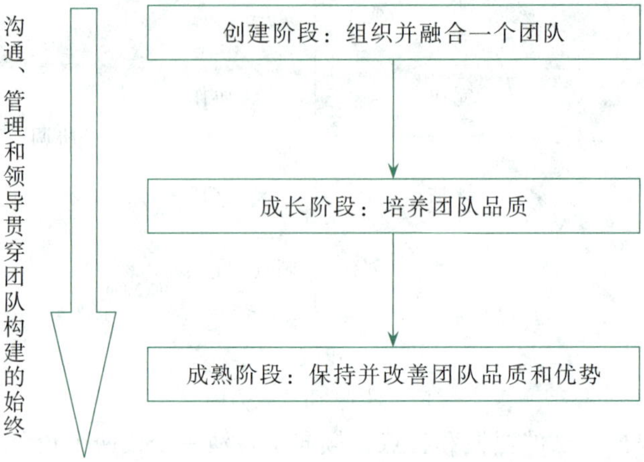

图 13–4　团队构建的三个阶段的任务

（二）团队构建的程序

团队构建一般要经过五个环节：确定团队目标、确定团队类型、分析团队角色、配置团队人员和融合团队成员。成长阶段是群体成长为团队的关键时期。该阶段的四大任务（培养团队精神、提高团队能力、制定团队规范、营造信任气氛）构成团队建设的主要内容，其实质是培养优秀的团队品质。在成熟阶段，群体已经成为真正意义上的团队，这时团队合作达到并维持一个高水准。团队成熟阶段可能很长，也可能很短。项目团队随着项目的结束将终止团队生命。但是一些常规性团队的生命周期与整个组织的生命周期一样长。团队构建的流程如图 13–5 所示。

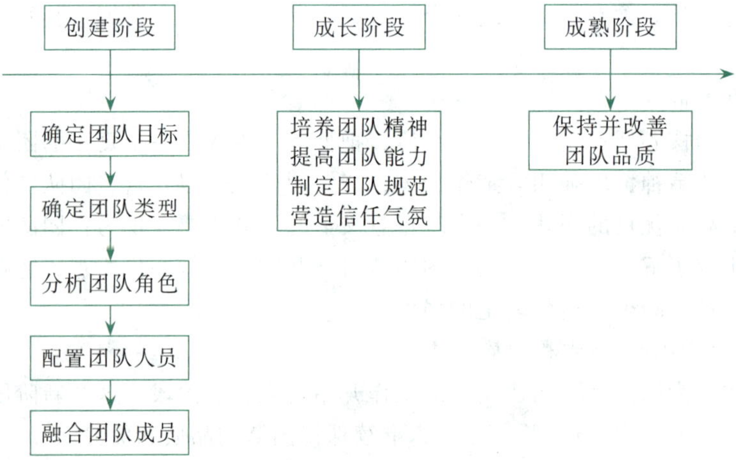

图 13–5　团队构建的流程

四、团队构建的意义

团队品质是团队价值的基础。团队构建的意义在于通过培养团队的优良品质，实现团队价值最大化。

团队品质的主要内容包括团队精神、团队能力、团队规范和团队信任。团队之所以比其他形态的群体更具有优势，是因为优秀的团队具有强烈的团队精神、高效率的工作能力、行之有效的团队行为规范和相互信任的关系。

构成团队品质的四个要素是团队价值得以实现的基础和条件：①团队精神是团队价值得以实现的必要心理条件。它关系到成员是否有自愿合作的动机及态度问题。②团队能力是团队效能和绩效产生的必要条件。③团队规范是保证团队运行稳定有效的重要因素。④团队信任是保证成员合作顺利的重要因素。其具体如图 13-6 所示。

视频 13-2

团队精神

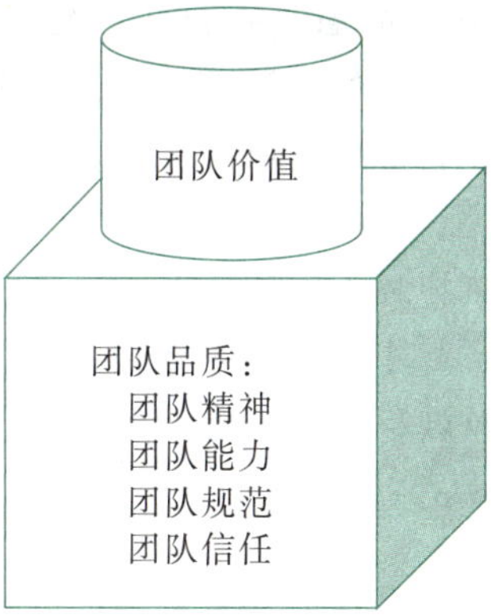

图 13-6　团队价值的基础

团队价值体现在如下三个方面：①对工作的价值：团队精神和做好团队协调工作能够提高工作效能并取得高绩效。②对人际关系的价值：良好的团队气氛使成员之间的人际关系更加融洽。③对心理健康的价值：团队的合作气氛给团队成员以较高的心理满意度，有利于成员的心理健康。团队的高凝聚力使得成员对团队和团队中的人际关系感到满意，心情愉快，心理健康度更高。团队对组织发展和成功具有非常重要的意义，所以各类组织都非常看重具有团队意识的人。团队价值的三个维度如图 13-7 所示。

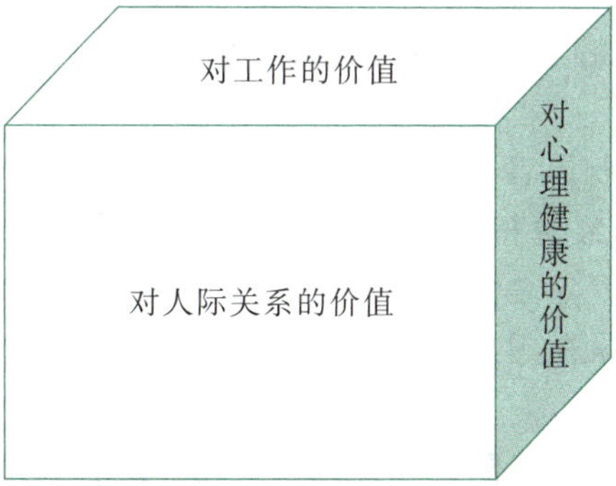

图 13-7　团队价值的三个维度

同步案例13-1　世界领先企业选择人才的标准

同步案例13-1

分析提示

IBM全球人力资源总裁对人才的标准提出了四点：第一是自豪感，第二是创新精神，第三是灵活性，第四是高绩效。IBM现在一直强调求职者的三大特征：必胜的决心、又快又好的执行能力和团队精神。有这三种特质的人就是所谓高绩效的人。

英特尔公司十分重视录用大学毕业生。对毕业生除了专业和语言方面的基本要求以外，学习能力和团队精神也是英特尔公司非常看重的因素。

美国微软公司招聘新人的面试是“一对一”进行的，即一个面试者对应一个应聘者。但应聘者必须经过多位面试者的面谈和评估。微软公司的面试者是各个方面的专家，每人都有一套问题，考题通常不经过集体讨论，但有四个问题是共同的：是否足够聪明？是否有创新的激情？是否有团队精神？专业基础怎样？

全球著名的咨询公司麦肯锡重视人才四个方面的素质：①分析问题、解决问题的能力；②沟通、交往的能力；③领导的才能与潜力；④团队精神。麦肯锡分散在全球的员工共享公司的信息资源并且相互支持。全球各地分公司的每一位咨询人员都可通过麦肯锡知识管理系统浏览这些专业知识和信息，使用全球知识库；同时，任何一位咨询人员都可向全球各地的同事寻求帮助。

资料来源 作者根据相关资料综合整理.

请分析：我国当代大学生缺少什么？企业究竟欢迎什么样的大学毕业生？

五、团队构建的根本方法

成员的心理凝聚力是团队精神中最集中表现的心理要素。没有凝聚力，就没有团队精神，也就没有团队。从这个观点来看，团队构建的根本方法是通过调节团队成员间的社会关系，包括经济关系和心理关系，增强团队的凝聚力，从而培养团队精神并构建团队。

社会关系的基础是经济关系。调节团队成员间的经济关系是构建团队的物质利益基础。构建团队必须实行利益整合原则，即协调团队成员的个人利益与团队利益。

除了调节成员的经济利益外，调节成员的心理关系也是构建团队一个必不可少的基础。

凝聚力体现为成员的归属感、相互喜欢和相互信任这些心理关系的融洽。融洽的心理关系必须建立在融洽的经济利益基础上。经济利益冲突必然导致心理关系紧张。但是，成员的紧张关系却不一定是由经济利益冲突引起的。言语不合、见解不一致、人际沟通障碍等与经济利益无关的因素都可能引起心理关系的紧张。因此，构建团队还要全面调节成员的心理关系。

全面协调成员的心理关系，除了应注意调节其经济利益以外，还应从组织传播和人际沟通入手，协调成员的核心价值观，提高成员对组织基本目标的认识，提高人际沟通技巧，最终增强团队凝聚力。

视频 13-3

团队管理

任务四　团队管理

一、团队的核心要素

（1）人员。这是任何组织都应具备的最基本的要素。

（2）目标。它将人们聚合在一起工作。没有一致的目标，人们就不会联合，也不会有共同努力的方向。

（3）互动。它是人与人之间通过信息交流或其他的交换方式（如情感或物质交换）进行相互作用的过程。在互动过程中，人们交换信息、物质、能量、情感，相互影响。互动可能是竞争性的，也可能是合作性的，还可能是既有竞争又有合作的竞合。互动需要付出成本，也产生收益。

人们的互动是社会关系形成的必要条件。人们经过一定方式的互动才能形成特定的社会关系。群体成员需经过一定时间的特定互动才能组成团队。团队成员间的互动是维持团队运行的必要条件。

（4）信任。它是合作的心理基础。没有信任，就不可能合作。信任是合作的起点，任何两个人之间的合作都必须以一定的最低限度的信任为基础。而且，合作的成功将增强彼此间的信任。

（5）合作。它是团队的根本活动方式。在一个团队中，如果成员间缺乏合作或合作得很糟糕，就不是优秀的团队。与其他群体的内部合作相比，团队的合作程度比较高，也比较有效。缺乏有效合作，任何群体都难以称为理想团队。

（6）自愿。根据合作者是否自愿，合作可以分为两种形态：一种是被迫的，即其中一部分权力比较小的人被另一部分权力大的管理者压制，在压力下被迫与管理者合作，被迫型合作的合作程度很低。在这种情况下，管理者可监督、可控制的行为是合作的，但管理者对不能监督的行为却是不能控制的，被管理者是非合作的，在心理上是不合作的。因此，被迫型合作潜藏着人际冲突和矛盾。另一种是自愿的，即合作者是自愿参与合作过程的。被迫合作使人痛苦，而自愿合作使人满意。如果其他条件同等，则被迫的合作效率低，而自愿的合作效率高。

团队合作必须建立在成员个人自愿参与的基础上。成员若是被迫参与群体活动，这个群体也就不是一个团队。团队成员之所以自愿参与团队活动，是因为认同团队的目标和团队的价值。

（7）能力。团队核心要素中的能力是团队绩效的技术基础。如果缺少能力，很多事务难以开展。

总的来说，工作团队是为了解决某些问题或实现某些比较重要的目标而组建的。单一的技能对完成团队任务是不够的。工作团队需要一批各具特长、能扮演不同角色的人才。因此，团队中人才的技能和角色是相互补充的。

在团队构建的过程中，个人自愿参与团队活动的意愿得以加强；在团队建成以后，每个成员参与团队活动的自愿程度会达到很高的水平。在团队构建和工作的各个时期，团队每位成员的技能也在发展和提高，因为团队的效能是以个人的能力发展和贡献为基础的。

二、团队管理的原则

（一）激发员工创造性的原则

要激发员工的创造性：①要让团队中的每一个人都参与决策过程，避免出现“决策只是管理者的事，与普通团队成员无关”的问题；②使每一个人都关注任务的完成情况，避免让团队成员产生“任务完成与否是管理者的事，我只是一个打工者”的想法；③使每一个人都关注任务的结果，避免“任务结果的好坏只与管理者有关”的团队管理误区；④让全体成员对团队的问题承担责任，明确团队不是一个人的，团队问题不能由某一个人来承担；⑤让团队成员明确，团队的管理者是同事而不是老板，是指挥员而不是控制者。

（二）选择优秀的团队管理者的原则

团队管理者的基本素质直接决定了团队工作结果的好坏，因此选择一个优秀的团队管理者，对团队任务的完成具有非常重要的意义。团队管理者必须具有鲜明的个人特点和优秀品质，以显示其影响力和能力。这些品质有时是内在的，有时是外在的。一个团队的管理者必须既是促进者，又是激励者。团队通常依靠管理者做出快速的反应以适应变化，并保证团队不断发展。因此，一个团队的管理者应该有健全的人格、较强的工作能力和业务能力。健全的人格是指团队管理者应该自信而不主观，守诺而有诚信，有勇气而不鲁莽；较强的工作能力是指团队管理者应该有广阔的视野，能够纵览全局，有前瞻性而不局限于眼前，有想象力但符合实际，善于沟通而不猜忌，有合作精神；较强的业务能力是指团队管理者懂业务知识，具有应付业务方面突发性事件和指导团队成员完成有关任务的能力。

由此，选择团队管理者的要点有：①始终根据业绩来选择管理者，而不考虑其他方面；②根据管理者的能力构建一个有战斗力的团队；③管理者必须牢记，团队中每个成员都是以各自不同的方式思考问题的。

（三）协同工作原则

1.授予职责、共担责任

在团队成员的协同工作过程中，每个成员至少应该能够承担其他一位成员的职责，让他们明确在团队内有责任主动工作；同时，成员应该知道他们的责任来自何处、止于何地，鼓励每个成员探索适合自己的最佳工作方式来完成团队的任务。

2.保证工作的最佳绩效

在团队中，应该确保每个成员都知道自己的责任所在，并接受挑战。鼓励成员为团队和工作倾其所能、共同监督，以确保团队向一个方向前进。团队管理者应该注意将团队目标设定在一个恰当的水平上，以鼓舞成员的士气，在工作中确保团队成员之间责任的任何重叠不会导致任务分派的重复。

3.给予成员一定的权力

由于团队是由拥有不同技能的人组成的，因此，在工作中必须给予他们所必需的权力。例如，在讨论问题时，给予其分享某种决策的权力。这样，可以鼓励成员在团队内建立起工作伙伴关系，让成员站在管理者助手的立场上接手一项新的任务。

（四）处理团队问题的原则

团队是由人与人组成的社会结构，再好的团队也会存在这样或者那样的问题，而有效地处理团队中的问题是团队健康发展的重要保证。

在处理团队问题时，要注意平等地对待每一位成员，避免成员之间产生怨恨。在取得确凿证据之前，不要随意断定与团队有不同意见的成员是错误的，应该告诉团队中的每个成员，他们为团队做的工作都是有价值的。处理团队问题的要点在于成员之间的个人问题应该以一种建设性的方法来解决，而不是对抗；对于一些还没有探知真相的问题，不要立即做出反应。要知道，团队总是在攀登新的“山头”，出现问题是难免的，所以必须避免出现“责难文化”，它会扼杀团队精神。

对犯错误的成员也应该以礼相待，哪怕是给团队制造了很大麻烦，因为我们处理的是错误，而不是人。在处理此类问题的过程中要避免情绪激动、与成员直接冲突。对于真正不合格的成员，应该让其退出，同时确保其他成员都能够从中吸取教训。

三、团队管理的方法

（一）厘清团队管理者的职责

一个团队管理得好坏，关键取决于团队成员集思广益的程度。团队管理者应该营造一种积极的氛围，把刻板和嫉妒排除在外，使成员在这种氛围中用思想而不是用自尊心去竞争。团队管理者的主要任务是领导和激励成员不断地努力，使团队目标得以实现。在工作过程中，团队管理者可以通过以下几种技巧帮助团队实现目标：①选择足够和合适的人参与团队计划的制订；②召开团队会议，就团队的目标和价值等问题进行讨论；③在保证团队目标实现的基础上，体现每位成员的个人价值；④随时与团队成员一起讨论工作过程中的问题，及时修正错误；⑤对内对外都承担起代表团队的责任。

（二）注意团队的平衡

团队的平衡在团队工作中具有重要意义，平衡主要表现在每个成员的技能和个人素质两个方面。然而，与基本技能相比，进行团队内部正确的搭配则更为困难。团队平衡可通过两个方面的技巧来实现：①寻求团队成员技能的平衡点。可以选择具备训练有素的专业技能，具有解决问题的能力，尤其是在紧急情况下做出正确判断的能力，以及具有团队工作经验、善于处理人际关系的人加入团队。②维持团队平衡。这可以通过让成员对团队发展所需要的技能有清醒的认识、鼓励团队成员不断学习、营造一种不断进取的团队氛围的方法来实现。

（三）建立团队内部的信任

团队最重要的特征之一就是信任，很难想象一个没有相互信任的团队能够完成自己的工作目标。信任包括五个方面的维度：①正直（Integrity），指一个人诚实和可以信赖；②能力（Competence），指一个人有较强的业务能力和较好的人际关系；③一贯性（Consistency），指成员可靠，其行为可以预测，遇到问题时有较强的判断力；④忠诚（Faith），指成员忠诚于自己的团队，支持正确的创新思想和维护其他成员的利益；开放（Openness），指成员能够与他人分享信息和观点。一般来说，建立团队内部信任的方法有以下两种：

1.团队管理者建立信任的方法

团队管理者建立信任要做到：①提供有效的沟通渠道来解释团队的各项政策和决策，及时反馈团队的工作情况，以及坦率地承认自己的缺点和不足，并在今后的工作中注意改正。②给团队成员以工作上的有力支持，在工作中应该平易近人，鼓励新的思想，提高团队的创新能力。③尊重团队中的每一个成员，通过有效授权，让团队成员感受到信任；处理问题公正，在对成员进行绩效评估时能做到客观、就事论事，工作中绝不吝啬对成员的表扬。④重承诺、守信用，对自己的承诺必须做到言必行、行必果。⑤展示自己的工作能力。一个没有业务能力、管理能力和职业素养的管理者是不会被成员所信任的。

2.团队成员间建立信任的方法

团队成员之间的相互信任是团队工作的核心，一个缺乏信任的团队对其自身和组织都是致命的。构建团队成员间的相互信任，通常需要遵循以下五项准则：①将共同利益作为信任的基础，让团队成员同心协力地完成具有共同利益的项目，在工作中确定那些适合大家合作的具体事项。②认真收集、提供和处理成员的信息是建立信任的前提。这包括仔细地收集同事、上司和下属的需求信息，并正确、诚实地提供给团队成员。③有效的沟通是建立信任的基本方法，可以解决团队中存在的矛盾和人际关系问题。在解决分歧时应该注意针对事而不针对人，在自己认为是正确时，要坚定地、有说服力地去进行交流。④在工作中灵活运用团队管理的相关知识是建立信任的基本条件。管理者应该认真学习管理方面的知识并将其运用到具体的工作实践中，这有助于全体成员了解团队信任的重要意义。⑤消除埋怨和背后的非议是建立信任的重要手段。这要求团队具有良好的工作氛围：提倡成员公开交流，让涉及某个问题、参与某个项目或行动方案的每一位成员都清楚这一点；在工作中大家都应集中精力去解决问题、实现目标和完成计划，而不是集中在问题的本身上。

四、团队管理中应该注意的问题

（1）避免局限性思考。每个人都应该从团队整体角度出发去思考问题，如果团队成员只专注于自身的工作责任，他们就不会对职务互动所产生的结果有责任感。

（2）避免归罪于外。归罪于外是人类为了回避危险的本能，但是，把团队问题归罪于外就会侵蚀团队，使团队成员处于不负责任的状态中。归罪于外不只限于成员之间、部门之间，而且包括团队的外部环境。

（3）缺乏主动积极的前瞻性思考。团队工作中最大的问题之一就是成员只关注自己团队的业绩，在思考问题时将团队独立于组织以外。过度考虑本团队的利益，会导致成员对组织全局的判断失去方向。

（4）无视细小的问题。团队中的任何问题都不是小问题，如同“温水煮青蛙”的故事那样，团队的失败往往是对缓缓而来的致命威胁习而不察。

（5）学习相关经验。随着组织规模的扩大，组织会不断地增加人员和设立机构去解决相关问题，而由于机构的设置和人员的不断增加，组织内部的结构层次也随之增加，这样就逐渐导致各团队间产生难以跨越的鸿沟。如何消除团队间的鸿沟已成为每个组织迫切要解决的问题。

（6）管理者的迷思。在团队管理中，许多管理者只奖励提出主张的人，而不奖励深度质疑问题的人。这是因为大部分管理者害怕团队中互相追根究底的质疑、求真所带来的威胁。

（7）团队管理与项目管理相混淆。在团队工作中经常会遇到这样的情况：管理者感觉自己无法将精力投入管理工作中，因为具体的项目管理和进展牵扯了大量的时间。没有正确地理解团队管理与项目管理之间的关系是许多团队管理者的通病，从而导致大量问题的产生。因此，正确地理解并处理两者之间的关系，对提高团队管理的水平也具有非常重要的意义。

任务五　团队关系

一、团队外部的联系

（一）团队联系的必要性

团队工作只是组织整体工作的一部分，因此项目团队必须与其他团队紧密联系，必须在组织整体框架的要求下运作。如果只是忙自己团队的事，对组织内的其他团队漠不关心，就有可能犯一些错误，如重复其他团队的工作、不能充分利用资源等。除此之外，放眼全局还有其他一些必要性，如能够了解更多的人，能够获悉更具创造性的思想和解决问题的方案。

（二）团队外部联系人

如前所述，团队要与那些使团队成员不断获得“东西”的人保持联系。“东西”包括实物（像计算机）、服务（像卫生或餐饮服务）、信息（像客户投诉的数量或行业趋势）等任何事物。例如，需要从他们那里获得“东西”的人以及需要从自己团队获得“东西”的人，就是团队应时常保持联系的对象。

（三）团队的支持者

团队的发展离不开一定的支持和帮助，几乎所有的团队都需要高一层级的支持者。这些支持者可能包括：决策者——最高级行政管理人员；影响者——指导高级经理的人；顾问——能够给出意见的人；赞助者——能够影响其他高层的人。

有效的支持对团队会有所帮助，既可以在组织内部树立良好的形象，也可以确保团队的工作与组织目标保持一致，并且可以通过资源保障使团队任务得以完成。

另外，每个团队要想正常行使其职责，都离不开其他团队的支持。团队必须明确自身所需要的支持，并设法获得。

二、团队之间的作用

（一）团队之间的期望

当与其他团队一起工作时，总是期望从对方那里有所收获；对方也期望从你的团队获得利益。例如，销售厨房设备的团队期望从仓储团队那里获得实时信息，这样销售人员才能向客户提供实际的交货时间表。

团队与团队之间在工作中都会存在着相互的期望，大多数期望都与以下三方面有关：①信息——提供实时信息，如存货量；②建议——如何做以及有什么效力，如生产新设备的时间；③讨论并一起工作——改善服务，如处理一般客户投诉。

团队需要明确各自的期望，也需要知道对方的期望，这如同每个团队都需要非常清楚自己的目标一样。

（二）团队之间的展示

在团队形成的早期，花一些时间从其他团队和有影响力的人那里得到有用的信息至关重要。

团队被接受的程度显示了团队的地位，团队地位的表现特征主要有：团队存在的重要性、有益性，团队内部的合作程度，团队重要人物的影响力，团队对组织内外主要事件的影响。这些都是某一团队面对其他团队时展示出来的自身形象，这种整体形象需要通过团队内部的构建和管理才能得到有效体现。关于这些已在本项目前面进行了阐述。

团队树立良好形象会在工作中得到意想不到的好处，在面对其他团队时会具备相应的优势。比如，工作在很大程度上不受干涉，因为团队“能够获得信任”，很容易获得资源。因此，管理者必须考虑自己团队在其他团队心目中的形象问题，并思考谁可以作为“大使”与其他团队进行交流。

三、团队之间的关系

（一）融洽相处

团队的成功必须建立在与其他团队紧密合作的基础上，以下是与其他团队融洽相处的一些建议：

（1）确定有哪些团队影响你的团队，派人直接与这些团队联系。

（2）确保其他团队知道：①你的团队的工作；②你的团队的主张；③你的团队的工作是如何影响其他团队的。

（3）分享目标和计划：①确保彼此间的目标得到沟通；②充分理解对方的观点。

（4）交流并彼此信任：①当与其他团队一起工作时，交换进度或业务信息；②派代表参加对方召开的一些会议；③提倡交流，以便团队成员之间相互了解；④举行联合团队培训会；⑤就双方关心的重大问题召开联合会议，以解决相关问题。

有效的交流对防止团队间可能产生的摩擦和冲突大有裨益。团队合作建立在和谐的人际关系基础上，为此团队需要付出一定的努力。

（二）关系紧张

团队之间的冲突通常由一定的原因引起，并且在不断的积累中爆发。如果能够注意到引起冲突的原因，及时采取措施，就会缓解团队之间的紧张关系，避免冲突的发生。

这里列出了一些引起冲突的常见原因：团队之间相互误传信息；资源的竞争；妒忌；实力不对等；目标、优先权或标准的冲突。这很容易导致敌对情绪。在敌对情绪的作用下，团队内部紧密团结，以对抗“敌人”，理解常常变成误解，很容易形成破坏性冲突。

当团队之间形成了紧张关系时，为了避免形势的升级，需要采取相应的措施来缓解这种紧张状况。此时，团队领导要站在全局的高度以得当的方式来解决问题。

解决团队之间的紧张关系，可参考以下几点建议：①避免陈词滥调，如“他们真懒……”；②避免一概而论，如“他们总是这么晚才把东西发过来……”；③避免推卸责任，如“是他们的问题，不是我们的问题……”；④尽快在萌芽状态解决问题；⑤参照以前处理冲突的建议。

应知考核

一、单项选择题

随堂测 13

1.小冯所在的团队强调工作高于一切，要求成员能够迅速地应对变化，这种组织文化类型为（　　）。

A.权力文化　　B.角色文化

C.任务文化　　D.个人文化

2.在工作中会出现时间观念差的问题，解决这一问题的正确方法是（　　）。

A.不假思索地承诺做一件事

B.仔细考虑工作的内涵以及可能出现的推迟和耽搁情况

C.一件事还未做完就去做另一件事

D.安排尽可能多的工作，使自己一直忙碌

3.在某文化公司的一个工作小组中，四个人关于确定事务优先级的看法不一样，以下正确的是（　　）。

A.小孟认为应该根据事务的轻重缓急确定

B.小陈认为应该根据组织的需要确定

C.小翟认为应该根据顾客的需要确定

D.小吕认为应该根据个人的喜好确定

4.团队成员具有共同的目标，一个团队能够完成的工作并不是团队成员各自工作的简单叠加。这体现了团队工作中（　　）的优势。

A.协作　　B.相互信任　　C.决策更合理　　D.适应性强

5.小孙所在的团队没有正式的领导，团队成员实行自我管理，这种团队属于（　　）。

A.自我管理型团队　　B.有明确领导的团队

C.日常工作团队　　　　　　　　　　D.特别工作团队

6.小新所在公司的车间噪声很大，照明和通风条件也很差，员工们意见很大。公司派刘经理去解决这个问题，他应该从（　　）方面着手解决。

A.工作条件　　B.福利待遇　　C.薪酬水平　　D.组织文化

7.团队成员之间的相互信任能带来很多好处，包括团队成员主动承担风险。以下表现属于主动承担风险的是（　　）。

A.对成员所犯错误吸取教训并设法解决

B.成员之间互相尊重

C.成员之间开诚布公，没有秘密，没有背后的议论

D.领导者信任自己的团队时，就会将任务的管理权交给团队成员，相信他们可以做出判断和决策

8.团队之间融洽相处的方法不包括（　　）。

A.公司组织全体团队的交流会　　　　B.对本团队的工作和目标严格保密

C.互派代表参加对方召开的一些会议　　D.相互协调目标和计划

9.邹总喜欢将具体的任务交给一个人或一个小组，并充分授权，让他们自己做出决定、解决问题，而他只在需要时提供帮助。邹总的领导方式属于（　　）。

A.授权　　B.参与　　C.说服　　D.命令

10.孙总公司的员工对目前的工作条件很不满意，他们决定集体罢工，要求公司改善工作条件，李经理被孙总紧急派去处理此事。解决这一问题最重要的是（　　）。

A.注意倾听　　　　　　　　B.努力建立和谐的团队关系

C.惩办带头罢工者　　　　　D.及时向领导汇报情况

二、多项选择题

1.团队的性质包括（　　）。

A.团队的能力性质　　　　　B.团队的组织性质

C.团队的建设性质　　　　　D.团队的人际关系性质

2.根据团队成员地理分布的特征，团队可以分为（　　）。

A.定点团队　　B.虚拟团队　　C.自我管理团队　　D.业务式团队

3.正式团队的类型包括（　　）。

A.高层管理团队　　B.交叉功能式团队　　C.业务式团队　　D.支持性团队

4.团队建设中，（　　）属于基本任务。

A.创建团队　　B.培养团队品质

C.保持和增强团队优秀品质　　D.完成组织的活动

5.团队的核心要素有（　　）。

A.人员　　B.目标　　C.互动　　D.信任

三、简答题

1.谈谈你对团队和群体的理解。

2.团队中一般包括哪些角色？

3.构建团队包括哪些阶段？每一个阶段的特点都是什么？

4.团队管理的原则有哪些？

5.与其他团队融洽相处应该注意哪些方面？团队之间经常会出现一些冲突，导致这些冲突的原因有哪些？

应会考核

一、案例分析

【背景资料】

帮助老胡解决团队管理问题

小周毕业于一所名牌大学，在公司里也是一个非常聪明的员工。但是他非常骄傲，经常在公开场合顶撞团队领导老胡，不但让老胡很没面子，甚至其他成员有时也效仿小周的行为。小周通常根据自己的心情去工作，有时可以做得非常好，有时又做得乱七八糟。对此，老胡感到很头疼，他不知道拿小周怎么办。

【考核要求】

请结合你所学的知识，帮助老胡有效地进行团队管理，使每个员工都能发挥出工作积极性。

二、综合实务

恒星团队建设分析

恒星团队是天涯公司的一个临时项目研发团队，这个团队由六名成员组成。团队成员的基本素质很高，他们的学历都在大学本科以上，所以都比较自信，觉得没有他们做不好的事情，他们的业绩也一直比较好。王总是此项目的负责人；小陈和小毕是经常能给团队提供各种想法的人，他们经常为不同的想法争论不休，小陈能够经常对想法的可行性做出周密的分析；小迪是能够进行周密计划的人；小寓对王总交代的工作能够及时准确地完成；小富能针对各种想法进行调研，并做出评估。令王总非常苦恼的是，虽然这些人都非常优秀，能够提出各种合理的方案，但是他们召开了一次又一次会议，每个人都各抒己见，在一些细节上纠缠不休，最后还是没有得出结论。

根据该案例，请回答下列问题：

1.出现这种情况的原因是此项目团队缺少（　　）角色。

A.协调人员　　B.创造性人员　　C.实施人员　　D.分析人员

2.如果团队能够顺利地发展，那么团队中成员的角色应该是（　　）。

A.互补的　　B.平行的　　C.独特的　　D.多样的

3.项目负责人王总主持会议时存在的问题是（　　）。

A.脱离会议目标　　B.没有限制人员的想法

C.团队会议不正式　　D.项目组人员不应都参加

4.如果王总没有对此做出任何改变，团队将会出现（　　）方面的问题。

A.被别的团队排斥　　B.团队成员冲突

C.影响整体组织目标的实现　　D.以上都有可能

项目实训

【实训项目】

团队的外部联系。

【实训目标】

思考本团队与外部人员及外部团队之间的关系。你需要花时间研究双方的期望并采取行动改善团队成员之间的关系，保持不同团队间的紧密协作。

【实训内容】

召开团队会议，讨论与外部人员的联系情况。外部人员包括个人、其他团队和其他部门；联系内容包括组织内外的联系。

【实训要求】

1.根据讨论结果，填写下表。

团队与外部人员之间的联系

团队与外部人员之间的联系	我们能做些什么工作来改善这种联系

2.撰写实训报告。

《　　　　》实训报告		
项目实训班级：	项目小组：	项目组成员：
实训时间：　年　月　日	实训地点：	实训成绩：
实训目的：		
实训步骤：		
实训结果：		
实训感言：		
不足与今后改进：		
项目组长评定签字：	项目指导教师评定签字：	

主要参考文献

[1] 单凤儒. 管理学基础［M］. 北京：高等教育出版社，2017.

[2] 孙成志，刘明霞. 管理学［M］. 大连：东北财经大学出版社，2017.

[3] 李品媛. 管理学原理［M］. 大连：东北财经大学出版社，2018.

[4] 荣晓华. 管理学原理［M］. 6版. 大连：东北财经大学出版社，2019.

[5] 朱宗乾. 企业管理情景模拟教程［M］. 北京：经济科学出版社，2019.

[6] 邢以群. 管理学［M］. 北京：高等教育出版社，2017.

[7] 周三多. 管理学［M］. 北京：高等教育出版社，2018.

[8] 李贺. 市场营销［M］. 上海：上海财经大学出版社，2020.

[9] 陈国海. 创业组织行为学［M］. 北京：清华大学出版社，2017.

[10] 苗雨君，李亚民，邵仲岩，等. 管理学［M］. 3版. 北京：清华大学出版社，2017.

[11] 王岩，王俊峰. 等. 人力资源管理［M］. 2版. 上海：上海财经大学出版社，2019.

[12] 李贺. 组织行为学［M］. 上海：上海财经大学出版社，2020.

[13] 刘凤. 管理学原理［M］. 北京：中国人民大学出版社，2018.

[14] 罗宾斯，库尔特. 管理学［M］. 李原，译. 13版. 北京：中国人民大学出版社，2017.

[15] 付征，李贺. 管理学［M］. 2版. 上海：上海财经大学出版社，2019.

[16] 王俊峰，现代企业管理［M］. 上海：上海财经大学出版社，2019.